Versuch und Irrtum

Hans W. Möller

# Versuch und Irrtum

Wie Markt und Staat
die Volkswirtschaft lenken

Hans W. Möller
Traunstein, Deutschland

ISBN 978-3-658-02311-9     ISBN 978-3-658-02312-6  (eBook)
DOI 10.1007/978-3-658-02312-6

Die Deutsche Nationalbibliothek verzeichnet diese Publikation in der Deutschen Nationalbibliografie; detaillierte bibliografische Daten sind im Internet über http://dnb.d-nb.de abrufbar.

Springer Gabler
© Springer Fachmedien Wiesbaden GmbH 2017
Das Werk einschließlich aller seiner Teile ist urheberrechtlich geschützt. Jede Verwertung, die nicht ausdrücklich vom Urheberrechtsgesetz zugelassen ist, bedarf der vorherigen Zustimmung des Verlags. Das gilt insbesondere für Vervielfältigungen, Bearbeitungen, Übersetzungen, Mikroverfilmungen und die Einspeicherung und Verarbeitung in elektronischen Systemen.
Die Wiedergabe von Gebrauchsnamen, Handelsnamen, Warenbezeichnungen usw. in diesem Werk berechtigt auch ohne besondere Kennzeichnung nicht zu der Annahme, dass solche Namen im Sinne der Warenzeichen- und Markenschutz-Gesetzgebung als frei zu betrachten wären und daher von jedermann benutzt werden dürften.
Der Verlag, die Autoren und die Herausgeber gehen davon aus, dass die Angaben und Informationen in diesem Werk zum Zeitpunkt der Veröffentlichung vollständig und korrekt sind. Weder der Verlag noch die Autoren oder die Herausgeber übernehmen, ausdrücklich oder implizit, Gewähr für den Inhalt des Werkes, etwaige Fehler oder Äußerungen. Der Verlag bleibt im Hinblick auf geografische Zuordnungen und Gebietsbezeichnungen in veröffentlichten Karten und Institutionsadressen neutral.

Gedruckt auf säurefreiem und chlorfrei gebleichtem Papier

Springer Gabler ist Teil von Springer Nature
Die eingetragene Gesellschaft ist Springer Fachmedien Wiesbaden GmbH
Die Anschrift der Gesellschaft ist: Abraham-Lincoln-Str. 46, 65189 Wiesbaden, Germany

*Der Buchinhalt entspricht etwa den Lehrzielen und Lerninhalten eines Bachelor- und Master-Studiums im Fach Volkswirtschaftslehre und Wirtschaftspolitik an einer Universität, Hochschule, Fachhochschule oder Berufsakademie.*

# Vorwort

oder warum Sie dieses Buch unbedingt lesen sollten:
Die Welt der Wirtschaft ist eine hochkomplexe Gemengelage von zahllosen wechselseitig agierenden und wirkenden Dingen, Menschen und Prozessen. Die Wirtschaft wird von Menschen gemacht, die in ihren Motiven und Verhaltensweisen veränderlich und nicht nur rational sind. Dieses Buch soll dem Leser helfen, die Welt der Wirtschaft besser zu verstehen.

Dieses Buch liefert eine neue – hoffentlich erhellendere – Sichtweise des gesellschaftlichen Phänomens „Volkswirtschaft". Volkswirtschaftslehre qua *„Versuch und Irrtum"* bedeutet, die hochkomplexen und umfassenden Zusammenhänge der Volkswirtschaft auf seine prägnanten Aspekte erklärend zu komprimieren.

Dass Markt und Staat die Volkswirtschaft durch „Versuch und Irrtum" lenken, möchte der erstaunte Leser nicht meinen: die vermeintlich allwissenden Akteure des Staates müssten doch wissen, was als das Richtige zu tun ist. Aber leider wissen sie dies tatsächlich zu oft nicht. Genauso wie auch Haushalte (z. B. als Verbraucher oder Arbeitnehmer) und Unternehmen (z. B. als Produzenten oder Investoren) bei ihren Angelegenheiten häufig nicht wirklich wissen, was am besten zu tun ist. Also streben sie planvolle Schritte an, durch „Versuch und Irrtum" einen möglichst guten Lösungsweg für ihre Probleme zu finden. Nicht, weil Haushalte und Unternehmen unfähig wären, sondern weil sie allzu oft einfach über die für sie relevanten volkswirtschaftlichen Zusammenhänge nur begrenzte Informationen haben und Wissen besitzen oder den Durchblick zu gewinnen, einfach an Zeit und Geld zu aufwendig ist. So sind auch Markt und Staat immer wieder in der Gefahr, den Wald vor lauter Bäumen nicht zu sehen.

Moderne Volkswirtschaften sind hoch kompliziert und hochkomplex – fragil und mannigfaltig – verwickelt. Folglich erkannte schon Tucholsky ironisch resigniert: *„Was die Wirtschaft betrifft, ist sie verflochten."* Und der berühmte Quantenphysiker Heisenberg hat nach einem Semester Volkswirtschaftsstudium zum Fach Physik gewechselt, mit der Schlussfolgerung: *„Volkswirtschaftslehre ist zu kompliziert."* Deshalb werden *„economics"* in einem angelsächsischen Bonmot angesichts ihrer mannigfaltigen Unwägbarkeiten, als *„the dismal science"* – scheußliche Wissenschaft bezeichnet.

Dieses Buch soll diesem Problem – hoffentlich – abhelfen. Es bringt dem Leser keine neuen revolutionäre ökonomische Erkenntnisse, die nicht schon in zahllosen Büchern – über die traditionell bekannten und anerkannten Erkenntnisse, oder was man dafür hält – von klugen Autoren der Volkswirtschaftslehre dargestellt worden sind. *Neu* jedoch ist, dass dieses Buch die schwierige Materie Volkswirtschaftslehre und Wirtschaftspolitik durch den übergreifenden Schlüsselbegriff „Suchverfahren" (Heuristik) als Lenkung der Volkswirtschaft durch „Versuch und Irrtum" – in der Fachsprache auch: „Allokation der volkswirtschaftlichen Ressourcen durch Markt und Staat" – auf den Punkt bringt und so dem Leser einen griffigen roten Faden für seine lesende Denkarbeit gibt.

Dieses Werk reduziert und komprimiert für Anfänger wie für Fortgeschrittene die Komplexität der Volkswirtschaftslehre und Wirtschaftspolitik. Fast völlig ohne Mathematik und Formalismen liefert es einen Über- und Durchblick in die theoretischen Konzeptionen der Volkswirtschaftslehre und die Komponenten volkswirtschaftlicher Ziel- und Wirkungsanalysen staatlichen Handelns im Bereich der Wirtschaftspolitik.

# Vorwort

Demjenigen, der als Bürger eines Staates über Fragen der Vorgänge der je aktuellen Wirtschaftspolitik mitreden möchte und darum die grundlegenden Zusammenhänge einer Volkswirtschaft verstehen will, wird einiges an Denkarbeit abverlangt: Das Denken der meisten Menschen wird von Vorurteilen bestimmt, die oft nicht hinterfragt werden. Dieses Buch soll dem Leser vor allem eines zumuten: *sein Denken zu ändern.*

Volkswirtschaftliches und wirtschaftspolitisches Wissen nützt jedem Bürger eines Staates:

- Jedefrau und jedermann beim selbstständigen Weiterdenken und Mitreden in Diskussionen über volkswirtschaftliche Zusammenhänge,
- allen am politisch-ökonomischen Geschehen in Staat und Gesellschaft Interessierten,
- Berufstätigen aller Sparten mit Aspirationen und Arriviertheit auf mehr berufliche Anerkennung,
- Rentnern und Pensionären, die endlich das Weltgeschehen verstehen wollen,
- Studenten, Studierenden, Schülern und Auszubildenden aller Richtungen,
- Lehrenden aller Fächer, die über ihren eigenen und fremden Tellerrand blicken wollen,
- Führungskräften in Gesellschaft, Wirtschaft und Verwaltung,
- „Politikern" aller Couleur in allen öffentlichen Bereichen,
- Sparern, Anlegern und Investoren aller Art.
- …

Traunstein, Deutschland  Hans W. Möller
im März 2017

# Danksagung

Ich danke besonders meiner guten Fee Dorothea,
die mich trotz etlicher Widerfahrnisse,
seelsorgerlich und sprachlich geduldig unterstützt hat,
obwohl ich manches Mal über das Schreiben das Essen angebrannt hatte.

# Inhaltsverzeichnis

1 Einführung     1

**Teil I    Grundfragen der Volkswirtschaft (Problemstellung)**

2 „Was ist der Mensch?" – Menschenkenntnis
für Ökonomen     7

3 Wohlstand – „Die Fülle des Lebens"     29

4 „Mit den Pfunden wuchern": Das Allokationsproblem     41

**Teil II    Die Allokation der Ressourcen durch Markt und Staat (Mikroökonomie)**

5 Gesellschaftliche Rahmenbedingungen
der Volkswirtschaft     61

| | | |
|---|---|---|
| 6 | Haushalte und Unternehmen – Stätten des Wirtschaftens | 73 |
| 7 | Markt und Wettbewerb – Schaltzentralen der „unsichtbaren Hand" | 89 |

**Teil III  Konjunkturzyklen – Die wirtschaftliche Entwicklung (Makroökonomie)**

| | | |
|---|---|---|
| 8 | Konjunkturzyklen der gesamtwirtschaftlichen Entwicklung | 127 |
| 9 | Geldentwertung – Die Inflation der Ansprüche | 145 |
| 10 | Arbeitslosigkeit – Der Morast der Deflation | 165 |
| 11 | „Was ist Wahrheit?" – Im Labyrinth der Wirtschaftstheorien | 181 |

**Teil IV  Die Hebel und Handlungsspielräume des Staates (Wirtschaftspolitik)**

| | | |
|---|---|---|
| 12 | „Heilmittel" wider das „Stückwerk des Wissens" | 211 |
| 13 | Im Regelkreis der Wirtschaft – Wirtschaftskreislauf und Wirtschaftsrechnung (VGR) | 215 |
| 14 | Die Hebel der Wirtschaftspolitik: Die „sichtbare Hand" des Staates | 237 |
| 15 | Die Rolle des Staatshaushalts – Nachhaltige Fiskalpolitik des Staates | 251 |

| | | |
|---|---|---|
| 16 | Wohlstand für alle? – Die Schere zwischen Arm und Reich | 271 |
| 17 | Die optimale Geldmenge – Der Balanceakt der EZB zwischen „Inflation" und „Deflation" | 305 |
| 18 | Wettbewerbsfähigkeit für Wachstum und Beschäftigung | 349 |
| 19 | „Stückwerkstechnik" – Die Logik von „Versuch und Irrtum" | 371 |
| 20 | Schluss – „Die Zeit drängt." | 403 |
| Literaturverzeichnis | | 411 |
| Stichwortverzeichnis | | 419 |

# 1 Einführung

Johann Wolfgang von Goethe
legt Faust die Selbsterkenntnis in den Mund:
*Da steh' ich nun, ich armer Thor!*
*Und bin so klug als wie zuvor; …*
*Und sehe, dass wir nichts wissen können! …*
*Bilde mir nicht ein was rechts zu wissen,*
*Bilde mir nicht ein, ich könnte was lehren,*
*Die Menschen zu bessern und zu bekehren. …*
*Das will mir schier das Herz verbrennen.*

Wozu noch eine Einführung? Um vorab zu klären, was dem Leser mit diesem Buch über Volkswirtschaft „blüht". Die Materie „Volkswirtschaft" ist von Natur aus im Prinzip nicht ganz einfach und nicht ganz ohne Mühe zu durchdringen. Manche hartnäckigen Vorurteile bzw. wirtschaftliche Voreingenommenheiten – also blinde Flecken in der Weltanschauung –, die bisher nicht bemerkt wurden, aufzuklären, ist das Anliegen dieses Buches.

Pragmatisch formuliert: „Volkswirtschafts**lehre**" ist, wenn etwas **nicht** so ist, wie es sein sollte: Inflation, Arbeitslosigkeit, Ungleichheit,

Armut oder Umweltzerstörung. Solche gesellschaftlichen Fehlentwicklungen erleben Millionen Betroffene oft als notvoll erfahrene und politisch brennende, gesellschaftliche Probleme. Diese immer wieder auftretenden Situationen zu diagnostizieren, zu therapieren, ist die Volkswirtschaftslehre erfunden worden und verdankt ihre Entstehung und ihre Weiterexistenz nicht, wie manche meinen, um durch die Volkswirtschaftslehre zu erlernen, wie man reich wird.

Um solche gesellschaftlichen Phänomene von Fehlentwicklungen zu erklären, hat die Volkswirtschaftslehre die verschiedensten Theorien und Strategien entwickelt. Sie widersprechen sich vielfach und konkurrieren miteinander. Das hat seinen Grund darin, dass in keiner anderen Wissenschaft – so wie in den Wirtschaftswissenschaften – sich Wahrheit und Interessen entgegenstehen und miteinander vermengen, sodass sich vermeintliche Erkenntnis häufig als maskiertes Wunschdenken offenbart.

In den akademischen Lehrbüchern des kanonisierten Wissens der Volkswirtschaftslehre wird die Volkswirtschaft vorherrschend wie eine große mechanische Maschine beschrieben und erklärt. Das zeigt auch die große Vorliebe der Volkswirte für die alles quantifizierende Mathematik in der ökonomischen Theorie. Die Probleme der Theorie und Politik der Volkswirtschaft sind so hochkomplex, dass die moderne Volkswirtschaftslehre sie mit hochabstrakten Verfahren der höheren Mathematik zu lösen versucht. Eine Tatsache, die für Einsteiger oder sogar Fortgeschrittene den Zugang und Durchblick in der Volkswirtschaftslehre zunächst erschwert. Um nicht falsch verstanden zu werden: zweifelsohne hat die Volkswirtschaft auch eine quantitative Seite, die sich gut mithilfe mathematischer Gleichungen oder Parameter beschreiben lässt. Die Mathematik ist für die Wirtschaftswissenschaft durchaus eine sehr nützliche Hilfswissenschaft. Ohne sie könnten manche ökonomischen Sachverhalte oft nicht sachgerecht dargestellt und analysiert werden. In manchen Fällen ist das Erkennen und Durchdringen ökonomischer Sachverhalte erst mithilfe der Mathematik möglich.

In der wirtschaftlichen Wirklichkeit erscheint die Volkswirtschaft aber vielmehr als ein großes Spiel – als ein Schachspiel –, allerdings eines mit vielen Mitspielern, die alle auf ihre eigene Weise und auf besten Wegen ihre wirtschaftlichen Interessen verfolgen. Trotz aller vielfältigen, quantitativen und technischen Zusammenhänge ist die Volkswirtschaftslehre im Kern jedoch eine Wissenschaft vom Menschen und über das menschliche Verhalten und wird es bleiben. Wirtschaftswissenschaftliche, oft unbestimmte Erkenntnisse und Aussagen sind daher nicht zuletzt der Tatsache geschuldet, dass die Volkswirtschaftslehre immer auch von all den mannigfaltigen Unwägbarkeiten des „Menschlichen und allzu Menschlichen" handelt. Die Volkswirtschaft ist deshalb zugleich eine große gesellschaftliche Lernveranstaltung, bei der Markt und Staat auf der Suche nach dem besten Weg aus dem Labyrinth der wirtschaftlichen Probleme sind.

*An dieser Stelle noch ein wichtiger Hinweis:* *Weil Zitate mit den genauen und umständlichen Quellenangaben den Lesefluss sehr stören können, wurde zum Teil auf direkt ausführliches Zitieren verzichtet. Stattdessen wurden Quellen und dazu weiterführende Literatur jeweils am Ende des Kapitels angegeben. Wer die angegebenen Zitate im Quellenzusammenhang nachlesen möchte, kann sie in eine der bekannten Suchmaschinen, wie z. B. Google, eingeben und dort weiter recherchieren.*

# Teil I

## Grundfragen der Volkswirtschaft (Problemstellung)

# 2

# „Was ist der Mensch?" – Menschenkenntnis für Ökonomen

„Mensch sein heißt, bedürftig zu sein."

© Granger, NYC / INTERFOTO
*Abraham Maslow (1908–1970)*

*Was ist der Mensch?*
Immanuel Kant

## 2.1 Problemstellung – „Was ist der Mensch?"

Menschen sind bedürftig. Dies ist der Ausgangspunkt allen Wirtschaftens. Aus der Bedürftigkeit wird oft auch ein Begehren. Die Bedürftigkeit oder das Begehren ist vielfältig und wandelbar. Das ist es, was die Menschen zum Wirtschaften treibt. Übertrieben kann es zur Begierde werden.

Aus der Bedürftigkeit oder dem Begehren folgt, dass Menschen zumeist die alternative Handlung mit dem größeren Vorteil wählen. Das nennt man „gesunden Menschenverstand". Dieses menschliche Vorteilsstreben wurde oft mit dem einseitigen Bild des „Homo oeconomicus" verschmäht.

Aufgrund seines unvollkommenen Wissens über die Vorteilhaftigkeit seiner Alternativen kann der Mensch sich irren. Dieses unvollkommene Wissen kann immer wieder zum Fallstrick seiner Wahlhandlungen werden und damit zu nachteiligen Fehlentscheidungen führen. Irren ist menschlich: *„Der Mensch irrt, solange er strebt"* (Wolfgang von Goethe, Faust).

### 2.1.1 Die Bedürftigkeit des Menschen

Der Eckstein aller Wirtschaftstheorie ist eine grundlegende anthropologische Vorstellung und Kenntnis vom Menschen. Denn die Welt- und Volkswirtschaftslehre handelt von den wirtschaftlichen Motiven und Verhaltensweisen der zahllosen Menschen auf diesem Planeten. Menschenkenntnis ist folglich für Ökonomen unverzichtbar.

*„Was ist der Mensch?"* war die zentrale Frage der Philosophie von Immanuel Kant. Die Wissenschaft der Anthropologie liefert zu dieser Frage einige brauchbare Erkenntnisse über das Wesen des Menschen. Die Anthropologie z. B. von Wilhelm Kamlah beantwortet die Frage so, dass der Mensch vor allem von seiner **„Bedürftigkeit"** bestimmt wird (vgl. Kamlah 1973). Diese anthropologische Erkenntnis von der Bedürftigkeit des Menschen ist der Eckstein aller Theorien der Volkswirtschaftslehre. Diese Erkenntnis ist zugleich aber auch eine zentrale Achillesferse der Wirtschaftstheorie.

Seine Bedürftigkeit treibt den Menschen ständig um. Schon seine biologische Existenz macht ihn abhängig von ständiger Verfügbarkeit von Wasser und Brot und vielem mehr. Ohne diese Güter erleidet der Mensch existenzielle Mängel. Der Mensch bedarf allerlei Güter, die er von der Natur dieser Erde bereitgestellt bekommt. Aber es gibt unzählige Menschen, die meinen, sie bräuchten überdies noch Drogen aller Art, Waffen oder – auch so etwas wie Kunst oder gar Bücher – oder einen schönen Garten. *„Der Mensch lebt nicht von Brot allein."* (Jesus von Nazareth), sondern bedarf über materielle Güter hinaus auch immaterieller (geistiger, kultureller, sozialer) Güter aller Art, um sein Leben als Mensch verwirklichen zu können. *„All you need is love,"* sangen die Beatles.

Als biologisches Lebewesen hat der Mensch mit den Tieren die Bedürftigkeit gemeinsam. Seine Bedürftigkeit bedeutet, dass ihm nicht nur etwas „fehlt", sondern, dass er Mangel leidet. Als ein Lebewesen, als handelnder Mensch, erleidet er nicht nur Mangel, sondern wird auch zur unmittelbaren Bedürfnisbefriedigung „getrieben". Er ist stets Widerfahrnissen ausgesetzt und wird „selbständig" aktiv, um durch „Handlungen" „sich selbst zu helfen", um seine Bedürfnisse zu befriedigen. Die Psychologie spricht von „Trieben", als werde der Mensch angetrieben durch blinde „Kräfte": Bedürfnisse, Motive, Triebe und Interessen sind Kräfte in einer Person, die auf bestimmte Ziele und auf entsprechende Handlungen gerichtet sind (vgl. Heckhausen und Heckhausen 2006).

## 2.1.2 Die Maslow'sche Bedürfnispyramide

Die Volkswirtschaftslehre befasst sich mit dem wirtschaftlichen Verhalten des Menschen. „Wirtschaft" und „wirtschaftliches Verhalten" definieren etwas, was zum Gesamtbereich menschlichen Handelns gehört, das auf die Befriedigung von Bedürfnissen gerichtet ist. Bedürfnisse sind die Empfindungen eines Mangels mit dem Wunsch, diesen Mangel zu beseitigen. Sie sind insgesamt unbeschränkt (und nicht auf **ein** Gut bezogen).

Die Begriffe Bedürfnisse und Nachfrage werden oft miteinander vermengt, woraus sich oft Fehlschlüsse ergeben. Wer keinen Cent in der Tasche und auch sonst nichts hat, was er zum Tausch anbieten könnte, hat dennoch Bedürfnisse, er kann sie aber nicht in Nachfrage umsetzen, d. h. seine Nachfrage ist gleich Null. Die Unternehmen z. B. richten sich vor allem nach der Nachfrage, nicht nach den Bedürfnissen. Die Bedürfnisse ihrer Kunden sind für sie nur wichtig, wenn diese für die Befriedigung auch zahlen können. Damit aus Bedürfnissen Nachfrage wird, ist Kaufkraft notwendig. Die Menschen, die wenig Einkommen haben (Flüchtlinge, Obdachlose oder Arbeitslose), können daher ihre Bedürfnisse kaum in Nachfrage umsetzen.

Bedürfnisse oder auch Motive sind Wünsche, die über die Bedürftigkeit hinausgehen. Diese bezeichnen verschwommene Phänomene des Erlebens. Was für den einen ein luxuriöses Bedürfnis sein mag, kann für einen anderen eine existenzielle Bedürftigkeit sein und umgekehrt.

Der amerikanische Psychologe Abraham **Maslow** beschreibt menschliche Bedürfnisse und Motivationen in einer hierarchischen Struktur, bekannt als **Bedürfnispyramide**, und versucht sein Menschenbild so zu erklären:

Die innere Natur des Menschen scheint nicht primär oder notwendig böse zu sein. Die Grundbedürfnisse (nach Leben, Sicherheit und Geborgenheit, Zugehörigkeit und Zuneigung, Achtung und Selbstachtung und Selbstverwirklichung), die grundlegenden menschlichen Emotionen und die menschlichen Fähigkeiten sind moralisch neutral oder positiv „gut". Destruktivität, Grausamkeit, Bosheit usw. scheinen nicht angeboren zu sein, sondern eher Reaktionen auf Frustrationen grundlegender Bedürfnisse. Ärger ist an sich weder böse, noch Furcht, Faulheit oder gar Unwissenheit. Allerdings können sie zu bösem Verhalten führen, doch muss dies nicht notwendig so sein. Vielmehr ist die menschliche Natur gar nicht so schlecht, wie oft gedacht (vgl. Maslow 1962/1997, 1981).

Maslow hat aus seinem Menschenbild heraus eine Bedürfnishierarchie in Form einer Pyramide der Motivationen entwickelt, die er nach den Prioritäten der menschlichen Bedürfnisse in einer **hierarchischen Ordnung** in vier aufeinander aufbauende Kategorien unterteilt: beginnend mit den physiologischen lebensnotwendigen Bedürfnissen nach

Wasser, Luft, Nahrung, Kleidung, und Wohnung, bis hin zu den kognitiven, emotionalen und sozialen Bedürfnissen nach Sicherheit, Liebe und Achtung und Selbstverwirklichung. Ist eine Bedürfnisebene befriedigt, wird sie dann gleichsam überformt und umgebildet in eine höhere Ebene und Motivation. Dabei verändert sich die gesamte „Zukunftsphilosophie" des Individuums mit entsprechend ganz neuen Bedürfnissen, wie nach „Kultur" etc. Diese Pyramide mit ihrer Hierarchie der „menschlichen Bedürfnisse" wurde, wegen ihrer praktischen Anwendbarkeit, vor allem an der Schnittstelle von Wirtschaft und Psychologie, insbesondere in den Wirtschaftswissenschaften, gern herangezogen.

**1. Stufe: Physiologische Bedürfnisse**
An der Basis der Maslow'schen Pyramide stehen die physiologischen Bedürfnisse des Menschen; sie sind der Ausgangspunkt seiner Motivationstheorie. Sie sind die stärksten und elementarsten Bedürfnisse: das körperliche Verlangen nach Nahrung mit Essen und Trinken, nach Luft mit Sauerstoff, nach Schlaf u. a. Vorlieben für bestimmte Nahrungsmittel seien sogar ein Hinweis darauf, welcher Mangel im Körper vorherrsche. Die physiologischen Bedürfnisse des menschlichen Körpers sind überdies veränderlich. Bei einem Menschen, dem es an allem mangelt, stellen sie die Hauptmotivation, vor allen anderen Motivationen, dar. Wenn also Nahrung im Leben eines Menschen fehlt, wird der Hunger das vorrangigste Bedürfnis sein, vor dem nach Sicherheit, Liebe oder Achtung u. a. Alle Fähigkeiten, wie Intelligenz und Energie, treten dann in den Dienst der wirtschaftlichen Nahrungsbeschaffung und -produktion, während andere Tätigkeiten, die dieser nicht förderlich sind, zurücktreten.

**2. Stufe: Sicherheitsbedürfnisse**
Auf der nächsten Stufe steht das Bedürfnis nach Sicherheit. Wenn die physiologischen Bedürfnisse weitgehend erfüllt sind, werden die Sicherheitsbedürfnisse wichtiger. Das sind Bedürfnisse nach Sicherheit, Stabilität, Geborgenheit, Schutz, Angstfreiheit, nach Ordnung, Gesetz und Grenzen. Sicherheitsbedürfnisse drücken sich in dem Verlangen nach Gesundheit, dem Arbeitsplatz und Wohnung, Schutz vor Gefahren, finanzieller Sicherheit und Stabilität, Sicherheit im Umfeld aus. In

der modernen Gesellschaft sind die Sicherheitsbedürfnisse weitgehend erfüllt. Bei den meisten Menschen ist das Grundbedürfnis nach Sicherheit überwiegend ausgeglichen, ausgenommen in Notfallsituationen, wie etwa Wirtschaftskrisen, Naturkatastrophen oder Kriminalität, die die Sicherheit der Gemeinschaft bedrohen. Unerwartetes kann sogar massive Panik auslösen. Ist das Sicherheitsempfinden beim Menschen bedroht, entspringt daraus, dass die Sicherheitsbedürfnisse als ein starkes Mangelerleben in der Folge zu entsprechenden wirtschaftlichen Motiven und Aktivitäten führen.

**3. Stufe: Soziale Bedürfnisse**
Sind die ersten beiden Bedürfnisstufen weitgehend befriedigt, taucht das in der Hierarchie nächsthöhere Bedürfnis auf. Dann erlebt der Mensch einen Drang nach befriedigenden sozialen Beziehungen sowie das Bedürfnis nach Anerkennung und nach einem anerkannten sozialen Status, sei es gegenüber einzelnen Individuen oder als Mitglied von bestimmten Gruppen. Denn der Mensch ist eine „psychophysische Ganzheit" und lebt in einem „psychosozialen" Milieu:

> Das einzelne Individuum ist ein Kreuzungspunkt einer Mehrheit von Systemen, welche sich im Verlauf einer fortschreitenden Kultur immer feiner spezialisieren. Ja derselbe Lebensakt eines Individuums kann diese Vielseitigkeit zeigen. Dieselbe ungeteilte Person ist zugleich Glied einer Familie, Leiter einer Unternehmung, Gemeindeglied, Staatsbürger, in einem kirchlichen Verband, dazu etwa Genosse eines Gegenseitigkeitsvereins, eines politischen Vereins (oder) verschiedene Personen sind in jedem von uns, das Familienglied, der Bürger, der Berufsgenosse; wir finden uns im Zusammenhang sittlicher Verpflichtungen, in einer Rechtsordnung, in einem Zweckzusammenhang des Lebens, der auf Befriedigung gerichtet ist: nur in der Selbstbesinnung finden wir die Lebenseinheit und ihre Kontinuität in uns, welche alle diese Beziehungen trägt und hält (Dilthey 2006).

Die sozialen Bedürfnisse charakterisieren den Wunsch nach Freundschaft, Zuneigung, Familie, Liebe und Intimität, nach Freunden, einem geliebten Menschen, dem Lebenspartner, nach Kindern und werden

## 2.1 Problemstellung – „Was ist der Mensch?"

ein starker Motivator sein. Gleichzeitig wird der Mensch auch versuchen, eine bestimmte soziale Rolle zu erfüllen bzw. sich einen Platz in einer sozialen Gruppe zu sichern. Der Mensch braucht die anderen Menschen, um seine Fähigkeiten zu entwickeln. Die Sozialbedürfnisse drücken das Verlangen nach Wertschätzung und Anerkennung aus – auch im Sinne von Selbstwertschätzung und Selbstachtung. Das Bedürfnis nach Achtung kann nur von anderen Menschen erfüllt werden und bezieht sich auf die Sehnsucht nach hoher Einschätzung der eigenen Person, nach Respekt und Achtung, die dem Individuum entgegen gebracht wird. Der Wunsch nach sozialem Ansehen kennzeichnet diese Bedürfnisstufe: nach Prestige, Wertschätzung, Reputation, Anerkennung, Aufmerksamkeit, Bedeutsamkeit, Wichtigkeit und sozialem Status, ja sogar nach Selbsterhöhung. Diese befriedigten Bedürfnisse zeigen sich als Selbstvertrauen, Selbstwertgefühl, Stärke und Gefühl eines nützlichen Daseins. Bleiben diese Bedürfnisse unbefriedigt, resultieren daraus Unzufriedenheit und Frustration. Die Neigung zu Ehrgeiz: „Ehrsucht" ist allerdings nach Immanuel Kant in seinem Werk: „Anthropologie in pragmatischer Hinsicht" die zentrale Schwäche der Menschen.

**4. Stufe: Selbstverwirklichung**
Das Bedürfnis nach selbstbestimmter Entfaltung der Persönlichkeit und das eigene Leben frei gestalten zu können, treibt den Menschen zur Selbstverwirklichung an. Diese Bedürfnisstufe der Selbstverwirklichung ist meist erst interessant, wenn die grundlegenden Bedürfnisstufen, die körperlichen Grundbedürfnisse, die nach Sicherheit und nach befriedigenden sozialen Beziehungen einigermaßen erfüllt sind. Zu den Bedürfnissen der Selbstverwirklichung zählen unabdingbar die persönlichen, politischen und wirtschaftlichen Freiheitsrechte: Selbstbestimmungsrecht, Informationsfreiheit, Meinungsfreiheit, Kunst-, Wissenschafts-, Religionsfreiheit und Redefreiheit sowie Berufs- und Gewerbefreiheit u. a. Stehen der Befriedigung dieser Bedürfnisse Hindernisse entgegen, werden diese heftig bekämpft.

Selbstverwirklichung ist das Bedürfnis: *„All das zu werden, was jemand werden kann… Ein Musiker muss musizieren, ein Künstler malen, ein Poet muss schreiben. Was ein Mensch sein kann, muss er sein"* (Maslow). Es geht bei diesem Bedürfnis also um die Verwirklichung der latent vorhandenen Potenziale. Es geht um den Wunsch, das eigene Potenzial auszuschöpfen. In welcher Form sich dieses Bedürfnis ausdrückt, hängt vom jeweiligen Individuum ab (beispielsweise eine gute Geigerin sein, ein Schriftsteller oder ein Erfinder usw.). Mit anderen Worten: der Mensch muss, um glücklich zu sein, das werden und sein, was er sein könnte. Denn,

> da der Mensch ein vernünftiges Wesen ist und beständig sein Glück verfolgt, das er durch Befriedigung eines Affekts oder einer Neigung zu erlangen hofft, so handelt, spricht oder denkt er selten ohne Vorsatz und Absicht. Immer sieht er einen Zweck vor sich; und wie ungeeignet die Mittel auch manchmal sein mögen, die er zur Erreichung seines Endziels wählt, so behält er doch irgendein Ziel im Auge. Nicht einmal seine Gedanken und Überlegungen wird er verschleudern, wo er keine Befriedigung davon zu ernten hofft (Hume 1989, S. 26).

Der letztliche Zweck oder der „Sinn" der Arbeit ging mit der wirtschaftlichen Entwicklung weitgehend verloren. Trotzdem sind im Zeitalter der Industrialisierung und der Digitalisierung im Umgang mit Computern und Menschen, Disziplinen, wie Genauigkeit, Zuverlässigkeit, Pünktlichkeit sowie Fairness und Lernfähigkeit, als Werkzeuge des Umgangs mit der Welt gefordert.

Die **Selbstverwirklichung** des Menschen hat aber auch mit der Sinnfrage in seinem Leben und in der Welt zu tun. Der Mensch sucht die unterschiedlichsten Antworten auf die Sinnfrage der menschlichen Welt und des Lebens und damit auch eine Aufgabe zur schöpferischen Selbstentfaltung, in der er das „Menschenmögliche" schöpferisch kreativ verwirklichen kann. Maslow sieht deshalb ein großes unerkanntes Potenzial im Menschen:

> Selbstverwirklichende Menschen, Menschen also, die einen hohen Grad der Reife, Gesundheit und Selbsterfüllung erreicht haben, können uns so viel lehren, dass sie manchmal fast wie eine andere Spezies menschlicher Wesen erscheinen. Doch weil sie so neu sind, ist die Erforschung der höchsten Bereiche der menschlichen Natur und ihrer äußersten Möglichkeiten und Hoffnungen eine schwierige und gewundene Aufgabe.

## 2.1.3 Unerfüllte Bedürfnisse sind die Triebfeder der Wirtschaft

Die Bedürfnispyramide ist ein Modell der „Stufung" oder „Schichtung" der menschlichen Bedürfnisse. Die Bedürfnishierarchie treibt den Mensch stets nach der nächsthöheren Stufe, sofern er die darunter liegenden Stufen verwirklicht hat, also diese „niederen" Bedürfnisse befriedigen konnte. Mit anderen Worten: mit Erreichen einer Stufe steigt die Motivation, die nächste Stufe zu erlangen. Die Stufen der Pyramide besagen, dass ein Bedürfnis der niederen Ebene erst befriedigt sein muss, bevor die nächste Bedürfnisstufe genommen wird, wer z. B. durstig und hungrig ist, hat (noch) kaum Interesse an Philosophie oder Kunst. Ein (niederes) Bedürfnis, das befriedigt ist, motiviert nicht mehr. Nur solange ein Bedürfnis noch unbefriedigt ist, treibt es das Handeln. Unerfüllte Bedürfnisse sind deshalb die Triebfedern der Wirtschaft. Sobald Wünsche aufkommen, die nicht oder nur teilweise erfüllt werden können, geraten die Wirtschaftssubjekte in Bewegung und versuchen, den Mangel zu beseitigen oder zu verringern. Unerfüllte Bedürfnisse mobilisieren die Menschen zu Überlegungen und Dispositionen, und treiben sie dazu, wirtschaftliche Anstrengungen zu unternehmen, um all die Güter zu beschaffen, zu erarbeiten, zu erstellen oder einzutauschen, die er als „Mängelwesen" zum Leben benötigt, kurz gesagt: wirtschaften zu müssen ist ein anthropologisches Schicksal (1. Buch Mose, Kap. 3, Bibel).

„Wirtschaft" und „wirtschaftliches Verhalten" ist menschliches Handeln, das eben auf die Befriedigung von Bedürfnissen ausgerichtet ist. Die Bedürfnisbefriedigung ist somit der letzte Zweck des Wirtschaftens. Menschen arbeiten, um Einkommen zu erzielen, mit dem sie Bedürfnisse befriedigen. Haushalte zielen z. B. auf Konsumaktivitäten, Unternehmen auf Investitionsentscheidungen, Anleger auf Vermögensdispositionen, Arbeitnehmer auf Weiterbildungsmaßnahmen, der Staat auf Infrastrukturinvestitionen usw. Mit zunehmender Befriedigung eines Bedürfnisses nimmt dessen motivierender Antrieb ab. Ein befriedigtes Bedürfnis wirkt nicht mehr als Motivation zu wirtschaften, sondern eröffnet ganz neue Bedürfnisse.

## 2.1.4 Menschenkenntnis für Ökonomen – Das menschliche Vorteilsstreben

Krieg, Handel, Piraterie, dreieinig sind sie, nicht zu trennen ...
*Mephisto in Goethe, Faust II, Vers 11187*

Adam Smith (1723–1790), Moralphilosoph und Begründer der klassischen Volkswirtschaftslehre aus Schottland, legte in seinem berühmten Buch „Wohlstand der Nationen" 1776 das wichtigste ökonomische Gesetz vor: „Der Markt regelt alles": Wenn jeder Einzelne vor allem zum eigenen Vorteil handelt, wirkt sich das Zusammenspiel der vielen Egoismen auch zum Nutzen der Gesellschaft aus und im Ergebnis zum gesamten Gemeinwohl. Diese „natürliche Ordnung" wird von der „unsichtbaren Hand" des Wettbewerbs gelenkt. Der sorgt dafür, dass die allen zur Verfügung stehenden Ressourcen wie Arbeitskräfte oder Kapital optimal allen zugute genutzt werden.

Die unsichtbare Hand benötigt jedoch Spielregeln. Der Staat soll nicht direkt in die Märkte eingreifen und regulieren, er soll nur für Rahmenbedingungen sorgen. Der einzelne Wirtschaftsakteur, der für den eigenen Vorteil arbeitet, kann besser beurteilen, was in jeder Situation das Beste ist.

Dabei hatte Smith in seinen philosophischen Werken das Gegenteil beschrieben; für ihn war Empathie der Ursprung menschlichen Handelns. Die Anteilnahme am Leben des Nächsten ist das, was den Menschen menschlich macht. In dem Buch „Theorie der ethischen Gefühle" (1759) hinterfragt er, wie Nächstenliebe und Mitgefühl möglich sein können. So nüchtern das ökonomische Menschenbild ist, nach dem sich die Wirtschaft orientiere, sind die Menschen doch im Grunde gut. Jeder Mensch hat ein Gefühl dafür, was richtig und was falsch ist: Wenn jemand allein dem eigenen Nutzen dient, wird er zumeist verurteilt.

Das erscheint als ein Widerspruch. Dies ist das sogenannte „Adam-Smith-Problem", nach dem etwas zunächst moralisch korrekt sein muss, bevor der eigene Vorteil verfolgt werden darf. Das Vorteilsstreben rechtfertigt nicht den persönlichen Egoismus, sondern durch Empathie für

## 2.1 Problemstellung – „Was ist der Mensch?"

andere Menschen bleibt der Egoismus nicht allein egoistisch, sondern nützt allen.

In der Literatur der Wirtschafts- und Sozialwissenschaften finden sich unterschiedliche „Modelle" vom Menschen, die je einen bestimmten Aspekt des Menschen in den Fokus rücken:

- Homo sociologicus (der Mensch als Akteur in sozialen Rollen in Gruppen)
- Homo culturalis (der Mensch als Mitspieler mit anderen Menschen)
- Homo biologicus (der Mensch als ein biologisches Wesen)
- Homo laborans (der Mensch als arbeitendes Wesen)
- Homo ludens (der Mensch als spielendes Wesen)
- Homo oecologicus (der Mensch als ökologisch handelndes Wesen) und
- Homo oeconomicus (der Mensch als wirtschaftliches Wesen)

Der Homo oeconomicus ist hiernach eine Dimension des Homo sapiens: *„Der ökonomische Mensch im allgemeinsten Sinne ist also derjenige, der in allen Lebensbeziehungen den Nützlichkeitswert voranstellt. Alles wird für ihn zu Mitteln der Lebenserhaltung, des naturhaften Kampfes ums Dasein und der angenehmen Lebensgestaltung"* (Spranger 1950, S. 148). Vor allem Adam Smith war der Schöpfer dieses anthropologischen Konstrukts, das lange ein „Axiom" der Wirtschaftswissenschaften bildete. Dieser ökonomisch gesinnte Mensch ist bestimmt von der Tendenz, sein Leben vor allem nach wirtschaftlichen Kriterien auszurichten. „Jedefrau und jedermann" wählen nach ihren Wünschen und Präferenzen zwischen den Alternativen, weil Güter nur begrenzt und nicht ausreichend zur Verfügung stehen, um alle Bedürfnisse befriedigen zu können. Wirtschaften bedeutet, Knappheiten zu verringern, mit anderen Worten über knappe Mittel so zu disponieren, dass sie mit den Bedürfnissen, ob im privaten oder betrieblichen Bereich, möglichst in Einklang gebracht werden, d. h. dass die Menge der verfügbaren Güter den gegebenen Bedürfnissen entsprechen werden.

Der Homo oeconomicus ist ein Akteur, der bei all seinem Handeln vor allem auf seinen Vorteil bedacht ist und unter Nutzung aller vorhandenen Informationen die vorteilhafteste Handlungsoption wählt.

Sein Handeln ist also nur am Eigeninteresse, an der Nutzenmaximierung, an voller Rationalität, klaren Präferenzen und (vollkommenen) Informationen orientiert.

Das Modell des Homo oeconomicus idealisiert einen handelnden und denkenden Menschen, der in jeder Situation, sei es als Haushalt, als Unternehmer, als Anleger, als Investor oder als Arbeitnehmer etc. die jeweils vorteilhafte Alternative im Hinblick auf seine gewünschten Bedürfnisse wählt. Der Homo oeconomicus ist deshalb ein „Konstrukt", ein ökonomisch idealtypischer Mensch, der in jeder Situation bei seinen Dispositionen stets den je größten Vorteil für sich sucht – unabhängig von der jeweiligen politisch-gesellschaftlichen Herrschaftsstruktur; er ist gleichsam anthropologisch vorgegeben. Insofern ist er ein rational handelnder (modellhafter) Menschentyp (Wirtschaftsakteur), der sich stets nach dem ökonomischen Prinzip orientiert. Er trifft seine Entscheidungen nur auf Anreize gemäß seiner Präferenzen (Vorlieben), ist bestens informiert und sucht, den für sein Budget bestmöglichen „Nutzen" (ob materiell oder immateriell) zu erzielen.

Diese Verhaltenshypothese des Homo oeconomicus ist zu einem wirtschaftlichen Leitbild geworden, zu einer effizienten Verhaltensnorm. Sie ist in diesem Sinne eine Maxime für wirtschaftliches Verhalten, die auch als Leitbild für vernünftiges wirtschaftliches Verhalten verstanden wird. Wer sich um ökonomische Vernunft bemüht, richtet sich am Leitbild ökonomischer Rationalität aus, um *„die Gesetze der Wirtschaftlichkeit zum Bewusstsein zu bringen"* (Carl Menger, 1841–1921).

Das menschliche Vorteilsstreben wurde oft mit dem einseitigen Bild vom Homo oeconomicus verschmäht und ist vielseitig umstritten. Für den einen ist der Homo oeconomicus die Verkörperung einer unverzichtbaren Verhaltenshypothese; unverzichtbar insofern, als nur auf der Grundlage dieser Hypothese ökonomisch rational gedacht werden kann. Für die anderen ist er ein Zerrbild des Menschen, die Verkörperung des kalten Egoisten, eine durch und durch unsympathische Figur.

Natürlich ist das Eigennutzmotiv ein wichtiges, aber nicht das einzige Motiv menschlichen Handelns. Das Handeln des Menschen ist nicht nur von rationalen Erwägungen geprägt, sondern auch von *animal spirits,* von Emotionen und Instinkten bestimmt. Denn die Menschen handeln bekanntlich aus den vielfältigsten Motiven heraus, wie aus Dankbarkeit, aus Verärgerung, aus sozialer Verpflichtung und vielen anderen Motiven. Menschen maximieren nicht einfach egoistisch ihren Nutzen, sondern streben auch nach Fairness, Kooperation und vertrauensvollen Beziehungen, lassen sich leiten von sozialen und moralischen Gefühlen. Der Mensch ist auch zu altruistischem Verhalten fähig und nicht nur ein Eigennutz-Maximierer. Mit anderen Worten: *„Handle so, dass durch dein Handeln der größte Nutzen bzw. der geringstmögliche Schaden für die größte Anzahl der Betroffenen entsteht"* (frei nach I. Kant und A. Smith).

Für Nichtökonomen ist es oft schwer zu verstehen, warum Ökonomen das Vorteilsmotiv so in den Vordergrund stellen. Dass die Ökonomen das tun, hat aber gute Gründe: Das Vorteilsmotiv stützt die Mechanismen der biologischen Evolution und der natürlichen Auslese. Diejenigen Verhaltensweisen setzen sich in der gesellschaftlichen Evolution als erfolgreich durch, die vorteilhaft sind, auch wenn nicht alle Wirtschaftssubjekte rational nach der Vorteilsmaximierung handeln. Sogar Tiere handeln ökonomisch. Wenn z. B. Ratten auf dem Weg zum Futterplatz in einem Labyrinth nach einiger Zeit Umwege vermeiden und die kürzeste Strecke wählen, minimieren sie ihren Energieaufwand bei der Erreichung eines gegebenen Ziels, der Futterstelle, mit dem geringstmöglichen Aufwand.

Adam Smith erkennt im Homo oeconomicus sogar die Basis für die Wohlfahrt der Nationen. Der gesunde Egoismus des Einzelnen würde wie von **„unsichtbarer Hand"** Wohlstand als Nebenergebnis mit sich bringen, das für alle in einer Gesellschaft vorteilhafter sei.

Das abstrakte Menschenbild des Homo oeconomicus wurde von der Wirtschaftswissenschaft erschaffen, um das menschliche Verhalten in Wirtschaftsmodellen darstellen zu können. Die Modellkonstruktion und Theoriebasierung der Wirtschaftswissenschaft braucht eine realistische „Annahme" des menschlichen Verhaltens, die beschreibt und erklärt, woran sich die wirtschaftlichen Akteure orientieren und handeln. Nur so lässt sich in Modellen oder Theorien das Verhalten der Wirtschaftsakteure einigermaßen stabil und vorhersagbar formulieren. Ohne dieses methodisch notwendige Paradigma eines plausiblen „Menschenbildes" könnte die ökonomische Theorie, trotz ihrer praktischen Unzulänglichkeiten, schwer gebildet werden. Die Motiv- und

Verhaltensannahme von der Rationalität des „Menschen" bei der Verfolgung des eigennützigen Interesses ist deshalb ein unverzichtbarer **methodischer** Bestandteil ökonomischen Denkens.

## 2.2 Fallstricke des „gesunden" Menschenverstandes

Aus der Bedürftigkeit und den Bedürfnissen des Menschen folgt, dass ein Wirtschaftssubjekt, z. B. als Verbraucher, Anleger, Investor, Anbieter etc., zumeist diejenige Handlung aus einer Menge von Handlungsoptionen wählt, die den größeren Vorteil hat. Dies wird „gesunder Menschenverstand" genannt. Aber „Irren ist menschlich" beschreibt die Widersprüchlichkeit des Menschen und seinen Versuch, diese Widersprüche bzw. Spannungen auszuhalten.

Der „gesunde Menschenverstand" hat im Allgemeinen und im Besonderen in wirtschaftlichen Dingen die fatale Neigung sich zu irren und in einen der zahllosen Fallstricke hineinzugeraten, die die wirtschaftliche Wirklichkeit dem Menschen bereitstellt. Fallstricke sind fatale Fehler, Fallen oder Schlingen für das Denken, Entscheiden oder Handeln. Ein Fallstrick kann auch ein dünner Faden sein. Ein Mensch der sich für klug und irrtumsfrei hält und glaubt über vollkommene Information und Wissen zu verfügen, sitzt tief in der Falle seines selbst getäuschten „gesunden Menschenverstands". Das ist wohl der größte Irrtum: *„Der Mensch irrt, solange er strebt"* (Wolfgang v. Goethe, in: Faust).

Die häufigsten Fallstricke in Alltag und Wirtschaft sind vor allem:

- Rationalitätsfallen
- Herdentrieb
- Vorurteile
- Blinde Flecken
- Unerwartete Ereignisse

**Rationalitätsfallen**
Lange Zeit haben die Ökonomen den Homo oeconomicus zum Eckstein ihrer Überlegungen gemacht. Das Ziel des Homo oeconomicus ist der größtmögliche Nutzen. Anhand ökonomischer Überlegungen entscheidet und wählt er unter verschiedenen Handlungsoptionen nach der zur Verfügung stehenden Information und nach rationalen Gesichtspunkten diejenige Handlung, die den größten Nutzen verspricht. Die in der Wirtschaftswissenschaft vorherrschende Vorstellung des ökonomischen Verhaltens wird bestimmt von dem Glauben an die Rationalität und von der Annahme rationalen Handelns. Sie ist in den Wirtschaftswissenschaften tief verwurzelt, obwohl die Rationalitätsannahme des Menschen in der Realität meist nicht erfüllt bzw. die Rationalität des Menschen nur beschränkt ist.

Weil der Mensch über begrenzte Rationalität verfügt, aufgrund begrenzter kognitiver Kapazitäten und der Komplexität des sozialen Geschehens, wird das menschliche Handeln der Akteure nie vollkommen rational sein können. Der Mensch verhält sich oft nicht klar zielorientiert und ist aufgrund seiner Beschränkungen nicht immer in der Lage, die beste Handlung zu wählen. Die Leistungsfähigkeit des menschlichen Verstandes ist oft gering im Vergleich zur Komplexität der Probleme, die in der wirtschaftlichen Realität zu lösen sind. Die Psychologie zeigt überdies, wie sehr die Menschen von Emotionen und vom Unterbewussten abhängig sind und beeinflusst werden. Die Vorstellung eines Homo oeconomicus, der vollkommen informiert, nur auf den größten eigenen Nutzen bedacht, rational handelt, bietet deshalb nur einen begrenzten Erklärungsgehalt.

Die Annahme der Rationalität des Menschen ist nicht ganz falsch, aber auch nicht ganz richtig, weil die Menschen in der Realität immer wieder in Rationalitätsfallen, wie Irrtümer oder Fehlschlüsse, geraten. Typische Rationalitätsfallen sind **Irrtümer** aufgrund von „Denkfehlern" (oft aufgrund der Komplexität von Entscheidungssituationen), wie falsche Annahmen oder Behauptungen. Wenn sich ein Mensch in einem Irrtum befindet, geschieht dies unabsichtlich, in „gutem Glauben" und von der Wahrheit überzeugt, aufgrund falscher Informationen oder von Fehlschlüssen. Im Gegensatz dazu verfälscht die Lüge, die in der Wirtschaft eine große Rolle spielt, die Wahrheit mit Absicht, z. B. in der

Werbung oder den *public relations,* in der Propaganda oder bei falschen Autoritätsansprüchen.

In eine typisch konjunkturbedingte „Rationalitätsfalle", die aus der Volkswirtschaft bekannt ist, geraten Millionen Haushalte, wenn sie sich in Zeiten „schlechter Konjunktur" scheinbar haushaltsökonomisch rational verhalten – und sparen. In Abschwungs- und Rezessionsphasen neigen die meisten Haushalte nämlich gerade dazu, „vorsorglich" – und scheinbar rational – jetzt noch mehr zu sparen. Makroökonomisch wird dieses „Angstsparen" – denn sparende Haushalte befürchten Abschwung und Rezession – durch die dadurch erzeugte sinkende Gesamtnachfrage eine Rezession erst richtig verursachen und verschärfen.

**Herdentrieb**
Die meisten Menschen lassen sich durch Worte und Taten anderer relativ leicht beeinflussen. Wenn viele Menschen etwas tun, kann dies dazu führen, dass andere dies übernehmen. Menschen unterliegen leicht dem Gruppenzwang, dem „Herdeneffekt"(-trieb), d. h. zu tun, was eben auch andere tun. Solange die Menschen die Angewohnheit haben, ihre Informationen durch dominierende Marktmeinungen zu gewinnen, werden ihre Zukunftserwartungen zwischen übertriebenem Optimismus und übermäßigem Pessimismus hin und her schwanken, und wird auch der Konjunkturzyklus entsprechenden Schwankungen folgen (Ferguson 2009, S. 151).

**Vorurteile**
Das Streben der Menschen nach Harmonie und Vermeidung oder Verringerung von kognitiven Dissonanzen führt dazu, dass Menschen in selbst gemachte Fallstricke geraten, durch systematisch selektive Wahrnehmung von Informationen. Sie beachten nur solche Informationen, die ihre bisherige Meinung stützen und sie schätzen widersprüchliche Informationen gering oder ignorieren sie und verhalten sich blind gegenüber eigenen Fehlern. Dies führt zu Vorurteilen aufgrund voreiliger oder nicht durchdachter Schlussfolgerungen: z. B. subjektive Meinungen, ideologische Voreingenommenheiten oder interessenbedingte Lobbyismus-Fallen, aber auch Voreingenommenheiten gegenüber bestimmten (Marken-) Produkten oder Firmen etc. Die meisten Menschen beharren lieber hartnäckig auf einmal gebildeten Vorurteilen,

weil sie Verunsicherung fürchten und ungern ihre Auffassungen ändern. Deshalb wusste schon Albert Einstein: *„Leichter lässt sich ein Atomkern spalten, als ein Vorurteil."*

**Blinde Flecken**
Die meisten Wirtschaftssubjekte müssen ihre ökonomischen Ziele und den größtmöglichen Nutzen zumeist bei unvollständiger Kenntnis der wirtschaftlichen Alternativen und deren Folgen anstreben. Die Kenntnisse über die Gegebenheiten einer Situation und deren weitere Folgen sind fast immer unvollständig. Was Menschen erkennen, ist in der Regel auch nur ein Teil des Ganzen und beinhaltet deshalb das Risiko, in einen Irrtum oder einen Fallstrick zu geraten. Die größten Fallstricke und Fehleinschätzungen beziehen sich natürlich auf die Zukunftserwartungen, wie z. B. auf die künftige politische Entwicklung u. a. Denn selbst die kompetentesten Menschen verfügen nur über beschränkte Information und unvollkommenes Wissen über die Entwicklung der Zukunft. Wirtschaftliche Entscheidungen von Unternehmen, Haushalten und des Staates reichen jedoch immer in die Zukunft mit ihrem ungewissen Wandel und den Fortschritten des Wissens etc. Die Zukunft ist immer „im Nebel" oder bspw. im Bonmot von Karl Valentin: *„Prognosen sind schwierig – besonders, wenn sie die Zukunft betreffen"*, oder mit biblischer Weisheit: *„Unser Wissen ist Stückwerk, und unser Weissagen ist Stückwerk"* (Paulus, 1. Brief an die Korinther 13, Bibel).

**Unerwartete Ereignisse**
Ein großer Fallstrick ist das Unvorhergesehene, die sog. Imponderabilien (*lat. imponderabilis* – unwägbar), ein Ausdruck für Unwägbarkeiten. Das sind z. B. nicht berechenbare Risiken, wie Erwartungsirrtümer, Zufälle oder unerwartete Ereignisse. In Europa waren die Menschen absolut überzeugt, dass alle Schwäne eben weiß seien, bis völlig unerwartet und unvorhersehbar ein schwarzer Schwan in Australien entdeckt wurde. Nassim N. Taleb bezeichnet deshalb Ereignisse, die

- unvorhersehbar sind,
- selten vorkommen sowie
- große Auswirkungen zeitigen,

als „schwarze Schwäne". Taleb hat für das Unvorhersehbare den Begriff des „schwarzen Schwans" als Metapher eingeführt (vgl. Taleb 2014, 2015).

**Irrtümer sind produktiv**
Wirtschaften heißt, dass ein Wirtschaftssubjekt – ein Verbraucher, ein Produzent, ein Arbeitnehmer, ein Sparer oder Anleger o. a. – in einer bestimmten wirtschaftlichen Situation im Hinblick auf gewünschte Nutzenwirkungen über knappe Mittel – Geld, Zeit, Ressourcen o. a. – disponiert, also Wahlentscheidungen treffen muss. Dazu benötigt das Wirtschaftssubjekt mehr oder weniger Informationen und Wissen über die relevanten Mittel-Wirkungs-Zusammenhänge. An diesen Informationen und Wissen fehlt es aber oft oder sie sind zu teuer, sodass das Wirtschaftssubjekt mit nur unvollkommenen Informationen und Wissen entscheiden oder wählen muss. Damit riskiert es, Irrtümer und Fehler zu begehen, sodass es seine Entscheidung später womöglich bereut. Die wirtschaftliche Wirklichkeit bereitet für jedes Wirtschaftssubjekt in jeder neuen Situation unerwartete Fallstricke.

Wirtschaftliche Dispositionen verbergen fast immer Fallstricke durch Fehler oder Irrtümer. Diese sind wegen bruchstückhafter Information und Wissen unvermeidbar. So hat jedes Wirtschaftssubjekt immer wieder einmal etwas zu bereuen: sei es einen Fehlkauf, eine Fehlinvestition, eine Fehlgeldanlage oder eine staatliche oder behördliche Fehlentscheidung usw. Wenn die eingesetzten Mittel nur klein waren oder der Irrtum schnell erkannt und korrigiert werden konnte, könnte die Reue ggf. gering gehalten werden. Hat ein Wirtschaftssubjekt eine Fehlentscheidung getroffen, gilt es, den begangenen Fehler zu bereuen und schleunigst zu korrigieren. Es ist eine Binsenweisheit, aus Fehlern zu lernen und die Reue über Fehler ist ein Motor des Fortschritts. Einen Fehler zu begehen ist nicht so schlimm, schlimm ist es vielmehr, über einen Fehler keine Reue zuzulassen; denn Reue über einen Fehler führt dazu, es beim nächsten Mal besser zu machen. So wird ein Wirtschaftssubjekt von Fall zu Fall immer klüger. Tätige Reue, das heißt einmal gemachte Fehler durch schonungslose Selbsterkenntnis zu korrigieren, ist ein Erfolgsrezept für nachhaltigen wirtschaftlichen oder wirtschaftspolitischen Erfolg.

Das größte Hindernis für solchen „gesunden Menschenverstand" ist Selbstgerechtigkeit. Selbstgerechtigkeit blockiert das Lernvermögen und im weitesten Sinne die „Intelligenz" des Menschen. Sie verhindert seine Selbsterkenntnis und Selbstkorrektur, sich ständig lernend weiterzuentwickeln und zu verbessern. „Intelligenz" ist die Fähigkeit zur Selbstreflexion. Selbstreflexion wird gelernt durch Üben.

Der größte Irrtum des Menschen war deshalb wohl, die Welt so einzurichten, dass der Irrtum zur knappen Ressource wurde. Eine Welt ohne Irrtum wäre aber bald eine menschenleere Welt (Bernd Guggenberger). Dies gilt umso mehr, als Irrtümer für die Entwicklung einer Volkswirtschaft höchst produktiv sein können, weil Irrtümer sich als ökonomisches Entdeckungsverfahren erweisen können – als Fortschritt durch Fehlschritte – und so zum Auffinden von produktivem Wissen, das sonst nicht so bald entdeckt worden wäre, führen können. Paradoxerweise kann dadurch die Erkenntnis wachsen.

Die ständige Weiterentwicklung der Volkswirtschaft und ihrer Effizienz ist aber darauf angewiesen, dass die Menschen in ihren Rollen als Wirtschaftssubjekte ständig dazulernen. Eine Volkswirtschaft ist umso erfolgreicher, als sie stets auch eine große Veranstaltung des organisierten Lernens ihrer wirtschaftlichen Teilnehmer darstellt.

## Quellen und weiterführende Literatur

Akerlof, G. A. / Shiller, R. J., Animal Spirits. How Human Psychology Drives the Economic and Why it Matters for Global Capitalism, Princeton 2009 (deutsche Übersetzung: Animal Spirits. Wie Wirtschaft wirklich funktioniert, Frankfurt 2009)

Altner, Günter, Menschliche Grundbedürfnisse, in: Agenda 21 – Vision Nachhaltige Entwicklung, Frankfurt am Main 1999

Ariely, D., Denken hilft zwar, nützt aber nichts. Warum wir immer wieder unvernünftige Entscheidungen treffen, München 2008

Ariely, D., Die halbe Wahrheit ist die beste Lüge. Wie wir andere täuschen und uns selbst am meisten, München 2012

Ariely, D., Fühlen nützt nichts, hilft aber. Warum wir uns immer wieder unvernünftig verhalten, München 2010

Ariely, D., The End of Rational Economics, Harvard Business Review, Ausgabe Juli/August 2009, S. 78–83

Beinhocker, Eric, Die Entstehung des Wohlstands. Wie Evolution die Wirtschaft antreibt, Landsberg/Lech 2007

Dilthey, Wilhelm, Gesammelte Schriften, Göttingen 2006

Dörner, D., Entscheidungsfallen. Die Logik des Misslingens in der Entwicklungspolitik, in: epd Entwicklungspolitik, 22/1995

Dörner, D., Problemlösen als Informationsverarbeitung, Stuttgart 1975

Dörner, Klaus / Plog, Ursula / Teller, Christine / Wendt, Frank, Irren ist menschlich. Lehrbuch der Psychiatrie und Psychotherapie, 22. Aufl., Köln 2013

Dörner. D., Die Logik des Misslingens, Reinbek 1989

Drosg, Manfred, Der Umgang mit Unsicherheiten. Ein Leitfaden zur Fehleranalyse, 1. Aufl., 2006

Dueck, Gunter, Abschied vom Homo oeconomicus. Warum wir eine neue ökonomische Vernunft brauchen, 3. Aufl., Frankfurt/M. 2010

Eberhardt, Margarete, Erkennen, Werten Handeln. Ein Beitrag zur Lehre des Menschen, Bd. 1–3, Hamburg 1956

Ferguson, Neil, Der Aufstieg des Geldes. Die Währung der Geschichte, München 2009

Frey, Ulrich / Frey, Johannes, Fallstricke. Die häufigsten Denkfehler in Alltag und Wissenschaft, München 2011

Gabler Wirtschafts-Lexikon, 15. Aufl., S. 1457

Guckelsberger, Ulli, Das Menschenbild in der Ökonomie. Ein dogmengeschichtlicher Abriss, in: Rump, Jutta / Sattelberger, Thomas / Fischer, Heinz, Hg., Employability Management. Grundlagen, Konzepte, Perspektiven, Wiesbaden 2006

Hayek, F. A. von, Die Verfassung der Freiheit, Tübingen 1971, S. 76

Heckhausen, J. / Heckhausen, H., Motivation und Handeln. Einführung und Überblick, Berlin 2006

Heckhausen, Jutta, Motivation und Handeln, Berlin/Heidelberg 2010

Hume, David, Ein Traktat über die menschliche Natur, Hamburg 1989

Kahneman, D., A Psychological Perspective on Economics, in: American Economic Review, Vol. 93, 2, 2003, S. 162–168

Kamlah, Wilhelm, Philosophische Anthropologie, Mannheim 1973

Kant, Immanuel, Anthropologie in pragmatischer Hinsicht, Stuttgart 1983

Kirchgässner, Gebhard, Homo oeconomicus. Das ökonomische Modell individuellen Verhaltens und seine Anwendung in den Wirtschafts- und Sozialwissenschaften, Tübingen 1991, 3. Aufl., 2008

Manstetten, Reiner, Das Menschenbild in der Ökonomie. Der homo oeconomicus und die Anthropologie von Adam Smith, Freiburg/München 2000

Maslow, Abraham H., Motivation and Personality, New York 1954, 1970, dt., Motivation und Persönlichkeit, 1977, Reinbek bei Hamburg 1981

Maslow, Abraham H., Motivation und Persönlichkeit, 12. Aufl., Reinbek bei Hamburg 1981

Maslow, Abraham H., Psychologie des Seins, München 1962/1997

Ruckriegel, K., Behavioral Economics. Erkenntnisse und Konsequenzen, in: WISU, 40. Jg., 2011, S. 832–842

Schlicht, Ekkehart, Der homo oeconomicus unter experimentellem Beschuß, in: Experimentelle Ökonomik, Jahrbuch Normative und institutionelle Grundfragen der Ökonomik, Held, Martin / Kubon-Gilke, Gisela / Sturn, Richard, Hg., Bd. 2, Marburg 2003

Smith, Adam, Theorie der ethischen Gefühle, 6. Aufl., 1790, Hamburg 2004

Spranger, Eduard, Lebensformen. Geisteswissenschaftliche Psychologie und Ethik der Persönlichkeit, 8. Aufl., Tübingen 1950

Taleb, Nassim N., Der schwarze Schwan. Die Macht höchst unwahrscheinlicher Ereignisse, 8. Aufl., München 2015

Taleb, Nassim N., Der schwarze Schwan. Konsequenzen aus der Krise, 3. Aufl., München 2014

Taleb, Nassim Nicholas, Der schwarze Schwan. Die Macht höchst unwahrscheinlicher Ereignisse, orig.: Black Swan and Domains of Statistics, in: The American Statistician, August 2007, Vol. 61, No. 3

Woll, Helmut, Menschenbilder in der Ökonomie, München/Wien 1994

# 3

# Wohlstand – „Die Fülle des Lebens"

„Wir müssen uns entweder bescheiden oder mehr arbeiten. Die Arbeit ist und bleibt die Grundlage des Wohlstandes."

© ATV / INTERFOTO
*Ludwig Erhard (1897–1977)*

> *Wenn wir nur für Geld und Gewinn arbeiten,*
> *bauen wir uns ein Gefängnis.*
> Antoine de Saint-Exupéry

## 3.1 „Die Fülle des Lebens" – funktioneller Lebensreichtum

Die Bedürftigkeit und die Bedürfnisse des Menschen streben nach Befriedigung oder gar Erfüllung. „Die Fülle des Lebens" ist eine visionäre Formel für den Wunsch nach der Erfüllung aller Bedürfnisse des Menschen, also auch nach Wohlstand oder Wohlfahrt.

So ist in der amerikanischen Unabhängigkeitserklärung – United States Declaration of Independence vom July 4, 1776 – entworfen von Thomas Jefferson – formuliert, dass es zu den unabänderlichen, gottgegebenen Rechten eines jeden Amerikaners gehöre, nach seinem Glück zu streben: *„We hold these truths to be self-evident, that all men are created equal, that they are endowed by their creator with certain unalienable rights, that among these are life, liberty and the pursuit of happiness."*

Das Streben nach Glück – *„the pursuit of happiness"* – war nicht nur eine Maxime der Unabhängigkeits- und Freiheitserklärung, sondern auch ein Synonym für den evidenten Konsens des American Way of Life, dass jeder Mensch nach der „Fülle des Lebens" strebt.

Alle Menschen streben wohl nach größtmöglichem Glück. Auch wenn die „Fülle des Lebens" für jeden etwas anderes sein mag, bedeutet es doch für fast alle Menschen, mit ihrem Denken, ihren Werten, ihrem Streben und Handeln an einer sinnvollen Lebensaufgabe, am Lebensganzen und an der Lebensentwicklung der Menschheit teilzunehmen. Die Grundrichtung der Lebensentwicklung lässt sich als das Streben nach dem höchstmöglichen „funktionellen Lebensreichtum" (nach der Anthropologin Margarete Eberhardt) beschreiben, als Streben:

- nach Erhaltung des Lebens in voller Kraft,
- nach der Steigerung der Fülle und Mannigfaltigkeit an Lebensformen und Lebensfunktionen,
- nach Höherentwicklung auch im Sinne der Evolution und nach Erhaltung von Lebewesen höherer Organisation.

Zur „Fülle des Lebens" als funktionellem Lebensreichtum bedarf der Mensch in dieser nun mal materiellen Welt auch Güter und Dienstleistungen aller Art, die für die Menschen „Wohlstand" bedeuten. Der Wunsch nach Wohlstand oder Wohlfahrt beinhaltet, dass die Menschen ihr Leben nach höchstmöglicher Steigerung ihres „funktionellen Lebensreichtums" ausrichten. Diese allgemeingültige „Grundrichtung des Lebens" als Streben nach Wohlstand bedeutet, dass der Mensch sein Handeln in den Dienst des Ideals „höchstmöglichen funktionellen Lebensreichtums" stellt, auch wenn das die Notwendigkeit mit sich bringt, auch mühselige Betätigungen und Aufgaben zu übernehmen (vgl. Eberhardt 1956). Zu dieser „Fülle des Lebens" durch Wohlstand gehört es, ein größtmögliches, nachhaltiges und wachsendes Sozialprodukt, d. h. das „BIP" zu erwirtschaften. Die Aufgabe einer Volkswirtschaft ist folglich, die Menschen mit einer befriedigenden Menge und Qualität von Gütern und Dienstleistungen, entsprechend ihrer sich ständig wandelnden Bedürfnisse, zu versorgen.

## 3.2 Das Wachstumsziel – höchster Zweck: „Wir steigern das Bruttosozialprodukt"

Die Bundesrepublik Deutschland und viele andere Länder haben Gesetze, die die Regierung des Staates auf die volkswirtschaftlichen Ziele Wohlstand und Wachstum festlegen. Diese wirtschaftlichen Ziele sind in Deutschland im „Gesetz zur Förderung der Stabilität und des Wachstums der Wirtschaft" (StabWGes) vom 08.6.1967 (sogenanntes „Stabilitätsgesetz") formuliert. Im „Stabilitätsgesetz" ist der gesamtwirtschaftliche Zielkatalog wie folgt aufgeführt:

> Bund und Länder haben bei ihren wirtschafts- und finanzpolitischen Maßnahmen die Erfordernisse des gesamtwirtschaftlichen Gleichgewichts zu beachten (dazu Art 109 Abs. 2 GG). Die Maßnahmen sind so zu treffen, dass sie im Rahmen der marktwirtschaftlichen Ordnung gleichzeitig zur Stabilität des Preisniveaus, zu einem hohen Beschäftigungsstand und außenwirtschaftlichem Gleichgewicht bei stetigem und angemessenem Wirtschaftswachstum beitragen.

Der Gesetzgeber hat im „Stabilitätsgesetz" darauf verzichtet, die wirtschaftspolitischen Zielsetzungen präzise messbar zu definieren; sie werden im §1 nur als pauschale Forderung formuliert.

Das Gesetz zur Förderung der Stabilität und des Wachstums der Wirtschaft verpflichtet Bund und Länder verbindlich ein „stetiges und angemessenes Wirtschaftswachstum" anzustreben. Das Wachstumsziel ist deutlich das vorrangige Ziel der staatlichen Wirtschaftspolitik: „Wir steigern das Bruttosozialprodukt". Die drei weiteren Ziele – ein hoher Beschäftigungsgrad, Preisniveaustabilität und das außenwirtschaftliche Gleichgewicht – sind wichtig, aber – nicht „last but not least" – nachrangige Nebenziele nach dem vorrangigen Ziel des Wirtschaftswachstums.

Das kollektive Wachstum der Volkswirtschaft eines Landes wird gemessen am Bruttoinlandsprodukt (BIP). Obwohl die Größe des BIP als Maßstab des Wohlstandes umstritten ist, gilt das BIP traditionell als Gradmesser für die Leistung einer Volkswirtschaft. Das Bruttoinlandsprodukt erfasst die Produktionsleistung eines Landes. Es beinhaltet den Wert aller in einer Periode (z. B. ein Jahr) in einem Land erstellten Güter und Dienstleistungen. Darin sind alle Leistungen der Wirtschaftsbereiche Landwirtschaft, Handwerk, Industrie, Handel, Banken und des Staates enthalten. Die Komponenten des BIP sind der Konsum der Haushalte, die Investitionen der Unternehmen, die Ausgaben des Staates und der sog. Außenbeitrag durch die Exporte und Importe.

Das reale Bruttoinlandsprodukt (BIP) ist internationaler Wachstumsindikator der Volkswirtschaft eines Landes. Maßstab für das Wirtschaftswachstum ist die Zuwachsrate des realen BIP (in Unterscheidung zum nominalen BIP ist im realen BIP die Inflationsrate mit berücksichtigt). Die Wachstumsrate ist definiert als die Steigerung des BIP real im laufenden, gegenüber dem Vorjahr.

**VR W (BIP real) = VR BIP nominell − VR Preisindex**

(VR = Veränderungsrate, W = Wachstumsrate,

Preisindex = Inflationsrate)

Die Wachstumsrate des BIP soll nach dem StabWGes alljährlich „angemessen" sein. Das Wachstum wird gemessen durch den Anstieg des realen BIP in zwei aufeinander folgenden Zeitperioden. Eine durchschnittliche Zuwachsrate des realen Bruttoinlandsprodukts soll zwischen mindestens 3 % bis reichlich 4,5 % liegen. In der Vergangenheit wurde eine Rate des realen BIP-Wachstums von etwa zwei bis drei Prozent als angemessen angesehen.

Das Wirtschaftswachstum wird zwar oft und immer wieder kontrovers diskutiert, jedoch nie infrage gestellt oder ersetzt. Das Wirtschaftswachstum ist ein Indikator für Wohlstand, auch wenn Wohlstand nicht nur über Wirtschaftswachstum zu bestimmen ist. Das wirtschaftspolitische Ziel des Wachstums dient letztlich dazu, den Wohlstand im Sinne individueller und kollektiver materieller Versorgung zu erhalten und zu steigern. Wachstum soll letztlich die Bedürfnisse der Menschen erfüllen. Das Bruttoinlandsprodukt gilt als Maßstab des Lebensstandards.

In den meisten Gesellschaften wird deshalb Wohlstand durch Wachstum als das Ziel wirtschaftlichen Handelns angesehen. Es beinhaltet persönlichen und gesellschaftlichen materiellen Lebensstandard in Form von Einkommen und Vermögen.

Die Bedürfnisse der Bevölkerung können durch höheren materiellen Wohlstand leichter befriedigt werden und auch dem Staat bleiben aufgrund höherer Steuereinnahmen mehr Mittel für wohlstandsrelevante Aufgaben. „Wohlstand" ist ein Zustand, der sich aus der Befriedigung von Bedürfnissen ergibt. Wirtschaftliches Wachstum, des BIP, soll die materielle Güterversorgung der Bevölkerung verbessern, den individuellen Lebensstandard heben, öffentliche Aufgaben – einschließlich der Hilfe für sozial Schwache und für strukturschwache Regionen – besser erfüllen, den Konflikt um die Einkommensverteilung mildern, und den Menschen in der Zukunft und den künftigen Generationen einen höheren Lebensstandard ermöglichen.

## 3.3 Zur Preisstabilitäts-Zielsetzung

Preisstabilität bezeichnet die jährlich durchschnittliche (stabil geringe oder niedrige) Zuwachsrate des gesamtwirtschaftlichen Preisniveaus, gemessen am Preisindex des privaten Verbrauchs in „Euroland": in der EU der harmonisierte bzw. Europäische Verbraucherpreisindex: HVPI bzw. EVPI. Das Preisniveau gilt als stabil, wenn die Zuwachsrate des Preisniveaus (gemessen am Verbraucherpreisindex) jährlich höchstens 2 % beträgt. In den Preisindex gehen die Preise der Güter und Dienstleistungen ein, die für den Lebensunterhalt der privaten Haushalte von unmittelbarer Bedeutung sind, beispielsweise die Preise für Kleidung, Miete, Autos oder Grundnahrungsmittel und Energie.

Preisstabilität wird angestrebt, weil Preissteigerungen und ein Prozess „schleichender" Geldentwertung die Funktionsfähigkeit des marktwirtschaftlichen Systems gefährden, die internationale Wettbewerbsfähigkeit beeinträchtigen sowie eine unerwünschte Umverteilung der Einkommen und Vermögen bewirken. Der Preisindex ist ein Indikator, der vor allem angibt, welche Kaufkraftverluste die privaten Haushalte durch Preiserhöhungen erleiden.

Die privaten Haushalte, insbesondere die sozial Schwächeren und die Sparer werden durch Kaufkraftverluste der Inflation am stärksten betroffen. Die Besitzer großer Vermögen bzw. die Bezieher hoher Einkommen können inflationsbedingte Kaufkraftverluste durch ihre Vermögensdispositionen vermeiden, weil ihre Vermögensportfolios großteils aus Realvermögen, z. B. Aktien oder Immobilien bestehen, die einen Schutz gegen die Inflation bieten. Schuldner werden durch Preissteigerungen bevorteilt, Gläubiger werden benachteiligt, insbesondere Nettogläubiger sind Verlierer der Inflation. Die Unternehmen werden dagegen durch die Inflation umso mehr begünstigt und sind Gewinner der Inflation, je stärker sie verschuldet sind. Vor allem der Staat als Groß-Schuldner ist Gewinner der Inflation.

## 3.4 Zur Beschäftigungs-Zielsetzung

Obwohl sich das Ziel eines hohen Beschäftigungsstands auf sämtliche Produktionsfaktoren bezieht, also auf die Anzahl der Arbeitskräfte als auch auf die Auslastung der Kapazitäten, der Maschinen und Anlagen, findet wirtschaftspolitisch zumeist aber eine Verengung des Beschäftigungsbegriffes auf den Produktionsfaktor Arbeit statt. Hier dient die Arbeitslosenquote als Indikator. Anhaltend hohe Arbeitslosigkeit führt zu einer Veränderung des Ziels eines hohen Beschäftigungsstandes.

Vollbeschäftigung bezeichnet den Zustand, bei dem alle Erwerbspersonen Arbeit finden, die arbeiten wollen. Da vorübergehende Arbeitslosigkeit einzelner Arbeitnehmer – durch Arbeitsplatzwechsel oder aus Witterungsgründen – nie auszuschließen ist, spricht man von Vollbeschäftigung, wenn die Arbeitslosenquote ca. 1 % nicht überschreitet. Hoher Beschäftigungsstand dagegen bezeichnet (wie es das StabWGes fordert) eine jahresdurchschnittliche Arbeitslosenquote von höchstens ca. 3 %. Ein hoher Beschäftigungsstand wird erstrebt.

Aus gesellschaftspolitischen Erwägungen wird ein hoher Beschäftigungsstand angestrebt, weil er der Arbeitnehmerschaft mehr wirtschaftliche Sicherheit verschafft, und ihr ein höheres Maß von Unabhängigkeit gegenüber allen verleiht, die auf ihre Dienste angewiesen sind; auch haben Arbeitnehmer bei hoher Nachfrage am Arbeitsmarkt größere Möglichkeiten, den Arbeitsplatz zu wechseln und eine Beschäftigung zu finden, die ihren Neigungen oder Fähigkeiten besser entspricht, statt frühere Berufsentscheidungen, die sich als Fehlentscheidungen erwiesen haben, aus reiner Existenzangst für unwiderruflich zu halten. Ein hoher Beschäftigungsstand verstärkt die Zustimmung der abhängigen Lohnarbeiter zu dem System, in dem sie leben und wirkt damit systemstabilisierend (Sachverständigenrat).

Arbeitslosigkeit bedeutet überdies einen Verzicht auf Produktionsmöglichkeiten und somit einen Verzicht auf eine bessere Versorgung der Menschen mit Gütern und Dienstleistungen sowie auf höheres Einkommen. Zudem stellt eine hohe Arbeitslosigkeit ein gesellschaftliches, sozialpolitisches Gefährdungspotenzial dar. Als beschäftigungspolitischer Erfolg gilt deshalb schon, wenn die Arbeitslosigkeit in einer Periode rückläufig ist oder nicht (noch) mehr ansteigt.

## 3.5 Zur Zielsetzung des außenwirtschaftlichen Gleichgewichts

Die Außenwirtschaftsbeziehungen finden ihren Niederschlag in der „Zahlungsbilanz", die die Schwankungen der Entwicklung dieser Beziehungen widerspiegelt.

Mit außenwirtschaftlichem Gleichgewicht wird eine ausgeglichene Devisenbilanz bezeichnet, d. h. die Geldzuflüsse aus dem Ausland in das Inland und die Geldabflüsse vom Inland in das Ausland sollen sich in etwa die Waage halten. Dazu wird der Anteil des (nominalen) Außenbeitrags oder des Leistungsbilanzsaldos am (nominalen) Bruttoinlandsprodukt als Indikator genutzt.

Das außenwirtschaftliche Gleichgewicht gilt als erreicht, wenn ein Anteil des Außenbeitrags, d. h. der Saldo der Exporte minus der Importe (X–M) höchstens 1,5 bis 2 % des Devisenbilanzsaldos und aber höchstens +/−0,5 % vom BIP beträgt.

Das außenwirtschaftliche Gleichgewicht wird wirtschaftspolitisch angestrebt,

- um die Gefahr einer importierten Inflation durch zu hohe Exportüberschüsse abzuwehren,
- um die Stabilität der eigenen Währung zu gewährleisten sowie
- um die binnenwirtschaftlichen Maßnahmen der Wirtschaftspolitik nicht durch Einflüsse des Auslands konterkarieren zu lassen.

Ständige Überschüsse in der Devisenbilanz des einen Landes bedeuten zugleich Defizite bei den anderen Ländern. Defizite bei den Handelspartnern aber gefährden deren Importe und damit die Exporte des Überschusslandes.

Überschüsse in der Devisenbilanz bedeuten überdies die entsprechende Ausweitung der inländischen Geldmenge und gefährden das Ziel der Preisniveaustabilität im Inland. Defizite in der Devisenbilanz führen andererseits zur Schrumpfung der inländischen Geldmenge. Dies vermindert die inländische Nachfrage und gefährdet wiederum das Ziel der hohen Beschäftigung in der inländischen Volkswirtschaft.

## 3.6 Fallstricke bei der Messung des Wachstums

Das Bruttoinlandsprodukt (BIP) als Wohlstandsindikator wurde in Wissenschaft und Gesellschaft zunehmend in Zweifel gezogen, d. h. dass seine Verwendung für Wohlstandsvergleiche und als politischer Maßstab immer mehr nur eingeschränkt dienen kann.

Dass das Bruttoinlandsprodukt als alleiniger Indikator für politische Entscheidungen fragwürdig ist, hat sich bereits 2010 in der Enquete-Kommission des Deutschen Bundestages als Erkenntnis durchgesetzt. Aber auch der frühere Bundeswirtschaftsminister Ludwig Erhard äußerte schon 1957: *„Wir werden sogar mit Sicherheit dahin gelangen, dass zu Recht die Frage gestellt wird, ob es noch immer nützlich und richtig ist, mehr Güter, mehr materiellen Wohlstand zu erzeugen, oder ob es nicht sinnvoll ist, unter Verzichtsleistung auf diesen ‚Fortschritt' mehr Freizeit, mehr Besinnung, mehr Muße und mehr Erholung zu gewinnen".* Und später noch: *„Es ist ökonomisch höchst naiv, die Messziffer für das Wirtschaftswachstum, die reale Veränderungsrate des Bruttosozialprodukts, in irgendeiner Weise mit der Vorstellung zusammenzubringen, dass die „kollektive Wohlfahrt" gesteigert werde"* (Erhard 1957).

Dem Bruttoinlandsprodukt als Wohlstandsindikator haften deutliche Mängel an, weil z. B. die ökonomisch nicht direkt erfassbaren natürlichen Lebensbedingungen (u. a. Umweltverschmutzung) nicht berücksichtigt sind. Umweltschutz und Wirtschaftswachstum sind oft konträr, insbesondere bezüglich der durch wirtschaftliches Wachstum hervorgerufenen Emissions- und Immissionsschäden in Luft, Wasser und Boden und der Folge von Natur- und Klimagefährdung. Wachstum kann überdies durch die Ausbeutung der Bodenschätze einen beschleunigten Abbau der Rohstoffreserven und Ressourcenverknappung bedeuten. Dabei sind Wirtschaft und Natur letztlich nicht Gegensätze, sondern Natur und Wirtschaft sind zueinander komplementär.

Die ständige Steigerung der Wachstumsrate machte immer mehr deutlich, dass mehr „Wachstum" nicht nur eine quantitative sondern auch eine qualitative Seite hat: die Lebensbedingungen in Gestalt einer gesunden Umwelt und eines gesunden Klimas.

Qualitatives Wachstum muss aber nicht bedeuten, dass die Steigerung der Quantität des BIP mit einer Abnahme der Qualität der

Umwelt und des Klimas erkauft werden muss. Die Steigerung des Wachstums kann auch zur Wiederherstellung oder Verbesserung der qualitativen Lebensbedingungen in Gestalt einer gesünderen Umwelt und eines sozialen Ausgleichs dienen. Die Gegensätze zwischen Umweltschutz und Wirtschaftswachstum fordern eine Abkehr von nur quantitativen, hin zu auch qualitativen Wachstumszielen und deren nachhaltige Umsetzung. Wachstum darf nur dann realisiert werden, wenn es auch umwelt- und klimaverträglich ist. In Zukunft wird die quantitative Steigerung des BIP durch eine auch qualitative – auf die Bewahrung der natürlichen Lebensbedingungen ausgerichtete – Wachstumspolitik ergänzt werden müssen.

Immerhin wird im **„Stabilitätsgesetz"** auch nicht maximales, sondern „angemessenes" Wirtschaftswachstum gefordert. Dies kann im Sinne eines nachhaltigen, den Umweltschutz integrierenden Wirtschaftswachstums verstanden werden. Als angemessen gilt dann ein Wirtschaftswachstum, das zugleich ökologisch nachhaltig ist, d. h. die Trage- und Regenerationskapazität von Natur und Umwelt nicht überfordert. Zur Erhaltung der natürlichen Umwelt wird der Umweltschutz als gleichrangige Zielsetzung genannt, die bei der Planung von Wirtschaftspolitik zu berücksichtigen ist. Das „magische Viereck" der klassischen wirtschaftspolitischen Ziele des Stabilitätsgesetzes würde auf ein „Fünfeck" erweitert werden.

## Quellen und weiterführende Literatur

Deutscher Bundestag, Enquete-Kommission Wachstum, Wohlstand, Lebensqualität, Berlin 2013, Website der Enquete Wachstum, Wohlstand, Lebensqualität, (www.bundestag.de/bundestag/ausschuesse)
Eberhardt, Margarete, Erkennen, Werten, Handeln. Ein Beitrag zur Lehre des Menschen, Bd. 1–3, Hamburg 1956
Erhard, Ludwig, Wohlstand für alle, Düsseldorf 1957
Grober, Ulrich, Die Entdeckung der Nachhaltigkeit. Kulturgeschichte eines Begriffs, München 2010
Lepenies, Phillip, Die Macht der einen Zahl. Eine politische Geschichte des Bruttoinlandsprodukts, Berlin 2013

OECD, OECD Guidelines on Measuring Subjective Well-being, Paris 2013 (http://www.oecd.org/statistics/Guidelines/Measuring/Subjective/Wellbeing.pdf)

Woll, Artur, Allgemeine Volkswirtschaftslehre, 13. Aufl., München 2000

Worldwatch Institute, Hg., Zur Lage der Welt 2012. Nachhaltig zu einem Wohlstand für alle. Rio 2012 und die Architektur einer weltweiten grünen Politik, München 2012

# 4

# „Mit den Pfunden wuchern": Das Allokationsproblem

„Der Nutzen des Einen ist der Wohlstand der Vielen."

© Granger, NYC/INTERFOTO
*Adam Smith (1723–1790)*

> *Nicht vom Wohlwollen der Metzger, Bäcker und Brauer erwarten wir das, was wir zum Leben brauchen, sondern weil diese ihre eigenen Ziele verfolgen.*
> Adam Smith

## 4.1 Das Allokationsproblem – Hauptproblem der Volkswirtschaft

Die Menge der Güter, die die Natur dieses Planeten den Menschen bereitstellt, ist nicht ausreichend, um alle Bedürfnisse und Wünsche der Menschen jederzeit und überall unmittelbar erfüllen zu können. „Die Natur" hat es so eingerichtet, dass die Menschen die Knappheit der Güter verringern müssen durch das Beschaffen, Erstellen oder Austauschen von Gütern und Dienstleistungen und sie dafür erhebliche wirtschaftliche Anstrengungen unternehmen müssen.

Der Sinn einer Volkswirtschaft ist, die Menschen der Bevölkerung eines Landes nachhaltig mit einer möglichst befriedigenden Menge und Qualität von Gütern und Dienstleistungen entsprechend ihren sich wandelnden Bedürfnissen zu versorgen, mit anderen Worten den größtmöglichen nachhaltigen und wachsenden Wohlstand zu erstellen. Um dies zu bewerkstelligen, müssen Markt und Staat die zur Verfügung stehenden Ressourcen – an Umwelt und Natur, an Menschen und Qualifikationen, an Maschinen, Gebäuden und Know-how – so geschickt und effizient einsetzen, und die der Volkswirtschaft verfügbaren Produktionsfaktoren Arbeit, Boden, Kapital so einsetzen, dass ein nachhaltiger größtmöglicher Wohlstand an Gütern und Dienstleistungen gemäß den Präferenzen der Verbraucher für die Bevölkerung produziert wird. Diese Aufgabe, die verfügbaren Ressourcen mit so viel Geschick einzusetzen, um möglichst viele Güter mit den knappen Ressourcen zu erstellen, ist das Kernproblem jeder Volkswirtschaft: das Allokationsproblem. Es ist das theoretische und praktische Kernproblem einer Volkswirtschaft, gleich welcher politischen Couleur.

„Allokation" (lat. *allocare*, dt. *zuordnen, einteilen, lenken*) bedeutet die Zuteilung, Aufteilung, oder Zuordnung von beschränkten knappen Ressourcen oder Mitteln (Produktionsfaktoren) auf unterschiedliche alternative Verwendungsmöglichkeiten.

## 4.1 Das Allokationsproblem – Hauptproblem der Volkswirtschaft

Das Allokationsproblem ist die Suche nach dem größtmöglichen Wohlstand (BIP), d. h. die optimale Versorgung der Bevölkerung eines Landes mit Gütern und Dienstleistungen. Dieses Allokationsproblem besteht in der Hauptaufgabe, die knappen Ressourcen einer Gesellschaft an Boden (Natur), an Arbeit (Bildung) und Kapital (Wissen) durch die Wirtschaftsakteure – Unternehmen, Haushalte und Staat – so „effizient" einzusetzen – also bei geringstem verschwenderischen Wirtschaften –, dass für die Bevölkerung eine größtmögliche Versorgung an privaten und öffentlichen Gütern und Dienstleistungen bei stabiler Beschäftigung, bei stabilem Preisniveau und bei nachhaltiger Naturschonung erzeugt wird.

Für eine Volkswirtschaft, wie die der Bundesrepublik Deutschland, bedeutet die alltägliche und jährliche Lösung des Allokationsproblems eine hochkomplexe Aufgabe:

Dazu bedarf es zum einen der Suche nach der nutzenmaximalen (Präferenzen) Rangordnung der Bedarfe der Millionen Haushalte und zum anderen der Suche nach der kostenoptimalen Einsatz-Kombination der verfügbaren Produktionsfaktoren von Boden, Arbeit und Kapital in den Millionen Betrieben.

Die gesamten Ressourcen an Arbeitskräften – rund 40 Mio. Erwerbspersonen –, eine Bodenfläche von etwa 350.000 km$^2$ und eine Kapitalausstattung im Wert von rund 12 Bio. EUR (in Form von Anlagen und Ausrüstungen aller Art wie Gebäuden, Maschinen sowie Fahrzeugen) sind Tag für Tag in den rund 4 Mio. Betrieben oder Unternehmen so optimal effizient wirtschaftlich einzusetzen, dass die Bevölkerung von über 80 Mio. Menschen in den rund 40 Mio. Haushalten mit einem Wohlstand von Gütern und Dienstleistungen in Höhe eines Bruttoinlandsproduktes von fast 3 Bio. EUR bzw. eines Volkseinkommens von rund 2,5 Bio. EUR versorgt werden kann. So einfach wie dieses Problem auf den ersten Blick aussehen mag, so kompliziert und komplex ist es in der Theorie und in der Praxis.

Das Allokationsproblem ist hochkomplex – und die Ökonomie versucht deshalb, es mit abstrakter höherer Mathematik zu bewältigen. Eine Volkswirtschaft setzt sich aus einer Vielzahl von Einzelleistungen zusammen und wird durch eine nahezu unendliche Zahl von Einzelentscheidungen bestimmt. Diese fügen sich zu einem hochkomplexen und vernetzten Gesamtsystem zusammen.

Das Allokationsproblem erweist sich damit als ein Koordinationsproblem, zu dessen Lösung „Unmengen" an Wissen und Information und deren Kommunikation erforderlich ist. Die optimale Lösung des Allokationsproblems erfordert zu jeder Zeit und an jedem Ort vollkommene Information und Wissen über die aktuelle Rangordnung der Bedarfe und die technisch optimale Kombination der Produktionsfaktoren. Das insgesamt relevante Wissen über die Lösung ist zu keiner Zeit voll bekannt. Tatsächlich stehen den Wirtschaftsakteuren immer nur partielle Informationen und Wissen zur Verfügung, weil einerseits die Bedarfe der Verbraucher sich quantitativ und qualitativ ständig wandeln und andererseits die Quantität und Qualität der verfügbaren Produktionsfaktoren und Produktionsmöglichkeiten sich durch den technischen Fortschritt ständig weiterentwickeln.

Die Auffindung der Lösung lässt auch nicht auf sich warten, sondern muss täglich hic et nunc entschieden werden. Die optimale Lösung des Allokationsproblems ist deshalb in der Praxis nahezu unmöglich, es kann immer nur annähernd eine Second-best-Lösung erreicht werden. Die Wirtschaftspraxis besteht deshalb in den Betrieben und Haushalten in einem pragmatischen Suchen, um so viel wie möglich der erreichbaren Information und des Wissens einzubeziehen, die für das Auffinden der „bestmöglichen" Lösung des Allokationsproblems von Nutzen sind, sodass möglichst geringe Fehlallokationen von Ressourcen (entsprechend der Präferenzen der Bedarfe an Gütern und Dienstleistungen), d. h. möglichst wenig Verschwendung an Produktionsfaktoren – Arbeit, Boden und Kapital – auftreten.

Fehl- oder Minderallokation bedeutet, dass die knappen Ressourcen einer Gesellschaft an Natur sowie an Arbeit und Kapital von den Wirtschaftsakteuren Unternehmen, Haushalten und dem Staat verschwenderischer eingesetzt worden sind, d. h. weniger an Wohlstand für die Bevölkerung erzeugt wurde, als bei „gutem" Wirtschaften hätte erbracht werden können.

Die Gründe für Fehllenkungen der Ressourcen, wie insbesondere von Millionen Arbeitskräften in die Arbeitslosigkeit oder die Übernutzung der Natur in Umweltverschmutzung resultieren aus Fehleinschätzungen und Fehlentscheidungen, teils aus objektiver situationsbezogener Ungewissheit und subjektiver personenbezogener Unkenntnis.

Jede Allokationsentscheidung und wirtschaftspolitische Entscheidung gleicht deshalb einem kontrollierten Experiment – Menschen können sich bei ihren wirtschaftlichen Entscheidungen irren und begehen Fehler – irren ist bekanntlich menschlich, allerdings, um aus begangenen Fehlern für die nächsten Entscheidungen zu lernen und es in Zukunft besser zu machen.

Die Volkswirtschaft ist deshalb eine große gesellschaftliche Lernveranstaltung, in der Markt und Staat ständig nach der Methode *„trial and error"* nach den besten Wegen aus dem Labyrinth des Allokationsproblems suchen.

## 4.2 Die Güter des Lebens

Ziel eines jeden Menschen ist es, Wohlbefinden zu erreichen und zu erhalten. Das Wohlbefinden eines Menschen lässt sich steigern durch die Nutzwirkungen werthafter Güter und Dienstleistungen. Güter sind deshalb kein Selbstzweck. Sondern ein Gut ist dazu da, ein Mittel zu sein, um Nutzen zur Befriedigung von Bedürfnissen zu stiften. Güter sind Gegenstand wirtschaftlichen Handelns, weil ihre Menge meist geringer ist, als die Bedürfnisse der Menschen. Nach ihrem Knappheitsgrad lassen sich knappe und freie Güter unterscheiden.

**Freie Güter**
Freie Güter sind überall in reichlicher Menge vorhanden und kostenlos verfügbar. Die Bedürfnisse nach ihnen können restlos und mühelos erfüllt werden. Ein Beispiel für ein freies Gut ist die Atemluft oder das Sonnenlicht: Davon kann jedermann beliebig viel nutzen; denn Luft und Licht steht jedem in beliebigem Umfang zur Verfügung, sofern die Natur und das Wetter es erlauben. Atemluft ist noch ausreichend vorhanden, saubere Luft allerdings ist schon nicht immer mehr frei.

Freie Güter sind nicht Gegenstand wirtschaftlicher Handlungen (z. B. Luft). Wir können davon konsumieren, soviel wir wollen, ohne Gegenleistung. Sie sind ohne unser Zutun im Überfluss vorhanden, müssen nicht bewirtschaftet (gekauft/verkauft) werden. Sie haben keinen Marktpreis, es gibt sie umsonst. Deshalb besteht dafür durch Wirtschaftssubjekte keine Zahlungsbereitschaft.

Würde es nur freie Güter geben, wären die Menschen nicht gezwungen, sich materiell einzuschränken, denn freie Güter sind genügend vorhanden, sie haben deshalb auch keinen Preis. Sie sind kostenlos. Freie Güter brauchen auch vor niemandem (z. B. Dieben) geschützt zu werden.

**Knappe Güter**
Güter, die nicht in unbegrenztem Umfang verfügbar sind, werden als knappe Güter bezeichnet. Fast alle Güter sind knapp, aber nicht alle sind gleich knapp. Ihre Knappheit ist relativ gegenüber den unbegrenzten Bedürfnissen und Wünschen der Wirtschaftssubjekte.

Gegenstand der Wirtschaft sind die knappen Güter. Knappheit macht die Wahlentscheidung notwendig, welche Bedürfnisse mit welchen Gütern befriedigt werden sollen.

Knappe Güter werfen Zuteilungsprobleme auf, d. h. es stellt sich das Problem, wer jeweils wie viel von ihnen erhalten soll. Knappe Güter müssen rationiert und verteilt werden. Das führt dazu, dass die Wirtschaftssubjekte eine mehr oder minder hohe Zahlungsbereitschaft aufweisen müssen, um knappe Güter zu erhalten. Knappe Güter haben immer einen Preis und dieser wird umso höher sein, je knapper das betreffende Gut ist. Wirtschaftssubjekte sind nur bereit zu zahlen, wenn es sich um knappe Güter handelt. Knappe Güter müssen mit mehr oder weniger wirtschaftlichem Aufwand erstellt oder verschafft werden, um die Wirtschaftssubjekte mit ihnen zu versorgen.

Die Ökonomie unterscheidet Güter nach der **physischen Beschaffenheit** in materielle (Sachgüter) und immaterielle Güter (Dienstleistungen). Auch nach dem jeweiligen Nutzen für ein Wirtschaftssubjekt lassen sich Güter und Dienstleistungen unterscheiden: *„goods"* bezeichnen „höherwertigere" Güter (z. B. Theater, Oper) und *„bads"* bzw. *„mads"* „minderwertigere" oder schädliche (z. B. Drogen, Tabak, Alkohol) oder „unsinnige" Güter, die das Wohlbefinden eines Wirtschaftssubjektes negativ beeinflussen, weil sie ihnen selbst oder anderen Schaden zufügen oder für deren Entsorgung bezahlt werden muss; ein Beispiel für „Ungüter" ist Müll. *„Goods"* sind Güter mit Tendenz zur

Unterversorgung, während „*bads*" und „*mads*" Güter mit Tendenz zur Überversorgung (Alkoholkonsum, Drogenkonsum, Tabakkonsum, Glücksspiel u. a.) sind.

Nach dem **Verwendungszweck** lassen sich **Konsum-** und **Investition**sgüter unterscheiden, je nachdem ob sie zu produktiven Zwecken eingesetzt werden, oder ob sie konsumiert werden. Konsumgüter können alle Arten von Sachgütern und Dienstleistungen sein, welche genutzt werden, z. B. Nahrungsmittel, ein PKW, oder auch ein Friseurbesuch. Dienstleistungen sind nicht lagerfähig und fallen mit der Leistungsinanspruchnahme zusammen. Güter, die zu produktiven Zwecken eingesetzt werden, werden Investitionsgüter genannt, wie Maschinen oder auch PCs, die in einem Unternehmen genutzt werden. Vorleistungen sind z. B. Roh-, Hilfs- und Betriebsstoffe, die noch in derselben Periode eingesetzt werden, in der sie beschafft wurden.

Nach ihrer **Verbundenheit** in der Nutzung gibt es sog. **Komplementär**güter (z. B. Kamera und Film) und **Substitutions**güter (z. B. Butter oder Margarine).

Nach der **Marktfähigkeit** werden **private Güter** (auch „Individualgüter") und öffentliche Güter (auch „Kollektivgüter") unterschieden. Öffentliche Güter (bspw. Straßenlaternen, oder Deiche etc.) zeichnen sich u. a. durch Nichtausschließbarkeit (in der Nutzung) aus. **Öffentliche Güter** sind Güter, die jedermann ohne unmittelbare Gegenleistung nutzen kann und von deren Nutzung keine anderen Wirtschaftssubjekte ausgeschlossen werden können, wie z. B. Straßenbeleuchtung, Parkanlagen o. a. Diese öffentlichen Güter werden unentgeltlich zur Verfügung gestellt und können nicht zu üblichen Marktpreisen vermarktet werden.

Bei mangelnder Zahlungsbereitschaft können die betreffenden Nutzer („Trittbrettfahrer" oder auch „*freerider*") oft nicht von der Nutzung ausgeschlossen werden. Ein privater Anbieter könnte dabei die Produktionskosten nicht decken und würde daher die Produktion einstellen.

## 4.3 Die Produktionskapazität der Volkswirtschaft

Der Knappheitsgrad eines Gutes kann sich mit der Zeit ändern. Das hängt insbesondere von zwei Tatsachen ab: zum einen wachsen und wandeln sich die Bedürfnisse der Menschheit, und zum anderen ist die betreffende vorhandene Menge von Gütern begrenzt. Die meisten Güter, die in der Wirklichkeit vorkommen, sind zwar knapp, aber reproduzierbar. Der Knappheitsgrad lässt sich durch Produktion, also durch Wirtschaften reduzieren. Die knappen Güter werden überwiegend von den Unternehmen und teils vom Staat produziert.

Die „reproduzierbare" Menge an Gütern ist aber durch die natürlichen Gegebenheiten begrenzt. Die Produktionsmöglichkeiten sind allerdings durch technischen Fortschritt steigerbar.

Die Änderung der Knappheit der Güter beruht auf den Produktionsmöglichkeiten. Die Höhe der Produktion von knappen Gütern ist deshalb abhängig vom Einsatz der ebenfalls nach Menge und Qualität knappen, begrenzt verfügbaren Produktionsfaktoren, die zur Herstellung von Gütern zur Bedarfsdeckung nötig sind. Die meisten zu erzeugenden Güter und Dienstleistungen sind aufgrund dieser begrenzten Produktionsmöglichkeiten, d. h. der Knappheit der Ressourcen (der Produktionsfaktoren Arbeit, Boden, Kapital), nicht unbegrenzt vorhanden und verursachen damit wirtschaftliche Probleme.

Die Höhe der Produktion (bzw. das erreichbare potenzielle Bruttoinlandsprodukt) wird bestimmt von den Produktionsmöglichkeiten, bzw. dem Produktionspotenzial, von der Verfügbarkeit an Ressourcen von Arbeitskräften, Boden und Natur sowie von der Kapitalausstattung in der Volkswirtschaft. Da die Ressourcen auf der Erde nicht unbegrenzt sind, ist ein nachhaltiger Umgang mit der Natur gefordert.

**Die Produktionskapazität besteht aus drei verschiedenen Produktionsfaktoren**
Zur Produktion bedarf es der Kombination der Produktionsfaktoren Arbeit, Natur und Kapital; sie sind die Mittel, mit deren Hilfe Güter und Dienstleistungen erstellt werden.

Die Produktionsfaktoren könnten auch anders eingeteilt werden. So hat Karl Marx (1818–1883) nur die Arbeit als einzigen wahren Produktionsfaktoren anerkannt. Andererseits ließe sich auch nur die Natur als einziger Produktionsfaktor ansehen, weil alle materiellen Stoffe ursprünglich von der Natur herkommen. Die beiden Produktionsfaktoren Natur und Arbeit werden auch als ursprüngliche Produktionsfaktoren bezeichnet. Kapital gilt hingegen als ein abgeleiteter Produktionsfaktor. Abgeleitet deshalb, weil Kapital mithilfe der beiden ursprünglichen Produktionsfaktoren geschaffen wurde.

**Boden (Natur)**
Boden und Natur ist im Grunde der einzige Produktionsfaktor, ein ursprünglicher originär natürlich gegebener Produktionsfaktor: Land, Fläche und seine Beschaffenheit gehören dazu.

Boden umfasst Abbauboden (Rohstoffe, Bergbau), Anbauboden (Landwirtschaft) und Standortboden (für Betriebsstätten).

Der Produktionsfaktor Boden dient als Untergrund für Fabriken und Werkhallen oder in der landwirtschaftlichen Produktion oder zum Abbau von Rohstoffen und umfasst alle natürlichen Gaben der Natur, wie Grund, Bodenschätze und natürliche Rohstoffe (wie Wälder, Wasser von Gewässern, Kraft der Sonne und des Windes sowie die Früchte).

Der Boden ist der einzige Produktionsfaktor, der aufgrund seiner räumlichen Ausdehnung Transportkosten verursacht. Der Boden stellt eine Immobilie dar, d. h. er ist nicht mobil, sondern immobil. Das ist ein Nachteil bei der Wahl des Standortes.

Der Boden ist von der Natur vorgegeben. Er ist kaum vermehrbar, aber in der Nutzung variabel. Die wenigen Fälle, in denen es gelungen ist, dem Meer Land abzugewinnen, sind nur von lokaler Bedeutung.

**Kapital (Wissen)**
Kapital ist volkswirtschaftlich der knappste Produktionsfaktor. Der Begriff Kapital wird in der Volkswirtschaftslehre anders verwendet als in der Alltagssprache oder auch in der Sprache der Betriebswirtschaft.

Kapital meint weder Geld noch Finanzmittel, sondern beispielsweise Maschinen u. a., also Realkapital: Kapital besteht aus Sachanlagen, die als „produzierte Produktionsmittel", von Werkzeugen, Maschinen,

Automaten, Computern bis zu Gebäuden und Fabrikhallen oder bis zur vollautomatischen Fabrik reichen. Kapital ist ein derivativer, also ein abgeleiteter Produktionsfaktor, der durch das Zusammenwirken der Produktionsfaktoren Natur oder Boden mit dem Faktor Arbeit produziert werden muss. Der Produktionsfaktor Kapital lässt sich also herstellen und vermehren und damit für die Steigerung der Gütererzeugung einsetzen.

Die Herstellung von Kapitalgütern wird als Investition bezeichnet. Durch Investitionen bzw. die Produktion von Investitionsgütern lässt sich der Kapitalbestand (auch als Kapitalstock bezeichnet) vermehren. Zum einen durch Ersatzinvestitionen (z. B. Austausch einer Maschine gegen eine gleichwertige andere Maschine) und zum anderen durch Erweiterungsinvestitionen (z. B. Anschaffung einer zusätzlichen Maschine). Oder durch Rationalisierungsinvestitionen (Anschaffung einer leistungsfähigeren Maschine statt der alten Maschine). Die Rohstoffe werden nicht unter das Kapital gefasst, da sie bei der Produktion durch Veredelung verbraucht werden. Sogenannte „weiche" Produktionsfaktoren sind technisches Wissen und das soziale System. Besonders das technische Wissen gibt die Möglichkeiten der technischen Verfahren an, die in einer Volkswirtschaft existieren. Eine Erhöhung dieses „Know-hows" wird als technischer Fortschritt bezeichnet und bestimmt über die Steigerung der Produktivität des Kapitals.

Kapitalbildung entsteht aus „vorübergehendem" Konsumverzicht, durch Ersparnisse: Das Wirtschaftswachstum, die Steigerung der Gütererzeugung in der Zukunft, hängt weitgehend von der Bildung und Vermehrung des „harten" Produktionsfaktors „Kapital" ab. Der Kapitalmarkt hat dazu u. a. diese Aufgabe und Funktion: durch die Umwandlung von Ersparnissen (in Investitionen) Kapital zu bilden.

**Arbeit (Know-how)**
Arbeit ist jede Tätigkeit, die darauf ausgerichtet ist, durch manuelle und geistige Aktivitäten Güter oder Dienstleistungen zu erstellen, um damit Einkommen zu erwirtschaften, zu Zwecken der Befriedigung der Bedürfnisse von Dritten: z. B. die Tätigkeit eines Gärtners, der den Garten bearbeitet, im Auftrag des Besitzers. Ein Hausbesitzer, der sich aus Freude in seinem Garten betätigt, macht aber keine Arbeit, da er sein

eigenes Bedürfnis befriedigt. Arbeit ist ein originärer oder ursprünglicher Produktionsfaktor.

Arbeit wird unterschieden in ausführende und dispositive Arbeit. Ausführende Arbeit ist Arbeit von Mitarbeitern eines Betriebes, die direkt in der Produktion eines Gutes getätigt wird. Dispositive Arbeit ist übergeordnete, verwaltende Arbeit, die die Planung, Organisation und Führung des Betriebes zum Ziel hat, z. B. die Tätigkeit der Führungskräfte einer Aktiengesellschaft.

Die Möglichkeiten zur Vermehrung des Produktionsfaktors Arbeit (auch: Humankapital) sind begrenzt. Das Arbeitsvolumen lässt sich ausweiten, z. B. Arbeitslose beschäftigen oder die Arbeitszeit verlängern (Arbeitsstunden steigern), oder es lassen sich die Fähigkeiten und Fertigkeiten der Arbeitskräfte durch Bildung, Ausbildung, Fort- und Weiterbildung etc. verbessern und damit die Arbeitsproduktivität steigern.

## 4.4 Allokationsmechanismen

Die Spannung zwischen der Knappheit der Güter und den in der Tendenz unbegrenzten Bedürfnissen verlangt, zu entscheiden, welche Bedarfe in einer Wirtschaftsperiode gedeckt werden sollen und welche noch zurückgestellt werden müssen, weil die Produktionskapazität nicht ausreicht, alle Bedürfnisse zu befriedigen. Deshalb bedeutet Wirtschaften zunächst das Bestimmen über eine Rangordnung der Bedarfe.

In jeder Volkswirtschaft muss Tag für Tag über die aktuelle Rangordnung der privaten und öffentlichen Bedarfe bestimmt werden und dementsprechend nach dem neuesten Stand der Technik und des Wissens darüber entschieden werden, in welcher Menge, welche Güter und Dienstleistungen produziert werden sollen. Dabei müssen bei der Zuteilung (Allokation) von Produktionsfaktoren, Vor- und Zwischenprodukten und bei der Verteilung (Distribution) vielfältige Entscheidungen getroffen und koordiniert werden. Die volkswirtschaftliche Güterproduktion umfasst alle wirtschaftlichen Aktivitäten von der Urerzeugung (Land-, Forstwirtschaft, Fischerei) über die Be- und Verarbeitung (Handwerk, Industrie) bis hin zur Verteilung (Handel, Dienstleistungen) knapper Güter.

Das Produktionspotenzial oder die Produktionskapazität einer Volkswirtschaft ist mehr als die Summe der Menge der Produktionsfaktoren, sondern vielmehr deren intelligente Kombination in der arbeitsteiligen Organisation des Produktionsprozesses. Doch der hoch arbeitsteilige Produktionsprozess moderner Volkswirtschaften ist kompliziert. Tausende von Menschen wirken bei der arbeitsteiligen Erzeugung von Gütern, wie Kraftfahrzeugen, Waschmaschinen oder Büchern und vieles mehr mit. Für die Herstellung dieser Güter werden zahlreiche Maschinen und Materialien benötigt.

Das führt zu dem zentralen Optimierungsproblem, nämlich, wie die Produktionsfaktoren zur Erstellung der benötigten Güter einer Volkswirtschaft wirtschaftlich möglichst effizient und effektiv eingesetzt werden sollen: das ökonomische Prinzip.

Wegen der Knappheit der Ressourcen von Arbeit, Boden und Kapital ist das Allokationsproblem ein Wirtschaftlichkeitsproblem. Für alle Volkswirtschaften besteht dieses Wirtschaftsproblem: die knappen Produktionsfaktoren so geschickt einzusetzen, dass ein möglichst großer Erfolg, in der Höhe des BIP, erzielt wird. Daraus erwachsen eine Vielzahl von Planungen und Entscheidungen über den wirtschaftlich bestmöglichen Einsatz der Ressourcen. Die optimale Lösung des Allokationsproblems verlangt die Suche nach der günstigsten arbeitsteilig organisierten Kombination der Produktionsfaktoren. Dies erfordert Effizienz- und Effektivitätskriterien wirtschaftlichen Handelns.

Hierzu können prinzipiell zunächst zwei Strategien verfolgt werden. Sie werden als „Ökonomisches Prinzip" bezeichnet, welches in zwei Richtungen unterschieden wird: das Minimal- und das Maximalprinzip. Häufig wird das ökonomische Prinzip so definiert: mit dem geringstmöglichen Aufwand den größtmöglichen Erfolg anzustreben. Eine solche Definition ist jedoch falsch. Sie würde implizieren, dass mit einem Null-(Minimal-) aufwand unendlich (maximal) viele Güter produziert werden wollten.

Das ökonomische Prinzip bestimmt die wirtschaftlichen Entscheidungen aller Wirtschaftssubjekte, das der Haushalte, der Betriebe und des Staates:

- Der Konsument (Verbraucher) wird versuchen, sein begrenztes Einkommen zur Beschaffung von Gütern so zu verwenden, dass er eine größtmögliche Befriedigung seiner Bedürfnisse erzielt.
- Der Produzent, z. B. ein Unternehmen von Möbeln, wird seine Materialien, Holz und Stoff, so zuschneiden, dass möglichst wenig Abfall entsteht.
- Der Staat wird den geplanten Bau einer Straße ausschreiben und demjenigen Anbieter den Bauauftrag erteilen, der u. a. den geringsten Preis fordert.

Jeder Wirtschaftsakteur (Unternehmen, Haushalt o. a.) trifft also seine wirtschaftlichen Wahlentscheidungen nach dem ökonomischen Prinzip: entweder mit gegebenen Mitteln einen möglichst großen Vorteilserfolg (Maximierungsprinzip) oder einen bestimmten Vorteilserfolg mit möglichst geringem Mitteleinsatz (Minimierungsprinzip) anzustreben. Maximal- und Minimalprinzip sind nur die beiden verschiedenen Seiten desselben Wirtschaftlichkeitsprinzips. In beiden Fällen werden Nutzen und Aufwand zueinander in Beziehung gesetzt.

**Das Minimumprinzip**
Vom Minimalprinzip wird (auch) gesprochen, wenn der angestrebte Nutzen bzw. das vorgegebene gewünschte Ergebnis als eine fixierte konstante Größe angesehen wird, variabel ist in diesem Fall der Aufwand, der Mitteleinsatz also. Um unter den verschiedenen Möglichkeiten das gewünschte Ziel zu erreichen, soll die gewählt werden, bei der der Aufwand so klein wie möglich ist. Der Versuch, einen bestimmten Nutzen oder einen bestimmten Erfolg mit einem Minimum an Aufwand anzustreben, wird als „Minimalprinzip" bezeichnet.

Das Minimalprinzip oder Minimierung sagt aus: Es wird versucht, ein gewünschtes oder vorgegebenes Ziel mit möglichst geringem Mittelaufwand zu erreichen.

**Das Maximumprinzip**
Vom Maximalprinzip wird dann gesprochen, wenn der Aufwand als bestimmte Konstante gegeben ist, der Nutzen dagegen als Variable angesehen wird, die es zu maximieren gilt, d. h. die Erzielung eines

maximalen Erfolges mit einem bestimmten Aufwand. Der Versuch, mit einem gegebenen Aufwand den höchst möglichen Nutzen zu erzielen, wird als „Maximalprinzip" bezeichnet. Das Maximalprinzip oder Maximierung sagt aus: Es wird versucht, mit gegebenem Mittelaufwand einen möglichst großen Erfolg oder Nutzen oder Ertrag zu erzielen.

**Das Optimumprinzip**
Nun lassen sich aber auch beide ökonomischen Größen, Nutzen und Aufwand, zugleich miteinander kombinieren, nämlich: die Differenz zwischen beiden Größen zu maximieren. Optimierungsprobleme ergeben sich vor allem, wenn ökonomische Konflikte aus mehreren Zielsetzungen und Alternativen resultieren. Das Optimumprinzip kann daher bei ökonomisch-rationalem Entscheidungsverhalten als „dritte Strategie" (alternativ zum Maximum- oder Minimumprinzip) angesehen werden.

Bei den Inputgrößen handelt es sich um den Aufwand, bei den Outputgrößen handelt es sich um den Ertrag. Beim „Optimumprinzip" geht es um die Erzielung der besten Erfolgsrelationen zwischen Input- und Output-Größen. Der größtmögliche Erfolg wird dann erzielt, wenn der Nutzen den Aufwand so weit wie möglich übersteigt.

Tatsache ist natürlich, dass sich die Menschen in der Wirklichkeit oft nicht wirtschaftlich vernünftig verhalten, sondern sich bei ihren Entscheidungen von Gefühlen, Gewohnheiten oder Überlieferungen leiten lassen. Wenn die Wirtschaftstheorie dennoch an der Allgemeingültigkeit des ökonomischen Prinzips festhält, dann deshalb, weil bei Annahme unvernünftigen (irrationalen) Verhaltens überhaupt keine schlüssigen Aussagen mehr möglich wären.

## 4.4.1 Allokationsmechanismen in Markt und Staat

Die Maximierung des Wohlstands einer Gesellschaft fordert, dass die Ressourcen an Produktionsfaktoren Arbeit, Boden, Kapital so eingesetzt werden, dass ein Maximum an Gütern und Dienstleistungen gemäß den Präferenzen der Verbraucher produziert wird, mit anderen Worten die optimale Allokation der Ressourcen bzw. Produktionsfaktoren.

## 4.4 Allokationsmechanismen

Da alle Produktionsfaktoren (Arbeit, Maschinen, Rohstoffe) Geld kosten, ist eine bestmögliche optimale Allokation anzustreben, nicht zuletzt, um Gewinne zu erzielen.

Der Einsatz der knappen Ressourcen bedarf geeigneter Steuerungsmechanismen, um bei Nutzungskonkurrenzen die knappen Ressourcen auf die verschiedenen Verwendungszwecke optimal zu verteilen.

Für die dafür notwendige Vielzahl an Entscheidungen über die Rangordnung der Güter für private und öffentliche Bedarfe und über den Einsatz der knappen Produktionsfaktoren, die für die Lösung des Allokationsproblems Tag für Tag getätigt werden müssen, stehen grundsätzlich zwei Alternativen zur Verfügung: dezentrale Marktsteuerung oder zentrale staatliche Lenkung.

Diese Steuerung der Vielzahl der alltäglich zu treffenden Allokationsentscheidungen über die sich ständig wandelnden zu erfüllenden Bedarfe und über den Einsatz der knappen Ressourcen erfolgt in der Marktwirtschaft einerseits dezentral durch die Haushalte und Betriebe auf den Märkten (über den Preismechanismus) und andererseits zentral durch die politisch berufenen Akteure in den Institutionen des Staates.

**Dezentrale Lenkung und Planung durch den Markt (Haushalte und Unternehmen)**

Bei der dezentralen Lenkung werden die Allokationsentscheidungen durch Haushalte und Unternehmen getroffen. Die Vielzahl der individuellen Angebots- und Nachfragepläne und -entscheidungen werden von den Wirtschaftssubjekten, den Haushalten und Unternehmen, autonom gefällt.

Das Zusammenspiel von Angebot und Nachfrage der Haushalte und Unternehmen bestimmt die **Preise** der Güter und Dienstleistungen (Allokationsfunktion des Preismechanismus).

Der Einsatz der (privaten) Produktionsfaktoren erfolgt über die freie Preisbildung (Allokationseffizienz) auf den Märkten.

Die Unternehmen verfügen über Produktionsmittel und setzen diese möglichst effizient geschickt ein und organisieren dazu die optimale Arbeitsteilung, indem sie die Natur mit dem Boden, die Arbeitskraft der Menschen und das Kapital, wie Werkzeuge und Arbeitsmittel aller

Art, so einsetzen, dass sie damit den bestmöglichen wirtschaftlichen Ertrag bzw. Erfolg erzielen.

Diese Allokation erfolgt also bei der **dezentralen Lenkung** auf flexiblen und offenen Märkten durch „die unsichtbare Hand des Marktes", bei Wahlfreiheit der Verbraucher, weitgehender Markttransparenz und freiem Marktzutritt.

**Zentrale Lenkung und Planung durch staatliche Akteure (Behörden und Institutionen)**
Bei zentraler Lenkung der Allokationsentscheidungen wird über die zu erfüllenden öffentlichen Bedarfe und über den Einsatz der verfügbaren Produktionsfaktoren durch die politisch bestellten Akteure in den Institutionen des Staates entschieden. Der Staat spielt die zentrale kollektive Planungsinstanz, als öffentliche „sichtbare Hand", im Prozess der Allokation von öffentlichen Bedarfen und Ressourcen mittels bürokratischer oder behördlicher Zuteilung, Zwangstransfers, Besteuerung, Enteignung u. a. Über die Erstellung der öffentlichen Güter und Dienstleistungen sowie über den Einsatz der Ressourcen entscheiden die jeweiligen gesetzlich zuständigen Akteure des Staates. Produktion und Verteilung der öffentlichen Güter und Dienstleistungen werden über zentrale Pläne durch die staatlichen Akteure festgelegt und den kollektiven Bedarfen zugeteilt. Die „Preise" (Gebühren, Abgaben etc.) für die öffentlichen Güter und Dienstleistungen werden von Behörden nach bürokratischen Regeln festgelegt.

Überdies haben die staatlichen Akteure eine weitere zentrale Aufgabe: die Märkte, die Rahmenbedingungen, so zu gestalten, dass die Haushalte und Unternehmen optimale Allokationsentscheidungen treffen können, damit die gesellschaftlichen Ressourcen so eingesetzt werden können, dass ein größtmöglicher Wohlstand an Gütern und Dienstleistungen für die Gesellschaft bereitgestellt wird.

## 4.5 Fallstricke des Allokationsproblems

Das Allokationsproblem ist das Kernproblem jeder Volkswirtschaft. Es beinhaltet die Aufgabe, zum einen tagtäglich die individuellen und öffentlichen Bedarfe nach ihren Prioritäten zu bestimmen und zum anderen die verfügbaren Ressourcen – nach dem jeweiligen Stand der Technik und des Wissens – so optimal einzusetzen, dass ein größtmöglicher gesellschaftlicher Wohlstand entsteht.

Die Allokationsaufgabe ist hochkomplex in Gestalt der zahllosen alltäglichen Entscheidungen durch die Wirtschaftssubjekte, Unternehmen, Haushalte und durch den Staat. Diese wirtschaftlichen Entscheidungen der Wirtschaftssubjekte reichen in eine unbekannte Zukunft, die mit dem ständigen gesellschaftlichen Wandel und dem beschleunigten Fortschritt des Wissens etc. mehr oder weniger „im Nebel" liegt. Die zukünftigen Nachfrage- und Angebotsentwicklungen sind nur begrenzt voraussehbar. So sind die zukünftigen Bedarfe und das Nachfrageverhalten der Verbraucher ungewiss und unsicher, weil die Bedürfnisse der Menschen sich ständig wandeln, wie z. B. durch die Entwicklung der Moden etc.

Aus diesem ständigen sozialen Wandel mit all den Unbekannten und Unvorhergesehenem entsteht für die Wirtschaftssubjekte Unsicherheit und Ungewissheit sowie unvollkommene Information und Wissen über die künftige Entwicklung. Die Allokationsentscheidungen, die die Wirtschaftssubjekte über den optimalen Einsatz der Ressourcen von Boden, Arbeit und Kapital entsprechend den Bedarfen treffen müssen, sind deshalb, wegen des ständigen gesellschaftlichen Wandels und des technischen Fortschritts, erheblichen Risiken unterworfen. Die Wirtschaftssubjekte sind in Gefahr, bei ihren wirtschaftlichen Entscheidungen in Fallstricke und Irrtümer mit Fehleinschätzungen und Fehlentscheidungen zu geraten, mit der Folge von Fehlallokationen und Minderallokationen und entsprechenden Wohlstandsverlusten für die Volkswirtschaft.

Angesichts der Gefahr, dass die „unsichtbare Hand" (Adam Smith) des Marktes sich hin und wieder im Weg durch das Labyrinth und das Wissen verirrt und die „sichtbare Hand" des Staates nur über ein

„Stückwerk der Erkenntnis" verfügt, bei dem Versuch die Fehler des Marktes zu kompensieren, geraten beide Akteure oft in Fallstricke, Fehlentscheidungen zu treffen.

Das Risiko in Fallstricke zu geraten wird verringert, wenn die Akteure in Markt und Staat nach der Strategie des *„trial and error"* – Versuch und Irrtum – sowie des „Piece-meal-engineerings" (dt.: *Stückwerkstechnik*) in kleinen reversiblen Schritten, die schnell korrigiert werden können, vorgehen.

## Quellen und weiterführende Literatur

Altmann, Jörn, Volkswirtschaftslehre. Einführende Theorie mit praktischen Bezügen, 7. Aufl., Stuttgart 2009
Bofinger, Peter, Grundzüge der Volkswirtschaftslehre. Eine Einführung in die Wissenschaft von Märkten, 4. Aufl., München 2015
Lepenies, Phillip, Die Macht der einen Zahl. Eine politische Geschichte des Bruttoinlandsprodukts, Berlin 2013
Mankiw, N. Gregory / Taylor, Mark P., Grundzüge der Volkswirtschaftslehre, 5. Aufl., Stuttgart 2012
Samuelson, Paul A. / Nordhaus, William D., Volkswirtschaftslehre. Das internationale Standardwerk der Makro- und Mikroökonomie, 4. Aufl., München 2010
Smith, Adam, Der Wohlstand der Nationen, London, München 1978
Smith, Adam, Theorie der moralischen Gefühle, 6. Aufl. 1790, Hamburg 2004
Toynbee, Arnold, Menschheit und Mutter Erde. Die Geschichte der großen Zivilisationen, Düsseldorf 1988

# Teil II
Die Allokation der Ressourcen durch Markt und Staat (Mikroökonomie)

# 5
# Gesellschaftliche Rahmenbedingungen der Volkswirtschaft

„Behandle einen Menschen niemals als Mittel zum Zweck."

© picturedesk.com/ÖNB/INTERFOTO
*Immanuel Kant (1724–1804)*

> *Ich bin für den Fortschritt. Ich mag nur nicht,
> wenn sich Dinge verändern.*
> Mark Twain

## 5.1 Die staatliche Wirtschaftsverfassung

Die **wirtschaftlichen Freiheitsrechte** der Wirtschaftssubjekte – insbesondere Haushalte und Unternehmen – sind der Motor jeder Volkswirtschaft. Wenn sie unterdrückt werden, werden wirtschaftliche Entwicklung und Fortschritt blockiert zum Schaden der Bevölkerung. Trotzdem bedarf das Vorteilsstreben der Wirtschaftssubjekte zum Schutze der Bevölkerung der Grenzen, da wirtschaftliche Freiheitsrechte nicht schrankenlos sein können.

Eine Wirtschaft kann deshalb ohne einen rechtlichen Rahmen nicht funktionieren. Eine Hauptaufgabe und Verantwortung des Staates ist es, den Handlungsrahmen für die Wirtschaft abzustecken, in dem sich die wirtschaftlichen Tätigkeiten ohne Schaden für die Gesellschaft frei entfalten dürfen. In der Verfassung, den Gesetzen und Rechtsverordnungen sind die auf das Wirtschaften bezogenen „allgemeinen Rechtsregeln" festgelegt.

Diese Wirtschaftsverfassung beinhaltet die rechtlichen Normen und Grenzen, innerhalb derer den Wirtschaftssubjekten nach den ihnen eingeräumten Entfaltungsmöglichkeiten ihre wirtschaftlichen Freiheitsrechte zustehen, die sie frei ausüben dürfen.

Eine Wirtschaftsordnung in der Bundesrepublik Deutschland, wie die der „sozialen Marktwirtschaft", ist verfassungsmäßig nicht vorgeschrieben und kann durch jedes andere System ersetzt werden. Jede Wirtschaftsordnung wird grundsätzlich von mehreren komplementären Komponenten aus Markt und Staat durch (Verfassungs-)Regelwerke konstituiert. Sie stecken den Rahmen ab, in denen die Wirtschaftssubjekte gemäß der **wirtschaftlichen Freiheitsrechte** ihr Vorteilsstreben ausüben dürfen:

- Die Rechtsverfassung
- Die Finanzverfassung
- Die Geldverfassung
- Die Eigentumsverfassung

## 5.1 Die staatliche Wirtschaftsverfassung

- Die Sozialverfassung
- Die Arbeitsverfassung

Die **Rechtsverfassung** regelt zunächst vor allem die gesellschaftlichen Rahmenbedingungen für die politischen und persönlichen Freiheitsrechte jedes einzelnen Bürgers sowie die öffentliche Sicherheit durch das staatliche Gewaltmonopol (staatliche Sicherheitskräfte) und die Gewährleistung z. B. einer ausreichenden Infrastruktur.

Staatliche Akteure dürfen überdies mittels der Wirtschaftspolitik auf die Wirtschaft einwirken, wenn die Verfassungsgrundsätze und die rechtsstaatlichen Grundrechte sowie die bundesstaatliche Kompetenzverteilung und der sozialstaatliche Auftrag beachtet werden. Die staatlichen Befugnisse zu Interventionen in Markt und Konjunktur sind geregelt, insbesondere im Stabilitäts- und Wachstumsgesetz, im europäischen Stabilitätspakt, in den europäischen Verträgen (Maastricht Vertrag) zum Binnenmarkt etc.

Die **Finanzverfassung** regelt insbesondere das staatliche Steuersystem (Haushaltsrecht) sowie den Finanzausgleich mit der Verteilung der Aufgaben-, Ausgaben- und Einnahmenkompetenzen zwischen Bund, Ländern und Gemeinden (vertikaler Finanzausgleich) sowie zwischen den öffentlichen Körperschaften gleicher Ebene, beispielsweise zwischen den Bundesländern (horizontaler Finanzausgleich).

Die **Geldverfassung** regelt das gesellschaftliche Geldwesen (in der Eurozone der EU), die Zuständigkeit und Kompetenzen in der Geldpolitik, z. B. die Geldschöpfung und Zinspolitik. Sie bestimmt die Autonomie der Zentralbank, d. h. ihre Unabhängigkeit von Weisungen der Regierungen und regelt das Monopol der Banknotenproduktion bei der EZB, sowie das Monopol der Münzproduktion bei der Bundesregierung.

Die **Eigentumsverfassung** regelt die Garantie des Privateigentums im GG Art. 14, den Schutz und die Verpflichtung des Eigentums sowie die mit den Eigentumsrechten verbundenen Freiheitsrechte, z. B. die Vertragsfreiheit. Privateigentum ist die Voraussetzung dafür, dass die wirtschaftlichen Freiheitsrechte auch genutzt werden können. Die Eigentumsordnung regelt die Eigentumsverhältnisse an den Produktionsfaktoren und den Produkten zwischen Privatpersonen, Unternehmen und dem Staat. Mithilfe des staatlichen Gewaltmonopols sollen Eigentumsverletzungen wie Erpressung, Geldfälschung, Nötigung, Betrug und Diebstahl u. a. verhindert werden.

Diese **Eigentumsrechte** sind in Deutschland als „Grundrechte" im Grundgesetz verankert:

- **Art. 14 Abs. 1 GG (Garantie von Eigentum und Erbrecht)**
  (1) Das Eigentum und das Erbrecht werden gewährleistet. Inhalt und Schranken werden durch die Gesetze bestimmt.
- **Art. 14 Abs. 2 GG (Sozialbindung des Eigentums)**
  (2) Eigentum verpflichtet. Sein Gebrauch soll zugleich dem Wohle der Allgemeinheit dienen.
  Die Sozialbindung des Eigentums bedeutet, dass der Eigentümer von Produktionsmitteln nicht grenzen- oder schrankenlos darüber verfügen kann.
- **Art. 14 Abs. 3 GG (Enteignung)**
  (3) Eine Enteignung ist zum Wohle der Allgemeinheit zulässig, darf aber nur aufgrund eines Gesetzes erfolgen. Eine Enteignung muss im Interesse des Gemeinwohls sein und eine angemessene Entschädigung (z. B. Verkehrswert) erstattet werden. Die Entschädigung einer Enteignung muss durch Abwägung der Interessen der Allgemeinheit und der Beteiligten abgestimmt werden: Z. B. Grundstücksenteignungen wegen Verkehrsbaumaßnahmen. Nachdem ein Kaufangebot des Staates wegen unangemessener Höhe abgelehnt wurde, steht im Streitfall der Rechtsweg vor den Gerichten offen.
- **Art. 15 GG (Verstaatlichung)**
  Grund und Boden, Naturschätze und Produktionsmittel können zum Zwecke der Vergesellschaftung durch ein Gesetz, das die Entschädigung regelt, in Gemeineigentum oder in Gemeinwirtschaft überführt werden. Die Entschädigung regelt Artikel 11 Abs. 3, Satz 3 und 1.

Nicht nur die privaten Gebrauchs- oder Konsumgüter, sondern auch die Produktionsfaktoren „Arbeit", „Kapital" und „Boden" befinden sich im Eigentum der einzelnen Wirtschaftssubjekte. Das Eigentum ist überwiegend Privateigentum, aber zum Teil auch Staatseigentum.

Eigentumsrechte sind Verfügungsrechte, die dem Eigentümer das Recht geben, frei über ihr Privateigentum verfügen zu können. Privateigentum gewährt dem Eigentümer einen sehr großen Freiraum für die Entfaltung von Privatinitiativen; der Eigentümer kann über dessen Einsatz nach Belieben frei entscheiden und auf den Märkten handeln, z. B. durch Erwerb, Verkauf, Übertragung an andere Personen etc. oder Behalten und beliebige Nutzung.

Der Eigentümer kann die Nutzungsrechte am Eigentum beliebig verwenden, dadurch Einkommen erzielen, es zum Nießbrauch oder zur Ertrags- oder Gewinnerzielung einsetzen. Das persönliche Eigentum an Produktionsfaktoren ist ein optimales Instrument für die Motivation und ein Leistungsanreiz, durch eigene wirtschaftliche Aktivität und Einsatz das Eigentum für das Eigeninteresse nutzbar zu machen.

Allerdings ist die Verfügung über das Privateigentum nach Art. 14 GG beschränkt durch die sogenannte „Sozialbindung des Eigentums", insofern sein Gebrauch zugleich dem Wohle der Allgemeinheit dienen soll.

Die **Sozialverfassung** – Das Sozialstaatsprinzip ist in entwickelten Gesellschaften ein in der Rechtsordnung verankertes Sittengesetz der Solidarität und des sozialen Ausgleichs mit den sozial Schwächsten oder Bedürftigsten sowie der sozialen Sicherung gegen die unvermeidbaren Lebensrisiken, wie Krankheit, Unfall, Alter, Pflegebedürftigkeit und Arbeitslosigkeit. In Deutschland ist das Sozialstaatsprinzip ein Grundelement des Grundgesetzes: Das Sozialstaatsprinzip zum sozialen Ausgleich gegenüber den Lebensrisiken und zur Chancengleichheit hat folglich Verfassungsrang.

Das Sozialstaatsprinzip versteht sich insofern als eine Wirtschaftsordnung, die die Freiheitsrechte auf den Märkten mit dem sozialen Ausgleich zur Existenzsicherung und zur Chancengleichheit verbindet. In Deutschland umfasst die Sozialverfassung das System der fünf gesetzlichen Sozialversicherungen: Kranken-, Renten-, Arbeitslosen-, Unfall- und Pflegeversicherung. Außerdem regelt die Sozialverfassung die staatliche Sicherung des Existenzminimums (Sozialhilfe) und die Gewährung bestimmter Schutzrechte (Kinder-, Mutterschutz, Arbeitsschutz u. ä.) und das Aus- und Fortbildungssystem.

Die Umsetzung des Sozialstaatsprinzips ist Aufgabe der staatlichen Behörden, wie der Kranken- und Rentenversicherungsagenturen, der Bundesagentur für Arbeit u. a. Das Sozialstaatsprinzip tangiert das Verhältnis von Markt und Staat. Es wird in der praktischen Wirtschaftspolitik sehr kontrovers betrachtet; dahinter stehen unterschiedliche

Haltungen zu individueller Eigenverantwortung und kollektiver Staatsverantwortung gegenüber den allgemeinen Lebensrisiken, aber auch zum Ausgleich der markterzeugten Einkommens – und Vermögensverteilung. Für eine faire Umverteilung der Einkommen und Vermögen haben die staatlichen Akteure „von Staats wegen" jedoch nicht zu sorgen.

Die **Arbeitsverfassung** regelt das Machtverhältnis zwischen den machtschwachen Arbeitnehmern und den machtvollen Arbeitgebern am Arbeitsmarkt und in den Betrieben. Die meist vermögenslosen Arbeitnehmer bedürfen der staatlichen Fürsorge für Gesundheit und Gefahrenabwehr am Arbeitsplatz, für Umweltschutz, Kündigungsschutz, Sozialschutz, Mitbestimmungsrechte u. a. Die Arbeitsverfassung regelt solche Schutzrechte und garantiert überdies die Koalitionsfreiheit, Tarifautonomie sowie das Streikrecht und die Tarifverhandlungen der Tarifparteien, der Arbeitnehmer und Arbeitgeber, bspw. über die kollektive Lohnfindung.

Die Arbeitsverfassung regelt „von Staats wegen" die sozialen Rechte vor allem der sozial Schwächeren, durch:

- **Koalitionsfreiheit**, Art. 9 Abs. 3 GG
  In Artikel 9 Absatz 3 GG ist die Koalitionsfreiheit als demokratisches Grundrecht festgeschrieben. Das Recht, zur Wahrung und Förderung der Arbeits- und Wirtschaftsbedingungen, Vereinigungen zu bilden, ist für jedermann und für alle Berufe gewährleistet. Abreden, die dieses Recht einschränken oder behindern, sind nichtig, hierauf gerichtete Maßnahmen sind rechtswidrig.
- **Tarifautonomie**
  Tarifautonomie ist das Recht der Tarifpartner, Arbeitgebervereinigungen (Unternehmen) und Arbeitnehmervertretungen (Gewerkschaften) durch freie Vereinbarung Tarifverträge über die Arbeitsbedingungen in den Betrieben ohne staatliche Einmischung oder regelndes Eingreifen des Staates auszuhandeln. Die Tarifpartner sind zuständig, in Tarifverträgen die Löhne, Gehälter, Ausbildungsvergütungen, Pausenregelungen, Wochenarbeitszeit und Urlaub zu vereinbaren. Für Mindesturlaub oder die Lohnfortzahlung im Krankheitsfall hat der

Staat aus sozialpolitischen Gründen Untergrenzen vorgegeben, ebenso gibt es Obergrenzen bei der täglichen Arbeitszeit.
- **Streikrecht**
Das Recht zum Arbeitskampf beinhaltet: für die Arbeitnehmer die Grenzen des Streikrechts und für die Arbeitgeber die Grenzen des Aussperrungsrechtes. Das Streikrecht gilt nur zur Verfolgung wirtschaftlicher Ziele der Arbeitnehmerschaft. Für politische Ziele wäre ein Streik unrechtmäßig. Rechtmäßig ist ein Streik, wenn das Streikziel tarifvertraglich regelbar ist (kein Streik von Beamten), und eine größere Anzahl Arbeitnehmer planmäßig und gemeinsam die Arbeit einstellt, um für sich eine Verbesserung der Lohn- und Arbeitsbedingungen zu erreichen, und wenn der Streik von einer Gewerkschaft organisiert wird. Streiks vor dem Scheitern der Verhandlungen sowie gemeinschädliche Streiks sind verboten. Eine Aussperrung als Gegenmaßnahme gegen Streik ist im Arbeitskampf zulässig, also die fristlose Kündigung aller betroffenen Arbeitnehmer. Mit Beendigung des Arbeitskampfes leben die Verträge wieder auf, nach Ende der Aussperrung die Wiederbeschäftigung, es sei denn, es liegt eine lösende Aussperrung vor, die die Wirkung einer Kündigung hat. Bei lösender Aussperrung besteht ein Anspruch auf Wiedereinstellung nach billigem Ermessen und die Beschäftigungs- und Lohnzahlungspflicht besteht fort nach §§ 611, 615 BGB.

## 5.2 Die wirtschaftlichen Freiheitsrechte

Im Grundgesetz Deutschlands (GG) sind im I. Abschnitt „Die Grundrechte" sowohl Grundrechte als persönliche Freiheiten, als auch die sozialen und politischen Grundrechte, aber auch die wirtschaftlichen Freiheiten verankert. Das Grundgesetz bestimmt zu diesen Rechten in Artikel 2 Absatz 2: *„In diese Rechte darf nur auf Grund eines Gesetzes eingegriffen werden."*

Das Grundgesetz geht von allgemeinen Grundgedanken aus: Menschenwürde, sozialer Rechtsstaat, Entfaltungsfreiheit, sozial verpflichtetes Eigentum sowie Freizügigkeit. In Art. 11 Abs. 1 GG bestimmt das Grundgesetz dazu: *„Alle Deutschen genießen Freizügigkeit im ganzen Bundesgebiet."* Das GG soll jedem Bürger die größtmögliche Freiheit zu seiner Lebensentfaltung zusichern, bestimmt aber auch die Grenzen dieser Freiheit: Niemandes Freiheit darf auf Kosten der Freiheit anderer ausgeweitet werden.

Die Gesellschaft hat im GG, neben den persönlichen, politischen, auch die wirtschaftlichen **Freiheitsrechte** bestimmt:

Die grundlegenden persönlichen und **politischen Freiheitsrechte** sind insbesondere:

- die Freiheit des Einzelnen (Art. 2 GG) (Selbstbestimmungsrecht),
- die Informationsfreiheit (Art. 5 GG),
- die freie Berufswahl (Art. 12 GG),
- das Recht auf Eigentum (Art. 14 GG).

Die **wirtschaftlichen Freiheitsrechte** umfassen eine ganze Reihe von Freiheiten:

- Freizügigkeit,
- Niederlassungsfreiheit,
- Vertragsfreiheit,
- Berufs- und Arbeitsplatzwahl,
- Produktions-, Handelsfreiheit, Investitionsfreiheit,
- Konsumfreiheit,
- Wettbewerbsfreiheit,
- Koalitionsfreiheit und Tarifautonomie,
- Privateigentum an Produktionsmitteln,
- Vertragsfreiheit (Art. 2 GG und BGB),
- Gewerbefreiheit (Art. 2 GG).

Diese Freizügigkeit gilt für alle EU-Bürger innerhalb der gesamten Europäischen Union. Die wirtschaftlichen Freiheitsrechte ermöglichen jedem Wirtschaftssubjekt sich frei in einer Gesellschaft zu bewegen und einer Tätigkeit nach freien Wünschen nachzugehen. Die Wirtschaftssubjekte sind frei, ihre Entscheidungen zu treffen und in wirtschaftliche

Beziehungen zu anderen Wirtschaftssubjekten zu treten. Es besteht Vertragsfreiheit und Wettbewerbsfreiheit.

Zu den ökonomischen Freiheiten gehören, zunächst für die Haushalte, die freie Konsumwahl sowie die freie Wahl des Arbeitsplatzes und die freie Berufswahl, auch wenn sie durch das Angebot begrenzt ist. Die Unternehmen können vor allem weitgehend selbstständig darüber entscheiden, was, wie und wie viel sie produzieren wollen und auch darüber, an wen und zu welchen Bedingungen sie ihre Güter und Dienstleistungen verkaufen wollen.

Der Staat hat dabei die Aufgabe, diese wirtschaftlichen Freiheitsrechte von Haushalten und Unternehmen, das Recht auf Privateigentum, die Gewerbefreiheit sowie die Wettbewerbsfreiheit, insbesondere die Berufsfreiheit zu sichern und zu gewährleisten.

Real sind diese wirtschaftlichen Freiheiten allerdings durch eine Reihe von staatlichen Regulierungen eingeschränkt. So sind für viele Tätigkeiten Befähigungsnachweise erforderlich, zur Führung eines Handwerksbetriebes ist beispielsweise die Meisterprüfung zu erbringen u. a.

## 5.3 Die Wettbewerbsordnung

Die **Wettbewerbsordnung** ist die rechtliche Grundlage, nach der sich die marktwirtschaftliche Selbststeuerung innerhalb des staatlichen Ordnungsrahmens entfalten kann.

Die Steuerung des Wirtschaftsablaufs erfolgt durch den Markt und beinhaltet damit den Preis- und Wettbewerbsmechanismus.

Der Markt ist der ökonomische Ort, an dem die Marktakteure, wie Haushalte und Unternehmen, zwecks Handel und Tausch von Gütern und Dienstleistungen gegen Geld zusammen kommen. Aus dem Interagieren von Angebot und Nachfrage bilden sich auf den einzelnen Märkten Preise. Diese fungieren als Indikatoren für die Knappheitsverhältnisse von Gütern und Dienstleistungen und dienen der Abstimmung der wirtschaftlichen Tauschaktionen zwischen Anbietern und Nachfragern. Die meisten Tauschaktionen der Marktteilnehmer werden über eine Vielzahl von Märkten, auf denen sich Preise dezentral bilden, koordiniert. Die Preise üben Orientierungsfunktionen aus, indem sie den Knappheitsgrad von Gütern messen und signalisieren. Die Anbieter und Nachfrager reagieren darauf und passen sich laufend den Marktverhältnissen, dem Preismechanismus, an. Mit dem Preismechanismus verfügen Märkte über einen Mechanismus, der den Wandel der Knappheit von Gütern und Ressourcen im Verhältnis zur Dringlichkeit der Bedarfe laufend preislich bewertet und zugleich Umstellungsprozesse in der Wirtschaft auslöst.

Der Preis ist das zentrale Steuerungsinstrument im Zusammenspiel von Angebot und Nachfrage. Die Tauschprozesse auf den Märkten bringen gleichsam automatisch das bestmögliche Ergebnis für alle Marktakteure nach ihren ökonomischen Interessen hervor. Als marktliche Selbststeuerung sorgt die „Peitsche" der „unsichtbaren Hand" des Preiswettbewerbs als Anreizsystem für eine bestmögliche Güterversorgung der Bevölkerung.

Die **„Peitsche" des Wettbewerbs** zwingt die Unternehmen laufend zur Anpassung an die sich ändernden Marktbedingungen, insbesondere zu Produkt- und Prozessinnovationen. Wirksamer Wettbewerb treibt zu ständigen dynamischen Neuerungsprozessen an. Der Wettbewerb zwingt die Unternehmen zu Höchstleistungen, um sich am Markt behaupten zu können, und damit zugleich auch dem Gemeinwohl zu dienen. Der Wettbewerb sorgt wie eine „unsichtbare Hand" auch dafür, dass die Unternehmen in ihrem Gewinnstreben auf das Gesamtinteresse und die Wünsche der Bevölkerung Rücksicht nehmen müssen.

Wegen der „Peitsche" des Wettbewerbs versuchen allerdings viele Unternehmen immer wieder, sich dem Wettbewerb zu entziehen. Die Logik des Wettbewerbs führt dazu, dass der Wettbewerb sich selbst abzuschaffen versucht. Unternehmen ergreifen Maßnahmen, um die Zwänge des Leistungswettbewerbs zu unterlaufen und versuchen auch oft mit unlauteren Mitteln einen Vorsprung vor den Wettbewerbern zu erlangen, der nicht auf Leistung gegründet ist.

## 5.4 Fallstricke im Verhältnis von Markt und Staat

Die wirtschaftlichen Freiheitsrechte der Unternehmen und Haushalte sind nicht unbegrenzt. So ist die Freiheit der Konsumwahl für die Haushalte auch in der Marktwirtschaft nicht grenzenlos. Zum Schutz der Bevölkerung sind gesetzliche Einschränkungen notwendig, so z. B. durch Waffengesetze, Drogen- oder Betäubungsmittelgesetze, das Arzneimittelgesetz und die Umweltschutzgesetze.

Auch die Freiheit der Unternehmen, die Wettbewerbsfreiheit, ist in der Marktwirtschaft nicht unbegrenzt. Gefährliche Produktionsverfahren unterliegen gesetzlichen Beschränkungen. So sind die Errichtung und der Betrieb von Kernkraftwerken an strenge gesetzliche Sicherheitsvorschriften gebunden. Konventionelle Kraftwerke, die aus Öl oder Kohle Strom erzeugen, müssen strenge staatliche Auflagen, die die zulässige Höhe des Schadstoffausstoßes begrenzen, einhalten. In Deutschland sind diese staatlichen Auflagen im Bundesimmissionsschutzgesetz geregelt sowie auch beispielsweise in der Technischen Anleitung zur Reinhaltung der Luft (TA Luft), u. a., z. B. der Wasser- und Bodenschutz, dessen Einhaltung von den Gewerbeaufsichtsämtern überwacht wird.

Aus der Logik des Vorteilsstrebens folgt eben, dass z. B. ein Produzent von bestimmten Produkten, deren Herstellung mit Abfällen, Abwässern oder Abgasen verbunden ist, seine Kosten dadurch senkt, indem er solche nicht verwertbaren Produktionsrückstände in die Atmosphäre ablässt, in den Abfluss wegkippt oder auf einer wilden Müllhalde ablagert.

Aus der Logik der wirtschaftlichen Vorteilsmaximierung ist dies rational; wenn aber alle Wirtschaftssubjekte aus dieser Logik wirtschaftlich handeln, versinken irgendwann allesamt, Bürger und Gesellschaft, im gemeinsamen „Umwelt-Dreck" von Schadstoffemissionen.

In der Situation von Umweltkrise und Klimawandel hilft die **„unsichtbare Hand" des Marktes**, auf die Adam Smith so sehr vertraute, offenbar nicht weiter. Die **„sichtbare Hand" des Staates** wird zum „Schutz von Mutter Erde" ökologisch unabdingbar.

# 5 Gesellschaftliche Rahmenbedingungen der Volkswirtschaft

Das Zusammenspiel der **„unsichtbaren Hand" des Marktes** und der **„sichtbaren Hand" des Staates**, zeigt, dass Markt und Staat nicht nur konkurrierende, sondern auch komplementäre Institutionen einer Volkswirtschaft sind; und dass durch ständigen „Versuch und Irrtum" eine immer wieder neue bestmögliche situationsadäquate Kombination (Mischung oder Mixtur) von je verschiedenen Komponenten von Markt und Staat – zur Lenkung einer Volkswirtschaft – herausgefunden werden muss.

## Quellen und weiterführende Literatur

Das Grundgesetz für die Bundesrepublik Deutschland, vom 23.5.1949, zuletzt Bonn 2014 (BGBL)
Eucken, W., Grundsätze der Wirtschaftspolitik, Tübingen 1975
Hayek, F. A. von, Die Verfassung der Freiheit, Tübingen 1971
Pilz, F., Das System der sozialen Marktwirtschaft, München 1974
Pötzsch, Horst, Die Deutsche Demokratie, 5. Aufl., Bonn 2009

# 6
# Haushalte und Unternehmen – Stätten des Wirtschaftens

„... jedes Angebot schafft sich seine Nachfrage selbst"...„wer am Markt irgendein Gut anbietet, tut dies aus keinem anderen Grund als dem, dass er Einkommen erzielen und damit selbst irgendwelche anderen Güter kaufen will."

© Leemage/maxppp/picture alliance
*Jean-Baptiste Say (1767–1832)*

## 6.1 Die Rolle der Haushalte

### 6.1.1 Die Rolle der Haushalte

Haushalte bestehen aus einer oder mehreren Personen (einer Familie oder anderen Personen, die eine Konsum- und Einkommensgemeinschaft bilden). Alle Menschen gehören zu einem Haushalt. Unternehmen sind als Personen auch Haushalte, z. B. als Verbraucher oder Investoren. (Im Handwerk und in der Landwirtschaft sind Haushalte zum Teil auch Produktionsgemeinschaften.)

Haushalte sind wichtige Wirtschaftseinheiten; sie stellen zum einen die Produktionsfaktoren, insbesondere Arbeit, aber auch Boden und Kapital, den Betrieben zur Verfügung und beziehen dafür Einkommen; zum anderen fragen sie entsprechend ihrer Bedürfnisse und Einkommen nach Gütern und Dienstleistungen.

Ein privater Haushalt bemüht sich folglich, Einkommen zu erzielen: Bei den meisten Haushalten geschieht das aus unselbstständiger Arbeit, aber auch aus Vermögenseinkommen und sonstigen Einkommen (Sozial- oder Transferleistungen vom Staat). Weiterhin werden auch Zinseinnahmen erzielt, aus eigenem Vermögen durch sogenanntes Entsparen sowie durch Kreditaufnahme.

Welche Bedürfnisse in Nachfrage umgesetzt werden, hängt ab von den Präferenzen für bestimmte Güter, d. h. der Bedeutung, die ein Haushalt einem Gut beimisst und insbesondere von dem Einkommen, das dem Haushalt zur Verfügung steht. Aus den Präferenzen und Einkommen entsteht für ein Gut eine bestimmte Zahlungsbereitschaft beim Haushalt, mit der er auf einem Markt seine mengenmäßige Nachfrage nach den gegebenen Marktpreisen anpasst.

Das Nachfrageverhalten der Haushalte orientiert sich dabei am Vorteilsprinzip: Haushalte versuchen, ihr Einkommen so für Konsumgüter zu verwenden, dass sie den größtmöglichen Nutzen erzielen. So versucht jeder Haushalt, das für seine Bedürfnisse bestmögliche Güterbündel für sein Einkommen am Markt zu bekommen. Der Nutzen ist nicht messbar und nicht „absolut", sondern spiegelt die persönlichen Neigungen und Interessen eines Haushalts wider.

## 6.1.2 Die Motive der Haushaltsnachfrage

Die Motive und Überlegungen, die Nachfrager (als Haushalte) auf den Märkten bewegen, sind so vielfältig und verschieden wie jedermann und jedefrau auch. Alle Nachfrager treibt es vor allem auf einen Markt aufgrund irgendwelcher Bedürfnisse oder Bedarfe. Konsumenten streben nach Befriedigung von Bedürfnissen. Der typische Nachfrager, der private Verbraucher, sucht Konsumgüter oder Dienstleistungen für seinen persönlichen Verbrauch. Diese Nachfrage der Haushalte ist natürlich nicht unveränderlich, sondern wandelt sich ständig mit dem Wandel der Bedürfnisse, mit der Einführung neuer Produkte oder mit Änderungen des Einkommens.

Die Motive und Überlegungen sind vielfältig: Die Nachfrage eines Haushaltes nach dauerhaften und nicht dauerhaften Konsumgütern ist eine **Funktion**, d. h. abhängig von einer Vielzahl von Bestimmungsgründen. Die Bestimmungsgründe der Nachfrage, beispielsweise nach einem Auto, sind vor allem abhängig

- von den Bedürfnissen des Haushalts, d. h. der subjektiven Wertschätzung, die er mit dem Auto im Vergleich zu anderen Gütern verbindet (**Präferenzen**),
- vom Preis dieses Autos (**Qualität**),
- vom Preis vergleichbarer Autos und von den Preisen der Güter, die mit der Nutzung eines Autos verbunden sind (Benzin, Öl, Versicherung, Wartung, Reparatur, Steuern, Garagenmiete usw.) (**Komplementärgüter**),
- vom verfügbaren Einkommen, d. h. nach Abzug der Abgaben (Steuern und Sozialversicherung),
- von der Intensität des Bedarfs nach diesem Gut,
- von den Alternativen für andere Ersatzgüter (**Substitutionsgüter**) sowie
- von den Zukunftserwartungen, insb. der erwarteten Einkommensentwicklung.

Hauptbestimmungsfaktor der Kaufentscheidung ist meist entscheidend der Preis, weil auch das Einkommen eines Haushaltes entscheidend für die Nachfrage eines Haushaltes ist. Je mehr finanzielle Mittel einem Haushalt zur Verfügung stehen, desto eher ist er bereit, mehr für seine Bedürfnisse auszugeben. Von großer Bedeutung ist überdies die Qualität des Gutes. Fast jeder Haushalt ist bereit, für ein Gut hoher Qualität einen höheren Preis zu zahlen, als für ein Gut minderer Qualität.

Die Nachfrage hängt nicht nur von Qualität und Preis ab, sondern oft auch von den Einkommen der Haushalte. Es gibt Güter, sogenannte superiore (höherwertige) Güter oder die dafür gehalten werden, die bei steigenden Einkommen sogar stärker nachgefragt werden und andere Güter, sogenannte inferiore (minderwertige) Güter, die nach den Präferenzen für weniger wert gehalten werden, und im Gegenteil kaum noch nachgefragt werden.

Präferenzen drücken aus, wie sehr ein Haushalt oder Verbraucher ein Gut schätzt. Sie sind hauptsächlich persönlicher Natur. Zum einen gibt es zeitliche Präferenzen, d. h. benötigt jemand ein Gut sehr dringend, ist er/sie bereit mehr dafür zu bezahlen, als für ein Gut, auf das man auch noch eine Weile warten kann.

Daneben gibt es auch örtliche Präferenzen. So manche/r ist bereit, beim „Kaufmann um die Ecke" mehr für ein Gut zu bezahlen, als beim nächsten Supermarkt, zu dem er erst mal eine halbe Stunde mit dem Auto hinfahren muss. Überdies gibt es auch persönliche Präferenzen. Jemand kauft eine Ware lieber in einem bekannten Geschäft, z. B. im „Tante-Emma-Laden", wo er/sie freundlich bedient wird, anstatt, nur um wenige Euros oder gar nur Cents zu sparen, in einem großen anonymen Kaufhaus einzukaufen. Die persönlichen Präferenzen hängen aber auch von den Gewohnheiten eines Verbrauchers ab. Viele Jugendliche zeigen ihre ausgeprägten Präferenzen schon beim Kauf einer Jeans und bevorzugen eine Markenjeans vor einer sogenannten „No-name"-Jeans – also eine sachliche Präferenz.

## 6.1.3 Das Verbraucherverhalten der Haushalte

Der **Bedarf** eines Haushaltes ist nicht unveränderlich, sondern ist wesentlich bestimmt vom Wandel der Einkommen, Preise und der Qualität, von der Einführung neuer Produkte (Produktinnovationen), der Werbung (Mode) und der Altersstruktur des Haushaltes. Das Bedürfnis beispielsweise nach einem Video- oder Fernsehgerät ist erst nach deren Erfindung und Produktion entstanden und die Auswahl zwischen verschiedenen Geräten geschieht nicht unbeeinflusst von der „Nachbarschaft", Moden und der Werbung. Das Ausmaß der Beeinflussung der Verbraucher durch „Dritte" ist großteils nicht bekannt.

Die Grundbedürfnisse sind dem Menschen eher angeboren, wie z. B. das Bedürfnis nach Essen, Trinken, Wohnung, Kleidung oder die Wünsche nach Freiheit, Abenteuer, Unterhaltung, Gemütlichkeit etc. Sicher sind nicht alle Bedürfnisse angeboren, und sicher sind auch nicht alle Bedürfnisse durch Werbung bestimmt. Denn das artikulierte Bedürfnis nach einer ganz bestimmten Marke, nach dem Bier X oder dem Auto Y oder der Zigarette Z, ist eher das Ergebnis der Werbung, der aktuellen Moden und auch der sozialen Umgebung und Geselligkeit, als ein authentisches Bedürfnis nach Befriedigung von Durst, oder nach Schnelligkeit oder „Beruhigung".

Anders verhält es sich bei Substitutions- oder Komplementärgütern:

Ein **Substitutionsgut** ist ein Gut, das ein anderes ersetzen kann, wie Butter und Margarine. Steigt z. B. der Butterpreis, wird Butter relativ teurer, wird Margarine relativ billiger. Dann lohnt es sich für den Verbraucher, das relativ teurer gewordene Gut durch das relativ billigere zu ersetzen. Daraus folgt: je teurer ein Gut A wird, desto mehr steigt die Nachfrage nach einem Substitutionsgut B oder C. Umgekehrt steigt die Nachfrage nach dem Gut A, je teurer das Substitutionsgut B oder C wird.

Ein **Komplementärgut** ist ein Gut, das nur in Verbindung mit einem anderen sinnvoll zu nutzen möglich ist, z. B. Kaffee und Dosenmilch oder Autos und Benzin. Dosenmilch ist zwar ein eigenständiges Gut, aber ihr Gebrauch ist mit dem Verzehr von Kaffee zusammen sinnvoll, während ein Auto ohne Benzin keinen Sinn macht. Daher: je teurer ein Komplementärgut B wird, desto geringer wird die Nachfrage nach dem Gut A. Steigt nun der Preis von Gut B, wird der Gesamtpreis der beiden Güter A und B ebenfalls steigen. Mit steigendem Preis geht die Nachfrage zurück.

Die nachgefragte und gekaufte Menge hängt dagegen hauptsächlich vom Preis des Gutes ab, mit anderen Worten der Preis ist der entscheidende Bestimmungsfaktor (die unabhängige Variable) und die nachgefragte Menge ist folglich die mengenmäßige Kaufentscheidung (die abhängige Variable). Der Zusammenhang von Preis und Menge wird als „Nachfragefunktion" bezeichnet. Sie gibt an, welche verschiedenen Mengen von einem bestimmten Gut ein Haushalt nachfragen würde, wenn der Preis des Gutes verschiedene Höhen annehmen würde – bei Gleichbleiben (ceteris paribus) der Einkommen, der übrigen Preise und der Bedarfsstruktur.

Die Erfahrung zeigt, dass die nachgefragte Menge eines Gutes normalerweise mit sinkendem Preis des Gutes zunimmt, umgekehrt mit steigendem Preis abnimmt, – d. h. bei unverändertem Einkommen, Bedarfsstruktur und gleichen Preisen der übrigen Güter. Die nachgefragte Menge eines Gutes reagiert also grundsätzlich auf Preisänderungen. Immer dann jedoch, wenn sich die übrigen Preise oder das Einkommen oder die Bedarfsstruktur verändern, wird auch die Nachfragefunktion eine Änderung oder Verschiebung erfahren. Die Nachfrage nach einem Gut hängt also gemäß der Preis-Nachfrage-Regel vom Preis dieses Gutes ab, und nimmt im Regelfall mit steigendem Preis ab – oder umgekehrt.

Wie stark die mengenmäßige Reaktion der Nachfrage auf Preiserhöhungen oder -senkungen bei einem bestimmten Gut ist, beschreibt das Verhältnis des spezifischen Gutes zu der Intensität des spezifischen Bedarfs.

Da bei den verschiedenen Gütern die Nachfrage auf Preisänderungen unterschiedlich stark reagiert, kann man das Ausmaß dieser Reaktion messen, also wie „stark" oder wie „schwach" die nachgefragte Menge eines Gutes auf eine Preisänderung reagiert – oder auch wie stark die Verbraucher Preiserhöhungen in Kauf nehmen oder von der spezifischen Art dieses Gutes abhängig (oder gar süchtig) sind, wie beispielsweise von Zigaretten oder Energie etc. Die Größe der von einer Preisänderung eines Gutes ausgelösten Änderung der nachgefragten Menge dieses Gutes wird als Elastizität der Nachfrage nach einem Gut in Bezug auf den Preis dieses Gutes, bzw. als **direkte Preiselastizität** bezeichnet. Dieses Maß charakterisiert das Verhältnis der Nachfragebeziehung zwischen Preis und Mengenveränderungen. Dieses Nachfrageverhalten lässt sich auf allen Märkten beobachten, mit Ausnahme einiger Spezialfälle.

## 6.1 Die Rolle der Haushalte

Das Verbraucherverhalten zeigt oftmals, scheinbar im Gegensatz dazu, dass die nachgefragte Menge nach manchen Gütern zunimmt, obwohl deren Preise gestiegen sind. Dies widerlegt aber nicht die „Regel", dass die Haushalte, ceteris paribus, bei steigendem Preis eines Gutes weniger von diesem nachfragen – und umgekehrt.

Dass z. B., trotz steigender Preise, von einem Gut in der Praxis von den Haushalten, manchmal scheinbar paradox, sogar mehr nachgefragt wird, lässt sich damit erklären, dass:

- sich die Bedarfsstruktur verschoben hat,
- das verfügbare Einkommen gestiegen ist,
- die Preise anderer Güter stärker gestiegen sind oder wegen
- hoher Inflationserwartungen (Inflationsmentalität) der Haushalte,
- hoher und/oder steigender Preise eines bestimmten Gutes,
- eines Mitläufereffektes oder
- eines Snobeffektes.

Hat ein Haushalt ein bestimmtes Einkommen, das er zum Kauf von Konsumgütern verwenden will, so wird er bei gegebener Höhe des Einkommens mit steigenden Preisen eines Gutes geringere Mengen davon kaufen. Jede Preissteigerung führt also (sofern das Gut noch nachgefragt wird) zu einer Senkung der Nachfrage.

Die Antizipation von Inflationserwartungen dagegen kann dazu führen, dass Verbraucher gerade in der Erwartung steigender Preise für ein bestimmtes Gut oder für die Güter im allgemeinen erst recht bei steigenden Preisen kaufen, um den künftigen Preissteigerungen auszuweichen. Wenn die Haushalte in der Zukunft steigende Preise erwarten, dann kaufen sie ein Gut lieber heute als morgen, wenn es dann noch teurer geworden ist.

Ein Nachfrageverhalten wird als sogenannter **Mitläufereffekt** bezeichnet, wenn die Nachfrage nach einem Gut – entgegen der Preis-Nachfrage-Regel – auch dann zunimmt, wenn der Preis des Gutes hoch ist oder steigt, da das Gut von fast allen oder einer Vielzahl von Haushalten nachgefragt wird.

Ein weiteres Nachfrageverhalten entgegen der Preis-Nachfrage-Regel ist der sogenannte **Prestigeeffekt**. Er besteht darin, dass es Güter gibt, die von einigen Haushalten besonders dann mehr nachgefragt werden, wenn – scheinbar paradox – ihr Preis hoch oder stark gestiegen ist. Man spricht auch vom **Snobeffekt** oder **Veblen-Effekt**, nach dem amerikanischem Sozialökonom Thorsten Veblen: „Theory of the leisure class", dt.: „Theorie der feinen Leute." Der Snobeffekt ist das Gegenstück zum Mitläufereffekt: Die Nachfrage eines Snobs nimmt ab, wenn die Gesamtnachfrage nach dem Gut steigt. Darin drückt sich das Streben nach Exklusivität aus, das Streben, anders und etwas Besonderes zu sein.

## 6.2 Fallstricke des Nutzenstrebens

Die Motive, die die Haushalte auf die Märkte treiben, sind so vielfältig wie verschieden. Alle haben sie aber eines als dominierendes Handlungsmotiv gemeinsam, nämlich die Suche nach dem – in jeder wirtschaftlichen Situation entsprechend ihren Bedürfnissen, für ein gegebenes Einkommen – größtmöglichen Vorteil.

Der Haushalt als Nachfrager von Gütern und Dienstleistungen versucht, für sein Einkommen Güter zu finden, die ihm einen möglichst nachhaltigen Nutzen bringen könnten. Häufig wissen die Verbraucher aber zunächst gar nicht, welche Güter aus dem oft unübersehbaren Angebot ihre Bedürfnisse zufrieden stellen könnten. Deshalb kann sich ein Haushalt in der jeweiligen Wahlsituation auf der Suche nach dem größtmöglichen Vorteil irren. So kann er verkennen: sein Einkommen, sein Bedürfnis, die Qualität, die Alternativen u. a., weil er in der jeweiligen Marktsituation nur über ein „Stückwerk des Wissens" verfügt – beschränkte Information und Wissen, beschränkte Rationalität (Transitivität), beschränkte Informationsverarbeitungsfähigkeit und schließlich das „Unvorhergesehene".

Wirtschaftliche Situationen sind fast immer von Ungewissheit und/oder Unwissenheit bestimmt, sodass viele wirtschaftliche Entscheidungen von Haushalten, auf der Suche nach der besten Wahl, als ein permanenter Entdeckungsprozess, praktisch experimentellen Charakter haben, mit dem Risiko des Irrtums und der Fehlentscheidung. Angesichts des Risikos, schwerwiegende Fehlentscheidungen zu treffen, bleibt den privaten Haushalten nichts anderes übrig (oder ist ihnen geradezu empfohlen), als sich je vorsichtig tastend durch Versuch und Irrtum in kleinen Schritten dem gewünschten maximalen Nutzen anzunähern, und falls ein Schritt sich als falsch erweisen sollte, ihn elastisch zurückzunehmen und zu korrigieren. Deshalb versuchen es die meisten Verbraucher zunächst mit einem Gut, das ihnen geeignet erscheint. Wenn sich dieses Gut als Fehlkauf und nicht als befriedigend herausstellt, versucht der Verbraucher das nächste usw. bis er das passendste gefunden hat.

Die Haushalte verhalten sich angesichts von Ungewissheit oder/und Unwissenheit meist oder oft nach der Strategie des „Piece-meal-engineerings" oder nach der Maxime „Versuch und Irrtum", auf der Suche nach dem bedürfnisoptimalen Güterangebot für sich als Verbraucher.

So betätigt sich der Verbraucher gegenüber dem Produktangebot der Unternehmen als Zensor, der darüber entscheidet, ob ein Produkt ein „Flop" oder ein „Renner" ist. Die Volkswirtschaft ist auf diese Weise eine große wechselseitige Lerngesellschaft von Haushalten und Unternehmen.

## 6.3 Die Rolle der Unternehmen

### 6.3.1 Die Rolle der Unternehmen

Das Angebot der Unternehmen stellt das Gegenstück zur Nachfrage der Haushalte dar. Beide suchen auf den Märkten möglichst vorteilhafte Tauschmöglichkeiten von Gut gegen Geld. Die zentrale Rolle der Unternehmen wird vor allem bestimmt durch die Entwicklung eines möglichst bedarfsgerechten Produktangebots, nach Funktion, Qualität, Design und Preis, um die (sich wandelnden) Wünsche der Haushalte bzw. Nachfrager möglichst nahezu zu erfüllen. Um den Haushalten ihre Konsumwünsche nach Gütern und Dienstleistungen befriedigen zu können, müssen auf den Konsummärkten die Betriebe oder Unternehmen also bedarfsgerechte Güter und Dienstleistungen gestalten, herstellen und anbieten, die die Konsumenten dann erwerben und verbrauchen können.

In der arbeitsteiligen Wirtschaft sind die Unternehmen (oder Betriebe) die Stätten der Produktion von Gütern und Dienstleistungen. Unter Produktion wird nicht nur die Herstellung von Gütern und Dienstleistungen verstanden, sondern auch deren Gestaltung, Bereitstellung und der Vertrieb (Handel). Folglich sind alle Wirtschaftseinheiten, in denen Güter oder Dienstleistungen erstellt und verteilt werden, Betriebe. „Betrieb" und „Unternehmung" (oder Unternehmen) werden meist als gleichbedeutende Begriffe angesehen. Die Unternehmungen unterscheiden sich u. a. hinsichtlich ihrer Größe, ihrer Rechtsform und ihrer Ziele (Bedarfe) voneinander: „Unternehmen" agieren auf den Konsumgütermärkten als Produzenten, Anbieter und Verkäufer, und auf den Faktormärkten (Investitionsgüter) als Nachfrager und Käufer. Auf den Investitionsgütermärkten treten Unternehmen untereinander und wechselseitig als Käufer und Verkäufer, als Nachfrager und Anbieter auf.

Das Angebot der Unternehmen an Gütern und Dienstleistungen ändert und wandelt sich ständig, zum einen mit dem Wandel der Angebotsbedingungen, wie der Einführung neuer Techniken oder zum anderen mit dem Wandel der Bedarfe der Nachfrager.

Die Unternehmen versuchen immer neue Produktideen und Produktionsverfahren zu entwickeln. Sie betätigen sich als Innovator, im wahrsten Sinne des Wortes als Unternehmer, die etwas Neues unternehmen und riskieren.

Welche Gütermenge ein Unternehmen anbieten wird, ist bestimmt von den technischen Bedingungen der Produktion, die ihren Niederschlag in den Kostenverhältnissen findet, des Weiteren von der Besetzung der Märkte, auf denen das Unternehmen sein Produkt verkauft sowie auch die eingesetzten Produktionsmittel erwirbt.

Alle Anbieter streben auf den Märkten nach möglichst vorteilhaften Tauschgeschäften, mit anderen Worten sie versuchen für ihre Güter oder Dienstleistungen zum einen möglichst hohe Preise zu erzielen und zum anderen von ihren Gütern oder Dienstleistungen möglichst so hohe Mengen abzusetzen, wie die Nachfrager noch zum höchsten Preis zu bezahlen bereit sind.

Häufig wissen die Unternehmen aber zunächst nicht, welche Güter oder Dienstleistungen aus den unübersehbaren Angebotsmöglichkeiten auf entsprechende Nachfrage stoßen werden. Deshalb versuchen es die meisten Unternehmen mit einem Gut, das ihnen zunächst als gefragt erscheint. Sollte sich die Produktidee (oder der Preis oder die Qualität etc.) als „Flop", also als ein Marktirrtum erweisen, dann versucht es der Betrieb mit einer weiteren Produktidee usw. bis er mit einer Geschäftsidee Erfolg hat. Wenn sich dieses Gut als Fehlinvestition und nicht als erfolgreich herausstellen sollte, versucht das Unternehmen es mit dem nächsten Gut usw., bis es ein am Markt erfolgreiches Gut gefunden hat. Das Angebotsverhalten der Unternehmen ist deshalb ein ständiger Entdeckungsprozess durch „Versuch und Irrtum", um das bedarfsgerechte Güterangebot für die Verbraucher zu entwickeln.

## 6.3.2 Die Motive der Unternehmen

Wer sich als Anbieter irgendeines Gutes oder einer Dienstleistung auf einen Markt begibt, tut dies in der Erwartung, dass er dort auf ein Interesse für sein Gut oder seine Dienstleistung treffen wird und er dafür auch einen angemessenen Preis erzielen wird, und er als Anbieter – nach Abzug seiner Kosten – einen angemessenen Gewinn erzielen wird.

Gewinn ist der Überschuss der Erträge über die Kosten. Der Gewinn ist Grundlage für die Berechnung der Einkommen- oder Körperschaftssteuer. Der „Gewinn vor Steuern" wird auch als Bruttogewinn bezeichnet; der dem Unternehmen nach Abzug der Einkommen- oder Körperschaftssteuer verbleibende Gewinn ist der „Gewinn nach Steuern" oder auch Nettogewinn.

Es geht dabei nicht um die Erhöhung des absoluten Gewinns ohne Rücksicht auf den Kapitaleinsatz, sondern um ein möglichst günstiges Verhältnis des Gewinns zum eingesetzten Kapital, die Rentabilität. Zum Beispiel wäre eine Verdoppelung des Gewinns bei zehnfachem Kapitaleinsatz kein wirtschaftlicher Erfolg.

Das Streben der Unternehmen nach nachhaltigen Unternehmenseinkommen durch maximalen Gewinn, mittels Produktion, Angebot, Verkauf und Absatz von Gütern und Dienstleistungen mit dem dafür kostengünstigsten Einsatz ihrer Produktionsfaktoren oder Ressourcen, bedeutet, die kostenoptimale Produktionskombination für ihre Güter zu realisieren und überdies auf den Märkten die höchstmöglichen Preise zu erzielen.

Ein Unternehmen strebt folglich nach seinem größtmöglichen wirtschaftlichen Vorteil. Das ist vor allem der Gewinn, den er zu maximieren sucht. *„Nicht vom Wohlwollen des Metzgers, Brauers und Bäckers erwarten wir das, was wir zum Essen brauchen, sondern davon, dass sie ihre eigenen Interessen wahrnehmen. Wir wenden uns nicht an ihre Menschen-, sondern an ihre Eigenliebe"* (Adam Smith, Der Wohlstand der Nationen, London/München 1978).

Alle Unternehmen haben also eines als dominierendes Handlungsmotiv gemeinsam, nämlich die Suche nach ihrem in jeder wirtschaftlichen Situation größtmöglichen Vorteil. Andere Unternehmensmotive wie Prestige, Umsatz, Beschäftigung, Marktanteile, Umweltziele usw. wirken ergänzend zur Gewinnmaximierung. Solche anderen Motive, wie Macht oder Ansehen, können auch eine Bedeutung besitzen. Trotz solcher konkurrierender Motive, ist aber in der Regel die (möglichst nachhaltige) Einkommens- und Gewinnerzielung das hauptsächliche Handlungsmotiv der Unternehmen.

Es gibt aber eine große Anzahl von Unternehmen, die (nach ihrer Satzung) auch andere Ziele haben, so beispielsweise Genossenschaften, z. B. Einkaufs- oder Absatzgenossenschaften, die vor allem den Erwerb oder die Wirtschaft ihrer Mitglieder fördern, sowie auch Betriebe des öffentlichen Rechts, die vom Staat oder von Kommunen errichtet wurden und gemeinnützige Ziele verfolgen, z. B. Versorgungsbetriebe für Energie, Wasser, Abwasser und Abfall etc.

### 6.3.3 Das Angebotsverhalten der Unternehmen

Im Rahmen der Volkswirtschaft ist das Angebot des gesamten Marktes von ausschlaggebender Bedeutung. Jedes Unternehmen hat aber sein je eigenes Angebotsverhalten.

Die Überlegungen, die Anbieter und Unternehmen auf die Märkte treiben, sind so vielfältig wie verschieden. Die prinzipiellen Überlegungen eines Unternehmens für sein Angebot auf einem Markt sind vor allem:

## 6.3 Die Rolle der Unternehmen

- der gegenwärtig am Markt erzielbare Preis des anzubietenden Gutes,
- die Preise anderer Güter, die das Unternehmen alternativ anbieten könnte,
- die Kosten der für die Herstellung benötigten Produktionsfaktoren,
- der gegenwärtige Stand des technischen Wissens,
- die Intensität der Bedarfe nach diesem Gut,
- die Alternativen der Nachfrager für andere Ersatzgüter und
- die Zukunftserwartungen im Hinblick auf die wirtschaftliche Entwicklung.

Bevor Güter auf den Märkten ver- und gekauft werden, müssen sie unter Einsatz von Produktionsmitteln wie Arbeit, Boden, Kapital, Material, Energie und technischem Wissen produziert werden. Die Herstellungskosten eines Gutes sind besonders auch vom technischen Wissen abhängig. Technisches Know-how und damit technischer Fortschritt führt meistens zur Reduzierung der Herstellungskosten eines Gutes, d. h. ein Unternehmen kann eine größere Anzahl des Gutes bei gleichbleibenden Kosten herstellen.

Schließlich ist das Angebot eines Gutes auch abhängig vom Management, der Organisation und vor allem vom Marketing. Werbung dient dazu, den Absatz eines Produktes zu steigern. Da der Einsatz all dieser Produktionsmittel Kosten in Form von Zahlungen für Löhne, Zinsen, Miete, Pacht etc. verursacht, wird das Unternehmen sie wirtschaftlich einsetzen.

Insbesondere muss der Produzent wissen, wie die technische Beziehung zwischen den Faktoreinsatzmengen und der Produktionsmenge aussieht, nämlich wie die „Produktionsfunktion" aussieht. Denn die kostenoptimale Güterproduktion hängt ab von dem Verhältnis der Faktoreinsatzmenge zu der Produktionsausbringung (die Produktionsfunktion).

Die Produktionsfunktion gibt an, welche verschiedenen Möglichkeiten bestehen, bestimmte Güter günstig zu produzieren. In der Praxis gibt es unterschiedliche Produktionsfunktionen mit verschiedenen Grenzkostenverläufen in der Produktion eines jeweiligen Gutes, wie z. B. bei der Erstellung von Weizen oder Autos u. a.

Das individuelle Angebot eines Unternehmens auf einem Markt wird vor allem vom Marktpreis bestimmt. Zudem ist das Angebot auch von den Preisen anderer Güter abhängig. Unterhalb eines Mindestpreises (Kostenpreis) findet kein Angebot statt; denn der Preis muss mindestens so hoch sein, dass er (langfristig) die Durchschnittskosten der Produktion deckt. Ein höherer oder steigender Produktpreis führt zu einer steigenden angebotenen (Gewinn steigernden) Produkt- und Absatzmenge des Unternehmens. Es lohnt sich für das Unternehmen, die Produktion so stark auszudehnen und anzubieten, wie es kann – bis die Selbstkosten gegebenenfalls den Marktpreis übersteigen.

Deshalb ist das Angebot besonders von den Preisen der Produktionsfaktoren bestimmt, mit deren Hilfe die Produkte erzeugt werden, wie z. B. Rohstoffe und Arbeitskraft. Je höher die Kosten dieser Produktionsfaktoren sind, d. h. ihr Preis, desto teurer wird die Herstellung eines Produktes und desto weniger Unternehmen werden nur bereit sein, das Produkt zu einem bestimmten Preis anzubieten.

Wenn ein Unternehmen für sein Produkt einen so geringen Marktanteil hat, dass es den Produktpreis nicht beeinflussen kann, aber bei dem gegebenen Marktpreis jede beliebige Menge absetzen kann, wird es stattdessen die Absatzmenge so festzulegen versuchen, dass sein Gewinn größtmöglich wird.

Ein Unternehmen, das aber nicht nur ein Produkt, sondern zwei Produkte oder eine Vielzahl von Produkten herstellen kann, wie es in der Praxis häufig der Fall ist, wird seine Produktionsmöglichkeiten auf dasjenige Produkt konzentrieren, welches den höchsten Gewinn abwirft – i. e. die Differenz zwischen dem am Markt erzielbaren Preis und den Herstellungskosten im Unternehmen.

## 6.4 Fallstricke des Profitstrebens

Die Unternehmen sind die „Produzenten" und „Innovatoren" der Produktentwicklung auf den Märkten, indem sie einerseits das Produktangebot ständig weiterentwickeln, und ständig danach suchen, welche Produkte gemäß den Bedürfnissen der Haushalte noch besser akzeptiert werden und welche nicht – sowie andererseits ständig das effektivste

Produktionsverfahren, den aktuellen Stand der Technik anstreben. Diese zentrale Innovationsfunktion der Unternehmen ist besonders wichtig auf der Suche nach den besten bedürfnisgerechten Produkten. Die Haushalte entscheiden demgegenüber als „Zensoren" darüber, welche Produkte am Markt bleiben und welche nicht. Beide, Anbieter und Nachfrager, können dabei Irrtümer oder Fehler machen.

In jeder wirtschaftlichen Situation sind die Wirtschaftssubjekte – Haushalte und Unternehmen – bei der Wahl der besten Strategie, des Angebots oder der Nachfrage, fast immer von Ungewissheit und Unwissenheit bestimmt. Das Unternehmen als Anbieter oder Produzent kann sich irren, z. B. durch falsche Erwartungen, falsche Informationen oder mangelndes Wissen in Bezug auf die Entwicklung der Technik, der Produktionsverfahren, durch Fehleinschätzung der Bedarfe und Bedürfnisse, der Zahlungsbereitschaft der Haushalte u. a.

Viele wirtschaftliche Entscheidungen von Unternehmen – und von Haushalten – sind deshalb geprägt vom „**Stückwerk des Wissens**", der beschränkten, unvollkommenen Information, der Unsicherheit und Ungewissheit über die Bestimmungsfaktoren von Angebot und Nachfrage. Überdies können sie jederzeit von unerwarteten Ereignissen des **Unvorhergesehenen** überraschen werden, mit dem damit verbundenen Risiko der Fehlentscheidung.

Angesichts des Risikos Fehlentscheidungen zu treffen, ist es für ein Unternehmen bzw. einen Anbieter die beste Strategie, sich tastend nach der Strategie des „Piece-meal-engineerings" bzw. der „Schritt-für-Schritt-Vorgehensweise" dem gewünschten Zielzustand anzunähern, und falls sich ein Schritt als falsch erweisen sollte, ihn elastisch zurückzunehmen und zu korrigieren.

Angesichts der „Ungewissheit und Unwissenheit" ist die Vorgehensweise nach der Methode des „Versuch und Irrtum" der beste Weg aus dem Labyrinth der zukünftigen Entwicklung.

# Quellen und weiterführende Literatur

Kroeber-Riel, Werner, Konsumverhalten, 10. Aufl., München 2013
Scherhorn, Gerhard, Gesucht: Der mündige Verbraucher, Düsseldorf 1973

Straub, Thomas, Einführung in die Allgemeine Betriebswirtschaftslehre, 1. Aufl., München 2012

Taleb, Nassim N., Der schwarze Schwan. Die Macht höchst unwahrscheinlicher Ereignisse, 8. Aufl., München 2008

Thommen, Jean P./Achleitner, Ann K., Allgemeine Betriebswirtschaftslehre, 5. Aufl., Wiesbaden 2006

Wöhe, Günther / Döring, Ulrich, Einführung in die Allgemeine Betriebswirtschaftslehre, 25. Aufl., München 2013

# 7
# Markt und Wettbewerb – Schaltzentralen der „unsichtbaren Hand"

„Eher legt sich ein Hund einen Wurstvorrat an als Politiker eine Budgetreserve."

© Alinari/INTERFOTO
*Friedrich A. von Hayek (1899–1992)*

> *Nicht vom Wohlwollen der Metzger,*
> *Bäcker und Brauer erwarten wir das,*
> *was wir zum Leben brauchen,*
> *sondern weil diese ihre eigenen Ziele verfolgen.*
> Adam Smith

## 7.1 Märkte: Schauplätze des wirtschaftlichen Austausches

Ein „Markt" ist eine Stätte des Zusammentreffens von Angebot und Nachfrage. Auf einem Markt treffen sich Anbieter (Verkäufer) und Nachfrager (Käufer) an einem bestimmten Ort und Tag, um Güter und Dienstleistungen gegen Geld zu kaufen und zu verkaufen. Der Verkauf eines Gutes dient zugleich dem Kauf eines anderen, d. h. hinter jedem Kauf oder Verkauf verbirgt sich ein Tauschvorgang. Der Gütertausch auf den Märkten dient nicht nur der Bedürfnisbefriedigung der Verbraucher, sondern auch der Einkommenserzielung durch Güterproduktion in den Unternehmen sowie beim Staat zur Beschaffung der für die Erfüllung öffentlicher Aufgaben notwendigen Güter.

Märkte versorgen so die Bevölkerung, die Haushalte, die Unternehmen und den Staat, in einer Volkswirtschaft, mit den – mehr oder weniger notwendigen – Gütern und Produktionsmitteln (Kapital, Arbeit, Immobilien). Die Märkte sind Tauschzentralen, um dort Güter oder Produktionsmittel anzubieten und nachzufragen und gegebenenfalls zu tauschen.

Märkte entstehen und funktionieren aufgrund der wirtschaftlichen Interessen der Menschen am Tausch von Gütern, Dienstleistungen und Geld. Sobald Bedürfnisse aufkommen, die gegenwärtig von den Märkten nicht oder nur teilweise erfüllt werden, geraten die Märkte in Bewegung. Die Teilnehmer am Markt, die Wirtschaftssubjekte Haushalte und Unternehmen, verstärken jetzt ihre Anstrengungen und versuchen, entweder die Güterproduktion zu steigern oder zu verbessern oder beim Gütertausch auf den Märkten besser abzuschneiden.

Der Gütertausch dient, wie die Güterproduktion, der Bedürfnisbefriedigung. Die Summe aller Produktions- und Tauschvorgänge ist

## 7.1 Märkte: Schauplätze des wirtschaftlichen Austausches 91

schließlich das, was man als Wirtschaft bezeichnet. Zum Wirtschaften gehört derjenige Aspekt menschlichen Handelns, der auf die Befriedigung von Bedürfnissen gerichtet ist.

Es gibt eine Vielzahl realer Märkte. Dabei gibt es lokale, regionale und globale Güter-, Kapital- und Arbeitsmärkte. Ein organisiertes Zusammentreffen von Anbietern und Nachfragern kann man auf Waren- und Wertpapierbörsen, bei Auktionen und Versteigerungen beobachten, so z. B. auf dem Frankfurter Wertpapiermarkt oder auf dem Hamburger Fischmarkt. Auf einem Wochenmarkt werden Lebensmittel gehandelt, im Baumarkt Baumaterialien, auf dem Flohmarkt meist Gebrauchtwaren, auf Märkten für Gebrauchtwagen werden eben diese getauscht.

Märkte beschränken sich nicht nur auf real existierende Orte, sondern können auch virtuell unabhängig von Raum und Zeit Tauschbeziehungen ermöglichen. Virtuell treffen sich an der Börse Käufer und Verkäufer von Aktien, im Anzeigenmarkt einer Zeitung oder im Internet treffen sich Interessenten von KFZ und Jachten oder Anbieter und Suchende von Arbeitsplätzen u. a. Der Arbeitsmarkt manifestiert sich beispielsweise in den Stellenangeboten und -gesuchen in Zeitungen sowie in den Computern der Arbeitsagenturen oder Jobbörsen im Netz. Ähnlich wird der Markt für Häuser und Wohnungen in einer Großstadt z. B. in den Zeitungsangeboten und -nachfragen sowie in den Laptops der Wohnungsmakler sichtbar.

In Zeiten der Digitalisierung entstehen vor allem zahllose virtuelle Märkte (E-Business). Diese modernen Marktplätze vermitteln einen Großteil sämtlicher Güter und Dienstleistungen aller Art. Dabei werden in der modernen Volks- und Weltwirtschaft die Güter und Dienstleistungen sehr oft auf dem Wege des Onlinemarketing und -shopping über eine Vielzahl der sogenannten „Verbraucherportale", „Vergleichs- und Bewertungsportale" oder „Wissensportale" (wie verivox, check24, idealo, booking, billiger, Geizhals, Vergleichsportal-finden u. v. a., gegen Provision und Werbung) via Internet angeboten, nachgefragt und vertrieben (E-Commerce). Das World Wide Web wickelt immer mehr Tauschgeschäfte aller Art sowohl zwischen Firmen und Firmen *(b2b-business)*, zwischen Firmen und Konsumenten *(b2c-business)* und sogar zwischen Verbrauchern und Verbrauchern (E-Auktionen im Internet) ab.

Alle diese Märkte sind deshalb wichtige Institutionen des Wirtschaftslebens einer Gesellschaft, auf denen die Menschen, als Anbieter und Nachfrager, (möglichst vorteilhaft) Güter, Kapital oder Arbeit tauschen. Die Summe aller Ergebnisse (Umsätze) der Tauschvorgänge auf allen Märkten ist ein wichtiger Maßstab der Effektivität einer Volkswirtschaft: das Bruttoinlandsprodukt, als der Wert aller erzeugten Güter des Jahres eines Landes.

Märkte sind letztlich Einrichtungen, die die für die Tauschwünsche notwendigen Informationen (Preise, Kauf- und Verkaufswünsche der Marktteilnehmer) und Gelegenheiten (Kontakte zwischen Tauschpartnern) bieten und damit die Tauschmodalitäten gegenüber dem individuellen direkten Tausch erheblich erleichtern. Über die Märkte werden vielfältige wirtschaftliche Tauschbeziehungen organisiert und dort über persönliche Kontakte oder andere Kommunikationsformen der Austausch von Informationen und Wissen vermittelt. Diese „unsichtbaren Hände des Marktes" (Adam Smith) sorgen dafür, dass die Produktions- und Tauschprozesse gleichsam automatisch die bestmögliche Bedarfsdeckung aller Marktteilnehmer bewirken.

### 7.1.1 Die Preisbildung

Die meisten Güter sind mehr oder weniger knapp, sie müssen deshalb zugeteilt, d. h. rationiert werden. Die wirkungsvollste Art der Zuteilung bzw. Rationierung knapper Güter ist die über den Preis. Knappe Güter haben einen Preis und dieser ist umso höher, je knapper das betreffende Gut ist.

In der modernen Geldwirtschaft werden die Güter gegen Geld getauscht, weil die Vielzahl der Tauschakte ohne das Tauschmittel Geld nicht zu realisieren wäre; anders in der Naturalwirtschaft, in der Ware gegen Ware getauscht wurde. Der Tausch wird in der Geldwirtschaft nicht direkt zwischen den Produzenten und den Verbrauchern durchgeführt, sondern der Handel bringt das Angebot und die Nachfrage. Bei jedem Tausch von Ware gegen Geld und Geld gegen Ware braucht es ein Tauschverhältnis, das die in Geld ausgedrückten Preise des Gutes angibt.

Die Güterpreise „bilden sich auf dem Markt", sie hängen ab von Angebot und Nachfrage. Der Preis hat die Funktion, die Wünsche

## 7.1 Märkte: Schauplätze des wirtschaftlichen Austausches

der Anbieter und Nachfrager aufeinander abzustimmen. Der Preis bestimmt die Menge und gleicht Angebot und Nachfrage aus. Auf einem Markt stehen die Anbieter den Nachfragern gegenüber und wollen ihre Güter möglichst teuer verkaufen. Ihre Preisvorstellungen resultieren aus den Produktionskosten, die für ihre Herstellung angefallen sind. Die Nachfrager möchten die Güter möglichst billig erwerben. Ihre Preisvorstellungen resultieren aus dem individuell empfundenen Nutzen, welchen ihnen der Erwerb und Konsum eines Gutes stiften.

Die **Preise** bilden sich auf dem Markt aus dem Zusammenwirken einerseits der Nachfragebedingungen der Haushalte, insbesondere der Einkommen, der Kreditkonditionen und der Kaufbereitschaft der Nachfrager und andererseits der Angebotsbedingungen der Unternehmen, insbesondere der Kosten der Produktion, des Gewinnanspruchs der Unternehmen und der Chance, Gewinnansprüche gegen die Konkurrenz und gegen Nachfrageinteressen durchzusetzen.

Der Marktpreis bildet sich also indirekt aus dem Zusammenwirken unterschiedlicher Kaufbereitschaft der Nachfrager und der Preisvorstellungen der Anbieter.

Die Nachfrager reagieren normalerweise wie folgt: Steigt (sinkt) der Preis eines Gutes, sinkt (steigt) die nachgefragte Menge. Die Reaktion der Anbieter ist normalerweise genau umgekehrt: Steigt (sinkt) der Preis, steigt (sinkt) die angebotene Menge.

Das Verbraucherverhalten zeigt jedoch oftmals scheinbar im Gegensatz: dass trotz steigender Preise in der Praxis häufig mehr nachgefragt wird. Das lässt sich damit erklären, dass:

- die Bedarfsstruktur sich verschoben hat,
- die Preise anderer Güter stärker gestiegen sind,
- das verfügbare Einkommen gestiegen ist oder/und
- in der Zukunft weiter steigende Preise erwartet werden und daher lieber heute gekauft wird als morgen, wenn es noch teurer geworden ist (Inflationsmentalität).

Die Reaktion der Anbieter ist nicht so eindeutig, da zunächst die Produktionsbedingungen eine Rolle spielen, (insbesondere die Stückkosten, die sich mit der Produktionsmenge ändern) und natürlich der erreichbare Verkaufserlös für das angebotene Gut, der die Einnahmen der Anbieter darstellt.

Wenn der Preis niedrig ist, kann es sein, dass die Produktion nicht mehr lohnt. Einige Anbieter scheiden aus dem Markt aus, und das Marktangebot wird mithin verringert. Möglich ist es indes auch, dass der Anbieter durch eine Erhöhung der Angebotsmenge das auszugleichen versucht.

Wenn ein Anbieter seinen Preis über den Marktpreis setzt, so werden die Nachfrager das homogene Gut bei den übrigen Anbietern kaufen. Setzt dieser Anbieter den Preis unter den Marktpreis, so werden alle Nachfrager bei ihm kaufen und er hat von der Preissenkung also keinen Vorteil, zumal wenn er sein Angebot schon zum Marktpreis verkaufen könnte. So wird der einzelne Anbieter den Marktpreis als eine gegebene, von ihm nicht beeinflussbare Größe (als ein Datum) ansehen, an die (das) er sich sinnvoller Weise mit seiner Produktionsmenge anpasst.

Die Preisbildung tendiert normalerweise deshalb in der jeweiligen wirtschaftlichen Situation zu einem Preis, bei dem zum einen der jeweilige Angebotsdruck und zum anderen die jeweilige Nachfrageintensität etwa gleich stark sind. Wenn eine bestimmte Angebotsmenge und eine bestimmte Nachfragemenge sich bei einem bestimmten Preis ausgleichen, wird dies als „Gleichgewichtsmenge" und „Gleichgewichtspreis" bezeichnet. Dies ist der Preis, bei dem sich die Marktkräfte (Angebots- und Nachfragemengen), ohne eine weitere Änderung des Preises, gerade die Waage halten.

Auf einem Markt mit einem ausgeregelten Gleichgewichtspreis entspricht die angebotene der nachgefragten Menge, sodass kein Angebots- oder Nachfrageüberhang existiert.

## 7.2 Die Aufgaben der Märkte: Schaltzentralen des Ressourceneinsatzes

Den Knappheitsgrad der meisten Güter kann man durch Produktion beeinflussen. Bevor Güter auf den Märkten ver- und gekauft werden, müssen sie unter Einsatz von Produktionsmitteln wie Arbeit, Immobilien, Kapital, Material, Energie und technischem Wissen produziert werden.

Da der Einsatz der Produktionsmittel Kosten verursacht – Löhne, Zinsen, Miete, Pacht etc. -, wird das Unternehmen sie wirtschaftlich, also möglichst sparsam und nutzeneffektiv, einsetzen.

Der Aufwand für Produktionsmittel bestimmt über deren Preis und deren Einsatz (bei der Produktion von Gütern und Dienstleistungen). Der Preis für Produktionsmittel bildet sich auf speziellen Märkten. Produktionsmittelmärkte sind deshalb zentrale Märkte für eine Volkswirtschaft. Auf ihnen werden die Produktionsmittel Arbeit, Immobilien und Kapital gehandelt. Die Preisbildung sorgt auf den Produktionsmittelmärkten, die wie Schaltzentralen fungieren, dafür, dass die knappen Produktionsmittel dort hingelenkt werden, wo sie zur Erstellung der Güter und Dienstleistungen am meisten gefragt und benötigt werden.

Der Preis hat folglich die zentrale Funktion, die Pläne der Anbieter und Nachfrager ohne dirigistische Einflussnahme aufeinander abzustimmen. Die Preisbildung und der Preis hat in der Marktwirtschaft vor allem eine wichtige **Allokations- oder Lenkungsfunktion**, d. h. für den Einsatz der wirtschaftlichen Ressourcen im Hinblick auf die gefragten Güter und Dienstleistungen. Mit den Preisen werden gleichzeitig die Entscheidungen über die Menge der zu produzierenden Güter getroffen und über die Richtung, in welche Verwendungen die knappen Produktionsfaktoren fließen.

Märkte regeln also durch das Zusammenwirken von Angebot und Nachfrage über die Preisbildung, dass die Produktionsfaktoren an den Ort ihrer effizientesten Verwendung und die Güter an den Ort ihrer größten Nutzenstiftung gelenkt werden und sorgen damit für die optimale Ressourceneffizienz (Allokation) der Volkswirtschaft.

Die Allokationsfunktion des Marktes sorgt dafür, dass die Verwendung der Produktionsfaktoren von der Höhe der Faktorpreise abhängig ist, die gezahlt werden. Insoweit hängt die Verwendung der Produktionsfaktoren von der Produktivität bzw. Rentabilität ab. Je höher die Produktivität oder Rentabilität ist, umso höhere Faktorpreise sind für sie zu erzielen.

Die Allokationsfunktion des Marktes sorgt zugleich für die Angebotszusammensetzung der Güter, sodass die Unternehmen das Güterangebot nach den Präferenzen der Konsumenten ausrichten und führt die Produktion dazu, dass die Produktionsfaktoren in die produktivsten

Bereiche gelenkt werden. Preise haben auf den Märkten deshalb verschiedene Funktionen. Die **Allokationsfunktion der Märkte** hat dazu mehrere **lenkende** Aufgaben:

- Die Steuer- und Signalfunktionen
- Die Sanktions- und Verteilungsfunktionen
- Die Innovations- und Antriebsfunktionen
- Die Koordinationsfunktionen

### 7.2.1 Die Steuer- und Signalfunktionen

**Die Steuerfunktion**
Der Wettbewerb bewirkt, dass die Unternehmen ihr Güterangebot nach den Präferenzen der Konsumenten ausrichten (Angebotszusammensetzung). Der Wettbewerb lenkt zugleich die knappen Produktionsfaktoren in die von den Nachfragern gewünschten Bedarfe und sorgt dafür, dass die Produktionsfaktoren in den einzelnen Unternehmungen möglichst sparsam verwendet und in die produktivsten Bereiche gelenkt werden (Produktion).

Der Preis, z. B. Lohn für Arbeit, sorgt dafür, dass die Produktionsfaktoren dorthin gelenkt werden, wo sie von den Bedarfen her am dringlichsten benötigt und am besten genutzt werden können, z. B. in solche Unternehmen, die sie am dringendsten benötigen.

Ebenso lenkt der Preis, z. B. Pacht, Zins für Kapital, auch die Produktionsfaktoren Arbeit und Boden dorthin, wo sie, im Hinblick auf ihre Produktivität, den größten Nutzen stiften.

**Die Signalfunktion**
Die individuellen Pläne der Marktteilnehmer werden über eine Vielzahl von Märkten, auf denen sich Preise bilden, koordiniert. Preise üben Orientierungs- und Handlungsfunktionen aus, die Wandlungen im Knappheitsgrad von Gütern messen, auf die die Anbieter und Nachfrager reagieren und die sich laufend den geänderten Marktverhältnissen anpassen.

Der Preis gibt Informationen über die relative Knappheit der gehandelten Güter und signalisiert den Anbietern, ob es sich lohnt, ihre

Produktion auszuweiten. Den Nachfragern gibt der Preis Auskunft darüber, wie stark das Gut bei den anderen Nachfragern begehrt ist. Wenn die Nachfrage nach einem Gut steigt, ohne dass sich zunächst die Produktionskosten wesentlich verändern, wird der Preis für dieses Gut steigen und der Gewinn sich erhöhen. Dies führt dazu, dass die Unternehmen die Produktion dieses Gutes erhöhen, und neue Unternehmen von diesem lukrativen Markt angelockt werden. Das bedeutet wiederum, dass zusätzliche Mitarbeiter und Maschinen, Immobilien und Materialien zur Erstellung des Gutes benötigt werden.

Die gestiegene Nachfrage, die die gestiegenen Verbraucherbedürfnisse widerspiegelt, stimuliert über den gestiegenen Preis und Profit die Produktion dieses Gutes. Mit der Entscheidung über die Menge der zu produzierenden Güter wird zugleich entschieden, in welche Verwendungen die knappen Produktionsfaktoren fließen.

Mit dem Preiswettbewerb verfügen die Märkte über einen Mechanismus, der die Dringlichkeit von Bedarfen und die Knappheit von Gütern und Ressourcen anzeigt und entsprechende Umstellungsprozesse in der Wirtschaft auslöst. Der Preis signalisiert Wandlungen in der Bedürfnisstruktur und was und wie viel die Unternehmen produzieren sollen. Steigende Preise regen die Unternehmen zu höherer, fallende Preise zu niedrigerer Produktion an.

Preise und Gewinne signalisieren also den Anbietern, welche Produktion die Konsumenten wünschen. Nur die Unternehmen, die diese Signale beachten, können langfristig am Markt bleiben.

## 7.2.2 Die Sanktions- und Verteilungsfunktionen

**Die Sanktionsfunktion**
Für die Beachtung oder Missachtung der Marktsignale verhängt der Markt über die Anbieter Belohnungen oder Bestrafungen. Der „Lohn" für ökonomisch richtiges Verhalten – Orientierung der Produktion an den Bedürfnissen der Bevölkerung, sparsamer Umgang mit den Produktionsfaktoren – ist der Gewinn; Bestrafungen für ökonomisch falsches Verhalten bestehen in Verlusten.

Bei gestiegenen Preisen werden die Nachfrager, die nicht in der Lage oder bereit sind, einen höheren Preis zu entrichten, vom Konsum des Gutes ausgeschlossen. Zum anderen werden die Unternehmen, die schnell auf Preisänderungen reagieren, mit zusätzlichen Gewinnen „belohnt".

**Die Verteilungsfunktion**
Nur die Unternehmen werden Gewinne erzielen, die sich nachfragegerecht und kostenbewusst verhalten und eine der Marktleistung entsprechende Einkommensverteilung erzeugen. Der Wettbewerb bewirkt eine Verteilung der Einkommen entsprechend den vom Markt bewerteten Leistungen. Die Produktionsfaktoren Arbeit, Boden, Kapital haben ihren Preis. Ihr Preis wird umso höher sein, je knapper sie sind. So wird z. B. qualifizierte Arbeit, weil sie knapper ist, zumeist höher entlohnt als ungelernte Tätigkeit, fruchtbare Böden haben einen höheren Preis als harte, steinige oder trockene Böden. Der Preismechanismus teilt somit den Anbietern von Produktionsfaktoren Einkommen zu, die sich danach richten, wie wertvoll der Beitrag zur Verringerung der allgemeinen Knappheit ist.

Ob diese Verteilung gerecht ist, ist eine andere Frage.

### 7.2.3 Die Innovations- und Antriebsfunktionen

Im Zuge des technischen Fortschrittes werden im Interesse des Konsumenten eine verbesserte Versorgung der Verbraucher durch höhere Qualität und neue Produkte, sowie bei steigender Produktivität der Produktionsverfahren sinkende Kosten und Preise die Folge sein. Der Wettbewerb führt zur Entwicklung immer kostengünstigerer Produktionsverfahren und neuer Güter und zu besseren Produktqualitäten (Prozess- und Produktinnovationen).

Der Wettbewerb führt zu ständig verbesserten Produkten und Produktionstechniken, d. h. zu technischem Fortschritt. Die Erfolgschance, im Wettbewerb Vorteile zu erzielen, schafft ständig Anreiz zum einen zu kostensparender Produktion und zum anderen dazu, qualitative Produktverbesserungen und preisgünstige Angebote herauszufinden.

Zudem soll der Wettbewerb die flexible Anpassung der Kapazitäten an den Stand der Technik bewirken. Im „Prozess der schöpferischen Zerstörung" (Schumpeter) sowie im „Such- und Entdeckungsverfahren" (v. Hayek) des Wettbewerbs kommt es zu einer Abfolge von Innovation und Imitation immer neuer Produkte und Produktionsverfahren. Der Wettbewerb von Produkt- und Verfahrenserneuerungen schafft Sondergewinne für den „Pionierunternehmer" (Schumpeter), das Nachziehen der Wettbewerber (durch Nachahmung) führt zu einem Abbau der Pioniergewinne. Infolge des Konkurrenzdrucks werden die Vorteile in Form sinkender Preise an die Nachfrager weitergegeben, und die Preise auf den neu erschlossenen Märkten werden bei zunehmendem Angebot sinken. Konkurrenten imitieren die innovativen Vorstöße, sodass die Nachfrager die Vorteile besserer und billigerer Produkte erlangen.

Dies ist der Grund, *„dass in die Ordnung einer Marktwirtschaft viel mehr Wissen von Tatsachen eingeht, als irgendein einzelner Mensch oder selbst irgendeine Organisation wissen kann, [es] ist der entscheidende Grund, weshalb die Marktwirtschaft mehr leistet als irgendeine andere Wirtschaftsform"* (Hayek, F. A. von, Die Verfassung der Freiheit, Tübingen 1971).

### 7.2.4 Die Koordinationsfunktionen

Auf den Märkten gibt es zahlreiche Einzelpläne: Jedes Unternehmen entwickelt einen Produktionsplan, jeder Haushalt einen Haushaltsplan, d. h. er entscheidet über die Verwendung seines Einkommens. Diese Pläne werden unabhängig voneinander aufgestellt, koordiniert wird nachträglich über den Preis. Er stimmt die Produktionspläne mit den Haushaltsplänen, d. h. das Angebot mit der Nachfrage ab. Übernachfrage wird durch Preissteigerungen zurückgedrängt und zusätzliches Angebot herausgelockt, Preissenkungen haben die entgegengesetzte Wirkung. Die Preise ändern sich so lange, bis Angebot und Nachfrage übereinstimmen. Es sind also die Preise, die die Wirtschaftspläne der unabhängig voneinander handelnden Anbieter bzw. Produzenten und

Nachfrager bzw. Konsumenten aufeinander abstimmen und für den Ausgleich von deren Interessen sorgen.

Der Markt- bzw. der Preiswettbewerb zwischen Anbietern und Nachfragern hat die Aufgabe, Wirtschaftspläne der Haushalte und Unternehmen miteinander abzustimmen. Die Anbieter konkurrieren untereinander und mit den Nachfragern, vor allem mittels der Preise um vorteilhafte Geschäftsabschlüsse mit der jeweiligen Marktgegenseite. Der Wettbewerbs- und der Marktmechanismus führt dazu, dass das Eigeninteresse des Unternehmens mit dem Gesamtinteresse aller Verbraucher und damit auch der Gesellschaft verknüpft wird: Die Unternehmen werden also ihre Produktionsentscheidungen auf die Wünsche der Kunden abstimmen. Insofern verbindet der Marktmechanismus das Interesse der Produzenten mit dem der übrigen Bevölkerung, das Eigeninteresse der Unternehmen also mit dem Gesamtinteresse.

Der Preiswettbewerb bringt die Einzelinteressen der Unternehmen und Haushalte mit dem Gesamtinteresse an optimaler Allokation der Ressourcen in Einklang.

Der „Automatismus" der „unsichtbaren Hand des Marktes" (Adam Smith) sorgt dafür, dass die Produktions- und Tauschprozesse auf den Einzelmärkten das bestmögliche Ergebnis für das Gesamtinteresse an optimaler Allokation der Ressourcen hervorbringt. Der Druck des Wettbewerbs zwingt die Unternehmen zu Best- oder Höchstleistungen. Nur tüchtige Unternehmen können sich am Markt behaupten. Dem Marktmechanismus wohnt überdies eine Tendenz zur bestmöglichen Ausnutzung der Produktionsmittel inne, insbesondere der Arbeitskräfte, und das führt tendenziell zu höchstmöglichem Wohlstand und bestmöglicher Güterversorgung der Gesellschaft.

## 7.3 Die Freiheit des Wettbewerbs – Wettbewerbsbeschränkungen und staatliche Wettbewerbspolitik

**Die Freiheit des Wettbewerbs** macht den Kern der Marktwirtschaft aus.

## 7.3 Die Freiheit des Wettbewerbs ...

Die Freiheit des Wettbewerbs bedingt das Privateigentum und überlässt die Privatinitiative, das Risiko und den Ertrag des Einsatzes von Produktionsmitteln den Eigentümern. Diese versuchen möglichst hohe Gewinne zu erzielen, denn die Gewinne werden auch ihr Eigentum. Die Unternehmenseigentümer entscheiden, was und wie viel sie produzieren, indem sie möglichst „richtige" Produkt-Entscheidungen treffen, die den Bedürfnissen der Haushalte möglichst nahe kommen, und damit auch zum Wohl der Gesellschaft sind. Aufgrund seiner persönlichen Haftung für seine Produktentscheidungen muss das Unternehmen dafür sorgen, dass es die Signale des Marktes, die die Käuferwünsche übermitteln, im eigenen Interesse beachtet; denn missachtet es die Käuferwünsche, riskiert es Verlust und vermindert sein Privateigentum. Der Verlust oder Gewinn hängt vor allem von Absatzmenge und -preis ab. Unternehmen sind deshalb absatzorientiert, denn der Absatz hängt von den Verbraucherwünschen ab.

Der Markt- und Preismechanismus ist deshalb für die Unternehmen (und Haushalte und den Staat) ein großes soziales Koordinationssystem im Dienste der alltäglichen Lösung des volkswirtschaftlichen Allokationsproblems, das richtige Absatzentscheidungen belohnt und falsche Entscheidungen bestraft. Deshalb ist es für den Anbieter so wichtig, die unsichtbare Hand des Marktes im eigenen Interesse richtig zu verstehen, um das Risiko des Kapitalverlustes zu minimieren, den Bedarf des Marktes nicht zu verfehlen und die Produktionsfaktoren nicht falsch einzusetzen.

Die Funktionen der Markt- und Preismechanismen wirken uneingeschränkt nur bei „fühlbarer" Konkurrenz. Als „fühlbare" Konkurrenz ist ein Marktzustand zu verstehen, in dem die Freiheit des Wettbewerbs durch mehr oder weniger hinreichende Wettbewerbsvoraussetzungen gegeben ist:

- die uneingeschränkte **Wahlfreiheit** der Verbraucher (Alternativen),
- hinreichende **Markttransparenz** (freie Medien) sowie
- freier **Marktzutritt** (potenzieller Wettbewerb).

## 7.3.1 Wahlfreiheit

Die wichtigste Voraussetzung für intensiven Wettbewerb auf einem Markt ist eine größtmögliche Wahlfreiheit der Verbraucher, d. h. die Existenz einer möglichst großen Zahl von Anbietern, die miteinander um die Gunst der Verbraucher konkurrieren müssen. Das Ringen um die Gunst des Kunden wird umso heftiger sein, wenn die Wahlfreiheit uneingeschränkt ist und es sehr viele Anbieter gibt. Intensiver Wettbewerb um die Kunden wird vor allem dann herrschen, wenn in einem Markt viele Anbieter – und viele Nachfrager existieren.

Eine Vielzahl von Anbietern ist aber auf vielen Märkten häufig nicht gegeben. Gibt es am Markt aber nur einen einzigen Anbieter, spricht man von einem Monopol. Ein „Monopol" kann auch dadurch entstehen, dass mehrere Unternehmen ihre Verhaltensweisen miteinander absprechen, ein sogenanntes Kartell. In einem Kartell sind die Preise zwischen mehreren Unternehmen abgesprochen worden. Die Wahlfreiheit ist in diesem Fall deutlich eingeschränkt.

Wenn auf einem Markt nur wenige Unternehmen vorhanden sind, und sich der Wettbewerb zwischen nur wenigen (ca. drei bis fünf) Unternehmen abspielt, liegt ein Oligopol vor. Bei einer solchen „oligopolistischen Angebotsstruktur" ist die Wahlfreiheit der Verbraucher häufig eingeschränkt. Das einzelne Unternehmen im Oligopol kann zudem die Wettbewerbsreaktionen der Konkurrenten in sein Entscheidungskalkül einbauen, weil es eben nur wenige sind. Dadurch bekommt jedes Unternehmen im Oligopol eine teilmonopole Machtstellung, die ihm (Preis-)Manipulationen des Marktes ermöglichen und die Wahlfreiheit der Verbraucher einschränken.

Überdies ist die Zahl der Nachfrager, der Kunden also, auf den Märkten zumeist sehr groß. Wenn dann nur wenige Anbieter einer großen Anzahl von Nachfragern gegenüberstehen, ist die Macht der Anbieter größer, als die der Nachfrager, sodass nicht mehr der Kunde der „König" ist, sondern der Anbieter. Auf vielen Märkten kommt es vor, dass Oligopolisten überhaupt keinen Wettbewerb, zumindest keinen Preiswettbewerb treiben, sondern sich stillschweigend einig sind, die Preise hochzuhalten. Solches Parallelverhalten ist auf vielen Märkten zu beobachten, z. B. bei den Benzinpreisen, den Bankenzinsen u. a.

Die Wahrscheinlichkeit, dass es auf solchen oligopolistischen Märkten zudem auch noch zu verdeckten oder offenen Absprachen kommt, ist umso größer, je kleiner die Zahl der Anbieter ist. Auch die Gefahr, dass ein Oligopol in eine Art von „Monopol" umschlägt, ist groß, nämlich dass ein Produkt nur noch von diesem einen einzigen Unternehmen angeboten wird oder dass es für ein Produkt zwar mehrere Anbieter gibt, dass diese aber ihre Verhaltensweisen, vor allem die Preise (oder die Qualität), abgesprochen haben. Die Wahlmöglichkeiten und die Wahlfreiheit der Verbraucher oder Kunden ist auf solchen Märkten in der Regel kaum noch gegeben.

### 7.3.2 Markttransparenz

Wettbewerb setzt überdies besonders auch Markttransparenz voraus. Der Käufer muss wissen, wie ein Gut beschaffen ist hinsichtlich Preis, Qualität, Funktionen, Lebensdauer, Service usw. Ob der Wettbewerb eine von den Verbrauchern gewünschte Qualität etc. hervorbringt, hängt davon ab, ob die Verbraucher die Qualitäten der Produkte erkennen, vergleichen und bewerten können. Der Verbraucher muss z. B. effektive Preisvergleiche vornehmen können, sodass er dort kaufen kann, wo die Güter für ihn am günstigsten scheinen.

Intensivster Wettbewerb ist natürlich am besten gegeben, wenn alle Anbieter und Nachfrager ein identisch gleiches Gut handeln, also die Güter im Urteil der Käufer homogen sind, (was nicht technische Identität bedeuten muss), wenn die Verbraucher über die Qualität und Preise bestens informiert sind – vollständige Information oder vollkommene Markttransparenz -, und wenn sie auch keine persönlichen, regionalen, sachlichen oder räumlichen Präferenzen haben, einen Anbieter einem anderen vorzuziehen. Der Käufer darf dabei nicht durch Werbung beeinflussbar sein.

Zwischen den Produzenten und den Konsumenten besteht aber ein marktbedingtes Macht- und Informationsgefälle. Der Produzent kennt die Qualität und Mängel seiner Produkte besser als der Konsument und kann überdies die Markttransparenz durch Werbung, Präsentation und Verpackung manipulieren.

Außerdem gibt es auch Güter, deren Qualitäten für den Verbraucher nur schwer zu beurteilen sind. Dies gilt z. B. für die Qualitäten „komplizierter" Produkte, wie Geldanlagen, Hypotheken, Bankkredite und Versicherungen etc. oder für spezielle professionelle Qualitäten von Arzneimitteln, Lebensmitteln u. a. Oft kann der Anbieter, auch z. B. durch Vorwände, im „Schutze" unvollständiger Markttransparenz höhere Preise durchsetzen, die er bei vollständiger Markttransparenz wegen der zu erwartenden Reaktion der Wettbewerber unterlassen müsste.

### 7.3.3 Marktzutritt

Effektiver Wettbewerb braucht schließlich offene Märkte mit freiem Marktzutritt, d. h. dass ein Unternehmen im Prinzip jederzeit weitgehend verlustfrei aus dem Markt austreten kann. Das Wettbewerbsgeschehen auf einem Markt wird nicht nur durch bestehende konkurrierende Anbieter bestimmt, sondern auch durch den Marktzugang, wenn z. B. Extragewinne auf diesem Markt locken, sodass neue Anbieter jederzeit leicht in den Markt eintreten können (potenzieller Wettbewerb). Die Offenheit des Wettbewerbsprozesses ist nur dann gegeben, wenn für neue Anbieter jederzeit der Marktzutritt frei ist, also keine oder nur geringe Marktzutrittsschranken existieren. Solche Schranken erschweren den freien Marktzutritt, weil etablierte Anbieter zunächst Wettbewerbsvorteile haben, die die „Newcomer" erst durch Investitionen, Produktion und Marketing erwerben müssen.

Trotzdem ist der freie Marktzutritt in den Märkten durch eine Reihe von Regulierungen eingeschränkt. Diese Einschränkungen der Gewerbefreiheit sollen vor allem der öffentlichen Sicherheit und dem Schutz der Bevölkerung dienen.

Die Freiheit des Marktzutritts ist für Unternehmen also nicht unbegrenzt. So gibt es für gefährliche Produktionsverfahren staatliche Beschränkungen, deren Einhaltung von den Gewerbeaufsichtsämtern überwacht wird, beispielsweise ist der Betrieb von Kernkraftwerken oder von Lkws im Speditionsgewerbe an strenge staatliche Sicherheitsvorschriften gebunden.

Zu den ökonomischen Freiheiten des Marktes gehört vor allem die freie Konsumwahl. Die Freiheit der Konsumwahl allerdings ist in der

Marktwirtschaft nicht grenzenlos. Im Interesse von Sicherheit und Ordnung sind Einschränkungen notwendig, z. B. durch das Waffengesetz, oder das gegen den Drogenhandel gerichtete Betäubungsmittelgesetz und Arzneimittelgesetz.

Zur Offenheit von Märkten gehört z. B. auch die freie Wahl des Arbeitsplatzes und die freie Berufswahl. Allerdings ist für viele Tätigkeiten ein Befähigungsnachweis erforderlich.

## 7.3.4 Wettbewerbsbeschränkungen durch Konzentration und Kooperation

Wettbewerb bedeutet das konkurrierende Streben von Wirtschaftssubjekten der einen Marktseite – den Anbietern – um vorteilhafte Vertragsabschlüsse mit Wirtschaftssubjekten der anderen Marktseite – den Nachfragern. Aus diesem konkurrierenden Streben der Anbieter untereinander um die Kunden entsteht eine Rivalität und ein wechselseitiges Abhängigkeitsverhältnis zwischen den Wettbewerbern, eine Wettbewerbsinterdependenz, z. B. mit ihren Preis- oder Qualitätsmaßnahmen an ihrem Güterangebot. Wenn auf den Märkten gegenseitige Abhängigkeit besteht, kontrollieren sich die Anbieter gegenseitig: Kein einzelner Anbieter verfügt dann über eine so große Marktmacht, dass er die Preise oder die Qualitäten etc. diktieren kann, er muss sich vielmehr dem herrschenden Marktpreis anpassen. Der herrschende Marktpreis bildet sich als ein Kompromiss zwischen den Wünschen der Anbieter, einen möglichst hohen Preis zu erzielen, und den Wünschen der Verbraucher, einen möglichst geringen Preis zu zahlen; denn im Interesse der Nachfrager ist es, Güter möglichst billig zu kaufen.

In offenen Märkten bei freiem unbeschränktem Wettbewerb ist der Verbraucher gleichsam der „König" oder der „Zensor", wird der Anbieter sein „ausführender Diener", wenn er mit ihm vorteilhafte Vertragsabschlüsse und Gewinne erzielen will.

Ein Anbieter hat deshalb kein Interesse an uneingeschränktem Wettbewerb unter den Anbietern, denn die Einschränkung des Wettbewerbs bietet den Anbietern ökonomische Vorteile, vor allem z. B. höhere Preise durchzusetzen, als es bei intensivem uneingeschränkten

Wettbewerb möglich ist. Unternehmen besitzen eben dann wirtschaftliche Marktmacht, wenn sie einen höheren Preis durchsetzen können, der deutlich über den gesamten Kosten liegt, und die Erzielung eines überdurchschnittlichen Gewinnes ermöglicht.

Unternehmen oder Anbieter haben also ein starkes ökonomisches Motiv den Wettbewerb einzuschränken, weil ihnen die Marktmacht erlaubt, die Preise, Qualität u. a. zumindest in gewissem Grade zu bestimmen und damit mehr Gewinne zu erzielen, die sie nicht erzielen würden, wenn es uneingeschränkte Konkurrenz gäbe. Die Strategien von Unternehmen, deren Erfolg am Markt voneinander abhängig ist, sind komplementär. Durch Verhaltenskoordination gegen unerwünschten Wettbewerb und durch kooperatives Verhalten beseitigen Unternehmen die Unsicherheiten über das wechselseitige Anbieterverhalten. Der Wettbewerb wird besonders eingeschränkt, wenn die Anbieter ihre allgemeine Vertragsfreiheit dazu missbrauchen, die verschiedensten Verbindungen und Abstimmungen aller Art – **in Form von Konzentrationen oder Kooperationen** – zwischen grundsätzlich selbstständigen Unternehmen abzuschließen, um den Wettbewerb und damit die Wahlfreiheit der Verbraucher auf einem Markt zu beschränken.

### 7.3.5 Formen von Wettbewerbsbeschränkungen durch Konzentration und Kooperation

**Formen der Konzentration**
**Marktbeherrschende Stellungen** können zu diskriminierenden Wettbewerbsbeschränkungen führen, wenn eines oder mehrere Unternehmen einen Markt beherrschen, gleich ob dies durch internes Unternehmenswachstum oder durch die Übernahme von Konkurrenten entstanden ist. Eine marktbeherrschende Stellung besteht, wenn von dem oder den Unternehmen ein bestimmter Marktanteil/Jahresumsatz erreicht wird, wie z. B. ein Unternehmen ein Drittel, drei Unternehmen die Hälfte, fünf Unternehmen zwei Drittel o. a. des Marktanteils/Jahresumsatzes. Wenn Marktbeherrschung und deren Missbrauch vorliegt, wie durch Diskriminierungen, z. B. durch verschiedene Preise oder Belieferungen an unterschiedliche Kunden, muss das Kartellamt einschreiten (§ 19 Abs. 1 GWB).

**Unternehmensverbindungen** sind miteinander verbundene Unternehmen durch Beteiligungen aneinander. Je nach dem Grad der Beteiligungen wird unterschieden zwischen Fusion, Konzern, Gemeinschaftsunternehmung, Kartell oder Kooperation. Wenn die Beteiligung unter 50 % liegt, gilt sie immerhin noch als Abhängigkeit.

**Unternehmensverflechtungen** entstehen, wenn sich mehrere Unternehmen an einem anderen Unternehmen beteiligen oder es gründen. Die beteiligten Unternehmen koordinieren ihr Marktverhalten und reduzieren den Handlungsspielraum der beteiligten Unternehmen.

**Zusammenschlüsse** sind Beteiligungen von Unternehmen, die 25 % oder 50 % des Kapitals oder der Stimmrechte voneinander erreichen. Sie müssen vom Bundeskartellamt untersagt werden, obgleich der Bundeswirtschaftsminister die Ausnahme erlauben kann, *„wenn die Wettbewerbsbeschränkung von gesamtwirtschaftlichen Vorteilen des Zusammenschlusses aufgewogen wird oder der Zusammenschluss durch ein überragendes Interesse der Allgemeinheit gerechtfertigt ist"* (§ 42 GWB, Ministererlaubnis). Zusammenschlüsse fallen zudem unter die Zuständigkeit der Europäischen Kommission (§ 35 Abs. 2 GWB).

Bei einer **Fusion** vereinigen sich mehrere rechtlich selbstständig bleibende Unternehmen zu einer neuen rechtlichen und wirtschaftlichen Unternehmenseinheit, die dann von einer wirtschaftlich einheitlichen Leitung geführt wird.

**Formen der Kooperation**
**Kooperatives Marktverhalten** erfolgt von Unternehmen der gleichen Wirtschaftsstufe, beispielsweise der Ölindustrie, um den Wettbewerb zwischen den Kartellmitgliedern durch vertragliche Vereinbarungen zu beschränken, sogenannte. *„gentlemen agreements"* oder Absprachen über den Einkauf, die Produktion, den Absatz oder auch Forschung und Entwicklung.

**Strategische Allianzen** sind Kooperationen von Unternehmen, die bestimmte Geschäftstätigkeiten miteinander verbinden (durch z. B. Lieferverträge, Lizenzverträge, Vertriebsverträge oder Forschungs- und Entwicklungsprojekte).

**Abgestimmtes Verhalten** sind (unzulässige) schriftliche (Kartellverträge) oder mündliche (Frühstückskartelle) Vereinbarungen, beispielsweise

Absprachen zwischen Unternehmen über Verkaufspreise (Preiskartell), Absatzgebiete (Gebietskartell) oder Absatzmengen (Quotenkartell). Ausgenommen sind Normen-, Typen- und Konditionenkartelle (§§ 2–6 GWB). Wenn Unternehmen aufgrund ihrer starken gegenseitigen Abhängigkeit ihr Wettbewerbsverhalten in gleichem Ausmaß und in gleicher Richtung ändern, qua sogenanntem Parallelverhalten, wie gleichgerichtete Preisänderungen bei Benzin oder Zinsen, ist abgestimmtes Verhalten praktisch schwer zu beweisen und kann als Ausnahme genehmigt werden (§ 8 GWB).

**Preisbindungen** bedeuten: ein Unternehmen verpflichtet einen Kunden, das Gut nur zu einem bestimmten Preis weiterzuverkaufen. Solche Preisbindungen sind grundsätzlich verboten (§ 14 GWB) und unterliegen der Missbrauchsaufsicht durch das Kartellamt und die EU-Kommission. Es gibt zudem Ausnahmen bzw. Sonderregelungen, wie beispielsweise bei der Buchpreisbindung.

**Ausschließlichkeitsbindungen** besagen: ein Unternehmen wird gezwungen ein Gut ausschließlich von einem bestimmten anderen Unternehmen zu beziehen, beispielsweise Bier für Gaststätten, Benzin bei Tankstellen o. a.; es darf sich also seinen Verkäufer (oder Käufer) nicht frei aussuchen. Dies unterliegt der Missbrauchsaufsicht (§ 16 GWB) durch die Kartellbehörde.

### 7.3.6 Kartelle sind organisierter Kundenbetrug

Kartelle sind Absprachen von Anbietern auf einem Markt, um höhere Profite durch insbesondere höhere Preise durchzusetzen. Schon im alten Rom und im frühen Mittelalter erkannte man die weitreichenden wirtschaftlichen Folgen der Kartelle und schränkte sie damals schon durch Gesetze und Verbote ein.

Deutschland ist ein Land der Kartelle. In allen Branchen ist die Versuchung groß, sich dem harten Wettbewerb zu entziehen: Absatzgebiete werden aufgeteilt, Rabatte und Boni vereinbart und „Preisempfehlungen" ausgehandelt (Preiskartelle, Markenschutzkartelle, Gebietskartelle, Absatzkartelle (Syndikate) u. v. m.), um die Preise in die Höhe zu treiben, sodass diese um ein Viertel bis um die Hälfte steigen.

Im Mittelpunkt der Kartellabsprachen stehen Preisabsprachen in allen Branchen, die eigentlich verboten sind, ob es in der Konsumgüterbranche ist, oder in der Agrar- und Lebensmittelbranche: es gibt Wurstkartelle, Kaffeekartelle, Süßwarenkartelle, Käsekartelle, aber überdies auch Gas- und Ölkartelle, Benzinkartelle, Versicherungskartelle, Bankenkartelle, Pharmaziekartelle, Baukartelle, Ziegelkartelle etc., etc. In der Marktwirtschaft soll eigentlich das Zusammenspiel von Angebot und Nachfrage den Preis regulieren. Die Realität sieht aber oft anders aus. Verbotene Preisabsprachen kommen immer wieder vor, ganze Branchen sind davon betroffen, mit der Folge dass die Kunden mehr für Produkte bezahlen müssen, als bei offenem Markt und Wettbewerb notwendig ist. Kartelle sind organisierter Kundenbetrug auf Kosten der Kunden. Die überteuerte Zeche zahlen die Verbraucher.

In sogenannten „Gesprächskreisen" oder „Arbeitsgruppen" treffen sich Manager großer deutscher Unternehmen streng geheim zum Frühstück(-skartell) in Hotels, auf Flughäfen oder im „Club" und sprechen sich ab bezüglich der Preise ihrer Produkte u. a. In so gut wie allen Branchen gibt es illegale Kartelle, die konspirativ Preise absprechen, um mehr Profit zu machen. Ausgesprochen zahlreich bilden große und mittelständische Unternehmen in vielen Bereichen des täglichen Lebens unzulässige Kartelle und zocken so ihre Kunden massiv ab, meist durch illegale Preisabsprachen untereinander und verbotenen Druck auf die Verkäufer. Die Hersteller und Großhändler diktieren die Preise, nicht der Wettbewerb, weil es nach den Absprachen keinen funktionierenden Wettbewerb mehr gibt.

Dabei dienen meist die Branchenverbände als „Transmissionsriemen" oder stille Koordinatoren. Verkäufer, die nicht mitmachen, werden oft bedroht, schikaniert und geschäftlich ruiniert. Wie, das zeigt der Fall des Matratzenkartells: Der deutsche Unternehmer Adam Szpyt hat sich mit Internetläden selbstständig gemacht. Der „Preis-Rebell" hat dort Matratzen von bekannten Herstellern günstig angeboten – zu günstig. Denn Szpyt habe sich nicht an die hohen Preisvorgaben dieser Hersteller gehalten und so deren Zorn auf sich gezogen. Er wurde von den Herstellern bedroht, in öffentlichen Hetzkampagnen diffamiert und mit Lieferblockaden und Prozessen überzogen und unverhohlen wurde ihm angekündigt: „Wir werden Sie geschäftlich vernichten." Szpyt griff zur

Selbsthilfe und versuchte, die großen Hersteller auszutricksen. indem er selbst eine kostengünstige „Anti-Kartell-Matratze", wie er sie provokant nannte, auf den Markt brachte. Erneut ein rotes Tuch für die Matratzenhersteller, die ihm die Werbung für seine „Anti-Kartell-Matratze" gerichtlich verbieten lassen wollen (vgl. Schmitt 2015).

Die Verbraucher sind weitgehend machtlos. Die Wettbewerbsbehörde, das Kartellamt in Berlin, hat sich aufgerüstet mit einer Sonderkommission und Spezialabteilungen und macht Jagd auf Kartellsünder – und verhängt heftige Bußstrafen.

Die unterschiedlichen Formen von Wettbewerbsbeschränkungen durch Konzentration und Kooperation schränken den Wettbewerb zwischen den Anbietern (oder Nachfragern) ein und behindern die freie Preisbildung. Damit entfällt der Preiswettbewerb, dies beschränkt die Wahlfreiheit des Verbrauchers. Die Folge ist, dass Wettbewerb und Markt ihre Funktionen nicht mehr voll ausüben können. Die Auswirkungen der Behinderung der Wettbewerbsfunktionen durch Konzentration und Kooperation sind vor allem, dass die Preise hoch sind, die Innovationstätigkeit erlahmt und die betriebliche Flexibilität der Anpassung an veränderte Marktbedingungen abnimmt.

Wettbewerbsbeschränkungen stören die Allokationslenkung der „unsichtbaren Hand" des Marktes, erzeugen eine ungleiche Machtverteilung im Wettbewerbsprozess, und behindern die „Harmonie" der Einzel- und Gesamtinteressen des Marktmechanismus.

Deshalb ist die Bekämpfung wirtschaftlicher Marktmacht, über das Wirtschaftliche hinaus, eine bedeutsame gesamtgesellschaftliche Aufgabe, Wettbewerbsschranken und wettbewerbsbeschränkendes Verhalten durch staatliche Interventionen abzubauen und zu verhindern.

## 7.3.7 Staatliche Eingriffe in Markt und Wettbewerb

Die gesamtwirtschaftlichen Ziele (Preisstabilität, Vollbeschäftigung, ausgeglichene Außenhandelsbilanz, „angemessenes" Wirtschaftswachstum) werden mithilfe wirtschaftspolitischer Interventionsinstrumente – Maßnahmen der Finanzpolitik, der Geldpolitik oder der Einkommenspolitik und der Umweltpolitik u. a. – möglichst verwirklicht. Jede wirtschaftspolitische

Maßnahme bedeutet aber immer auch einen Eingriff in die Güter-, Geld- oder Faktormärkte.

Ändert z. B. die Zentralbank die Zinsen, dann verändern sich auf den Geld- und Kapitalmärkten die Angebots- und Nachfragekonstellationen von Krediten und Kapital. Dies wiederum verändert die Angebots- und Nachfragekonstellationen von Konsum- und Investitionsgütern auf den Güter- und Faktormärkten und daraufhin ändern sich auch die Angebots- und Nachfragekonstellationen auf den Arbeitsmärkten und in der weiteren Folge die Beschäftigung, das Wachstum und das Preisniveau.

Aus diesen Gründen ist für die Analyse gesamtwirtschaftlicher Situationen und für das Kalkül wirtschaftspolitischer Maßnahmen und Wirkungsmechanismen ein grundlegendes Verständnis der Funktionsweise der Marktmechanismen und der Preisbildung unabdingbar.

Denn die – gute oder schlechte – Verfassung einer Volkswirtschaft besteht aus der aggregierten Zusammenfassung aller einzelwirtschaftlichen Verfassungen der Märkte. Wenn lokale, regionale oder globale Güter-, Kapital- oder Arbeitsmärkte sich gleichzeitig in dieselbe Richtung, *„up or down"*, bewegen, entsteht makroökonomisch eine boomende oder rezessive oder gar krisenhafte Entwicklung in der gesamten Volkswirtschaft, mit Folgen für das Wachstum des Wohlstands sowie die Preisstabilität und den Beschäftigungsstand. Zumeist bewegen sich aber die verschiedenen Märkte in eine unterschiedliche Richtung; die einen „boomend" und die anderen „rezessiv", und gleichen sich, auf das Ganze der Volkswirtschaft gesehen, aus.

In dem Fall aber, wenn auf einem Großteil der Märkte – gleichzeitig also – z. B. „Boom" herrscht, also viele Anbieter und Nachfrager viel kaufen und verkaufen, herrscht auch in der ganzen Volkswirtschaft ein Aufschwung oder ein Boom. Im umgekehrten Fall, wenn der Großteil der Märkte „rezessiv" ist, gibt es einen Abschwung oder eine Rezession, mit anderen Worten die Synchronisation der einzelnen Märkte bestimmt die Konjunktur einer Volkswirtschaft im Ganzen. Deshalb funktionieren die Wirkungs- oder Übertragungsmechanismen beispielsweise der Geldpolitik, umso effizienter, wenn auch die auf ihnen basierenden Finanzmärkte (Geld- und Kapitalmärkte) funktionieren.

Funktionsmängel – Wettbewerbsbeschränkungen – der Märkte schwächen dagegen die Wirksamkeit der jeweiligen Wirtschaftspolitik.

Der Preismechanismus funktioniert nur, wenn auf den Güter- und Faktormärkten bei weitgehender Autonomie der Unternehmen und Haushalte grundsätzlich freier Wettbewerb herrscht, der durch keine Wettbewerbsbeschränkungen behindert wird.

Die wirtschaftliche Logik des Wettbewerbs tendiert aber dazu, dass die Unternehmen versuchen, zu ihrem Vorteil den Wettbewerb einzuschränken. Markt und Wettbewerb müssen deshalb vor Wettbewerbsbeschränkungen geschützt werden.

Der Staat sieht sich – als Hüter des Wettbewerbs – auf vielen Märkten veranlasst, eine aktive Wettbewerbspolitik gegen die Bildung wirtschaftlicher Macht zu betreiben und wettbewerbsbeschränkendes Verhalten von Unternehmen zu unterbinden. Dem Staat kommt deshalb die Aufgabe zu, die Bedingungen für einen freien Wettbewerb und die wirtschaftlichen Rahmenbedingungen für die Wettbewerbs-Spielregeln zu gewährleisten: missbräuchlichen wettbewerbsbeschränkenden Verhaltensweisen entgegenzuwirken sowie durch eine vorbeugende Kartell- und Fusionskontrolle, das Entstehen von marktbeherrschenden Stellungen bzw. Marktmacht auf den Märkten zu verhindern.

Die Rechtsgrundlage hierfür ist in Deutschland das **Gesetz gegen Wettbewerbsbeschränkungen** (GWB). Das Gesetz soll einen funktionierenden und möglichst ungehinderten Wettbewerb erhalten und die Bildung wirtschaftlicher Macht und die Konzentration von Marktmacht kontrollieren und Wettbewerbsbeschränkungen sowie missbräuchliches Wettbewerbsverhalten von Marktteilnehmern verhindern.

Nach dem GWB § 1 sind Kartellvereinbarungen zwischen miteinander im Wettbewerb stehenden Unternehmen grundsätzlich verboten, mit anderen Worten Vereinbarungen und abgestimmte Verhaltensweisen, die eine Einschränkung des Wettbewerbs bewirken, sind verboten. Neben diesem generellen **Kartellverbot** (§§ 1–8 GWB) und dem Verbot abgestimmten Verhaltens, enthält das GWB auch Regelungen über Kontrollen von Fusions- oder Unternehmenszusammenschlüssen (§§ 35–39 GWB), wenn z. B. Unternehmungen sich durch Ausschalten oder Aufkauf von Wettbewerbern zu Großunternehmungen zusammenschließen, um eine marktbeherrschende Stellung (§ 19 GWB) zu gewinnen bzw. eine marktbeherrschende Stellung zu begründen oder zu verstärken. Einige Ausnahmen existieren, wie in der Land- und Forstwirtschaft oder in der Energie- und Wasserversorgung. Das GWB enthält allerdings keine Möglichkeit zur Entflechtung marktbeherrschender Unternehmen, wie in den USA. Etliche Wettbewerbspolitiker fordern deshalb auch Reformen, die eine gesetzliche „Entflechtung" großer Konzerne, durch Aufspaltung in kleinere Unternehmen, ermöglichen, wie in den USA.

Das GWB regelt überdies auch eine staatliche **Missbrauchsaufsicht** über missbräuchliches Verhalten von Unternehmen. Dazu zählen abgestimmtes Verhalten, Behinderungen anderer Unternehmen, Boykotte und Lieferverweigerungen, diskriminierendes Verhalten, Ausbeutungsverhalten durch marktbeherrschende Unternehmen.

Neben dem GWB soll auch noch das **Gesetz gegen den unlauteren Wettbewerb (UWG)** sittenwidrige Wettbewerbshandlungen unterbinden, wie z. B. unlautere Werbung oder andere Handlungen der Kundentäuschung (Mondpreise oder Mogelverpackungen).

Überdies ahndet noch das Wirtschaftsstrafgesetz Betrug, durch Strafandrohungen und Vorschriften aller Art.

Das GWB bestraft Verstöße gegen die Verbote nur als Ordnungswidrigkeiten (§ 81 GWB) mit Geldbußen. Daneben besteht eine Schadensersatzpflicht bei schuldhaften Verstößen gegen Schutzgesetze; überdies kann ein Unternehmen, das z. B. durch Absprachen den Zuschlag für ein Bauvorhaben bekommen hat, wegen Betrugs bestraft werden (§ 298 StGB). Die Beweislast für Verstöße gegen das GWB liegt beim Bundeskartellamt.

Der nationalen Wettbewerbspolitik sind aber enge Schranken gesetzt. Das deutsche GWB wird durch das europäische Wettbewerbsrecht der EU stark überlagert. Das Gemeinschaftsrecht der EU hat vor nationalem Wettbewerbsrecht Vorrang. Auch Entscheidungen der EU-Kommission haben Vorrang. Eine Kartell-Erlaubnis, die die EU-Kommission erteilt hat, kann nicht nach dem GWB verboten werden. Art. 81 des EG-Vertrages regelt insbesondere Wettbewerbsbeschränkungen, die den Handel zwischen den Mitgliedstaaten beeinträchtigen können, wie europäische Kartelle oder Unternehmenszusammenschlüsse. Der EG-Vertrag enthält ein Kartellverbot (Art. 85

EGV), eine Missbrauchsaufsicht (Art. 86 EGV) und eine Zusammenschlusskontrolle (Fusionskontrollverordnung, ABl. 1997, Nr. L. 180/1). Diese unterliegen der Kontrolle durch die EU-Kommission.

Die beste Wettbewerbspolitik ist eine Politik der Marktöffnung nach „Außen", eine grenzüberschreitende **Freihandelspolitik**, wie beispielsweise im Rahmen einer Freihandelszone von der EU und den USA. Die nationale Macht von Unternehmen wird durch die Konkurrenz von ausländischen Unternehmen am wirksamsten in die Schranken verwiesen.

Zur Begutachtung von Wettbewerb und Wettbewerbspolitik hat die Monopolkommission die Aufgabe, alle zwei Jahre einen Kartellbericht über den Stand von Kooperation und Konzentration in Deutschland vorzulegen.

## 7.4 Fallstricke der Marktlogik: Das Versagen der „unsichtbaren Hand"

**Den eigenen Ast absägen – Marktversagen an der Natur**
Deutschland und „Euroland" sind aufgrund ihrer Bevölkerungs- und Wirtschaftsstruktur ein Land mit höchster Ressourcenbeanspruchung. Der sorgsame Umgang mit den natürlichen Ressourcen wie Luft, Boden und Gewässern sowie ein sparsamer Energieumsatz ist für ein rohstoffarmes und dicht besiedeltes sowie hoch industrialisiertes Land unabdingbare Voraussetzung zur langfristigen Sicherung der Produktionsgrundlagen. Die Ressourcen, die die Natur zur Verfügung stellt, sind nicht unbegrenzt verfügbar. Ihre uneingeschränkte Nutzung führt zu Umweltbelastungen und -gefährdungen und letztlich zur Zerstörung der natürlichen Lebensgrundlagen.

Die Überbelastung der ökologischen Lebensgrundlagen und die Übernutzung der natürlichen Ressourcen und die Emissionen von Treibhausgasen (insbesondere $CO_2$) und Schadstoffen aller Art haben ein Ausmaß angenommen, das nachhaltig von der Natur nicht mehr zu verkraften ist. Klimawandel, Vergiftung der Biosphäre, Abbau der Ozonschicht, und Verlärmung der Umwelt sowie der Verlust der landschaftlichen und biologischen Vielfalt sind die vielen Folgen der

## 7.4 Fallstricke der Marktlogik: Das Versagen der „unsichtbaren Hand"

dauerhaften Übernutzung der Naturressourcen durch die rücksichtslose Ignorierung der Grenzen der Regenerations- und Tragfähigkeitskapazitäten der natürlichen Ökosysteme.

Die Kosten der Umweltverschmutzung und Umweltzerstörung belaufen sich, verschiedenen Untersuchungen und Schätzungen zufolge, allein für das sich ökologisch für fortschrittlich haltende Deutschland, auf jährlich nahezu zehn Prozent des Bruttoinlandsproduktes.

So in Form von:

- Kosten der Wasserverschmutzung (Trinkwasserbelastung, Gewässerverunreinigungen u. a.),
- Kosten der Luftverschmutzung (Behandlungskosten der Atmungsorgane, Sanierung von Baudenkmälern, Forstschutzmaßnahmen),
- Kosten der Bodenbelastung (Beseitigung, Sanierung, Gebäudeschäden, Abfälle, Schäden durch Erdrutsch),
- Kosten des Lärms (Lärmschutzwände, Behandlungskosten von Ohrschädigungen, Auflagen an die Unternehmen).

Die Verluste an Schönheit einer intakten Landschaft und die gesundheitlichen Leiden durch Umweltbelastungen aufgrund verschmutzter Luft u. a. sind dabei noch nicht mit „gerechnet".

Umweltkosten können sowohl in der Produktion als auch beim Konsum entstehen. Sie gelten als „extern", weil sie nicht vom Verursacher getragen werden (müssen), sondern „extern" von den Geschädigten. Beispielsweise verursacht jede Autofahrt Schadstoffemissionen (Umweltschäden). Das gilt auch für umweltschädliche Produktionen und Konsumptionen. „Umweltverschmutzung" sind von allen Menschen hervorgerufene Verunreinigungen, Schädigungen und Zerstörungen der Natur: sie wirken teilweise langfristig, vielfach irreversibel sowie auch kumulativ und synergistisch und sie können raumübergreifend bis hin zu globalen Ausmaßen wirken.

Der Klimawandel hat jetzt schon dramatische Auswirkungen erreicht. Die „verkraftbaren" Klimarisiken liegen bei geschätzten zwei Grad Erderwärmung. Die Erderwärmung gehört zu den größten Herausforderungen dieser Zeit. Der Klimawandel hat seit einigen Jahrzehnten schon Auswirkungen auf die Natur und die Menschen auf allen Kontinenten und Ozeanen: Wetterkapriolen werden immer häufiger und heftiger. Der Meeresspiegel ist gestiegen und steigt allmählich weiter, die Gletscher auf der Welt gehen zurück, der Permafrost in den Bergen bildet sich zurück, viele Tier- und Pflanzenarten im Meer, im Süßwasser und auf dem Land mussten ihren Lebensraum verlagern, Fauna und Flora haben sich verändert, ganze Arten verschwinden sogar, weil Lebensraumänderungen durch Übernutzung und Ausbeutung der Naturbestände dazukommen.

Die Gletscher in aller Welt und Eis- und Schneeflächen der Arktis schmelzen seit Jahrzehnten dramatisch, der Meeresspiegel steigt immer höher, das Meerwasser erwärmt sich und in der Folge verdunstet immer mehr Wasser, die Wolkenbildung nimmt drastisch zu, sodass die Niederschläge immer heftiger und größer werden, mit der Folge von immer mehr Wetterextremen, mit häufigeren und heftigeren Stürmen und Dürre- und Hitzewellen im Sommer (vgl. 5. Klimabericht der IPCC (Intergovernmental Panel on Climate Change) von Yokohama vom 31.03.2014).

Der anthropogene Klimawandel ist vor allem verursacht durch die Verbrennung fossiler Brennstoffe. Mit der industriellen Revolution greift der Mensch zunehmend in das Klimasystem ein. Die globalen $CO_2$-Emissionen sind seit der Industrialisierung drastisch gestiegen und steigen weiter. Die Korrelation von Treibhausgasemissionen und Klimaänderungen ist mehr als signifikant und belegt. Der – auf der Kohlendioxidemission beruhende – „Treibhauseffekt" mit all seinen klimatischen und sonstigen Folgen beunruhigt inzwischen zu Recht viele Menschen. Nur wenn die $CO_2$-Emissionen sehr bald stark zurückgefahren werden, lässt sich die Klimaerwärmung langfristig vielleicht noch auf zwei Grad begrenzen. Wenn nicht, drohen verheerende Folgen wie das Abschmelzen des Eises auf dem Planeten und der Zusammenbruch ganzer Ökosysteme wie des Regenwaldes im Amazonas sowie u. a. erhebliche negative Auswirkungen auf die Getreideernten usw. Besonders der Klimawandel ist eine gewaltige Herausforderung für die Menschheit.

Dies sind die Folgen der Ausbeutung der natürlichen Ressourcen, erzeugt durch das Schaffen von Wohlstand mit immer mehr Luxus, mehr Bequemlichkeit, mehr Konsum. Inzwischen erweist sich, dass die

### 7.4 Fallstricke der Marktlogik: Das Versagen der „unsichtbaren Hand"

damit verbundenen Folgen die Existenz des menschlichen Lebensraums bedrohen. Dies hat mit der industriellen Produktion und dem wirtschaftlichen Wachstum inzwischen weltweite Ausmaße angenommen, die die natürlichen Grundlagen des Globus gefährlich erschüttern.

In seinem im Jahre 1976 erschienenen berühmten Werk „Menschheit und Mutter Erde – Die Geschichte der großen Zivilisationen" hat der englische Historiker und Philosoph Arnold Toynbee den „ichhaften" Umgang der Spezies Mensch mit den natürlichen Kreisläufen der Biosphäre in Luft, Wasser und Boden als die Ursache der Zerstörung der Biosphäre ausgemacht. Ohne einen gewaltigen Sprung über seinen Schatten, d. h. der Abkehr des Menschen von der die Biosphäre zerstörenden und vergiftenden auf unbegrenzte Bereicherung an Geld, Macht und Prestige ausgerichteten Industriezivilisation, wird sich die Umweltzerstörung und -verschmutzung als Höhe- und Wendepunkt der menschlichen Zivilisation erweisen. Dieser Kipppunkt könnte zur Annullierung des Lebens durch die Vernichtung der Biosphäre infolge menschlicher „Dummheit" führen, nachdem die Menschheit sich global zur den Börsenwert ihres Aktienkapitals vergötzenden Industriegesellschaft gewandelt hat. Mit der Zerstörung der Ozonschicht insbesondere durch Verkehrsschadstoffe und der Erwärmung der Atmosphäre um wenige Grad Celsius befindet sich die Menschheit auf dem Wege dorthin.

Der „Club of Rome" gibt mit seinen Berichten einen – so weit man das bei der Fülle der Umweltdaten überhaupt erwarten kann – immer aktuellen umfassenden Überblick über die Umweltsituation und zeichnet ein düsteres Bild über die ökologische Situation in Deutschland und in der Welt. Der Club of Rome hat mit einer Vielzahl von Berichten neben den „Grenzen des Wachstums", dem Folgebericht „Beyond the Limits of Growth" (Eduard Pestel, 1989) sowie „The Future of the Oceans" (Elisabeth Mann Borghese, 1986) und „Faktor 4" und „Faktor 5" (Ernst Ulrich von Weizsäcker, Amory B. Lovins und Karlson Hargroves, 1997 und 2010) sowie 2013 mit dem Bericht „2052 – Eine globale Prognose für die nächsten 40 Jahre" („2052 – A Global Forecast for the Next Forty Years") für Aufsehen gesorgt.

Unterlassener Umweltschutz ruft irreversible Schäden hervor und verursacht für die künftigen Generationen höhere Umweltschutzkosten bei schlechteren Lebensbedingungen. Verkannt wird, dass ein auf Umweltbelange nicht rücksichtnehmender Wachstumsprozess, infolge der nur begrenzt vorhandenen Umweltgüter, früher oder später an seine natürliche Grenze stößt: Wo die Luft verpestet ist, die Oberflächengewässer umkippen, der Lärm infernalisch wird und Haushaltsabfälle wie toxische Substanzen nicht sachgemäß beseitigt werden, bleibt bald kein Raum mehr für eine Ausweitung der Produktion. Hier zeigt sich ein Marktversagen in der Versorgung der Bevölkerung mit dem wichtigsten öffentlichen Gut – Natur und Umwelt –, das auf lange Sicht zugleich die wichtigste Produktionsgrundlage darstellt, – und ein Versagen in dessen nachhaltiger Sicherung für die Volkswirtschaft.

Nachhaltigkeit bedeutet, eine Ressource (Natur, Wald, Fischgründe, Kapital, körperliche und seelische Gesundheit o. a.) nicht über ihre Regenerationskapazität hinaus zu nutzen; Nicht-Nachhaltigkeit erschöpft und zerstört eine Ressource. Nachhaltigkeit ist deshalb auch ein Handlungsprinzip zur Nutzung von Ressourcen – bei dem die Bewahrung und Stabilität der Regenerationsfähigkeit und die wesentlichen Eigenschaften des natürlichen Ökosystems im Vordergrund stehen. Wenn die öffentlichen Güter, wie gesunde Luft, Boden und Wasser gesellschaftlich für wünschenswert erachtet werden, müssen Markt und Staat, um die Bevölkerung mit dem öffentlichen Gut natürliche Umwelt versorgen zu können – dem eklatanten Marktversagen nachhaltig und effektiv entgegensteuern.

**Umweltpolitische Instrumente** des Staates zielen deshalb auf den Schutz und die Bewahrung der begrenzten natürlichen Ressourcen von Umwelt und Natur, d. h. auf die Sicherung einer dauerhaft umweltgerechten wirtschaftlichen Entwicklung (*„sustainable development"*) durch die Reduktion des Umweltverbrauchs und die Erhöhung der Regenerationsfähigkeit der Umwelt, auch zur Erhaltung der natürlichen Umwelt für künftige Generationen.

**Die Eigentumsrechte an öffentlichen Gütern**
Das Marktversagen bzgl. der Versorgung der Bevölkerung mit öffentlichen Gütern und Allmende hat einige zentrale Gründe:

Wer normale private Güter konsumiert, kann gezwungen werden, für deren Nutzung ein Entgelt zu zahlen und kann, bei mangelnder

## 7.4 Fallstricke der Marktlogik: Das Versagen der „unsichtbaren Hand"

Zahlungsbereitschaft, von ihrer Nutzung ausgeschlossen werden. Bei einem privaten Gut, wie z. B. Schokolade oder Bier, kann ein Nichtzahler vom Konsum ausgeschlossen werden. Handelt es sich aber um ein rein öffentliches Gut, kann der Konsum dieses Gutes durch ein anderes Individuum nicht beeinträchtigt werden und auch niemand vom Konsum ausgeschlossen werden.

Zum Beispiel steht die Straßenbeleuchtung auf einem öffentlichen Platz jedem Besucher zur Nutzung frei. Ein Ausschluss ist nicht möglich. Außerdem ist der Konsum der Straßenbeleuchtung nicht rivalisierend. Dadurch dass eine Person das Licht der öffentlichen Straßenbeleuchtung nutzt, bekommen andere Personen nicht weniger davon, d. h. ein Gut hat dann den Charakter eines öffentlichen Gutes, wenn es ohne Rivalität von anderen konsumiert werden kann, also ein Ausschluss vom Konsum kaum möglich ist. Beispielsweise die Nichtrivalität im Konsum der öffentlichen Sicherheit, sauberer Luft oder von Leuchttürmen usw. macht den Ausschluss von diesen öffentlichen Gütern technisch kaum praktikabel. Für ein solches öffentliches Gut ist es unmöglich, einen Preis zu verlangen. Mit anderen Worten: können Eigentumsrechte nicht definiert und durchgesetzt werden, wird kein rational handelnder Konsument für dieses Gut einen Preis zahlen. Denn von dessen Nutzung kann er nicht ausgeschlossen werden, vielmehr kann er als *„freerider"* (Trittbrettfahrer) unentgeltlich in den Genuss des Gutes kommen. Eigennutzorientierte Wirtschaftssubjekte verhalten sich gegenüber unentgeltlichen öffentlichen Gütern eben meist als „Trittbrettfahrer".

Nicht nur Haushalte (verhalten sich paradoxerweise intellektuell unterhalb ihres eigenen Niveaus und) wälzen die ökologischen Folgen ihrer umweltschädigenden Konsumweise, sei es der ihres Energie-, Chemikalien- oder PVC-Verbrauchs auf die Allgemeinheit ab. Auch die Produzenten bzw. Unternehmen verhalten sich gegenüber der ökologischen Allmende als Trittbrettfahrer (und unterhalb ihres umweltethischen Anspruchsniveaus), und gegenüber den unentgeltlichen Umweltgütern auch verschwenderisch und ausbeutend.

Wenn Nichtausschluss im Konsum eines Gutes gegeben ist, können Preisforderungen deshalb nicht durchgesetzt werden und es ist kaum sinnvoll, Preise zu fordern, um damit einen Konsumenten vom Konsum auszuschließen, weil dieser zusätzliche Konsument keine zusätzlichen Ressourcen verbraucht. Da Preisforderungen nicht durchgesetzt werden können, wird kaum ein privates Unternehmen bereit sein, (trotz evtl. Präferenzen der Konsumenten) ein öffentliches Gut bereitzustellen wie z. B. die natürliche Umwelt.

Öffentliche Güter werden wegen dieser besonderen Charaktereigenschaften von privaten Unternehmen nicht angeboten, weil ihre Kosten nicht hereinkommen würden; die Marktmechanismen greifen nicht mehr, bzw. kommt es in diesem Fall zum Marktversagen.

Die natürliche Umwelt ist nicht nur ein öffentliches Konsumgut, sondern auch ein wichtiger Produktionsfaktor. Die natürliche Umwelt hat konsumtiven Nutzen z. B. mit ihrem Erholungs- oder ästhetischen Nutzen und Wert von Luft, Wasser und Boden. Sie stellt Ge- und Verbrauchsgüter dar, die unmittelbar oder mittelbar konsumiert werden können. In der Produktionsperspektive stellt die natürliche Umwelt direkt (z. B. Bodenschätze) oder indirekt (z. B. Lagerung von Abfallstoffen, Abgas-Senken) betrieblich unentgeltliche Umweltgüter – wie Luft, Wasser, Boden. Natur und Umwelt werden kostenlos als Aufnahmemedien für bei der Produktion anfallende Schadstoffe genutzt. Deren produktionsbedingte Wertminderungen (Waldschäden, Luftverschmutzung u. ä.). werden externalisiert, d. h. auf die Gemeinschaft abgewälzt.

Diese mangelhafte betriebswirtschaftliche Berücksichtigung der **„externen Effekte"** der umweltbelastenden Produktion und Konsumtion – durch die Nichtberücksichtigung angefallener Umweltkosten – bewirkt eine falsche Preis-, Produktions- und Konsumstruktur. Da externe Kosten nicht vom Verursacher getragen werden, werden die betreffenden Produkte im Preis zu niedrig kalkuliert. Zu niedrige Preise verführen zu höherer Nachfrage. Die höhere Nachfrage verstärkt die Umweltproblematik. Solange die Selbstreinigungskräfte der Natur nicht überfordert sind, verarbeiten die natürlichen Ökosysteme die Folgen menschlicher Produktion und Konsumtion scheinbar rest- und kostenlos.

Gegenüber anderen Produkten haben Produkte mit externalisierten Kosten mit zu niedrigen falschen Preisen einen ungerechtfertigten Kostenvorteil. Produktionsfaktoren werden volkswirtschaftlich falsch gelenkt und es kommt zu volkswirtschaftlichen Fehlallokationen von natürlichen Umweltgütern.

### Die Preise müssen die Wahrheit sagen

Auf den Märkten signalisieren die Preise den Knappheitsgrad der Güter und Produktionsfaktoren und lenken die wirtschaftlichen Entscheidungen über deren Einsatz und Nutzung. Die Hauptursache der übernutzten Umwelt und Natur liegt darin begründet, dass für die Umweltnutzung keine Marktpreise existieren. Für natürliche Umweltgüter bestehen keine Märkte, sodass ihre Nutzung in der Regel ohne unmittelbare ökonomische Gegenleistung (Preis) erfolgt. Natürliche Umweltgüter haben zwar einen Gebrauchswert aber keinen Tauschwert, was zu einer Übernutzung der Umweltressourcen führt. Im Gegensatz zu anderen „wirtschaftlichen" Gütern hat sich im Bereich der öffentlichen Umweltgüter kein Markt oder marktähnlicher Regelungsmechanismus gebildet, der zu einer effizienten Nutzung hätte führen können. Ein Grund hierfür liegt in der physischen Natur dieser Güterkategorie als kollektiv genutzter Ressource: Umweltgüter sind nicht teilbar, an ihnen können schwerlich private Eigentumsrechte begründet werden, der Ausschluss anderer potenzieller Nachfrager von ihrer Nutzung ist kaum oder nicht möglich. Werden die natürlichen Umweltgüter durch Emissionen und Verbrauch jedoch überbeansprucht, signalisiert kein steigender Marktpreis die Verknappung der vormals scheinbar im Überfluss vorhandenen „freien" Umweltgüter. Insoweit „versagt" der „freie" Markt bei der Versorgung mit Umweltgütern. Der Mangel liegt jedoch nicht am Koordinierungsmechanismus „Markt". Vielmehr liegt die Ursache darin begründet, dass für Umweltnutzungen keine „Knappheitsmesser" existieren.

Das Preissystem der Märkte berücksichtigt die sogenannten externen Kosten der Umweltschädigung durch Umweltnutzung nicht oder nicht genügend. Für die Nutzung des Gutes „Umwelt", z. B. als Schadstoffaufnahmemedium, existieren keine Marktpreise. In das Entscheidungskalkül der umweltbelastenden Produzenten gehen nur die internen, von ihm zu tragenden Kostenbestandteile ein. Der Verbrauch des „freien" Gutes „Umwelt" führt zu einer mangelhaften Internalisierung der tatsächlich anfallenden Umweltkosten, d. h. die umweltbezogenen Kostenanteile werden zulasten der Gemeinschaft externalisiert. Die Marktpreise vieler, mithilfe von Umweltnutzungen produzierten Produkte spiegeln deshalb nicht die mit ihrer Produktion und ihrem

Verbrauch verbundenen Lasten für die Umwelt wider. Aufgrund „falscher Preise" für solche Erzeugnisse kommt es zu wirtschaftlichen Fehlentwicklungen mit der Folge unwiderruflicher Schädigungen von Umwelt und Natur.

Der Schlüssel der Umweltprobleme besteht folglich in der „Sprache der Preise". Denn auf gesamtwirtschaftliche Störungen, die sich nicht in dieser Sprache der Märkte ausdrücken lassen, können vor allem Unternehmen aber auch Haushalte eben nicht reagieren. Diese strukturelle Beschränkung des Marktsystems auf Preise ist deshalb nicht nur ein Nachteil, sondern zugleich auch ein Weg, dass das Umweltproblem, wenn es in Preisen ausgedrückt werden kann, im System der Märkte auch wirksam geregelt werden kann. Würde sich die „Wahrheit" und das heißt die vollständige Information über die durch die Nutzung von Umweltleistungen bedingte Knappheit von natürlicher Umwelt im Preis von Produkten niederschlagen, ergäbe sich ein gänzlich anderes Produzenten- und Verbraucherverhalten.

Die Lücke zwischen Umweltwissen und -verhalten der Produzenten und Verbraucher bei Produkt- und Konsumentscheidungen ließe sich auf diesem Wege der „Preise" zugunsten umweltverträglicher Produkte und Produktionsverfahren überbrücken, wenn mit der ökologischen Nachhaltigkeit ein finanzieller Vorteil verbunden wäre, und umgekehrt.

Der wirksamste Weg, die Unternehmen und Haushalte anzuhalten, die ökologische Nachhaltigkeit zu beachten, ist folglich, umweltgefährdenden Konsum und umweltschädigende Produktion finanziell so zu belasten, dass im Kalkül monetärer Nachhaltigkeit zugleich die ökologische Nachhaltigkeit mit eingeschlossen wird. Der Weg dazu liegt in der Einführung von Preisen auf ökologisch beeinträchtigende Verhaltensweisen. Zu diesen Preisinstrumenten zählen vor allem Steuern, Abgaben, Zertifikate u. a. Würden die Preise für Güter, die umweltgefährdende Nutzung enthalten oder unter Verwendung von Umweltgütern hergestellt wurden, „die Wahrheit sagen", also alle ökologischen Kosten enthalten, wäre der Markt sowohl für Produzenten als auch Verbraucher der beste ökologische „Zuchtmeister", der sich denken lässt (C. C. v. Weizsäcker). Deshalb muss es das vorrangige Interesse von Markt und Staat sein, dass „die Preise die ökologische Wahrheit sagen" und alle mit dem Konsum und der Produktion verbundenen ökologischen Folgekosten vollständig enthalten. Die Inanspruchnahme der natürlichen Umwelt muss einen gerechten Preis bekommen, der sämtliche externalisierten Umweltkosten enthält, die mit der Umweltnutzung – seien es Verschmutzungen von Luft, Wasser oder Boden u. a. – verbunden sind. Die Preise für die Umweltnutzung müssen die Wahrheit sagen.

## Quellen und weiterführende Literatur

Beck, Bernhard, Wohlstand, Markt und Staat. Eine Einführung in die Volkswirtschaftslehre, 2. Aufl., Aarau 1997
Bofinger, Peter, Ist der Markt noch zu retten? Warum wir jetzt einen starken Markt brauchen, Düsseldorf 2009
Bontrup, Heinz-J., Volkswirtschaftslehre. Grundlagen der Mikro- und Makroökonomie, München/Wien 2004
Der Rat von Sachverständigen für Umweltfragen, Umweltgutachten 1994. Für eine dauerhaft-umweltgerechte Entwicklung, Stuttgart 1994, Düsseldorf 2009
Enquete-Kommission "Schutz des Menschen und der Umwelt" des Deutschen Bundestages, Hg., Die Industriegesellschaft gestalten, Bonn 1994
Hayek, F. A. von, Die Verfassung der Freiheit, Tübingen 1971
Kantzenbach, Erhard, Die Funktionsfähigkeit des Wettbewerbs, 2. Aufl., Göttingen 1967
Kapp, Thomas, Kartellrecht in der Unternehmenspraxis. Was Unternehmer und Manager wissen müssen, Wiesbaden 2013
Kling, Michael / Thomas, Stefan, Kartellrecht, München 2007
Loewenheim, Ulrich, Hg., Kartellrecht. Deutsches und Europäisches Recht, München 2008
Mäsch, Gerald, Praxiskommentar zum deutschen und europäischen Kartellrecht, Münster 2010
Möller, Hans W., Umweltökonomie. Umweltknappheit und staatliche Wirtschaftspolitik, in: Fischer, Hans-L., Hg., Praktisches Lehrbuch Wirtschaft und Staat, Landsberg am Lech 1987, S. 219–262
Möller, Hans W., Umweltschutz in der sozialen Marktwirtschaft, 2. Aufl., Köln 1997

Müller-Armack, Alfred, Soziale Marktwirtschaft, in: Beckerath, E. v., u. a., Hg., Handwörterbuch der Sozialwissenschaften (HdSW), Bd. 9, Stuttgart 1956

Musgrave, Richard A. / Musgrave, Peggy B., Public Finance in Theory and Practice, New York 1973, S.693

Neef, Andreas, Kartellrecht, Heidelberg 2008

Nutzinger, Hans G., Regulierung, Wettbewerb und Marktwirtschaft / Regulation, Competition and Market Economy. Festschrift für Carl Christian von Weizsäcker zum 65. Geburtstag (Kirche-Konfession-Religion), Göttingen 2007

Pigou, Arthur C., The Economics of Welfare, London 1932

Randers, Jorgen, Der neue Bericht des Club of Rome, 2052 – eine globale Prognose für die nächsten 40 Jahre, München 2012

Samuelson, Paul A. / Nordhaus, William D., Volkswirtschaftslehre, 15. Aufl., Wien 2002

Sandel, M., Was man für Geld nicht kaufen kann. Die moralischen Grenzen des Marktes, Berlin 2012

Schmitt, Thorsten, Abzocke in Deutschland. Kartelle auf Kosten der Kunden, WISO im ZDF. Wirtschafts- und Verbrauchermagazin, 17. August 2015

Stiglitz, J., Im freien Fall. Vom Versagen der Märkte zur Neuordnung der Weltwirtschaft, München 2010

Toynbee, Arnold, Menschheit und Mutter Erde. Die Geschichte der großen Zivilisationen, London 1976, dt., Düsseldorf 1979

Weizsäcker, Ernst U. von, Hg., Umweltstandort Deutschland. Argumente gegen ökologische Phantasielosigkeit, Berlin 1994

Weizsäcker, Ernst-U. von / Lovins, Amory B. / Lovins, L. Hunter, Faktor Vier. Doppelter Wohlstand- halbierter Naturverbrauch, München 19975

Weizsäcker, Ernst-U. von, Erdpolitik, 5. Aufl., Darmstadt 1997

Weizsäcker, Ernst-U. von, / Karlson Hargroves, Faktor Fünf. Die Formel für nachhaltiges Wachstum, München 2010

Woeckener, Bernd / Merten, Stefan / Bontrup, Heinz-Josef / Röck, Werner, Versorgung und Preisbildung durch Markt – Macht – Staat, 2. Aufl., Stuttgart /Berlin /Köln 2006

Woeckener, Bernd, Einführung in die Mikroökonomik. Gütermärkte, Faktormärkte und die Rolle des Staates, Berlin/Heidelberg 2006

# Teil III
Konjunkturzyklen – Die wirtschaftliche Entwicklung (Makroökonomie)

# 8
# Konjunkturzyklen der gesamtwirtschaftlichen Entwicklung

„Der Prozeß der ‚schöpferischen Zerstörung' des Neuen bestimmt die wirtschaftliche Entwicklung."

© Granger, NYC/INTERFOTO
*Joseph Schumpeter (1883–1950)*

## 8 Konjunkturzyklen der gesamtwirtschaftlichen Entwicklung

*In the long run we are all dead.*
John Maynard Keynes, 1883 – 1946

## 8.1 Das Phänomen Konjunktur – zyklische Wirtschaftsschwankungen

Wirtschaftliches Wachstum vollzieht sich nicht gleichmäßig, sondern der Wirtschaftsablauf unterliegt, trotz gewisser Regelmäßigkeiten, Schwankungen oder Zyklen mit periodischen Änderungen in den wirtschaftlichen Aktivitäten, mit der Folge von Änderungen auch gesamtwirtschaftlicher Größen, wie des Volkseinkommens, der Beschäftigung, der Produktion oder des Preisniveaus.

Die wirtschaftlichen Aktivitäten sind im Zeitablauf erheblichen Schwankungen unterworfen und einem mehr oder weniger regelmäßigen Wechsel von „guten" und „schlechten" Jahren. Dieses Phänomen wird als „Konjunktur" bezeichnet, auch als Konjunkturschwankungen oder als Konjunkturzyklen.

Mit dem Begriff Zyklus verbindet sich die Vorstellung, dass es sich um eine Quasi-Regelmäßigkeit handelt, die sich in abwechselnden Perioden von mehrjähriger Dauer – von „fetten" und „mageren" Jahren – wiederholt. Diese Schwankungen der allgemeinen Wirtschaftstätigkeit, auch als Wachstumszyklen bezeichnet, werden besonders gemessen an den realen jährlichen Wachstumsraten des Bruttoinlandsprodukts.

Wie die historische Entwicklung gezeigt hat, schlittern oder stürzen die Volkswirtschaften immer wieder periodisch in kleinere oder größere Wirtschaftskrisen, die durch Unternehmenszusammenbrüche (Konkurse), Arbeitslosigkeit, allgemeine wirtschaftliche Stagnation oder sogar Rückgang gekennzeichnet sind. Dies ist ein Indiz dafür, dass die sogenannten Selbstheilungskräfte des Marktes (z. B. durch Lohnsenkungen) in der Wirklichkeit nicht automatisch wieder zur Vollbeschäftigung führen. Die Ergebnisse der Tauschvorgänge auf den Märkten sind darum nicht immer gesellschaftspolitisch erwünscht, wie beispielsweise Arbeitslosigkeit, Geldentwertung oder Umweltverschmutzung. Die Idealzustände (Preisstabilität, hohe Beschäftigung, ausgeglichene Außenhandelsbilanz, „angemessenes" Wirtschaftswachstum) werden in der

## 8.1 Das Phänomen Konjunktur – zyklische Wirtschaftsschwankungen

Realität kaum gleichzeitig erreicht, weil zwischen diesen Einzelzielen zum Teil Zielkonflikte bestehen. Dieses „magische Viereck" der Ziele in Einklang zu bringen, gelingt in der Volkswirtschaft nur sehr selten. Deshalb bedürfen die Märkte von Fall zu Fall der staatlichen Intervention: mit ihr wird versucht, den Schwankungen des Wirtschaftsablaufs so entgegenzusteuern, um besonders die Arbeitslosigkeit und die Inflation möglichst gering zu halten. Freilich stimmen Wirtschaftstheoretiker und Wirtschaftspolitiker weitgehend darin überein, dass eine vollständige Beseitigung der Konjunkturschwankungen wohl nicht möglich ist. Ein Erfolg für die Konjunkturpolitik ist aber auch schon, wenn es gelingt, die Konjunkturzyklen deutlich zu dämpfen. Vor allem darf die staatliche Beeinflussung der Wirtschaftsprozesse solche Konjunkturschwankungen, aufgrund von Timelags, nicht erst hervorrufen oder verstärken.

Die einzelnen Konjunkturzyklen sind hinsichtlich Dauer, Intensität und Verlauf nicht gleich, sie zeigen jedoch viele Ähnlichkeiten, die auf verborgene Zusammenhänge schließen lassen:

Die Konjunkturzyklen lassen sich unterscheiden nach der Höhe der Zuwachsraten des BIP. Der Konjunkturzyklus ist gekennzeichnet durch das Niveau der wirtschaftlichen Aktivitäten, gemessen an der Höhe der gesamtwirtschaftlichen Produktion bzw. der Wachstumsrate des BIP sowie an den Auslastungsschwankungen der Produktionskapazitäten der Betriebe. Die Auslastungsgrade liegen etwa bei 70% in einer Rezession und etwa bei 100% in einem Boom.

Die Wirtschaftszyklen haben auch Schwankungen von unterschiedlicher Länge: je nach ihrer Dauer werden sie in langfristige (strukturelle), mittelfristige (konjunkturelle) und kurzfristige (saisonale) unterschieden:

- **Kurzfristige Wirtschaftsschwankungen** sind saisonale Zyklen mit einer Länge von meist 2–4 Monaten.
- **Mittelfristige Wirtschaftsschwankungen** mit einer Zyklendauer von ca. vier- bis achtjährigen Konjunkturschwankungen sind Wellenbewegungen der Gesamtwirtschaft oder einzelner Wirtschaftszweige (Branchen), häufig als Konjunkturzyklen bezeichnet. Die Länge der Konjunkturzyklen betrug in der ersten Hälfte des 19. Jahrhunderts 10–11 Jahre, verkürzte sich am Ende des Jahrhunderts auf durchschnittlich 7 Jahre und beträgt heute in den meisten Industrieländern 4–6 Jahre.

- Neben den kurz- und mittelfristigen Konjunkturzyklen werden auch noch „lange Wellen" der langfristigen Wirtschaftsentwicklung diagnostiziert, die nicht ökonomische, sondern wissenschaftlich-technische Ursachen haben: Es sind sog. **Innovations- oder Technologiezyklen** von ca. 50–60 Jahren wirtschaftlicher Schwankungen. Der Grund liegt in von Zeit zu Zeit tief greifenden technischen Neuerungen: Dampfmaschine, Flugzeug, Raumfahrt, Computer, Digitalisierung etc. Technische Innovationen erzeugen langfristige Zyklen (auch: Kondratieff-Zyklen) innerhalb der Gesamtwirtschaft, mit der Folge nachhaltiger Veränderungen im Gefüge der ganzen Volks- und Weltwirtschaft.

## 8.2 Konjunktur: Phasen und Indikatoren

Die Veränderungen der Volks- und Weltwirtschaft bezüglich des realen Wachstums des Bruttoinlandsprodukts und der Auslastung des Produktionspotenzials entwickeln sich nicht regel- und gleichmäßig, sondern in wechselnden Phasen von mehr oder weniger starken Schwankungen der wirtschaftlichen Aktivitäten.

Diese Schwankungen folgen, obwohl sie unterschiedlich ausgeprägt sind, einem Grundmuster, einer „Wellenbewegung" mit abwechselnden Ausschlägen nach „aufwärts" und nach „abwärts", bildlich gesprochen wie die Bewegungen von Ebbe und Flut. Der typische Verlauf eines Konjunkturzyklus von mehreren Konjunkturphasen lässt sich über die Zeit hinweg anhand der Kapazitätsauslastungs- und Wachstumsraten erkennen. Verbreitet ist ein Zwei- oder Vier-Phasen-Schema, wobei der Konjunkturzyklus in einen Aufschwung sowie in einen Abschwung eingeteilt wird. Die Aufschwungphase ist im Allgemeinen länger, während die Abschwungphase zumeist kürzer ist.

Die verschiedenen Phasen eines Zyklus heißen Aufschwung (Expansion), Hochkonjunktur (Boom), Abschwung und Rezession (Talsohle). Boom und Rezession bezeichnen den oberen und den unteren Wendepunkt des Zyklus. Umgangssprachlich wird mit „Rezession" vielfach ein wirtschaftliches Null- bzw. Negativwachstum bezeichnet.

## 8.2 Konjunktur: Phasen und Indikatoren

Eine besonders schwere Rezession ist die „Depression". Alle vier Phasen – Aufschwung, Hochkonjunktur, Abschwung, Rezession – ergeben zusammen den Konjunkturzyklus:

**Aufschwung**
Die Phase eines wirtschaftlichen Aufschwungs ist geprägt durch steigende und hohe Auftragsbestände und Produktion sowie durch zunehmende Kapazitätsauslastung; die Unternehmen produzieren mit sinkenden Stückkosten, die Nachfrage nach Konsum- und Investitionsgütern ist steigend; das Preisniveau ist relativ stabil, sofern die Materialpreise und/oder Löhne nicht überproportional ansteigen; kennzeichnend sind weiterhin tendenziell (noch) geringere Preissteigerungen, niedrige Zinsen mit ansteigender Tendenz sowie optimistischere Prognosen für die weitere wirtschaftliche Entwicklung.

Die Anleger von Aktien erwarten höhere Unternehmensgewinne und steigende Aktienkurse (Börsen-Hausse). Die Liquidität auf dem Kreditmarkt ist flüssig, denn die Banken haben genügend Überschussreserven. Die Zinsen sind relativ niedrig, es sei denn, die Zentralbank greift restriktiv ein.

Im Aufschwung entspannt sich der Arbeitsmarkt und die Arbeitslosenquote sinkt. Die Zahl der Arbeitslosen bleibt aber hoch, weil die Unternehmen im vorigen Abschwung Rationalisierungsmaßnahmen ergriffen hatten.

**Hochkonjunktur**
In einer Phase der Hochkonjunktur (oberer Wendepunkt, Boom) sind die Produktionskapazitäten der Unternehmen aufgrund starker Nachfrage voll ausgelastet. Es herrscht nahezu Überbeschäftigung, oder sogar Arbeitskräftemangel. Das Lohnniveau steigt, und ebenso die Preise und die Zinsen steigen weiter an.

Auf den Kapital- und Kreditmärkten werden die Finanzmittel knapper, die Zinsen steigen und die Wertpapierkurse sinken – die Sparraten erhöhen sich. Die Nachfrage nach Konsumgütern steigt weiterhin. Die Löhne steigen stark, weil die beschäftigten Arbeitnehmer nicht um ihre Arbeitsplätze fürchten müssen. Durch erhöhte Kosten nehmen die Unternehmensgewinne ab und die Investitionsgüternachfrage sinkt.

Hochkonjunkturphasen müssten konjunkturpolitisch vermieden werden, da in dieser Phase die Inflationsraten besonders hoch sind und zu einer Verminderung der Kaufkraft des Einzelnen führen. Wenn Staat oder Zentralbank nicht bremsend eingreifen, kann es zur Konjunkturüberhitzung und durch Preissteigerungen zur Gefährdung der internationalen Wettbewerbsfähigkeit der Volkswirtschaft kommen.

Die Produktion wird weiterhin gesteigert, bis eine Überhitzung der Märkte, und eine Marktsättigung erreicht ist. Das Bruttoinlandsprodukt nimmt nicht mehr zu. Eine Konjunkturwende tritt ein und die ersten Betriebsstilllegungen und Entlassungen finden statt, die Konjunktur kippt um und der Abschwung wird eingeleitet.

**Abschwung**
Abschwung oder Rezession bezeichnet die kontraktive Konjunkturphase, in der eine Stagnation bis hin zur Rückbildung der Wirtschaftsaktivitäten auftritt. Die Wirtschaftsleistung geht, mit sinkenden Wachstumsraten des BIP, zurück. Typisch sind eine zunehmende Kaufzurückhaltung, Umsatzeinbußen, Konkurse, steigende Arbeitslosenzahl, abnehmende Kreditnachfrage. Sinkende Zinssätze haben üblicherweise Kursverluste an der Börse zur Folge (Börsen-Baisse). Die Stückkosten und die Löhne steigen im Abschwung, wenngleich nicht so stark wie im Aufschwung. In einer Rezession ist die allgemeine Grundhaltung pessimistisch. Verschärft sich die Rezession, kann es sogar zu einer Depression kommen.

**Rezession und Depression**
Eine Depression ist ein verschärfter Abschwung, der erheblich schwerer ist als eine Rezession. Über einen längeren Zeitraum ist ein Rückgang der wirtschaftlichen Aktivitäten wie des Bruttoinlandsprodukts zu verzeichnen, die Aktienkurse fallen (Börsen-Crash), die Arbeitslosigkeit steigt stark und womöglich kommt es zu einer Deflation.

Eine Depression kann die Folge einer Rezession sein, sie muss ihr aber nicht unbedingt folgen. Die Weltwirtschaftskrise in den 1920er Jahren galt als schwere Depression.

Der wirtschaftliche Rückgang kommt irgendwann zum Stillstand – die Konjunktur erholt sich – die gesamtwirtschaftliche Nachfrage nimmt wieder zu – der nächste Aufschwung beginnt.

**Konjunkturindikatoren**
Jede Konjunkturphase lässt sich durch eine ganze Reihe von Konjunkturindikatoren ausmachen: ein Konjunkturaufschwung wird von steigenden Produktionsmengen, steigenden Gewinnen, steigenden Löhnen, hohen Preisen sowie geringer Arbeitslosigkeit begleitet. Ein Konjunkturabschwung wird durch ein langsameres Anwachsen oder gar ein Absinken der betrieblichen Produktionsleistungen, Verluste bei den Unternehmen, steigende Zahl der Konkurse, sinkende oder ansteigende Preise, niedrige Löhne sowie höhere Arbeitslosigkeit angezeigt. Anders als konjunkturelle Schwankungen sind saisonale Schwankungen durch jahreszeitliche Veränderungen bedingt und werden durch Saisonarbeitslosigkeit, wie z. B. klimatisch bedingte Produktionsschwankungen angezeigt.

Das Wachstums- und Konjunkturphänomen ist ein Schwanken der gesamtwirtschaftlichen Aktivitäten um einen Trend herum. Die wirtschaftlichen Aktivitätsschwankungen – etwa die Schwankungen des Volkseinkommens oder des Bruttoinlandsproduktes – reflektieren die Kurzfristigkeit und den Trendverlauf des Wachstums und die langfristigen Entwicklungen der Volkswirtschaft.

Konjunkturindikatoren dienen dazu, den Stand und die Entwicklung der jeweiligen Konjunkturphase bestimmen und analysieren zu können. Konjunkturindikatoren sind Wirtschaftsdaten, die Hinweise auf wirtschaftliche Aktivitäten und den Stand und die Entwicklung der Volks- oder Weltwirtschaft geben, so insbesondere die Wachstumsindizes, Verbraucherstimmung sowie Arbeitsmarktdaten. Ein Hauptaugenmerk liegt in den Medien vor allem auf Daten der größten Volkswirtschaften der Welt, wie den USA, der EU oder China.

Konjunkturindikatoren dienen der Konjunkturdiagnose und -prognose und der laufenden Beobachtung der wirtschaftlichen Veränderungen, sie zeigen konjunkturelle Veränderungen, die jeweilige Konjunkturphase und den weiteren Konjunkturverlauf an. Manche Indikatoren deuten – durch spezielle Sachverhalte wie Löhne und

Preise – auch Beschleunigungen oder Verlangsamungen des Tempos des Konjunkturverlaufs an.

Die Konjunkturindikatoren werden je nach dem konjunkturellen Zeitraum und der Perspektive in drei Gruppen eingeteilt: vor-, gleich- und nachlaufende Indikatoren:

**Frühindikatoren** *(leading indicators)*
Es gibt Konjunkturindikatoren, die dem Konjunkturverlauf zeitlich vorausgehen, und sich für Voraussagen bzw. Prognosen künftiger Entwicklungen eignen.

Vorlaufende Konjunkturindikatoren, auch Frühindikatoren genannt, werden als wichtige Grundlage der Einschätzung der zukünftigen wirtschaftlichen Lage erhoben. Hierzu zählen z. B. die Geschäftserwartungen, das Verbrauchervertrauen, Preisindizes, die Börsen-Indizes, besonders die Auftragseingänge in der gewerblichen Wirtschaft, die Baugenehmigungen im Baugewerbe, aber auch die Geldmenge, das Kreditvolumen, die Ausfuhren und Einfuhren, und die Lagerbestände, die Beschäftigung, die Zahl offener Stellen und die Kurzarbeiterzahlen sowie die Schwankungen der Produktion und der Auslastungsgrad des Produktionspotenzials. Auch die Investitionsentscheidungen in den Unternehmen und das „Geschäftsklima" gelten der jeweiligen Konjunkturphase früh vorgelagert. Einem Aufschwung geht beispielsweise ein Ansteigen der Investitionen und der Auftragseingänge voraus. Die Frühindikatoren bieten deshalb der Wirtschaftspolitik die Chance, rechtzeitig vor den Wendepunkten der Konjunktur entgegenzusteuern.

**Gegenwartsindikatoren** *(coincident indicators)*
Gleichlaufende Konjunkturindikatoren, auch Präsensindikatoren, bezeichnen die aktuelle Lage und Stimmung in einer Volkswirtschaft. Präsensindikatoren sind Ist-Indikatoren und fallen mit der allgemeinen Wirtschaftsentwicklung zeitlich zusammen. Gleichlaufende Indikatoren sind z. B. die Industrieproduktion, das Volumen kurzfristiger Kreditaufnahmen, eine ansteigende Nachfrage, die Kapazitätsauslastung, Umsatzzahlen, das Bruttoinlandsprodukt auf Monatssicht, Einzelhandelsumsätze, Warenausfuhr u. a. und verändern sich gleichzeitig mit der Konjunktur.

**Spätindikatoren** *(lagging indicators)*
Als nachlaufende Konjunkturindikatoren, auch Spätindikatoren, werden Daten bezeichnet, die bereits bekannte Zahlen aus dem Vormonat widerspiegeln. Sie folgen der allgemeinen Konjunkturentwicklung zeitlich nach. Zu den nachlaufenden Indikatoren zählen insbesondere: z. B. Arbeitsmarktdaten mit Zahlen des Arbeitsmarktes (die Zahl der Beschäftigten und der Arbeitslosen, die Zahl der Personaleinstellungen und -freisetzungen, die Zahl offener Stellen) und auch der Preisindex für die Lebenshaltung, die Löhne und die Zinsen.

Bei den Preisen beträgt die Verzögerung im Allgemeinen ein Jahr. Auch die Beschäftigung folgt der gesamtwirtschaftlichen Entwicklung mit einem deutlichen Abstand nach, – die Beschäftigung nimmt erst zögerlich zu. Die nachlaufenden Indikatoren eignen sich auch zur Kontrolle der Konjunkturdiagnose und -prognose.

Die staatliche Wirtschaftspolitik riskiert Fehleinschätzungen und Fehlentscheidungen, wenn sie sich bei der Einschätzung des Standes oder der Entwicklung einer Volkswirtschaft an Spätindikatoren orientiert. In Deutschland ist es wiederholt vorgekommen, dass Regierung und Zentralbank das Wirtschaftswachstum noch bremsten, als sich sein Tempo bereits erheblich verlangsamt hatte, weil die Spätindikatoren noch den unvermindert anhaltenden Anstieg andeuteten.

## 8.3 Gründe der zyklischen wirtschaftlichen Schwankungen

Über die Gründe für die Schwankungen und Zyklen der Volkswirtschaft ist viel geforscht worden. Manche prominenten Repräsentanten der Volkswirtschaftslehre verhalten sich in der Öffentlichkeit, als wären sie im Besitz einer vollständigen und endgültig wahren Theorie der Volkswirtschaftslehre, die sie befähigen würde, zu den Problemen der aktuellen wirtschaftlichen Situation alles erklären und unüberbietbare Ratschläge zur Politik machen zu können. Aber die vielen Versuche zur Konjunkturerklärung, die im Laufe der letzten 100 Jahre entwickelt wurden, waren in ihrer Tragweite nur begrenzt. Die einzelnen Zyklen gleichen sich nicht nur nicht in ihrer Länge, sondern unterscheiden sich auch in ihren Ursachen, sodass die Volkswirtschaftslehre die Zyklen des Wirtschaftsverlaufs bislang nicht ganz ausreichend erklären konnte. Eine Theorie erklärt die zyklische Konjunkturdynamik mit der Entwicklung des Wissens. In der „Theorie der wirtschaftlichen Entwicklung" (1911) betrachtet J. A. Schumpeter vor allem die Dynamik in der wirtschaftlichen Entwicklung und im technischen Fortschritt im Hinblick auf den dynamischen Unternehmertypus. Für Schumpeter ist der Katalysator der wirtschaftlichen Entwicklung vor allem der dynamische „Pionierunternehmer", der in der Umsetzung des technischen Fortschritts durch Innovationen und Inventionen als „Prozess schöpferischer Zerstörung" durch neue Verfahren und Produkte auch Vorteile für die Allgemeinheit brächte.

In der Vergangenheit haben oft vor allem „innovative Unternehmerpersönlichkeiten" durch technische Neuentwicklungen, wie die Erfindung der Dampfmaschine (1765, James Watt), den Eisenbahnbau nach 1850 und die breite Verwendung des Autos nach 1920 zu Wirtschaftsaufschwüngen geführt. Auch die neuen Basisinnovationen, wie z. B. der technische Fortschritt der Mikroelektronik und Digitalisierung eröffnen völlig unerwartete wirtschaftliche Entwicklungen. Die Katalysatoren der wirtschaftlichen Entwicklung sind demnach die innovativen Pionierunternehmer. Sie sind die Motoren der gesellschaftlichen und wirtschaftlichen Entwicklung. Sie erschließen neue Märkte (Produktinnovationen) und neue Verfahren (Verfahrensinnovationen), erschließen neue Rohstoffquellen (Ressourceninnovationen) und setzen organisatorische Neuerungen um. Die Produkt- und Prozessinnovationen „zerstören" zwar alte Märkte, z. B. wurden durch Computer die Schreibmaschinen ersetzt, dieser Prozess der „schöpferischen Zerstörung" ist aber wohlstandsmehrend und erhöht die Produktivität der Volkswirtschaft und unterliegt letztlich auch dem zyklischen Verlauf der wirtschaftlichen Entwicklung – zumindest jedoch den langen „Wellen" der Wirtschaft (Schumpeter, Joseph A., Konjunkturzyklen. Eine theoretische, historische und statistische Analyse des kapitalistischen Prozesses, Göttingen 1961 und Nefiodow, Leo A., Kondratieffs Zyklen der Wirtschaft, Sankt Augustin 1998).

Der normale typisch-zyklische Verlauf der kürzeren und mittelfristigen „Wellen" (5–10 Jahre) der wirtschaftlichen Entwicklung – die

## 8.3 Gründe der zyklischen wirtschaftlichen Schwankungen 137

Konjunktur – lässt sich aber grundsätzlich im Prinzip als phasenhafte, sich wiederholende Oszillationen der gesamtwirtschaftlichen **Ansprüche** der Bevölkerung (in Gestalt der gesamtwirtschaftlichen Nachfrage, bestehend aus Konsum, Investitionen, Staatsnachfrage und Auslandsnachfrage) gegenüber den gesamtwirtschaftlichen Produktions-**Kapazitäten** der Volkswirtschaft (in Gestalt des gesamtwirtschaftlichen Angebots, bestehend aus der Ausstattung an Boden/Natur, Arbeitskräften und Kapital/Know-how) verstehen. Mit anderen Worten: die Bevölkerung einer Volkswirtschaft stellt zeitweise insgesamt einmal höhere Ansprüche, als die Kapazitäten der Volkswirtschaft dies erfüllen können und einmal umgekehrt, sodass die Ansprüche zeitweise insgesamt niedriger sind, als die Kapazitäten der Volkswirtschaft es ermöglichen.

Dass die Ansprüche der Bevölkerung, in Gestalt von Einkommen und Güternachfrage, gerade genau so groß sind, wie die verfügbaren Produktionskapazitäten, ist sehr unwahrscheinlich. Denn, zum einen sind die gesamtwirtschaftlichen Ansprüche bestimmt durch Nachfrage, Einkommen und Kredite, zum anderen sind die gesamtwirtschaftlichen Kapazitäten bestimmt durch Angebot aus Kapital und Investitionen, und unterliegen aus vielen und vielfältigen Gründen ständigen Änderungen.

Diese immer wieder auftretenden Änderungen oder Anstöße der gesamtwirtschaftlichen Ansprüche und Kapazitäten erzeugen Schwankungen in dem Auslastungsgrad einer Volkswirtschaft, sodass die Kapazitäten zeitweilig überbeansprucht (Boom, Preissteigerungen) werden und zeitweilig unterbeansprucht (Rezession, Arbeitslosigkeit) werden. Diese ständigen immer wieder wechselhaften Änderungen der gesamtwirtschaftlichen Ansprüche und zyklischen Oszillationen gegenüber den Produktionskapazitäten werden zusätzlich durch weitere Mechanismen verstärkt:

Konjunkturschwankungen sind zwar zunächst zyklische Schwankungen der gesamtwirtschaftlichen Nachfrage im Auslastungsgrad des gesamtwirtschaftlichen Produktionspotenzials (Angebot) einer Volkswirtschaft. Unter dem Begriff „Produktionspotenzial" wird das Inlandsprodukt (hier: das reale Bruttoinlandsprodukt) einer Volkswirtschaft verstanden, das sich bei Normalauslastung der Produktionsfaktoren ergibt. Bei Überbeanspruchung des Auslastungsgrads kommt es aber zu einem Konjunkturaufschwung mit den negativen Begleiterscheinungen einer zunehmenden Inflationsrate und eines möglicherweise verletzten außenwirtschaftlichen Gleichgewichts; bei Unterauslastung kommt es dagegen zum Konjunkturabschwung mit einer damit einhergehenden fallenden Wachstumsrate des Inlandsprodukts und zunehmender Arbeitslosigkeit. Dies äußert sich regelmäßig in Veränderungen des Preisniveaus (Inflation oder Deflation), in Beschäftigungsschwankungen (Arbeitslosigkeit oder Arbeitskräftemangel), in außenwirtschaftlichen Ungleichgewichten (Export- oder Importüberschüsse) und ungleichmäßigem Wirtschaftswachstum (zunehmendes, stagnierendes oder sogar schrumpfendes Bruttoinlandsprodukt).

Die Anstöße zu den zyklischen Konjunkturschwankungen werden erheblich verstärkt durch das Wechselspiel zweier Mechanismen: zum einen durch die **Selbstverstärkungskräfte** der Erwartungen, die die Richtung der Konjunktur antreiben und zum anderen durch die **Selbstregulierungskräfte** des Preis- und Marktmechanismus', die auf eine ausgleichende Richtung der Konjunkturstabilisierung hinwirken.

Die **Selbstregulierungskräfte** des Preis- und Marktmechanismus bewirken, dass die Wirtschaftskonjunktur zu einem Marktgleichgewicht von Ansprüchen (= Nachfrage) und Kapazitäten (= Angebot) tendiert; indem einerseits beispielsweise in einer Inflationsphase die steigenden hohen Preise die Nachfrage bremsen und dies wiederum den Preisanstieg dämpft, sodass die Inflation sich selbst abbaut; und andererseits beispielsweise in einer Arbeitslosigkeit, durch die damit verbundenen fallenden Löhne, die Nachfrage nach Arbeitskräften steigt und dadurch wiederum die Beschäftigung erhöht wird, sodass auch die Arbeitslosigkeit sich selbst abbaut.

Demgegenüber erzeugen die **Selbstverstärkungskräfte** wie z. B. bei einem Aufschwung durch die steigende Nachfrage und dadurch optimistische Marktmeinung ein zusätzliches Ankurbeln der Konjunktur oder umgekehrt beispielsweise in einer Rezession durch die sinkende Nachfrage und dadurch pessimistische Marktmeinung ein zusätzliches Dämpfen der Konjunktur.

Während der Dauer eines Aufschwungs oder eines Abschwungs wirken einerseits die Selbstverstärkungskräfte tendenziell auf die Konjunkturrichtung eskalierend, und wirken andererseits die

## 8.3 Gründe der zyklischen wirtschaftlichen Schwankungen

**Selbstregulierungskräfte** tendenziell stabilisierend auf die bestehende Konjunkturrichtung, solange bis die einen oder die anderen „Kräfte" das Übergewicht erlangen und einen Wechsel in die andere Konjunkturrichtung herbeiführen.

Aus diesem Zusammenwirken von **Selbstverstärkungs- und Selbstregulierungskräften** ergibt sich der typisch zyklische Verlauf der Konjunkturbewegung, wie ein Schaukelstuhl, – auch wenn die Phasenlänge und Zeitdauer unregelmäßig erfolgen.

Aufgrund des Wechselspiels dieser beiden Mechanismen kommt es immer wieder zu einem „typischen Verlaufsmuster" der Konjunkturbewegungen:

Im Laufe einer konjunkturellen Aufwärtsbewegung steigt der Konsum bis er die Kapazitäten übersteigt. Gesamtwirtschaftlich ist die Güternachfrage größer als das Güterangebot.

Steigende Investitionen aufgrund der optimistischen Absatzerwartungen, und damit steigende Güterproduktion kann von den Arbeitnehmern nicht vollständig gekauft werden, weil deren steigende Einkommen und Ersparnisse nicht im gleichen Maße wie die Produktion steigen. Sparen und Investieren befinden sich nicht im Gleichgewicht, wenn z. B. die geplanten Investitionen der Unternehmen die geplanten Ersparnisse der Haushalte übersteigen. Die gesparten finanziellen Mittel reichen nicht mehr aus, um die von den Unternehmen in optimistischen Absatzerwartungen begonnenen Investitionen zu finanzieren.

Das Kreditangebot ist im Aufschwung höher als die Ersparnis. In dem Maße, wie sich die Überschussreserven der Kreditinstitute verringern, erhöht sich das Zinsniveau. Geldmenge und Güterangebot entwickeln sich ungleichgewichtig. Wenn z. B. die Geldmenge zu sehr ausgeweitet wird, kann es zu Krisenprozessen kommen. Es kommt zum Konjunkturumschwung.

Sinkt z. B. die Nachfrage nach Gütern, so sinkt auch die Produktion, da die Unternehmen sich an eine rückläufige Nachfrage anpassen. Unternehmen bleiben auf einem Teil ihrer Güter sitzen. Der Produktionsrückgang führt zu Beschäftigungs- und Einkommensverlusten, die im Wirtschaftskreislauf einen erneuten Nachfragerückgang zur Folge haben und so fort. Es kommt zu Absatzkrisen und das ist der Anfang eines Abschwungs. Die Unternehmen müssen daraufhin die Produktion drosseln. Entlassungen, also steigende Arbeitslosigkeit, sind die Folge. Es kommt zum Abbruch von Investitionen, weil die ursprünglich als günstig kalkulierten Investitionen nicht mehr rentabel sind.

Auf der anderen Seite stehen Imponderabilien, die den Konjunkturzyklus bestimmen, wie das Konsumverhalten, das Sparverhalten, das Investitionsverhalten, das Kreditverhalten, die Veränderungen der Mobilität usw., was stark verhaltenspsychologisch geprägt ist.

Massenpsychologische Störungen innerhalb des Systems Volkswirtschaft tendieren zur Kumulierung. Geringe oder kleinere Störungen können von ihm absorbiert oder aufgefangen werden. Schwere Zyklusausschläge des Wirtschaftskreislaufs einer Volkswirtschaft können oft nicht mehr absorbiert werden, sodass die staatliche Wirtschaftspolitik gefordert ist, die Störungen zu beheben. Fast alle Konjunkturtheorien sehen deshalb auch psychologisch bedingte Verhaltensänderungen der Konsumenten als „konjunkturverursachend" an, andere Theorien vor allem das Verhalten von Investoren, die zu Überreaktionen (mal zu wenig, mal zu viel) neigen.

Ein zentrales Dilemma in der Marktwirtschaft liegt deshalb darin, dass im Laufe der gesamtwirtschaftlichen Entwicklung Haushalte und Unternehmen in ihren Zukunftserwartungen verunsichert werden und die Haushalte daraufhin ihre Konsumausgaben einschränken sowie ihre Ersparnisse erhöhen und die Unternehmen ihre Investitionsausgaben einschränken sowie ihre Liquiditätsreserven erhöhen. Infolgedessen entstehen gesamtwirtschaftlich ein Nachfragedefizit und eine Unterauslastung der Produktionskapazitäten. Infolge dieser Nachfragelücke wird die Produktion durch die Unternehmen so lange eingeschränkt etc., bis das Angebot und die Nachfrage einander wieder entsprechen. Es entsteht wachsende Arbeitslosigkeit, die ihre Ursache nicht in zu hohen Löhnen hat, sondern in der Verunsicherung der Zukunftserwartungen und infolgedessen der Abschwächung der Nachfrage.

Bei alldem spielt in einer Volkswirtschaft deshalb die Massenpsychologie eine große Rolle, und damit die Ungewissheit und prinzipielle Offenheit und Nicht-Berechenbarkeit der Zukunft und der **Zukunftserwartungen** der Wirtschaftssubjekte. Kommen pessimistische Zukunftserwartungen auf, dann kann das eine gute Konjunktur zum „Kippen" bringen, einen Aufschwung abschwächen oder eine Rezession verstärken.

Herrscht in einer Volkswirtschaft verbreitet Optimismus und positive Zukunftserwartungen, dann kann allein das schon – gepaart mit entsprechendem Verhalten der Wirtschaftssubjekte – in Konjunkturschwankungen einfließen.

Optimistische oder pessimistische Stimmungen (Zukunftserwartungen) führen zu starken Veränderungen des Verbraucher- und Investorenverhaltens. Ein konjunkturelles Schwanken kann durch die „sich selbst erfüllende Prophezeiung" herbeigeführt oder zumindest verstärkt werden. Die soziale Ansteckungskraft der optimistischen oder pessimistischen Zukunftserwartungen führt rasch zu entsprechenden wirtschaftlichen Aktivitäten der Wirtschaftssubjekte, und führt damit Auf- oder Abschwung herbei.

Die Mehrheit der Menschen beginnt zu glauben, dass die optimistische Sicht der Dinge die richtige ist, einfach, weil offenbar auch alle anderen dieser Meinung sind. Wenn die Medien diese Erwartung unterstützen, sind die Menschen überzeugt, dass sie eine „bessere Zukunft" erleben, und Rückkoppelungseffekte lassen die Preise immer weiter steigen. Solange die Menschen zwischen übertriebenem Optimismus und übermäßigem Pessimismus – oder zwischen Gier und Angst – hin und her schwanken, werden auch die Konjunkturen immer wieder zyklischen Schwankungen folgen (vgl. Ferguson 2009, S. 151).

Folglich bedarf es immer wieder der staatlichen Intervention, um solchen Prozessen der Eskalation, mit unsicheren Erwartungen und rückläufiger Nachfrage und Investitionen, entgegenzusteuern. Die staatliche Wirtschaftspolitik muss deshalb erkennbar darauf gerichtet sein, die Rahmendaten für das Handeln der Wirtschaftssubjekte (Unternehmen, Haushalte, Anleger, Investoren, Arbeitnehmer, Sparer etc.) langfristig stabil zu halten. Nur die Verlässlichkeit der wirtschaftlichen Plandaten (Zinsen, Löhne, Steuern etc.) gewährleistet eine kontinuierliche Entwicklung. Die Stabilisierung der Erwartungen der Wirtschaftssubjekte ist deshalb eine zentrale Bedingung einer stetigen gesamtwirtschaftlichen Entwicklung. Ohne diese Bedingung der Wirtschaftspolitik läuft nichts.

## 8.4 Fallstricke des theoretischen Wirtschaftswissens

Die Wirklichkeit der Wirtschaft ist von hoher Komplexität und mit ihren Zusammenhängen, Strukturen und vielfältigen Interdependenzen nicht leicht zu durchschauen. „Komplex" (*complecti,* lat.: umfassen) bezeichnet die Eigenschaft eines Systems, das aus einer Vielzahl von Einzelkomponenten umfassend und zusammenhängend und in Wechselwirkungen aufgebaut ist und in der Dynamik seines Gesamtverhaltens schwer berechenbar oder unvorhersagbar ist.

Aufgrund der hoch vernetzten Komplexität und Dynamik des Systems der Wirklichkeit der Volks- und Weltwirtschaft bleiben Teile verborgen oder unbekannt:

- zum einen, weil das System so komplex ist, dass nicht alle Merkmale des Systems und seiner Teile in Genauigkeit bestimmbar und durchsichtig bleiben,
- zum anderen, weil die Wechselwirkungen der Beziehungen zwischen den Elementen und die Entwicklungen des Systems vielfältig vernetzt und zeitlich verzögert, (nicht kausal sondern) stochastisch sind,
- zum weiteren, weil manche Elemente des Systems eigendynamisch sind und nur indirekt partiell beeinflussbar oder nicht beeinflussbar sind,
- und schließlich, weil Außeneinflüsse und -wirkungen vorhanden sind.

Die wirtschaftliche Realität ist in ihrer Totalität kaum zu fassen, nicht einmal dann, wenn nur ein Ausschnitt der Wirtschaftswirklichkeit betrachtet wird, denn zu viele Einzelheiten sind zu komplex.

Die Wirtschaftswissenschaften leiden unter dem Problem eines Theoriedefizits und wissen viel weniger als sie glauben. Sie benutzen oft die Vergangenheit in naiver Weise, um die Zukunft zu prognostizieren, was leicht zu Fehldeutungen führt.

## 8.4 Fallstricke des theoretischen Wirtschaftswissens

Die Dynamik einer Volkswirtschaft resultiert aus einem außerordentlich hochkomplexen interdependenten System, dessen Teile stark in wechselseitiger Abhängigkeit voneinander stehen. Das System der Volkswirtschaft ist aufgrund seiner hohen **Komplexität** sehr störanfällig, auch durch psychologisch bedingte Verhaltensänderungen der Wirtschaftssubjekte. Mit zunehmender Komplexität nimmt die Störanfälligkeit – die Fragilität – eines Systems zu.

Der Philosoph Karl R. Popper (1902–1994) hat in seinem Werk „Logik der Forschung" (1934) dargelegt, dass das menschliche Wissen stets lückenhaft und stückhaft sein muss, weil alle Zukunft ungewiss und unsicher ist: *„Wir wissen nicht, wir raten nur".* Kern dieser Selbsterkenntnis ist die Erkenntnis des Nicht-Wissens: *„Ich weiß, was ich nicht weiß!"* ist ein geflügeltes Wort eines Zitats aus Platons Apologie, das dem griechischen Philosophen Sokrates zugeschrieben wird und von der Entlarvung des Scheinwissens oder vom Nichtwissen handelt. Menschliche Erkenntnis ist eben fast immer unvollständig. Was Menschen erkennen, ist immer nur ein Teil des Ganzen. *„Denn unser Wissen ist Stückwerk, und unser Weissagen ist Stückwerk",* sagt der Apostel Paulus (1. Korinther 13, Bibel). Auch in der wirtschaftswissenschaftlichen Erkenntnis gibt es kaum absolute Gewissheit. Alles Wirtschaftswissen ist grundsätzlich fehlbar und immer vorläufig. Das sokratische Wissen um das Nichtwissen eröffnet aber einen produktiven Weg der Erkenntnis, dass auch volkswirtschaftliches Wissen für wirtschaftspolitische Planungen nur von begrenzter Tragweite ist. Die volkswirtschaftliche Theorie ist auch Stückwerk. Aber, „Die Theorie bestimmt, was man sieht" (Albert Einstein).

Die Geschichte der Ökonomie kann erwarten lassen, dass ihre traditionelle – theoretische – Weise des Sehens und Denkens einmal „aufgehoben" (G. W. F. Hegel) wird durch eine neue Betrachtungsweise – einen Paradigmenwandel –, mittels dessen die Ökonomie der wirtschaftlichen Wirklichkeit näher kommt.

# Quellen und weiterführende Literatur

Altmann, Jörn, Volkswirtschaftslehre. Einführende Theorie mit praktischen Bezügen, 7. Aufl., Stuttgart 2009

Bofinger, Peter, Grundzüge der Volkswirtschaftslehre. Eine Einführung in die Wissenschaft von Märkten, 3. Aufl., München 2011

Bundesregierung, Digitale Agenda 2014 – 2017, Berlin 2014

Ferguson, Neil, Der Aufstieg des Geldes. Die Währung der Geschichte, München 2009

Keynes, John Maynard, The General Theory of Employment, Interest and Money, London 1936, dt., Allgemeine Theorie der Beschäftigung, des Zinses und des Geldes, München/Leipzig 1936, 11. Aufl., Berlin 2009

Mankiw, N. Gegory / Taylor, Mark P., Grundzüge der Volkswirtschaftslehre, 5. Aufl., Stuttgart 2012

Möller, Hans W., Angewandte Volkswirtschaftslehre. Wirtschaftspolitische Fallstudien mit Lösungstechniken, 3. Aufl., Wiesbaden 2013

Nefiodow, Leo A., Kondratieffs Zyklen der Wirtschaft, Sankt Augustin 1998

Samuelson, Paul A. / Nordhaus, William D., Volkswirtschaftslehre. Das internationale Standardwerk der Makro- und Mikroökonomie, 4. Aufl., München 2010

Schumpeter, Joseph A., Konjunkturzyklen. Eine theoretische, historische und statistische Analyse des kapitalistischen Prozesses, Göttingen 1961

# 9

# Geldentwertung – Die Inflation der Ansprüche

„Die EZB ist bereit, zu tun, was immer nötig ist, um den Euro zu erhalten."

© Wolfgang Maria Weber / INTERFOTO
*Mario Draghi (geb. 1947)*

# 9 Geldentwertung – Die Inflation der Ansprüche

*Papiergeld kehrt früher oder später
zu seinem inneren Wert zurück – Null.*
Voltaire

## 9.1 Das Problem der Geldwertentwicklung

Geldentwertung ist der Verlust oder die Verminderung der Kaufkraft des Geldes durch Inflation, d. h. Preissteigerungen. Preisniveaustabilität bezieht sich auf die Kaufkraft des Geldes. Bleibt die Kaufkraft gleich, herrscht Geldwertstabilität. Preisstabilität meint, dass die Preise möglichst gleich bleiben sollen.

Der aufgedruckte Nennbetrag des Geldes gibt den Nominalwert an, während der reale Tauschwert des Geldes angibt, welche Gütermenge für eine Geldeinheit gekauft werden kann. Dieser wird auch als reale Kaufkraft oder Realwert des Geldes bezeichnet. Während die „Kaufkraft einer Person" die Geldsumme meint, die jemandem (insbesondere Haushalten) zur Verfügung steht, ist die „Kaufkraft des Geldes" die Gütermenge, die sich für eine Geldeinheit kaufen lässt. Wenn sich diese Gütermenge im Laufe der Zeit vergrößert oder verringert, steigt oder sinkt die Kaufkraft. Sie wird bestimmt von den herrschenden Preisverhältnissen einer Volkswirtschaft.

Der Wert des Geldes wird gespiegelt durch die Inflationsrate. Diese bezeichnet anhaltende Preisniveausteigerungen mit der Folge des Kaufkraft- bzw. Geldwertverlustes: Steigt das Preisniveau, erhält der Verbraucher für eine nominelle Geldeinheit real weniger Güter.

Der Begriff „Inflation" stammt aus dem Lateinischen und bedeutet „Aufblähung". Inflation benennt eine Erhöhung des gesamtwirtschaftlichen Preisniveaus in einer bestimmten Zeit. Die Preissteigerung bei einem einzelnen Gut oder bei einigen Gütern stellt jedoch keine inflationäre Preissteigerung dar, wenn entsprechende Preissenkungen bei anderen Gütern dies kompensieren. Denn dadurch ändert sich die Inflationsrate nicht, sondern nur die Preisstruktur. Die „Inflation" bezieht sich auf die Volkswirtschaft im Ganzen. Demgegenüber werden Preissteigerungen, die nur in bestimmten Wirtschaftssektoren oder Branchen auftreten, als „strukturelle Inflation" bezeichnet. Abgelesen wird die Inflation an einem Verbraucherpreisindex, der das gesamtwirtschaftliche Preisniveau widerspiegelt.

## 9.1 Das Problem der Geldwertentwicklung

Die Höhe der Inflationsrate wird gemessen am prozentualen Anstieg des wichtigsten Indikators, des Verbraucherpreisindex (VPI). Der Index wird auf der Grundlage der amtlichen Verbraucherpreisstatistik eines repräsentativen Warenkorbs der typischen Ausgaben für die Lebenshaltungskosten der privaten Haushalte ermittelt. Es ist ein Preissteigerungsindex, der auf einem konstanten gleichartigen Warenkorb basiert. Die Veränderung des Wertes des Warenkorbes kommt durch Preisänderungen zustande. Der Verbraucherpreisindex bemisst nur die Preisveränderungen und die durchschnittliche Preisentwicklung der von privaten Haushalten nachgefragten Güter und Dienstleistungen. Der Index wird im Laufe der Zeit dem sich ändernden Konsumverhalten angepasst.

Der amtliche „Preisindex für die private Lebenshaltung" und andere Zahlen der Preisentwicklung werden regelmäßig vom Statistischen Bundesamt (destatis.de) für Deutschland ermittelt und herausgegeben. Das Statistische Amt der Europäischen Gemeinschaft (Eurostat) ermittelt für die europäische Währungsunion einen „Harmonisierten Verbraucherpreisindex" (HVPI) oder „Europäischen Verbraucherpreisindex" (EVPI).

In der Europäischen Währungsunion ist die Inflation eine sehr wichtige Sorge. Die Gewährleistung der Preisstabilität bzw. die Stabilität des Euro ist die Hauptaufgabe der Europäischen Zentralbank. Der HVPI dient der Europäischen Zentralbank (EZB) als Maßstab für die Geldwertentwicklung und für die Geldpolitik in der Währungsunion. Deshalb gehört die Inflationsrate auch zu den Konvergenzkriterien, die die Teilnehmerländer der Währungsunion erfüllen müssen.

**Erscheinungsformen der Inflation**

Inflation, also Geldwertverlust durch Preissteigerungen, hat verschiedene Erscheinungsformen: Es gibt die offene Inflation (die Verringerung des Geldwertes durch Verlust), die versteckte Inflation (Verschlechterung der Qualität der Gütermenge bei gleichbleibendem Preis) sowie die zurückgestaute Inflation (z. B. durch staatlich-administrative Maßnahmen gegen die freie Preisbildung, wie durch Preisstopp, Höchstpreise, Subventionen o. a.).

Bei der **„offenen" Inflation** steigen die Preise der Güter für jeden erkennbar, eine **„verdeckte" Inflation** besteht, wenn ein Lohn-, Preis- und Mietstopp eintritt, sodass sich die latente Inflation nicht auf das Preisniveau auswirken kann. Werden diese Maßnahmen zurückgenommen, dann löst sich der zurückgestaute Preisdruck auf und es entsteht schlagartig Inflation. Nach der „Beschleunigung" lässt sich überdies zwischen der „schleichenden Inflation"(regelmäßige geringe Verschlechterung des Geldwertes ohne dessen Funktionalität zu beeinträchtigen) und der „galoppierenden" Inflation (beschleunigte Selbstverstärkung der Geldentwertung) unterscheiden, bemessen nach der Höhe der unterschiedlichen Prozentpunkte der Inflationsrate pro Zeiteinheit.

Im Falle der **„galoppierenden" Inflation** verschlechtert sich der Geldwert derart rasant, dass letztlich womöglich die Märkte zusammenbrechen. Das Geld kann seine Funktionen nicht mehr erfüllen und es kommt zu Produktionsrückgängen und zu einem Übergang von der Geld- zur Tauschwirtschaft (wie z. B. in der Weltwirtschaftskrise 1929/1930).

Bei der **„schleichenden" Inflation** steigt das Preisniveau nur langsam, z. B. um 3–4 % jährlich. Nach aller Erfahrung sinkt das Preisniveau nicht wieder auf den Stand der früheren Zeiten zurück. Das ist besonders ernst zu nehmen, wenn die Geldentwertung die Zinssätze für Spareinlagen übersteigt, weil dadurch die Geldvermögen der Sparer in ihrer Substanz angegriffen werden.

Die **offene, „galoppierende" Inflation**, wie sie in Deutschland nach dem 1. Weltkrieg (1918–1923) herrschte, war durch sehr schnelle Preissteigerungen charakterisiert, die schließlich astronomische Ausmaße annahmen. Der Dollarkurs ließ die Geldentwertung gut erkennen; während 1921 der Dollar 100 Mark kostete (vor dem 1. Weltkrieg: 4,20 Mark) und im November 1922: 7630 Mark, im Januar 1923: 50.000 Mark, kostete schließlich im November 1923 der US-Dollar: 4,2 Billionen Mark.

## 9.2 Ursachen der Inflation

Eine Inflation kann verschiedene Ursachen haben:
Preissteigerungen und damit Geldentwertung hat ihre letztliche Ursache darin, dass einzelne gesellschaftliche Gruppen oder die Gesellschaft insgesamt höhere Einkommensansprüche geltend macht und durchsetzt, als die volkswirtschaftliche Kapazität leisten kann, mit anderen Worten: zum einen fordern die Unternehmen höhere Preise, Vermieter

## 9.2 Ursachen der Inflation

höhere Mieten, die Banken höhere Zinsen und Gebühren, die Arbeitnehmer höhere Gehälter etc. und zum anderen wollen die Betriebe niedrigere Löhne zahlen etc.

Eine Inflation zeigt sich im Kern als eine Aufblähung der Ansprüche in Form höherer Preise und in der Folge in einem entsprechenden Kaufkraft- bzw. Geldwertverlust. Inflation ist die Überbeanspruchung der Produktionskapazität einer Volkswirtschaft, d. h., das Produktionspotenzial einer Volkswirtschaft wird von der Bevölkerung mehr in Anspruch genommen, als das gesamtwirtschaftliche Produktionspotenzial leisten kann.

Im Falle der Hochkonjunktur, wenn die Nachfrage nach Gütern und Dienstleistungen die gesamtwirtschaftlichen Produktionskapazitäten übersteigt, ist Inflation meist die Folge.

Preissteigerungen sind folglich im Aufschwung und in der Hochkonjunktur eher hoch und im Abschwung und in der Rezession eher geringer.

**Nachfrageinflation**
Eine gesamtwirtschaftliche Übernachfrage führt zu Preissteigerungen und damit zur ständigen Verschlechterung des Geldwertes: die Nachfrageinflation. Die Nachfrage treibt gleichsam die Preise in die Höhe.

Die volkswirtschaftliche Nachfrage besteht aus der Konsumnachfrage der Haushalte, der Investitionsnachfrage der Unternehmen, den Staatsausgaben inklusive der Staatsnachfrage und dem sogenannten Außenbeitrag inklusive der Importnachfrage. Ist die binnenwirtschaftliche Nachfrage (bestehend aus Verbrauch, Investitionen und Staatsausgaben) nach Gütern und Dienstleistungen sehr groß, wird dies als „hausgemachte" Nachfrageinflation bezeichnet – im Gegensatz zur sogenannten importierten Nachfrageinflation, die durch die Auslandsnachfrage oder durch die Importpreise angetrieben wird. Diese Nachfrageinflation (engl.: *demand-pull-inflation*) wird auch als „Nachfragesog" oder als „inflatorische Lücke" bezeichnet, bei der die gesamtwirtschaftliche Nachfrage das gesamtwirtschaftliche Angebot bzw. die Produktionskapazitäten übersteigt. Wenn dieser Nachfrageüberschuss kurzfristig nicht durch Lagerabbau oder durch zusätzliche Güterproduktion kompensiert werden kann, resultieren daraus Preiserhöhungen, mithin Inflation.

Sofern die Gesamtnachfrage weiterhin stärker steigt, sodass in einigen Wirtschaftszweigen bzw. Branchen die Produktionskapazitäten bis an die Obergrenzen hoch ausgelastet werden, entstehen zunehmend Engpässe, die dazu führen, dass die Preise entsprechend steigen werden. Schon wenn sich die gesamtwirtschaftliche Nachfrage den Obergrenzen der Kapazitäten der Unternehmen angenähert hat, werden die Unternehmen bereits ihre Güterpreise anheben. Können die Produktionskapazitäten nicht entsprechend der Nachfrage ausgeweitet werden, entsteht eine inflatorische Lücke mit der Folge von Preissteigerungen. Die Nachfragesteigerung treibt die Preise in die Höhe, weil die Kapazitäten nicht so schnell wachsen können, wie die Nachfrage. Denn eine Volkswirtschaft kann real nur in den Grenzen der verfügbaren Ressourcen bzw. Produktionsfaktoren wachsen.

**Geldmengeninflation**
Inflation entsteht u. a. immer, wenn sich auch die Geldmenge stärker ausdehnt als das Güterangebot. Das Geld verliert an Wert, wenn sich im Wirtschaftskreislauf das Volumen der Geldmenge erhöht und/oder die Umlaufgeschwindigkeit des Geldes zunimmt (Geldmengeninflation). Bestimmend ist das Wachstum der Geldmenge: steigt die Geldmenge, bei unveränderter Umlaufgeschwindigkeit, schneller als die reale Güterproduktion, dann ist normalerweise Inflation die Folge. Die Erhöhung der Geldmenge führt zu einer stärkeren (kreditfinanzierten) Nachfrage nach Konsumgütern und Investitionsgütern, sodass es dadurch zu Preiserhöhungen und damit zu einer Anhebung des Preisniveaus kommt.

Wächst die Geldmenge schneller als die gesamtwirtschaftliche Produktion – sei es durch das Drucken von Zentralbankgeld durch die Zentralbank oder durch die Schöpfung von Giralgeld durch die Geschäftsbanken – führt dadurch eine erhöhte nachfragewirksame Geldmenge immer irgendwann zu Preissteigerungen. Der Inflationsimpuls geht letztlich hauptsächlich von einer zu starken Erhöhung der Geldmenge aus und alimentiert monetär gleichsam jede Inflation.

## 9.2 Ursachen der Inflation

Die „**Quantitätsgleichung des Geldes**" veranschaulicht diesen Zusammenhang:

$$G \times U = H \times P$$

mit: *G = Geldmenge, U = Umlaufgeschwindigkeit des Geldes, H = Reales Inlandsprodukt, P = Gesamtwirtschaftliches Preisniveau.*

Diese Formel, auch als **Fisher'sche Verkehrsgleichung** bezeichnet, begründet insofern die monetäre Alimentierung der Inflation:

$$P = G \times U/H$$

Diese Erklärung des Inflationsphänomens richtet sich auf monetäre Faktoren. Nach Milton Friedmans Auffassung ist zur Erklärung des Inflationsphänomens in einer Volkswirtschaft maßgebend die Änderung der Geldmenge. Ein, gegenüber dem Geldangebot, zu hohes Gütervolumen schlägt sich letztlich in Preissteigerungen bzw. in Inflation nieder.

Eine weitere Möglichkeit der Geldmengenerhöhung besteht in einem Anstieg der Umlaufgeschwindigkeit des Geldes. Die „Umlaufgeschwindigkeit des Geldes" bezeichnet die Häufigkeit, in der Geld innerhalb eines Jahres den Besitzer wechselt, bzw. wie oft eine Geldeinheit pro Jahr zur Bezahlung von Gütern eingesetzt wird – oder wie häufig sie von Kasse zu Kasse wandert. Sind die Umlaufgeschwindigkeit des Geldes und das reale Inlandsprodukt konstant, und verändern sich die Geldmenge und das Preisniveau proportional zueinander, dann bewirkt eine Senkung der Geldmenge eine Verringerung der Inflationsrate und umgekehrt. Eine Beschleunigung der Umlaufgeschwindigkeit kann kurzfristig eine zusätzliche Nachfrage ermöglichen und damit Inflation erzeugen. Die Umlaufgeschwindigkeit des Geldes kann aber auf Dauer kaum grenzenlos steigen oder kann umgekehrt die Bargeld-Kassenhaltung sich nicht ständig verringern. Jede Geldmengenerhöhung, die über das reale Wachstum der Wirtschaft (das BIP) hinaus ansteigt, wird zu Inflation führen. Geld kann aber auch brach liegen bleiben und dadurch die Umlaufgeschwindigkeit des Geldes senken, sodass die Geldmenge zum Teil nicht nachfragewirksam wird. Auf lange Sicht wird aber die Geldmenge irgendwann für Güterkäufe umgesetzt. Gibt es ein überhöhtes Geldmengenwachstum, so kann die eigentliche Ursache für die Inflation auch primär bei der expansiven Geldpolitik der Zentralbank liegen.

**Importierte Inflation**
Schließlich kann eine Inflation ihren Ursprung in Preissteigerungen bei Importgütern (Öl, Kaffee etc.) haben, die auf dem Wege der Einfuhr das inländische Preisniveau erhöhen (direkte Inflation). Beispiel:

**Importpreise × Importquote = Importierte Inflation**
z. B. + 6%   ×   33%      =    +2% − Punkte

Eine besonders für Deutschland bedeutsame Form der Inflation ist die importierte Inflation (direkte und indirekte).

Wenn im Ausland eine wenig stabilitätsgerechte Geld-, Finanz-, und Lohnpolitik betrieben wird, dann sind dort die Inflationsraten oft höher als im Inland, sodass die inländischen Exporte stark ansteigen (weil sie günstiger sind) und die Importe aus dem Ausland sinken. Die Zunahme der Exporte ist für die Beschäftigung positiv zu bewerten. Übersteigen aber die Exporte die Importe, fließt im Umfang des Exportüberschusses zusätzliches Geld in die inländische Wirtschaft. Wenn diese Einnahmen an ausländischen Devisen aus den Exporten nicht für Importzwecke benötigt werden, sondern in die Inlandswährung umgetauscht werden, stehen der zusätzlichen Inlandswährung weniger inländische Güterangebote gegenüber. Wird das zusätzliche Einkommen nicht gespart, sondern zur Güternachfrage verwendet, dann erhöht sich die Binnennachfrage und erzeugt eine indirekte importierte Inflation.

Übersteigt die Exportnachfrage die inländischen Produktionsmöglichkeiten, dann steigen im Inland die Preise. Die Branchen der Exportwirtschaft erzielen höhere Gewinne und können ihren Arbeitnehmern höhere Löhne zahlen. Übersteigt die Exportnachfrage aber dann die inländischen Produktionsmöglichkeiten, steigen im Inland die Preise. Die steigenden Preise und Löhne übertragen sich auch auf die anderen Branchen, sodass das Preisniveau allgemein ansteigt.

Solange sich die Inflationsentwicklung im Ausland fortsetzt, wird diese Inflation ins Inland hineingetragen, bspw. durch aus dem Ausland bezogene verteuerte Vorprodukte (z. B. Gas), was die Endprodukte im Inland verteuert und einen inflationären Schub erzeugt. Inflationseffekte können direkt vom Ausland auf das Inland übergehen.

Die Ölkrisen von 1974 und 1979/1980 führten zu einer Verteuerung der (Öl-)Importe und zu einer importierten Kostenbelastung. Grund

## 9.2 Ursachen der Inflation

war der Versuch der Öl exportierenden Länder der OPEC-Staaten, durch höhere Ölpreise ihre Erlöse zu steigern und – (auf Kosten der übrigen Länder) einen höheren Anteil am Welteinkommen durchzusetzen. Die auf Ölimporte angewiesenen Industrieländer mussten die Ölimporte durch höhere Ölpreise bezahlen. Entsprechend erhöhte sich der sich im Inland ergebende Inflationsschub.

Die Verteuerung von aus dem Ausland importierten Gütern kann sich auch aufgrund einer Änderung der Wechselkurse ergeben. Bei einer Abwertung der eigenen Währung wird der Euro im Vergleich zum Dollar „weniger wert" als zuvor, sodass für aus dem Ausland importierte Güter – bei gleichem Preis in Auslandswährung – mehr Inlandswährung aufgebracht werden muss; ausländische Güter verteuern sich, was die Inflationsrate im Inland, wegen der verteuerten Importgüter, ansteigen lassen kann.

Wenn die Regierungen für ihre Währungen untereinander **feste Wechselkurse** vereinbaren, ist die inländische Zentralbank verpflichtet, die überschüssig verdienten Devisen aus den Exportgeschäften durch sogenannte Stützungskäufe aus dem Markt zu nehmen.

Haben die Regierungen für ihre Währungen untereinander jedoch **flexible Wechselkurse** vereinbart, kommt es seltener zu außenwirtschaftlichen Ungleichgewichten, und auch zu keiner importierten Inflation. Nimmt die Exportnachfrage zu und werden im Exportgeschäft reichlich Devisen verdient, werden diese Devisen am Devisenmarkt als Angebot auftreten. Sofern das Devisenangebot der Exporteure die Devisennachfrage der Importeure übersteigt, fällt der Preis dieser Devise. Sie wird abgewertet und die inländische Währung wird gegenüber dieser Währung aufgewertet. Die Aufwertung verteuert und drosselt die Exporte und regt die Importe an. Mit anderen Worten: der flexible Wechselkursmechanismus führt zu einem gleichsam automatischen Ausgleich der außenwirtschaftlichen Ströme, insbesondere von Ex- und Import, und verhindert eine importierte Inflation.

**Kosteninflation**

Eine Inflation kann auch durch Kostensteigerungen ausgelöst werden: Kosteninflation (engl.: *cost push inflation*). Der bekannteste Fall der Kosteninflation ist die Lohnkosteninflation, z. B. infolge von Knappheit an Arbeitskräften hervorgerufene Lohnerhöhungen. Steigen die Lohnsätze stärker als die Kostensenkungen durch Rationalisierung (= Produktivitätszuwächse), dann steigen die Stückkosten der Produktion. Die Unternehmen versuchen dann, die höheren Stückkosten über die Produktpreise auf die Nachfrager abzuwälzen. Gelingt die Kostenabwälzung, dann steigt das Preisniveau: es entsteht eine Kostendruckinflation.

Bei einer Kosteninflation bewirken Kostensteigerungen bei der Güterproduktion (z. B. aufgrund gestiegener Löhne oder gestiegener Steuern) grundsätzlich Gewinneinbußen für die Unternehmen. Um den angestrebten Gewinn erreichen zu können, müssen die Unternehmen die Preise ihrer Güter erhöhen, um auf diese Weise den Umsatz zu steigern. Aufgrund solcher Preiserhöhungen ergibt sich in der Volkswirtschaft eine entsprechende Inflation.

Kostensteigerungen können mehrere Ursachen haben, denn die Kosten der Produktion setzen sich aus mehreren Faktoren zusammen:

- **Kapitalkosten** (z. B. Zinskosten und Kapitalabschreibungsregeln),
- **Materialkosten** (z. B. Vorleistungen, Kosten für Vorprodukte),
- **Lohnkosten** (z. B. Lohnnebenkosten, Arbeitgeberbeiträge zur Sozialversicherung),

Besonderes Gewicht haben in der Inflation die Lohnkosten und die importierten Kosten (z. B. Ölkrise). Insbesondere ist die Lohnentwicklung inflatorisch, wenn die Lohnsteigerungen nicht ganz stabilitätsgerecht sind. Gewicht für die Inflation haben auch steigende Material- oder Kapitalkosten, z. B. durch Verschlechterung der Abschreibungen oder steigende Finanzierungskosten oder insbesondere Erhöhung von Zinskosten.

Der Grund der Kostendruckinflation sind also Preissteigerungen bei den Produktionsfaktoren Arbeit und Kapital, die von den Unternehmen nicht durch höhere Produktivitätsraten kompensiert werden konnten. Um keine Gewinneinbußen oder gar Verluste zu erleiden, werden die Produktpreise erhöht und treiben die Inflation.

Neben diesen Kosten und importierten Kosten gibt es weitere Ursachen von Inflationssteigerungen:

## Lohnkosteninflation

Ein Anstieg der Löhne zzgl. der Lohnnebenkosten bedeutet eine Verteuerung des Produktionsfaktors Arbeit. Jede Erhöhung der Löhne bedeutet aber nicht, dass auch die Produktpreise erhöht werden müssen. Denn den Lohnkostensteigerungen stehen fast immer Kosteneinsparungen durch Rationalisierung gegenüber.

Durch Rationalisierung steigt die Arbeitsproduktivität, indem die Produktion (engl. *output*) (z. B. einer Branche oder) der Volkswirtschaft im Verhältnis zum eingesetzten *input* an Produktionsfaktoren, wie dem Arbeitskräfteeinsatz (gemessen in Zahl der Arbeitspersonen) größer wird. Die Arbeitsproduktivität je Erwerbstätigem bezeichnet das reale Bruttoinlandsprodukt durch die Zahl der Arbeitskräfte.

Steigt die prozentuale Arbeitsproduktivität z. B. durch technischen Fortschritt, beinhaltet dies grundsätzlich zwei Möglichkeiten:

- Entweder kann bei gleichem Arbeitskräfteeinsatz ein höherer *„output"* an Produktion erzeugt werden
- oder aber es kann bei gleichem *„output"* mit einem geringeren Arbeitskräfteeinsatz produziert werden.

In beiden Fällen verringern sich jeweils die Stückkosten pro *„output"* an Produktion. Produktivitätssteigerungen bedeuten folglich Stückkostensenkungen. Bei gleichen übrigen Kostenfaktoren bedeutet dies, dass die Lohnstückkosten sinken. Im Umfang der rationalisierungsbedingten Kosteneinsparungen können die Löhne erhöht werden ohne negative Folgen auf die Lohnstückkosten. Produktivitätsorientierte Lohnsteigerungen sind folglich kostenneutral, mit anderen Worten: eine Lohnsteigerung, die dem Produktivitätsfortschritt entspricht, ist stabilitätsgerecht.

Nur solche Lohnsteigerungen, die über die Produktivitätsrate hinausgehen, wirken inflatorisch; zumal wenn es den Unternehmen überdies auch gelingt, den produktivitätsüberschreitenden Teil der Lohnerhöhungen auf die Preise abzuwälzen. Die Unternehmen begründen Preiserhöhungen oft mit gestiegenen Lohnkosten, während die Gewerkschaften entsprechend einen „Inflationsausgleich" fordern, sodass es zur „Lohn-Preis-Spirale" kommt.

Gelingt die Abwälzung der Lohnsteigerung auf die Preise, haben die Arbeitnehmer kaum etwas davon gewonnen. Denn infolge der Verteuerung der Güter und Dienstleistungen können sie sich real nicht mehr Güter kaufen, weil ihr Reallohn unverändert geblieben ist. Lediglich der produktivitätsorientierte Teil der Lohnerhöhungen erhöht den tatsächlichen realen Lebensstandard der Arbeitnehmer.

**Anbieterinflation**
Die Angebotsinflation, auch als Gewinndruckinflation bezeichnet, ist im Kern Marktmachtinflation. Anbieterinflation oder Gewinninflation *(profit push inflation)* folgt aus der Durchsetzung erhöhter Preise. Marktmachtinflation ist deshalb Anbieter- oder Gewinninflation. Verfügen Unternehmen über Marktmacht, sind Preiserhöhungen zur Erhöhung des Unternehmensgewinnes durchsetzbar. Voraussetzung ist, dass die Nachfrager nur geringe Ausweichmöglichkeiten haben, d. h. Marktmacht liegt vor, wenn Nachfrager auf die Güter eines marktbeherrschenden Unternehmens oder Kartells angewiesen sind.

Die Unternehmen können wegen ihrer Marktmacht inflationäre Preissteigerungen auf dem Wege von Kartellabsprachen, Zusammenschlüssen oder anderen Wettbewerbsbeschränkungen durch höhere Preise durchsetzen und so einen höheren Gewinnanspruch realisieren.

Marktbeherrschende Unternehmen oder Kartelle versuchen unter Ausnutzung ihrer Marktmacht durch Preiserhöhungen ihre Gewinne zu erhöhen. Die Nachfrager werden durch die Anbieter ausgebeutet. Voraussetzung sind oligopolistische und monopolistische Märkte als Folge von Konzentration auf der Anbieterseite in Form von Kartell- oder Monopolbildung. Nimmt der Konzentrations- und Kartellisierungsgrad zu, werden machtbedingte höhere Preisforderungen durchgesetzt. Die Anbieterinflation entsteht also, wenn die Unternehmen versuchen, ihren Gewinn zu steigern und es so zu einer Erhöhung des allgemeinen Preisniveaus kommt. Die inflationsverursachenden Impulse können folglich auch von der Anbieterseite ausgehen.

Ausbeutung durch Marktmissbrauch aufgrund von Marktmacht ist auf die Dauer brüchig. Wer eine Machtposition ausnutzt, wird neue Konkurrenten anlocken, oder die Nachfrager versuchen, die zu teuer gewordenen Produkte durch andere Güter zu ersetzen. Überdies wird solches Preisverhalten marktbeherrschender Unternehmen die Beaufsichtigung und Kontrolle durch das nationale und europäische „Kartellamt" auf den Plan rufen.

**Fiskalinflation**
In vielen Ländern mit hohen Inflationsraten geht die Inflation häufig auf eine unsolide Steuer- oder Ausgabenpolitik des Staates zurück. Eine deutliche Erhöhung der Staatsausgaben oder der indirekten Steuern (Mehrwertsteuer) kann zu Preissteigerungen führen (Fiskalinflation). Zum anderen enthält jedes Gut im Marktpreis auch Mehrwertsteuern. Werden die indirekten Gütersteuern erhöht, steigen folglich auch die Preise.

Eine Erhöhung von solchen Kostensteuern liegt dann vor, wenn der Staat die Verbrauchssteuern, wie z. B. Mehrwertsteuer, Mineralölsteuer, Tabaksteuer, Branntweinsteuer u. a. anhebt, um entweder Staatsausgaben zu finanzieren oder um durch Abgaben bestimmte politische Ziele zu verfolgen, wie z. B. die Verringerung der Umweltbelastung infolge eines gesunkenen Benzinverbrauchs, umwelt- und gesundheitspolitische Ziele o. a. Die Er- oder Anhebung solcher indirekten Steuern führt dazu, dass die Preise der betroffenen Güter erhöht werden. Der Inflationsschub ist unvermeidlich.

Staatsnachfrageinflation stellt vor allem dann ein Problem dar, wenn die Zentralbank von der Regierung abhängig ist, was in den meisten Ländern der Fall ist, um die Staatsausgaben über Gelddrucken zu finanzieren, also durch staatliche Geldschöpfung (Notenpresse). Eine von der Regierung unabhängige Zentralbank ist deshalb nach aller Erfahrung eine Voraussetzung für die Verhinderung einer Staatsnachfrageinflation.

## 9.3 Folgen und Wirkungen der Geldentwertung

Eine Inflation hat nicht nur wirtschaftliche, sondern auch soziale und politische Folgen. Die Schichten der Gesellschaft werden von einer Geldentwertung unterschiedlich getroffen.

## Inflation beeinträchtigt den Marktmechanismus

Eine hohe Inflation hat verschiedene wirtschaftliche Auswirkungen: vor allem die „Zerrüttung" der Geldfunktionen, mit der Folge, dass das Preissystem Produktion und Konsum nicht mehr optimal lenken kann.

Auf den Märkten haben die Preise vor allem eine Steuerungs- und Signalfunktion. Der Preismechanismus sorgt dafür, dass die Güter möglichst nachfragegerecht produziert werden und die Produktionsfaktoren in ihre nutzbringenden Einsatzorte gelenkt werden. Auf den Märkten führt der Preismechanismus zum Ausgleich von Angebot und Nachfrage. Ein stabiles Preisniveau ist deshalb eine Voraussetzung der **optimalen Allokation** der Produktionsfaktoren bzw. Ressourcen. Falsche Preise, wie durch hohe Inflation, führen zum falschen Einsatz der Ressourcen von Arbeit, Boden und Kapital.

Steigen die Preise nämlich zu stark an, wird für die Anbieter und Nachfrager nicht mehr deutlich erkennbar, welche Güter knapp oder reichlich vorhanden sind. Die Anbieter und Nachfrager können bei hoher Inflation nicht mehr sicher beurteilen, ob die Güter teurer geworden sind, weil ein Güterangebot knapp geworden ist oder ob die Preissteigerungen Ausdruck von Marktmacht sind. Die Preise verlieren in der Inflation ihre Signalfunktion. Die Inflation untergräbt die Funktionsweise des Marktmechanismus und führt zu einer zunehmenden Fehlallokation von Produktionsfaktoren. Die Folge sind fehlerhafte Investitions- und Produktionsentscheidungen, also eine Fehlallokation der Produktionsfaktoren Arbeit, Boden und Kapital. Dies bedeutet eine Bremsung des Wachstums und eine geringere Beschäftigung.

Auf den Märkten ist die Preisstruktur immer in Bewegung, denn wenn sich die Knappheitsverhältnisse der Güter ändern, signalisieren steigende Preise den Anbietern höhere Profitabilität, sodass die Anbieter ihr Angebot ausdehnen, während sie den Nachfragern z. B. die Einsparung bei betreffenden Gütern signalisieren.

Die Inflation verzerrt die knappheitsbedingten Preisrelationen einer Volkswirtschaft, da nicht sämtliche Preise um denselben Prozentsatz steigen. Bei zunehmenden Inflationsraten entwickelt sich eine sich selbst verstärkende „Inflationsmentalität". Die Preisstruktur wird verzerrt (Grundstücke werden unnötig knapp und teuer) und knappe Produktionsfaktoren der Volkswirtschaft werden fehlgeleitet.

## 9.3 Folgen und Wirkungen der Geldentwertung

Bei starker Inflation vertrauen die Anbieter und Nachfrager der Geldwertstabilität immer weniger. Es bildet sich eine sogenannte Inflationsmentalität aus, mit der negativen Folge, dass das Geld seine Funktion als Tausch- und Wertaufbewahrungsmittel zunehmend einbüßt. Die Geldfunktionen werden nicht mehr uneingeschränkt ausgeübt, weil das Geld seine Wertaufbewahrungsfunktion verliert. Um Geldwertverlusten zu entgehen legen die Wirtschaftssubjekte ihr Geld in Sachvermögen an, es entsteht also eine Flucht in Sachwerte, wie Grundstücke und Häuser, um dem Wertverlust der Geldhaltung zu entgehen.

Eine Inflation führt zu einer Flucht in Sachanlagen, mit der Folge, dass Sparkapital nicht mehr dort hinwandert, wo es ansonsten am effizientesten genutzt wird, nämlich in die Erweiterungsinvestitionen der Produktionskapazitäten und damit in neue Arbeitsplätze. Die Inflation führt folglich zu einer Fehlallokation des Produktionsfaktors Kapital (Vermögen) und damit zu Wachstums- und Beschäftigungseinbußen in der Volkswirtschaft.

Eine hohe Inflationsrate verteuert die einheimischen Produkte gegenüber den ausländischen Gütern und führt zu einem Verlust an Wettbewerbsfähigkeit der inländischen Wirtschaft. Wenn die Preise der Güter im Inland schneller steigen, als die Preise im Ausland – bei stabilen Wechselkursen der Währungen – sinkt die internationale Wettbewerbsfähigkeit, weil das Ausland mehr für die inländischen Güter bezahlen muss.

**Gewinner und Verlierer**
Bei jeder Inflation gibt es Gewinner und Verlierer. Die Inflation hat für unterschiedliche soziale Schichten unterschiedliche Konsequenzen.

Die Unternehmen erzielen Scheingewinne: Sie arbeiten scheinbar mit erheblichem Gewinn, doch in Wirklichkeit besteht die Gefahr, dass die Substanz ihrer Unternehmen aufgezehrt wird. Wenn sie die erwirtschafteten Scheingewinne ausschütten, müssen sie feststellen, dass die einbehaltenen Gewinne (bzw. Abschreibungserlöse) nicht ausreichen, um die Substanz zu erhalten.

Die Einkommensbezieher, die Kaufkraftverluste vermeiden wollen, sind darauf angewiesen, dass ihr Einkommen erhöht wird, weil sonst ihr Realeinkommen sinkt. Eine Lohnerhöhung erfolgt jedoch meist erst nach einer Preissteigerung, wodurch die Arbeitnehmer vorübergehend Inflationsverlierer sein können. Vor allem die Empfänger von Sozialleistungen (wie Wohngeld, Kindergeld, Rentenzahlungen etc.), stehen am schlechtesten da, weil ihre Transferzahlungen nicht im gleichen Umfang erhöht werden, wie die Preise. Inflation bedeutet für sie empfindlichen Kaufkraftverlust.

Auf der anderen Seite gibt es auch Verlierer, wie z. B. die kleineren Unternehmen, einfache Handwerker, Händler, Beamte, Angestellte und Freiberufler, die ihr Vermögen zumeist fast nur in Geldbeträgen, statt in Sachwerten, also in Geldvermögen, angelegt haben.

Die Geldvermögen wachsen durch nominelle Zinsen. Ist der Zinssatz kleiner als die Inflationsrate, dann nimmt der reale Wert des Geldvermögens ab. Anders bei Sachvermögen; sie wachsen durch Wertsteigerungen. Weil die Steigerungsrate meist über der Inflationsrate liegt, werden Sachvermögensbesitzer zugewinnen. Dies erklärt auch, warum das Geldvermögen vorzugsweise in Sachvermögen umgewandelt wird. Denn Preissteigerungen bzw. höhere Inflation beeinträchtigt die Speicher- oder Wertaufbewahrungsfunktion des Geldes. Bei hoher Inflation steigt in der Bevölkerung das Bedürfnis nach Wertaufbewahrung in „sicheren" Geldanlagen. Der Grund für die Flucht in Sachwerte ist, dass die Sachvermögensbesitzer durch die Inflation kaum verlieren, sondern zumeist gewinnen.

Von Preissteigerungen profitieren die Besitzer von Sachwerten (die in der Regel in der mittleren bzw. oberen Einkommens- und Vermögensschicht angesiedelt sind).

Eine weitere Inflationsfolge ist eine Besserstellung von Schuldnern sowie eine Schlechterstellung von Gläubigern. Für Schulden gilt das Nominalwertprinzip, d. h. nominelle Schulden bleiben auch bei hoher Inflation nominell die gleichen Schulden. Schuldner profitieren bei hoher Inflation, während Sparer, als Gläubiger der Bank, durch eine Inflation real verlieren, weil ihr Geld durch Preissteigerungen weniger wert wird – es sei denn, dass ein Inflationsausgleich durch Zinsanpassung stattfindet. Ein Schuldenbetrag (wie aus Spareinlagen) spiegelt bei hoher Inflation **real** weniger Kaufkraft wider und ist real weniger wert, wenn die (hohe) Inflationsrate bei der Kreditvergabe vom Gläubiger nicht antizipiert wurde.

Zu den Gewinnern der Inflation gehören deshalb vor allem die Schuldner und die Besitzer von Sachwerten allgemein, denn Sachwerte behalten ihren Wert und Schuldner werden automatisch von ihren Schulden befreit. Gerade zu Zeiten der Inflation lässt sich auch ein Vermögen aufbauen, durch die Aufnahme von so vielen Krediten wie möglich, um diese dann in Sachwerte zu investieren.

Der Staat ist ausgesprochener Inflationsgewinner, da er auf der Einnahmenseite beim Steueraufkommen, ebenso wie auf der Ausgabenseite als Schuldner von hoher Inflation Vorteile hat. Überdies nimmt der Realwert der Staatsschulden durch die Inflation ab. Durch Inflation erhöht sich das Einkommen des Staates, da seine Haupteinnahmequellen die einkommensabhängigen Steuern sind und die nominellen Einkommen stärker steigen, wodurch mehr Steuern eingenommen werden können. Die Staatseinkommen steigen sogar gleich doppelt, da die Arbeitnehmer durch ein höheres Einkommen in Folge des Progressionseffekts durch die Inflation in höhere Steuerklassen geraten; denn ein höheres Einkommen führt zu einer höheren Besteuerung. Da zudem die verbrauchsabhängigen Mehrwertsteuern vom Nettopreis erhoben werden, erhöhen sich die Mehrwertsteuereinnahmen durch inflationsbedingte Güterpreissteigerungen. Allerdings muss der Staat höhere Preise für seine nachgefragten Güter bezahlen und auch für seine Beschäftigten höhere Löhne zahlen.

## 9.4 Fallstricke der Inflationserklärung

Inflation lässt sich (in realwirtschaftlicher Sicht) grundsätzlich primär auf zwei Ursachenerklärungen zurückführen: Kosten- bzw. Gewinndruck auf der gesamtwirtschaftlichen Angebotsseite (*cost push inflation* bzw. Marktmachtinflation) oder eine „überschießende" gesamtwirtschaftliche Nachfrage nach Gütern und Dienstleistungen (so genannte *demand pull inflation*). Die Ursachenerklärungen einer Inflation liegen selten in einem Rückgang des Güterangebots, vielmehr in der Regel darin, dass die Nachfrage nach Gütern schneller steigt als das Angebot.

Eine Inflation folgt in der Realität der Entwicklung der Nachfrage zeitlich verzögert (ca. zwei Jahre). Das bedeutet, dass in der

Hochkonjunktur, also in der Phase der höchsten Auslastung der Produktionskapazitäten, die Inflationsrate noch nicht ihren Höchststand erreicht hat. Die Folge der Zeitverzögerung ist die Gefahr der Unterschätzung des Inflationsrisikos. Außerdem wird die Inflationsrate nicht nur von der Nachfrageentwicklung bestimmt, sondern auch von anderen Faktoren, beispielsweise von der Preisentwicklung wichtiger importierter Güter oder von den Löhnen.

Die zu starke Nachfrage kann von privaten Haushalten und Unternehmen, von der öffentlichen Hand oder vom Ausland ausgehen. Je nachdem, wo die Ursachen liegen, lassen sich z. B. Budgetinflation oder Fiskalinflation, defizitäre Staatshaushalte, Kosteninflation („weiterwälzen" gestiegener Kosten, z. B. Löhne auf die Abnehmer der erzeugten Güter) und importierte Inflation (starkes Ansteigen der Preise von Importgütern) oder Geldmengenvermehrung unterscheiden. Eine Sonderform der Kosteninflation ist die Lohninflation. Die sogenannte „Lohn-Preis-Spirale" besagt, dass überhöhte Lohnforderungen den Preisanstieg verursachen würden, da die Unternehmen gezwungen wären, die gestiegenen Lohnkosten im Preis weiterzugeben usw. Die Gewerkschaften erklären diese Spirale damit, dass das gestiegene Preisniveau zu Lohnforderungen veranlasst, um das Sinken des Lebensstandards der Arbeitnehmer zu verhindern.

Die Wachstumsraten des BIP und der Beschäftigung (Arbeitslosigkeit) hängen demnach mit dem Kaufwert des Geldes (Inflation) zusammen.

Der englische Ökonom Alban W. H. Phillips (1914–1975) fand eine gegensätzliche Korrelation zwischen Inflation und Arbeitslosigkeit. Phillips stellte fest, dass eine hohe Inflationsrate mit einer geringen Arbeitslosenquote korreliert und umgekehrt eine niedrige Inflation mit einer hohen Arbeitslosigkeit; dargestellt durch eine Nord-Ost-Kurve in einem Koordinatensystem, die sogenannte Phillips-Kurve.

Zumeist sind hohe Inflationsraten in Zeiten von Hochkonjunkturen durch eine niedrige Arbeitslosenquote gekennzeichnet, weil der Absatz in der Hochkonjunktur hoch ist. Umgekehrt sind niedrige Inflationsraten in Schwachkonjunkturphasen begleitet von hohen Arbeitslosenquoten. Die Phillips-Kurve zeigt, dass die gleichzeitige wirtschaftspolitische Bekämpfung von Inflation und Arbeitslosigkeit nahezu unmöglich ist.

Nach dem Phillips-Konflikt stünden die Regierungen vor dem Problem, zwischen den beiden Übeln „Inflation" und „Arbeitslosigkeit" wählen zu müssen. Das ist ein wirtschaftspolitisch nur schwer zu bekämpfender Zustand. Bekannt ist in diesem Zusammenhang der Ausspruch des früheren Bundeskanzlers Helmut Schmidt, der „lieber fünf Prozent Inflation als fünf Prozent Arbeitslosigkeit" akzeptieren wollte.

Die Inflation kann selten auf eine einzige Ursache, sondern meist auf mehrere Ursachen zurückgeführt werden. Eine Geldentwertung ist fast immer durch eine Gemengelage von mehreren Faktoren zu erklären. Der Grund einer Inflation ist in der Realität fast immer ein Zusammenspiel von mehreren Ursachen, wenngleich eine bestimmte Ursache dominant sein kann. Die wirtschaftliche Wirklichkeit ist also eher multikausal und nicht monokausal.

Aufgrund des „Stückwerks des Wissens" hat jede Inflationserklärung ihre Schwierigkeiten. Es ist besonders schwierig zu bestimmen, wie groß der Anteil der einzelnen Ursachenfaktoren an der Geldentwertung ist. Dazu braucht es meist aufwendige empirische Untersuchungen. Deshalb hat die staatliche Wirtschaftspolitik das Problem, in einer konkreten Situation die Verursachung einer Geldentwertung bzw. Inflation herauszufinden. Ein Faktor, der bei der Inflationserklärung in einer konkreten wirtschaftlichen Situation fast immer unterschätzt wird, ist der Anteil der Zukunftserwartungen der Wirtschaftssubjekte an der Verantwortung für eine Geldentwertung.

## Quellen und weiterführende Literatur

Blanchard, Olivier / Illing, Gerhard, Makroökonomie, 4. Aufl., München 2006

Dieckheuer, Gustav, Makroökonomik. Theorie und Politik, 4. Aufl., Berlin 2001

Felder, Bernhard / Homburg, Stefan, Makroökonomik und neue Makroökonomik, 7. Aufl., Berlin 1999

Ferguson, N., Der Aufstieg des Geldes. Die Währung der Geschichte, München 2009

Görgens, Egon, u. a., Europäische Geldpolitik, 5. Aufl., Stuttgart 2008

Hug, Felix, Inflation. Kurze Einführung zu Berechnung, Ursachen und Arten, München 2001
Inflation - Inflationstheorien - Geldpolitik, in: Gabler Wirtschaftslexikon, Wiesbaden 2014
Issing, Otmar, Einführung in die Geldtheorie, 15. Aufl., München 2011
Issing, Otmar, u. a., Monetary Policy in the Euro Area. Strategy and Decision-Making at the European Central Bank, Cambridge University Press 2001
Jürgen Faik, Vorlesungsskriptum "Wirtschaftspolitik", Frankfurt/M. 2004
Kassing, Patrick, Zentralbankunabhängigkeit und Inflation, München 2007
Krugmann, Paul R. / Obstfeld, Maurice, Internationale Wirtschaft, 7. Aufl., München 2006
Majer, Helge, Moderne Makroökonomik. Ganzheitliche Sicht, München 2001
Mankiw, N.G., Makroökonomik, 5. Aufl., Stuttgart 2003
Müller, J., Wirtschaft und Finanzmärkte, 2000
Peters, Hans-Rudolf, Wirtschaftspolitik, 3. Aufl., München 2000
Taylor, Frederick, Inflation. Der Untergang des Geldes in der Weimarer Republik und die Geburt eines deutschen Traumas, München 2013
Tober, Silke / Treeck, Till van, Inflation. Die überschätzte Gefahr im Euroraum, Institut für Makroökonomie und Konjunkturforschung (IMK) in der Hans-Böckler-Stiftung, Hg., Düsseldorf 2011
www.Inflation-Deutschland.de, 2015

# 10
## Arbeitslosigkeit – Der Morast der Deflation

„Das Streben des Menschen, den Zukunftsschleier zu lüften und den Gang der Dinge vorauszubestimmen, ist ebenso alt wie sein Bestreben, die Außenwelt zu erkennen."

Quelle: Wikipedia, Urheber unbekannt
*Nikolai Dmitrijewitsch Kondratjew (1892–1938)*

## 10.1 Das Beschäftigungsproblem

Wirtschaftliches Wachstum vollzieht sich nicht linear in der Zeit, sondern der Wirtschaftsablauf zeigt in gewissen Regelmäßigkeiten Schwankungen in der Form von Zyklen. Die Konjunktur- oder Wachstumszyklen der wirtschaftlichen Entwicklung stellen partielle wirtschaftliche Aktivitätsänderungen der gesamtwirtschaftlichen Aktivitätsgrößen, wie des BIP, des Volkseinkommens, der Produktion, des Preisniveaus und eben auch des Grads der Beschäftigung, d. h. der Voll-, Über- und Unterbeschäftigung des Arbeitskräftepotenzials der Volkswirtschaft, dar.

Arbeitslosigkeit ist die Folge der Schrumpfung der Ansprüche an das volkswirtschaftliche Arbeitskräftepotenzial. Arbeitslosigkeit ist die Unterauslastung, Unterbeanspruchung der Produktionskapazitäten einer Volkswirtschaft. Dies wird als „Rezession" oder als „Deflation" bezeichnet.

Deflation ist ein schrumpfender Wirtschaftskreislauf. Deflation bedeutet in einer Volkswirtschaft auch einen Preisverfall auf breiter Front, mit der Folge, dass die Investitionen und der Konsum ausgebremst werden. Die Verbraucher und Unternehmen verschieben in Erwartung weiter sinkender Preise ihre Konsum- oder Investitionsausgaben und würgen so die Konjunktur mit Wachstum und Beschäftigung ab.

Eine Deflation ist ein gesamtwirtschaftlicher Prozess, in dem (zu den gegebenen Preisen) das gesamte Angebot die gesamte Nachfrage übersteigt. Dieser Angebotsüberhang wirkt preisdrückend sowie einkommensmindernd, und führt zu einem weiteren Rückgang der gesamtwirtschaftlichen Nachfrage, vor allem der Investitionen – und somit zu steigender Arbeitslosigkeit. Dieser Angebotsüberhang heißt auch „deflatorische Lücke". Eine deflatorische Lücke besteht dann, wenn die Gesamtnachfrage einer Volkswirtschaft nicht ausreicht, um alle Produktionsfaktoren (insbesondere die Arbeitskräfte) dieser Volkswirtschaft zu beschäftigen bzw. auszulasten, d. h. das realisierte Volkseinkommen liegt unter dem bei Vollbeschäftigung möglichen Volkseinkommen. Es besteht die Gefahr, dass die stagnierende

## 10.1 Das Beschäftigungsproblem

Volkswirtschaft in eine Deflationsspirale mit sinkender Beschäftigung gerät.

Die Beschäftigung wird bemessen am Anteil der erwerbstätigen Personen an der Gesamtheit der erwerbsfähigen Erwerbspersonen einer Bevölkerung. Die Erwerbspersonen sind der Teil der Bevölkerung, der entweder erwerbstätig oder erwerbslos ist, wobei erwerbstätige Personen eine haupt- oder nebenberufliche Erwerbsarbeit ausüben und erwerbslose Personen nach einer solchen Erwerbsarbeit suchen.

Neben den Erwerbspersonen gibt es Nichterwerbspersonen, sie sind nicht berufstätige Personen und üben weder eine Erwerbstätigkeit aus noch suchen sie nach einer (wie Kinder, Schüler, Rentner, nicht berufstätige Hausfrauen u. a.). Erwerbspersonen sind alle Personen, die im Berufsleben stehen oder zur Zeit arbeitslos sind, aber arbeitsfähig und arbeitswillig sind.

In Deutschland sind 42 Mio. der Bevölkerung als Erwerbstätige in Brot und Arbeit. Die Erwerbsquote, d. h. der prozentuale Anteil der Erwerbspersonen an der Wohnbevölkerung im arbeitsfähigen Alter (15–67 Jahre), mit anderen Worten der Quotient von Erwerbspersonen, gibt an, wie viel Prozent der Gesamtbevölkerung Arbeitsleistung erbringen kann. Die Erwerbstätigkeit beträgt insgesamt nur um 43 %.

Es ist wichtig zwischen der Arbeitslosenquote bezogen auf abhängige Erwerbspersonen und bezogen auf alle Erwerbspersonen (unselbstständige plus selbstständige Erwerbspersonen) zu unterscheiden.

Als erwerbslos bzw. arbeitslos gelten nach der amtlichen Statistik nur Personen, die arbeitswillig und arbeitsfähig sind und zugleich beim Arbeitsamt als Arbeitsuchende registriert sind.

Als Maßgröße für die Arbeitslosigkeit wird die amtliche Arbeitslosenquote verwendet, sie ist definiert als der Anteil der (registrierten) Arbeitslosen im Verhältnis zu den verfügbaren Arbeitskräften bzw. Erwerbspersonen:

$$\text{ALQ} = \frac{\text{Zahl der Arbeitslosen} \times 100}{\text{Anzahl der unselbstständigen Erwerbspersonen (Beschäftigte + Arbeitslose)}}$$

Beachtet werden soll, dass sich die Anzahl der Erwerbspersonen in verschiedenen Jahren durch Zu- und Abwanderung verändern kann und jeweils neu ausgerechnet werden muss.

In der Volkswirtschaftslehre werden drei Beschäftigungsgrade unterschieden:

- Vollbeschäftigung
- Überbeschäftigung
- Unterbeschäftigung bzw. Arbeitslosigkeit

**Vollbeschäftigung** liegt vor, wenn es keine Arbeitslosen gibt, also wenn alle Arbeitswilligen und Arbeitsfähigen entsprechend ihrer Belastbarkeit einen Arbeitsplatz in der Wirtschaft besetzt haben (ausländische Arbeitnehmer sind berücksichtigt). Vollbeschäftigung ist theoretisch bei 0 % Arbeitslosigkeit erreicht, praktisch gilt sie bei ca. 2 % als erreicht, weil nie alle Arbeitslose arbeitsfähig und arbeitsbereit sind oder sie durch Arbeitsplatzwechsel kurzfristig ohne Arbeit sind (friktionelle Arbeitslosigkeit). Überdies gibt es Personen, die arbeitslos registriert sind, um Sozialleistungen zu bekommen, aber nicht arbeiten wollen.

**Überbeschäftigung** gilt, wenn die Anzahl der offenen Stellen die Arbeitslosenzahl erheblich übersteigt (z. B. in Wirtschaftszweigen wie der IT-Branche). Wenn die Arbeitslosenquote unter 0,7 % liegt, gilt das nach dieser Definition nicht als Vollbeschäftigung, sondern als Überbeschäftigung, mit anderen Worten das volkswirtschaftliche Arbeitskräftepotenzial ist über-ausgeschöpft. Die Folgen sind steigende Preise und Löhne, es droht eine eskalierende Lohn-Preis-Spirale, die Gewerkschaften fordern immer höhere Löhne und die Arbeitsdisziplin der Arbeitnehmer sinkt. Deshalb fordern die Arbeitgeber oft eine „natürliche" oder „optimale" Mindest-Arbeitslosigkeit, die die Lohnforderungen in Grenzen und die Arbeitsdisziplin aufrechterhalten würde.

**Unterbeschäftigung** liegt dagegen vor, wenn die Anzahl der Arbeitslosen deutlich größer ist als die Anzahl der offenen Stellen. Das Arbeitskräftepotenzial wird also nicht optimal ausgenutzt. Wenn die Arbeitslosenquote über 3 % steigt, gibt es ein Überangebot an Arbeitskräften. Die Arbeitslosenquote ist der Anteil aller Erwerbspersonen, die Arbeit suchen, im Vergleich zu denen, die Arbeit besitzen, d. h. die

Erwerbstätigen. Die Personen, die als „Erwerbstätige" oder „Beschäftigte" bezeichnet werden, stellen die Anzahl aller derjenigen Personen dar, die Arbeit haben. Um die Zahl der Erwerbspersonen zu erhalten, wird die Zahl der Beschäftigten oder Erwerbstätigen zur Zahl der Arbeitslosen hinzugerechnet, es ist also die Zahl aller Personen, die arbeitsfähig und -willig sind, unabhängig davon, ob sie Arbeit haben oder nicht. Arbeitslosigkeit ergibt sich, wenn ein Teil der arbeitsfähigen und arbeitswilligen Erwerbspersonen ohne Arbeit bzw. Beschäftigung ist. Die Arbeitslosenquote bezieht den Anteil der Zahl der Arbeitslosen auf die Gesamtzahl aller abhängigen Erwerbspersonen. Die Arbeitslosenquote soll nach herrschender Auffassung höchstens 3 % betragen.

**Arten von Arbeitslosigkeit**
Arbeitslosigkeit lässt sich nach ihrer Länge unterscheiden:

- **Kurzfristige** Arbeitslosigkeit gilt, wenn sie wenige Wochen oder gar nur Tage beträgt. Sie entsteht aufgrund eines gewollten oder nicht gewollten Arbeitsplatz- oder Berufswechsels, wenn ein Arbeitnehmer zum Beispiel zur Mitte eines Monats kündigt und seinen neuen Arbeitsplatz erst zu Beginn des Folgemonats antritt.
- **Mittelfristige** Arbeitslosigkeit gilt, wenn die Arbeitslosigkeit 4 Monate bis unter ein Jahr andauert. Eine solche Arbeitslosigkeit ist meist saisonbedingt. So werden beispielsweise Bauarbeiter über die Wintermonate häufig entlassen und erst zum Frühjahr wieder beschäftigt.
- **Langfristige** Arbeitslosigkeit gilt bei einer Arbeitslosigkeit, die länger als ein Jahr anhält. Die „Langzeitarbeitslosen" gelten als schwer vermittelbar, weil durch die rasante technische Entwicklung das Wissensdefizit derjenigen, die nicht mehr im Beruf stehen, immer größer wird (die Halbwertszeit wird kürzer).

Arbeitslosigkeit kann unterschiedliche Ursachen haben:
Die Ursachen von Arbeitslosigkeit sowie der Beschäftigung (Deflation) sind empirisch fast immer nicht monokausal, sondern vielmehr multifaktoriell verursacht. Arbeitslosigkeit ist in der Realität überwiegend eine Gemengelage von mehreren zusammenspielenden Ursachen,

wenngleich eine bestimmte Ursache dominieren kann. Die Schwierigkeit ist, dies in der konkreten Situation treffend zu diagnostizieren.

An Erklärungsversuchen für Arbeitslosigkeit mangelt es nicht: Arbeitslosigkeit kann aus unterschiedlichen Gründen auftreten: Fehlentwicklungen, die durch Wirtschaftsschwankungen und/oder durch strukturelle Probleme (strukturelle Arbeitslosigkeit) oder machtbedingt (Lohntarif-Arbeitslosigkeit) u. a. hervorgerufen werden.

## 10.2 Ursachen der Arbeitslosigkeit

Die gesamtwirtschaftliche Arbeitslosigkeit wird nach unterschiedlichen Entstehungsgründen charakterisiert:

**Friktionelle Arbeitslosigkeit**
Fluktuationsbedingte kurzfristige Arbeitslosigkeit, die durch das Wechseln von einem Arbeitsplatz zu einem neuen entsteht, also zwischen Beendigung und Beginn einer neuen (günstigeren) Beschäftigung, infolge von zeitlichen Verzögerungen beim Übergang. Sie betrifft meist nur einzelne Personen, bei denen zum Teil auch der eigene Wunsch nach einem Wechsel die Arbeitslosigkeit hervorgerufen hat und ist für den Einzelnen nur kurzfristig. Sie wird auch als „Such-Arbeitslosigkeit" bezeichnet. Die Gesamtheit der Arbeitslosen, die friktionell arbeitslos sind, ist langfristig relativ konstant.

Friktionelle Arbeitslosigkeit entsteht daraus, dass z. B. nach Verlust oder Aufgabe eines Arbeitsplatzes nicht sofort eine neue Beschäftigung aufgenommen werden kann. Sie ergibt sich insbesondere aus Informationsdefiziten und zeitlichen Verzögerungen im Wechsel der Arbeitsstellen. Die friktionelle Arbeitslosigkeit hat ihre Ursache in dem ständigen Wandel der Gesellschaft, so aufgrund eines Arbeitsplatzwechsels, gesundheitlich bedingter Umorientierung oder der Veränderung von Wohnorten – Gründe, die oft nicht sofort zu einer Anschlussbeschäftigung führen. Im anglo-sächsischen Raum wird dies auch bezeichnet als „*on the move*", das heißt, die Bevölkerung der Gesellschaft ist in Bewegung – mit Reibungsverlusten, die sich in Form von Arbeitslosigkeit äußern.

## Saisonale Arbeitslosigkeit

Saisonale Arbeitslosigkeit ergibt sich durch jahreszeitbedingte Schwankungen der ökonomischen Aktivitäten, insbesondere in Wirtschaftsbereichen, deren Produktion stark durch die Witterung beeinflusst wird. Vor allem betroffen sind die Baubranche, die Tourismusbranche und das Hotel- und Gaststättengewerbe außerhalb der großen Ballungszentren sowie die Landwirtschaft.

Die im Jahreslauf wiederkehrenden saisonalen Schwankungen haben ihre Gründe vor allem im Wechsel der Jahreszeiten, insbesondere für die Bau-, Land-, Forst- und Transportwirtschaft im Winter. Zudem werden von den Jahreszeiten und Festtagen eines Jahres (z. B. Ostern und Weihnachten) die Kleider- und Süßwarenindustrie sowie der Ölhandel, der Umsatz und die Beschäftigung vieler Branchen, wie z. B. des Einzelhandels und der Reisebüros beeinflusst.

Saisonale Arbeitslosigkeit ist eine kurzfristige Erscheinungsform von Arbeitslosigkeit. Sie ist kaum zu verhindern, und wird deshalb zu der natürlichen Arbeitslosigkeit gezählt. Sie betrifft gleichzeitig ganze Branchen und kann von den Betroffenen wenig beeinflusst werden.

## Konjunkturelle Arbeitslosigkeit

Konjunkturelle Arbeitslosigkeit bezeichnet einen allgemeinen Rückgang oder fehlende Nachfrage wie vor allem im Konjunkturabschwung. Diese Arbeitslosigkeit offenbart einen Mangel an Kaufkraft bzw. schrumpfendes Realeinkommen. Konjunkturelle Arbeitslosigkeit folgt den Konjunkturschwankungen.

Die wirtschaftliche Entwicklung verläuft ständig gemäß zyklischer Konjunkturschwankungen. Zeiten stärkeren Wirtschaftswachstums werden von Zeiten schwächeren Wirtschaftswachstums abgewechselt. Der nächste Konjunkturabstieg, der notwendig kommen wird, wird wieder höhere Arbeitslosigkeit mit sich bringen. Der Rückgang der Arbeitslosigkeit fällt dann wieder in eine Phase des konjunkturellen Anstiegs.

Verfestigt sich die Arbeitslosigkeit, d. h. bleibt sie teilweise auch im konjunkturellen Aufschwung bestehen, handelt es sich um chronische, also um langfristige Arbeitslosigkeit.

Konjunkturelle Arbeitslosigkeit ist von einer allgemeinen schwachen Auslastung des Produktionspotenzials gekennzeichnet.

Die konjunkturelle Arbeitslosigkeit erreicht im Abschwung und in der Rezession Höchstwerte, und geht im Aufschwung und im Boom wieder zurück. Diese konjunkturelle Arbeitslosigkeit im Konjunkturverlauf ist ein Hauptgrund dafür, warum die Politik versucht, das Wachstum zu verstetigen und den Konjunkturzyklus einzuebnen.

Die im Stabilitätsgesetz vorgeschlagenen Maßnahmen beziehen sich im Wesentlichen auf die Eindämmung der konjunkturellen Arbeitslosigkeit.

**Strukturelle Arbeitslosigkeit**
Strukturelle Arbeitslosigkeit wird verursacht durch sektoralen Wandel in einzelnen Wirtschaftszweigen oder Branchen. Sie ergibt sich aufgrund tief greifender Veränderungen in und zwischen den Regionen oder Branchen einer Volkswirtschaft, wie beispielsweise Rückgang der Bereiche Landwirtschaft, Bergbau, Schiffsbau, Verknappung von Rohstoffen, Einwirkung der Mikroelektronik auf Uhren- und Druckindustrie etc.

Aufgrund regionaler oder branchenbezogener Entwicklungen, durch die ständigen Wandlungen und Veränderungen in Wirtschaft und Gesellschaft, die durch die gesetzlichen Rahmenbedingungen und Regulierungen nicht schnell genug angepasst werden konnten, sowie vor allem durch die neuen Technologien, Computer, Internet, Digitalisierung, Telekommunikation, entsteht strukturelle (regionale, sektorale) Arbeitslosigkeit, die nicht durch neue Arbeitsplätze kompensiert werden konnte.

**Technologische Arbeitslosigkeit**
Wirtschaft ist ohne technischen Fortschritt nicht denkbar. Der technische Fortschritt ist aber ambivalent:

Wird menschliche Arbeitskraft durch neue Technologien ersetzt, entsteht Arbeitslosigkeit. Technologische Arbeitslosigkeit resultiert aus der Substitution von Arbeit durch Maschinen (Rationalisierung), vor allem durch Computer und Roboter. So benötigte die Erzeugung eines Autos früher 100 Arbeitsstunden, heute nur noch 10, und es werden immer

## 10.2 Ursachen der Arbeitslosigkeit

weniger. Wo früher ein Heer von Buchhaltern, Büro- und Schreibkräften arbeitete, stehen heute ein paar Computer.

Das Arbeitsvolumen hat insgesamt in den letzten Jahrzehnten um rund die Hälfte abgenommen, und das nicht weil weniger Güter produziert worden wären. Heute erzeugt die Volkswirtschaft ein fast doppelt so hohes Inlandsprodukt wie in früheren Jahren.

Der technische Fortschritt führt einerseits zur Einsparung menschlicher Arbeit und baut also in vielen Wirtschaftsbereichen Arbeitsstellen ab, schafft andererseits aber auch neue Stellen in anderen Bereichen. Die Zahl der Arbeitskräfte, die zur Herstellung und Bedienung der Roboter und Computer sowie zur Entwicklung der Programme notwendig ist, ist allerdings geringer als die Zahl derer, die durch Roboter und Computer verdrängt werden.

Der technische Fortschritt führt aber auch zu ganz neuen Wirtschaftsbereichen und neuen Berufen und (qualifizierten) Arbeitsplätzen, wie z. B. in der Unterhaltungsindustrie.

Diese positiven und negativen Beschäftigungseffekte können allerdings nur schwer gegeneinander aufgerechnet werden.

Das Arbeitsvolumen hat insgesamt in den letzten Jahrzehnten um rund die Hälfte abgenommen, nicht weil weniger Güter produziert worden wären. Heute erzeugt die Volkswirtschaft ein fast doppelt so hohes Inlandsprodukt wie in früheren Jahren.

Die Kernursache heutiger Arbeitsmarktkrisen liegt weder allein in Nachfrageschwächen noch allein in Angebotshemmnissen, sondern in dem enormen Anstieg der Arbeitsproduktivität durch den technischen Fortschritt. Die Steigerung der Produktivität aufgrund des rasanten technischen Fortschritts (bspw. im Roboter- und Computersektor) spielt eine zentrale Rolle in der gesamtwirtschaftlichen Entwicklung. Solange die Steigerung der Produktivität durch den technischen Fortschritt die Wachstumsrate des BIP übertrifft, wird der Bedarf an Arbeitskräften zurückgehen und die Arbeitslosigkeit auf hohem Niveau bleiben. Heute produziert ein Beschäftigter mit moderner Technik ein Vielfaches von dem, was er oder sie früher herzustellen vermochte, mit der Folge, dass eine wachsende Zahl von Arbeitsplätzen wegrationalisiert wurde, ohne dass dies durch eine höhere Nachfrage oder Wachstum ausgeglichen werden kann.

Das „Gestell" (Heidegger), die „Maschine", ist ein Segen für die Menschen, denn sie ermöglicht es, mit weniger Arbeit das gleiche Ergebnis zu erzielen. Es ist wohl ein „Fortschritt", wenn die Menschen sich zum gleichen Lohn weniger anstrengen und arbeiten müssen. Die „Maschine" ermöglicht es so dem Menschen, mit weniger Arbeit die gleiche Produktmenge zu erzeugen und für weniger Arbeit den gleichen Lohn zu bekommen.

Der technische Fortschritt, insbesondere im Sektor der Informations- und Kommunikationstechnik, war und ist aber mit erheblichen Produktivitäts- und Rationalisierungssteigerungen verbunden. Die dadurch – auch weiterhin – bedingte Abnahme des Arbeitsvolumens und der Verlust an Arbeitsplätzen kann in Hinblick auf das Beschäftigungsziel allein durch eine traditionelle Wirtschaftspolitik nicht aufgefangen werden. Die Angebots- oder Nachfragepolitik ist womöglich falsch formuliert.

**Tarifäre Arbeitslosigkeit**
Tarifäre Arbeitslosigkeit entsteht aus der Machtstellung der Tarifpartner heraus. Durch abgeschlossene Flächentarifverträge und Allgemeingültigkeitserklärungen gelten die Tarifverträge für fast alle Erwerbstätigen, denn auch Arbeitnehmer, die nicht in einer Gewerkschaft sind und die Unternehmen, die nicht in einem Arbeitgeberverband sind, müssen sich den tarifpolitischen Maßgaben fügen, sodass nicht die Möglichkeit besteht, sich unter Tarif anzubieten. Wenn einzelne Arbeitnehmer mit einer untertariflichen Bezahlung zufrieden wären, und ein Unternehmen auch nur unter Tarif zahlen könnte, kann es trotz übereinstimmender Willenserklärungen der Beteiligten nicht zu einem Arbeitsvertrag kommen.

Eine Form des Lohnkostenarguments von (konservativen) Unternehmen und Arbeitgebern lautet deshalb: „Arbeitslosigkeit ist die Strafe für zu hohe Löhne". Dies ist die aus zu hohen Löhnen arbeitskostenbedingte Arbeitslosigkeit. Folglich: Wird Arbeit zu teuer, steigt der Anreiz, durch Maschinen oder andere technische Geräte zu substituieren oder arbeitsintensivere Produktionen ins Ausland zu verlagern.

## Mismatch-Arbeitslosigkeit

„Mismatch"-Arbeitslosigkeit wird auf unzureichende Qualifikationen zurückgeführt, d. h. auf die fehlende Übereinstimmung von Arbeitsangebot und -nachfrage, insbesondere im Hinblick auf die Qualifikation, Kompetenzen und Eignung (Arbeitsmoral) der Arbeitnehmer etc. Deshalb verzichten die Betriebe auf eine Einstellung.

Diese Form der Arbeitslosigkeit resultiert also aus einer Disparität zwischen den Anforderungen seitens der Arbeitsnachfrager, d. h. der Unternehmen, und den Qualifikationen der Arbeitsanbieter, d. h. der Arbeitnehmer.

Qualifikatorische „Mismatch"-Probleme treten besonders in Zeiten starken wirtschaftlichen Strukturwandels auf und führen zu überproportional hohen Arbeitslosenraten bei gering qualifizierten Arbeitnehmern. Die Arbeitslosenquote der gering Qualifizierten kann dann häufig doppelt so hoch sein, wie die allgemeine Arbeitslosenquote.

Daneben gibt es den regionalen Mismatch, das heißt eine mangelnde Mobilität der Arbeitskräfte führt häufig zu höherer Arbeitslosigkeit in sogenannten strukturschwachen Gebieten, in denen auf dem dortigen Arbeitsmarkt ein regional spezifischer Angebotsüberhang der Arbeitskräfte besteht.

## Demografische Arbeitslosigkeit

Demografische Arbeitslosigkeit ergibt sich aufgrund von Bevölkerungsentwicklung wie starken Zuwanderungen, steigender Frauenerwerbstätigkeit oder starken Geburtenüberschüssen o. a. Diese Form der Arbeitslosigkeit entsteht dann, wenn das Erwerbspersonenpotenzial einer Volkswirtschaft schneller wächst, als die Gesamtzahl der verfügbaren Arbeitsplätze.

## „Stille Reserve"

Mit der „stillen Reserve" sind solche Arbeitsanbieter, d. h. Arbeitnehmer zu verstehen, die keinen Arbeitsplatz besitzen, aber gerne einen Arbeitsplatz hätten. Die „Stille Reserve" umfasst die nicht registrierten arbeitslosen Erwerbspersonen, die „entmutigten", „verdeckten" Arbeitslosen. Dieser Personenkreis wird nach der Legaldefinition nicht als arbeitslos und nicht als anspruchsberechtigt anerkannt oder/und wird sich erst gar nicht bei der Arbeitsagentur melden (resignative Arbeitslosigkeit). Zu diesen Arbeitskräften zählen insbesondere Frauen, die bisher als „Nur-Hausfrauen" tätig waren und keinen Anspruch auf Arbeitslosenunterstützung besitzen.

In Deutschland zählte man 2010 ca. gut 42 Mio. Erwerbspersonen (ca. 39 Mio. Erwerbstätige plus 3 Mio. registrierte Arbeitslose), zuzüglich 2 Mio. Personen der „Stillen Reserve", sodass das Erwerbspersonenpotenzial rund 44 Mio. Personen beträgt.

## 10.3 Die Folgen der Arbeitslosigkeit

Anhaltende Arbeitslosigkeit hat politische, wirtschaftliche und soziale Folgen – für den Einzelnen wie für die Gesellschaft:

**Folgen für den Einzelnen**
Massenarbeitslosigkeit bringt für die einzelnen Betroffenen und ihre Familien gravierende Probleme mit sich.

Arbeitslosigkeit ruft zwar heute nicht mehr solche Verelendung und finanzielle Not hervor wie während der Weltwirtschaftskrise zu Beginn des 20 Jahrhunderts. Erwerbsarbeit und Beruf bedeuten aber für die meisten Menschen die Haupteinnahmequelle, und zwar nicht allein für die Gegenwart, sondern auch für das zukünftige Alter, da die Rentenversicherung an die Erwerbsarbeit gebunden ist. Arbeitslosigkeit bedeutet einen erheblichen finanziellen Einschnitt für die Betroffenen und akute Finanzschwierigkeiten. Zwar bezieht ein Arbeitsloser unter bestimmten Voraussetzungen ein Arbeitslosengeld, dies ist aber nur ein Prozentsatz seines bisherigen Einkommens. Die finanziellen Einbußen haben langfristige Konsequenzen.

Der Verlust des Arbeitsplatzes ist oft mit einem „Schock" verbunden. Wenn alle Bemühungen und Versuche, einen Arbeitsplatz zu finden, fehlgeschlagen sind, wird der Betroffene zunehmend pessimistisch und leidet unter Ängsten und Depressionen, schließlich wird er resignieren und am Ende sogar fatalistisch. Darunter leidet auch die Familie des Arbeitslosen.

## 10.3 Die Folgen der Arbeitslosigkeit

Besonders sind ältere Personen betroffen, für die die Aussichten, wieder eine Anstellung zu bekommen, erheblich schlechter sind. Untersuchungen belegen, dass Arbeitslosigkeit sowohl physisch als auch psychisch zu Beeinträchtigungen der Gesundheit führt. Eine Zunahme psychosomatischer Erkrankungen und depressiver Symptome sind zu verzeichnen, was wiederum die Wiedereinstellungschancen verringert. Herzkrankheiten, Alkoholismus treten häufiger auf. Es drohen seelische Schäden und Vereinsamung und sogar die Selbstmordrate nimmt zu. Die Erwerbsarbeit vermittelt sozialen Status und Sozialprestige. Viele Menschen können dem Leben ohne Erwerbsarbeit sogar keinen rechten Sinn mehr abgewinnen. Beruf und Erwerbsarbeit tragen zu einer personalen Identität und Selbstwertschätzung bei, deshalb versuchen Arbeitslose oft ihren Arbeitslosenstatus vor ihren Mitmenschen zu verbergen.

Die Ausgrenzung aus dem Arbeitsprozess ist mit einer tief greifenden Verunsicherung in der Lebensperspektive der Arbeitslosen verbunden. In der durch Arbeit strukturierten Zeit ergeben sich wichtige soziale Kontakte. Deshalb führt Arbeitslosigkeit oft zur sozialen Isolierung und zu Ausgrenzung. Arbeitslose entwickeln ein negatives Selbstbild, nicht mehr konkurrieren zu können.

Die berufliche Qualifikation liegt in der Zeit der Arbeitslosigkeit brach. Der Arbeitslose ist der Gefahr ausgesetzt, die erworbenen Kenntnisse und Fähigkeiten infolge mangelnder Ausübung zu verlieren. Das Risiko seiner persönlichen Dequalifikation ist umso größer, je länger die Arbeitslosigkeit dauert. Dies gilt umso mehr, als die Wirtschaft ständigen technologischen Veränderungen unterliegt. Dauerarbeitslose verlieren den Anschluss an die rasante technische Entwicklung.

**Folgen für die Gesellschaft**
Die Größenordnung der volkswirtschaftlichen Belastung, die aus einer Unterauslastung der Produktionskapazitäten in Deutschland resultieren kann, ermittelt das Institut für Arbeitsmarkt- und Berufsforschung (IAB) mit jährlichen Berechnungen der gesamtfiskalischen Kosten der Arbeitslosigkeit. Arbeitslosigkeit verursacht unmittelbar wie mittelbar Ausgaben und Einnahmeverluste auf allen staatlichen Ebenen in Bund und Ländern.

Dabei handelt es sich für den Staat im Einzelnen zum einen um die Ausgaben für Arbeitslosengeld, Arbeitslosenhilfe, Sozialleistungen sowie zum anderen um Mindereinnahmen an Steuern und Sozialbeiträgen. Denn hohe Arbeitslosigkeit führt auch beim Staat zu niedrigeren Einnahmen. Weniger Lohnempfänger bedeuten weniger Steuerzahler und geringere Einnahmen. Darunter leidet auch die Sozialversicherung, die diverse Defizite in den einzelnen Bereichen macht. Trotz der geringeren Staatseinnahmen bleiben die Aufgaben und Ausgaben bestehen und erhöhen sich sogar noch. So muss der Staat einen Zuschuss an die Bundesagentur für Arbeit zahlen, damit diese ihren Verpflichtungen nachkommen kann. Das Ergebnis ist eine höhere Kreditaufnahme des Staates und womöglich ein Leistungsabbau des Staates usw.

Diese Belastungen des Staates schließen sich zu einem Teufelskreis des „Staatsversagens". In der weiteren Folge schwindet die Zuversicht in die Problemlösungsfähigkeit oder -willigkeit der Akteure des Staates und seiner tragenden etablierten Parteien und Vertreter. Protestparteien von links und rechts gewinnen unter solchen Bedingungen besonders unter den Arbeitslosen Zulauf, vor allem unter jüngeren Arbeitslosen.

Das Demokratieverständnis ist bei vielen Menschen vage. Die Demokratieakzeptanz ist verbunden mit wirtschaftlicher Prosperität. Wenn der „Wohlstand" einen zunehmenden Anteil der Bevölkerung nicht mehr erreicht, ist ein Umschlagen in Gleichgültigkeit, Apathie oder sogar Antipathie gegen die Gesellschaftsordnung nicht mehr auszuschließen. Anhaltende Massenarbeitslosigkeit kann mit den damit verbundenen Problemen den solidarischen Zusammenhalt gefährden und den sozialen Frieden bedrohen.

## 10.4 Fallstricke bei der Bekämpfung der Arbeitslosigkeit

Aus der Medizin weiß jeder, dass die erfolgreiche Therapie einer Krankheit von der richtigen Diagnose ihrer Ursachen abhängig ist. Einer der Fallstricke der Arbeitslosigkeitsbekämpfung ist vor allem, die Diagnose der Ursachen zu bestimmen, weil die wirtschaftliche Problemlage in der

## 10.4 Fallstricke bei der Bekämpfung der Arbeitslosigkeit

jeweiligen Situation fast immer aus einer Gemengelage von mehreren Bestimmungsfaktoren besteht, die oft kaum zu entwirren sind. Deshalb ist es auch oft schwer möglich, ursachenadäquate wirtschaftspolitische Gegenmaßnahmen zu entwickeln.

Ein Bestimmungsfaktor z. B. bezüglich Arbeitslosigkeit, der oft unterschätzt wird, sind die Zukunftserwartungen der Unternehmen und Haushalte. Dazu sind meist aufwendige empirische Untersuchungen nötig.

Eine wirtschaftspolitische Therapie muss ursachenadäquat sein, wenn sie wirksam sein soll. Die zutreffende Diagnose der Ursachen ist also schon die „halbe Therapie". Was Politiker oder Manager an wirtschaftspolitischen Vorschlägen machen, lässt oft erkennen, dass ihre Diagnose nur oberflächig und Therapie dann Glückssache ist.

Aber auch Wissenschaftler sind nicht immer vor allem der Wahrheit verpflichtet, sondern vertreten bei ihren Vorschlägen von Diagnose und Therapie gegenüber der Arbeitslosigkeit häufig bestimmte Interessen. Die Wirklichkeit ist meist eine Gemengelage von „Erkenntnissen und Interessen", sodass Erklärungen oft verkürzt sind.

Die Wirtschaftspolitik muss ursachenadäquat sein, um zu wirken (statt, wie gelegentlich praktiziert, nach dem Gießkannenprinzip vorzugehen). Diagnose und Prognose (und Therapie) bleiben deshalb, trotz aller ökonomischen „Expertise", unsicher und ungewiss. Das bedeutet, dass die Akteure des Staates, um z. B. die Beschäftigungsprobleme der Arbeitslosigkeit zu überwinden, es letztlich auf einen „Versuch" ankommen lassen müssen, um, falls ein Schritt sich doch als ein Irrtum erweist, es mit einem anderen Weg erneut zu versuchen.

Das gleiche gilt gerade bei der Wahl der geeigneten Maßnahmen, bei denen die staatlichen Akteure einen (vermutlichen) Wirkungsmechanismus erwarten, die sich ggf. bei der Umsetzung als ein Irrtum erweisen könnten, um es erneut mit anderen Maßnahmen zu versuchen. Der „Königsweg" ist in den meisten wirtschaftspolitischen Situationen deshalb die Vorgehensweise der Stückwerkstechnik des „Piece-meal-engineerings" nach dem Prinzip „Versuch und Irrtum".

## Quellen und weiterführende Literatur

Blanchard, Olivier / Illing, Gerhard, Makroökonomie, 4. Aufl., München 2006
Felderer, Bernhard/Homburg, Stefan, Makroökonomik und neue Makroökonomik, 7. Aufl., Berlin 1999
Kirchler, Erich, Arbeitslosigkeit. Psychische Skizzen über ein anhaltendes Problem, Göttingen 1933
Krugman, Paul, Der Mythos vom globalen Wirtschaftskrieg, Frankfurt/M. 1999, Kap I, S. 21–42 und Kap II, S. 53–67
Lompe, Klaus, Hg, Die Realität der neuen Armut. Analysen der Beziehungen zwischen Arbeitslosigkeit und Armut in einer Problemregion, Regensburg 1987
Majer, Helge, Moderne Makroökonomik. Ganzheitliche Sicht, München 2001
Martin, Hans-Peter / Schumann, Harald, Die Globalisierungsfalle. Der Angriff auf Demokratie und Wohlstand, 14. Aufl., Reinbek 1998
Peters, Hans-Rudolf, Wirtschaftspolitik, 3. Aufl., München 2000
Vomfelde, Werner, Abschied von Keynes?, Frankfurt/M. 1984
Wacker, Ali, Hg., Vom Schock zum Fatalismus? Soziale und psychische Auswirkungen der Arbeitslosigkeit, Frankfurt/New York 1978

# 11

# „Was ist Wahrheit?" – Im Labyrinth der Wirtschaftstheorien

„Die Gegner werden nicht überzeugt, sondernsterben aus."
Thomas S. Kuhn (1922–1996)

*Was ist Wahrheit?*
*Pilatus*

## 11.1 Wirtschaftstheorie – Aufgaben der Wirtschaftswissenschaften

Die Aufgabe der Wissenschaft besteht darin, über ihren Gegenstand neue empirische und theoretische Erkenntnisse herauszufinden. Ihre Verantwortung gegenüber der Gesellschaft liegt in Beratung und Kritik.

Volkswirtschaftslehre ist vor allem gefragt, wo wirtschaftliche Entscheidungen getroffen werden müssen. Sie bietet volkswirtschaftliche Entscheidungshilfen für Regierungen, Notenbanken und Tarifparteien: Gewerkschaften, Verbände, Unternehmen, Behörden, Medien eines Landes oder Staates. Die Volkswirtschaftslehre soll dazu vor allem das wirtschaftliche Geschehen beschreiben, erklären und voraussehen, welche „Gesetze" dieses Geschehen bestimmen. Die Wirtschaftswissenschaft hat jedoch massive Erklärungsprobleme mit der Realität der Volkswirtschaft und ihren Problemlagen, wie Geldentwertung, Arbeitslosigkeit oder große Ungleichheiten von Einkommen oder Vermögen.

Die Wirtschaftstheorie hat mehrere Aufgaben zu leisten: Sie versucht

- die wirtschaftliche Wirklichkeit mit all ihren Zusammenhängen systematisch und überschaubar darzustellen und zu beschreiben,
- zu erklären und zu begründen, warum bestimmte Entwicklungen eingetreten sind und welche Ursachen, Gesetzmäßigkeiten und Bestimmungsgründe eine Änderung der Situation möglich gemacht haben,
- zu zeigen, unter welchen Bedingungen welche Entwicklungen zukünftig eintreten könnten und welche Wirkungen möglich sind,
- zu empfehlen, welche Handlungen und Maßnahmen sich für die Wirtschaftspolitik eröffnen,
- vor Umsetzungsproblemen und möglichen Nebenwirkungen von Maßnahmen einer Wirtschaftspolitik zu warnen.

Um diese Aufgaben zu bewältigen, haben sich in der Volkswirtschaftslehre hauptsächlich drei Denkschulen etabliert: die Neoklassik, der Keynesianismus und der Monetarismus.

Diese Denkschulen unterscheiden sich besonders im Krisenblickpunkt und in den Erklärungsansätzen für die Diagnose, Prognose und Therapie der hauptsächlichen Krisensituationen, wie Arbeitslosigkeit und Inflation, und in ihren besten Rezepturen zur Behandlung.

## 11.2 Die Neoklassik – Das Angebot treibt die Wirtschaft

Daß der Arbeiter für seine Arbeit auch einen Lohn haben muß, ist eine Theorie, die heute allgemein fallen gelassen worden ist.
*Kurt Tucholsky, Nationalökonomologie.*

**Hauptvertreter der Neoklassik**
Die wichtigsten Vertreter der klassischen Lehre der Ökonomie als Wissenschaft sind vor allem: Adam Smith (1723–1790) und Jean Baptiste

Say (1767–1832), daneben David Ricardo (1772–1823) sowie John Stuart Mill (1806–1873). Sie begründeten die Klassische Nationalökonomie im 18./19. Jahrhundert.

**Adam Smith** war Professor der Moralphilosophie, der sich „nebenbei" mit ökonomischen Fragestellungen beschäftigte. Als Autor des „An Inquiry into the Nature and Causes of the Wealth of Nations", 1776, trug er entscheidend zum Aufstieg des Wirtschaftsliberalismus und der liberalen Wirtschafts- und Gesellschaftspolitik bei. Adam Smith's Werk „Der Wohlstand der Nationen" ist ein bedeutendes Grundlagenwerk, in dem er seine volkswirtschaftlichen Theorien entwickelte und formulierte. Er gilt als Begründer der klassischen Volkswirtschaftslehre und formulierte des „Kapitalismus'" wichtigstes Gesetz, nach dem sich seitdem viele Manager, Ökonomen, und auch Politiker richten: „Der Markt regelt alles."

Der französische Ökonom **John Baptiste Say** wurde bekannt durch sein nach ihm benanntes Theorem, die Say'sche Theorie. Ihre Grundaussage ist: jedes Angebot schafft sich seine eigene Nachfrage. Dies gilt nicht für jedes einzelne Gut, wohl aber für das gesamtwirtschaftliche Angebot. Das Say'sche Theorem besagt: Jedes Angebot trifft immer auf entsprechende Nachfrage. Unter der Grundannahme, dass die Bedürfnisse der Menschen unbegrenzt sind, kann es in einer Volkswirtschaft niemals zu einem Überangebot bzw. einer Nachfragelücke kommen.

**Kernthesen der Neoklassik**
Die Neoklassik lässt sich in drei Kernthesen zusammenfassen:

- Homo oeconomicus – „Jeder Einzelne handelt zum eigenen Vorteil."
- „Unsichtbare Hand" – Der Markt regelt alles über Angebot und Nachfrage.
- Selbstregulierung – Marktwirtschaftliche Systeme sind inhärent stabil.

**Homo oeconomicus – vorrangiges Vorteilsstreben**
Jeder Einzelne handelt zum eigenen Vorteil. Die zusammenspielenden Egoismen aller Einzelnen wirken sich zugleich zum Nutzen der gesamten Gesellschaft aus und bilden in deren Ergebnis zugleich auch das Gemeinwohl.

Jedes Wirtschaftssubjekt (Haushalt oder Unternehmen) befriedigt in seinem individuellen Gewinn- bzw. Nutzenstreben damit also zugleich, gleichsam indirekt, den gesellschaftlichen Gesamtnutzen; dies manifestiert sich in einer optimalen Verwendung der knappen wirtschaftlichen Ressourcen zur Produktion bei gleichzeitig größtmöglicher Realisierung des konsumtiven Bedarfs: optimale (Ressourcen-)Allokation.

In der Neoklassik gilt der Homo oeconomicus strikt rational und individualistisch. Der Homo oeconomicus trifft egoistische und rationale Entscheidungen, aus denen sich quasi ein automatisches allgemeines Marktgleichgewicht von Angebot und Nachfrage ergibt. Durch diesen methodologischen Individualismus lassen sich fast alle ökonomischen Phänomene und Geschehen auf individuelle Handlungen zurückführen. Aus dieser Grundauffassung werden die Forderungen nach Eigenverantwortung des Einzelnen und Zurückdrängung staatlicher Bevormundung abgeleitet.

**Unsichtbare Hand – Wettbewerbsregulierung**
Für die Neoklassik verbirgt sich hinter der „unsichtbaren Hand" des Marktes ein virtueller Auktionator, der Angebot und Nachfrage – Bedarf und Ressourcen optimierend koordiniert. (Der Keynesianismus ergänzt diesen „unsichtbaren Auktionator" durch den Staat, der vor allem für Vollbeschäftigung und Geldwertstabilität zu sorgen hat.)

Die Neoklassik geht davon aus, dass der effiziente Wettbewerb funktionierende Märkte, Wohlstand und Wachstum für alle schafft.

Das Gleichgewicht von Angebot und Nachfrage wird gehalten durch die „unsichtbare Hand" des Wettbewerbs auf den Märkten. Diese sorgt dafür, dass alle Ressourcen wie Betriebsmittel, Arbeitskräfte oder Rohstoffe so für alle Menschen einer Bevölkerung optimal genutzt werden.

Die „unsichtbare Hand" reguliert insbesondere über den Preismechanismus das Zusammenspiel von Angebot und Nachfrage auf den Märkten. Das Funktionieren der Märkte mit dem wettbewerblichen Preismechanismus steuere durch die *„invisible hand"* alle ökonomischen Aktivitäten in optimaler Weise und sorge über das Eigennutzstreben der Individuen für den höchstmöglichen Wohlstand aller.

Die Neoklassik geht davon aus, dass die Konkurrenz „vollständig" ist und immer polypolistische Marktformen herrschen. Dies trifft aber nicht die Realität, in der Oligopole und Kartelle nicht selten sind. „Vollständige Konkurrenz" mit einer Vielzahl von Anbietern ist häufig nicht gegeben. Es ist möglich, dass am Markt nur einige wenige Unternehmen

## 11.2 Die Neoklassik – Das Angebot treibt die Wirtschaft

bestehen. Oft kommt es auch vor, dass ein bestimmtes Produkt nur von einem einzigen Unternehmen angeboten wird. Häufiger ist, dass ein bestimmtes Produkt zwar von mehreren Anbietern angeboten wird, die aber ihre Verhaltensweisen, besonders die Preise, miteinander abstimmen. Der Nachfrager hat dann kaum Wahlmöglichkeiten.

Die „Neoklassik" denkt mikroökonomisch: sie nimmt unternehmensseitig eine produktivitätsorientierte Arbeitsnachfrage und arbeitnehmerseitig ein nutzenorientiertes Arbeitsangebot an. Die Neoklassik ist dabei der Auffassung, die Produktions- und Beschäftigungsentscheidungen der Unternehmen richteten sich nicht nach dem Absatz oder der Nachfrage, sondern nach den Produktionskosten, wobei die Lohnkosten entscheidend wären. Arbeitslosigkeit ist deshalb eine Folge von zu hohen Löhnen.

Für die Neoklassik sind hohe Löhne der Grund der Arbeitslosigkeit. Wären die Löhne nach unten unbegrenzt flexibel, (also die Gesellschaft ohne Gewerkschaften), könnten alle Arbeitswilligen Arbeit finden.

Dieses Verständnis geht zurück auf das Say'sche Theorem, wonach sich eben jedes Angebot seine eigene Nachfrage schafft, oder mit anderen Worten die Produktion (das Angebot) von Gütern schafft ihre (seine) eigene Nachfrage nach Gütern.

Der gesamtwirtschaftliche Gütermarkt sei folglich immer im Gleichgewicht. Gesamtwirtschaftlich gesehen kann es so niemals zu Angebots- oder Nachfrageüberhängen kommen. Nur bei marktwidrigen Eingriffen des Staates, beispielsweise bei „Konservierung" unrentabler Branchen oder Unternehmen durch Erhaltungssubventionen könne es auch zu Angebotsüberhängen in Form „mangelnder Nachfrage" kommen.

Diese Auffassung ist die Grundlage der neoliberalen, angebotsorientierten Wirtschaftspolitik, wonach alles zu fördern ist, was zum einen die Güterproduktion erleichtert, wie Steuersenkungen für Unternehmen, Senkungen von Lohnforderungen – (denn sie sind Produktionskosten), und zum anderen die Kapitalbildung in den Unternehmen sowie auch die Investitionen begünstigt.

**Selbstregulierung von Instabilitäten**
Die Neoklassik vertraut in die selbstregulierende Stabilität bei der Allokation der privaten Ressourcen zur Güter- und Dienstleistungserstellung. Marktwirtschaftliche Systeme sind inhärent stabil.

Wenn in der Realität dennoch Instabilitäten auftreten, so seien dies Folgen eines unzureichend funktionierenden Wettbewerbs infolge von Wettbewerbsbeschränkungen. Die „Klassik"-Auffassung lehrt, falls die Marktmechanismen nicht durch den Staat oder die Gewerkschaften blockiert werden, komme früher oder später auch ein Gleichgewicht auf dem Arbeitsmarkt zu Stande.

Der Staat soll lediglich für die einzelwirtschaftlichen Rahmenbedingungen sorgen. Das einzelne Wirtschaftssubjekt, das nach seinem eigenen Vorteil handelt, kann besser beurteilen, was in jeder Situation für ihn das Beste ist. Aufgabe des Staates ist es, die Rahmenbedingungen so zu setzen, dass der Wettbewerb auf den Märkten funktioniert („Ordnungspolitik"). Die Neoklassik fordert „mehr Markt", deshalb Wettbewerbsbeschränkungen und staatliche Regulierungen so weit wie möglich zu beseitigen („Deregulierung"), staatliche Unternehmen zu privatisieren („Privatisierung"), sowie auch den internationalen Wettbewerb zu intensivieren („Freihandel").

Die Neoklassik ist überdies der Auffassung, dass Arbeitslosigkeit eine Folge zu hoher Lohnkosten und eines zu hohen Lohnniveaus sei. Wenn in der Realität Instabilitäten zu beobachten sind, dann deswegen, weil die Löhne zu hoch sind und die Gewinne sinken.

Soll die Arbeitslosigkeit überwunden werden, müssten die Lohnkosten sowie die Lohnnebenkosten sinken. Eine Lohnzurückhaltung („Lohnpause") veranlasse Unternehmen, mehr Arbeitskräfte einzustellen. Arbeitslosigkeit führe zu sinkenden Löhnen, und bei niedrigeren Löhnen seien die Arbeitgeber bereit, mehr Arbeitskräfte einzustellen. Wenn die Gewerkschaften Lohnsenkungen verhindern, trügen sie die Schuld an der Arbeitslosigkeit. Eine hohe Beschäftigung mit starken Lohnerhöhungen führe andererseits zur Steigerung der Lohnkosten und damit zu Inflation.

Von der klassischen Lehre wird daher gefordert, in Zeiten der Unterbeschäftigung die Lohntarifstruktur aufzubrechen oder untertarifliche Lohnzahlungen (keine Mindestlöhne) zuzulassen.

Der Staat habe nur eine „Nachtwächterfunktion". Seine Aufgaben beschränken sich auf die innere und äußere Sicherheit, die Infrastruktur, das Geldwesen und die Rechtsordnung. Die Neoklassik fordert den Rückzug der Politik aus den Märkten (Deregulierung), um eine möglichst effiziente Lenkungsfunktion der Preise (Löhne, Zinsen etc.) gewährleisten zu können.

Der Markt regelt alles von ganz alleine, genauso, wie die Welt sich von alleine dreht. Jeglicher Eingriff in den Markt ist deshalb zu unterlassen (Adam Smith, Wealth of Nations 1776).

Der Staat soll nach der Neo-Klassik für die innere und äußere Sicherheit sowie für die gesamtwirtschaftlichen Rahmenbedingungen z. B. Geldwesen und Infrastruktur sorgen. Wirtschaftspolitische Maßnahmen seien überflüssig. Geld- und Fiskalpolitik hätten keine Wirkung. Allenfalls wird eine Regelgebundenheit der staatlichen Wirtschaftspolitik gefordert, damit diese für die Wirtschaftssubjekte berechenbar ist. Falls – wider Erwarten – staatliche Interventionen notwendig seien, so sollten sie auf ein Minimum reduziert werden (Subsidiaritätsprinzip).

## 11.3 Der Keynesianismus – Die Nachfrage treibt die Wirtschaft

**Hauptvertreter des Keynesianismus**
Im 20. Jahrhundert revolutionierte der englische Ökonom **John Maynard Keynes** (1883–1946) die Volkswirtschaftslehre. Die Neoklassik als herrschende Wirtschaftstheorie wurde von Keynes' Theorie und Paradigma abgelöst. Keynes krempelte die Volkswirtschaftslehre und Wirtschaftspolitik nachhaltig um. Seine Werke: „A Tract on Monetary Reform" (1923), „A Treatise on Money" (1930), und das Werk „The General Theory of Employment, Interest and Money" (1936) initiierten eine neue ökonomische Theorierichtung: den Keynesianismus.

Keynes überwindet die klassische Sicht der Mikroökonomik und begründet die Makroökonomie, die zusätzlich die makroökonomischen Kreislaufzusammenhänge berücksichtigt.

Die „unsichtbare Hand" des Marktes, die Angebot und Nachfrage gleichsam automatisch in ein Marktgleichgewicht bringe, hielt J. M. Keynes für unsinnig. *„Der Kapitalismus basiert auf der merkwürdigen Überzeugung, dass widerwärtige Menschen aus widerwärtigen Motiven irgendwie für das allgemeine Wohl sorgen werden"*, sagte Keynes. Mit seinem berühmtesten Ausspruch quittierte er die Vorstellung vom blinden Vertrauen in den Markt und die neoklassische Theorie, wonach sich die wirtschaftlichen Instabilitäten und Ungerechtigkeiten auf lange Sicht schon ausgleichen würden, mit den ironischen Worten: *„Auf lange Sicht sind wir alle tot."* Denn es sei die Nachfrage und nicht das Angebot, die den bestimmenden Faktor der Wirtschaft darstelle. Vielmehr wäre es nötig, z. B. bei Nachfragelücken, dass der Staat dann intervenieren und selbst investieren müsse – und dafür auch Schulden machen solle. In wirtschaftlich prosperierenden Zeiten des Aufschwungs und der Hochkonjunktur sollen diese gemachten Schulden wieder beglichen werden.

Lohnsenkungen als neoklassisches Rezept, um Arbeitslosigkeit zu bekämpfen, erklärte Keynes in seinem Werk: „Allgemeine Theorie der Beschäftigung, des Zinses und des Geldes" als Unfug. Denn wenn die Arbeitnehmer nur ein geringeres Einkommen bekommen, können sie auch nur weniger konsumieren. Die Folge ist, dass die Konsumnachfrage nach Gütern sinkt. Denn nach Keynes' Theorie gilt: Sparen gleich Volkseinkommen minus Verbrauch. Folglich gilt auch: Sparen ist *„einzelwirtschaftlich gesehen eine Tugend"*, habe aber volkswirtschaftlich eine negative Wirkung, weil so ein Teil des Einkommens nicht für die Konsumnachfrage zur Verfügung stehe und so durch die gesamtwirtschaftliche Minder-Kapazitätsauslastung Arbeitslosigkeit erzeugt werde.

**Kernthesen des Keynesianismus**
Der Keynesianismus lässt sich in drei Kernthesen zusammenfassen:

- Verhaltenstendenzen der Wirtschaftsakteure
- Instabilitäten des Konjunkturverlaufs
- Wirtschaftslenkung durch Staatsinterventionen

**Verhaltenstendenzen der Wirtschaftsakteure**
Das Modell des Homo oeconomicus wird im Keynesianismus durch sozialpsychologische Erkenntnisse modifiziert und durch die Auffassung vom Menschen, der auch durch kollektives Verhalten als Teilnehmer an Gruppen von Konsumenten, von Investoren, von Rentiers (Vermögensbesitzer) und anderen Wirtschaftsakteuren bestimmt wird, ergänzt: Die Wirtschaftsakteure (ausgenommen der Staat) treffen überwiegend beschränkt rationale und teils sogar irrationale Entscheidungen. Diese sozialpsychologischen Gruppen („Aggregate") werden dann im makroökonomischen Zusammenhang dargestellt und untersucht.

Der Keynesianismus stellt das Say'sche Theorem auf den Kopf: Die Gesamtnachfrage bestimmt das Gesamtangebot, und nicht umgekehrt. Die Absatzerwartungen der Unternehmen bestimmen deren Arbeitskräftenachfrage, mithin das Beschäftigungsniveau und das Inlandsprodukt und Volkseinkommen.

Infolge von Sättigungserscheinungen könne der Fall eintreten, dass das Volkseinkommen nicht vollständig nachfragewirksam wird. Insoweit könne es zu Kontraktionsprozessen kommen. Sättigungserscheinungen begründeten sich mit einem „fundamentalen psychologischen Gesetz": Mit zunehmendem Einkommen würden die Konsumenten relativ (prozentual) immer weniger Güter nachfragen und immer mehr sparen.

Der Keynesianismus begründet die Unvermeidbarkeit konjunktureller Schwankungen letztlich aus der Psyche des Menschen, seinem Hang zum Verbrauch, zum Sparen, zum Investieren. Dies gilt dominierend für das Sparverhalten, das mikroökonomisch rational, im makroökonomischen Aggregat aber höchst irrational werden kann. Denn, wenn alle Haushalte sparen und kaum konsumieren, steht die Wirtschaft still.

Der Keynesianismus erklärt Wirtschaftskrisen vor allem mit instabilen Erwartungen der Wirtschaftsakteure und Ungewissheiten auf den Märkten, aus sozialpsychologisch fundierten Verhaltensweisen der Nachfrager und Investoren. Wirtschaftskrisen entstünden vor allem aus Umschwüngen der Marktstimmungen bei den Unternehmen und Haushalten bzw. den Investoren und Konsumenten.

Das nachfrageorientierte Denken der Theorie von Keynes bedeutete einen Bruch mit der neoklassischen angebotsorientierten Theorie der Volkswirtschaftslehre.

**Instabilitäten des Konjunkturverlaufs**

Der Keynesianismus geht davon aus, dass der Preis (Lohn, Zins) keinen ausreichenden Anreiz für die Nachfrage (Konsum, Investitionen) bietet, weshalb die alleinige Voraussetzung eines niedrigen Preises (Lohnes, Zinses) in der Phase geringen Wachstums nicht ausreiche, um Vollbeschäftigung herzustellen und so für ein Gleichgewicht von Angebot und Nachfrage auf dem (Arbeits-)Markt zu sorgen. Der Keynesianismus misst der Nachfrage im Konjunkturverlauf eine sehr große Bedeutung bei.

In Zeiten von Abschwung und Rezession ist die Gesamtnachfrage zu gering, als dass die Kapazitäten ausgeschöpft werden könnten. Die hohe und steigende Arbeitslosigkeit führt zu einer Abnahme der Gesamtnachfrage. Die Unternehmen sehen ihre Erwartungen nicht erfüllt und halten ihre Investitionen zurück, womit sich der Trend im Abschwung noch verstärkt. Die keynesianische Theorie widerspricht insofern der neoklassischen Markttheorie, dass sich das System des Marktes durch Selbstheilungskräfte selbst regeln würde.

Der Keynesianismus glaubt nicht an die Selbstheilungskräfte der Märkte. Wenn es sie gäbe, wirkten sie viel zu langsam, als dass man sich auf sie verlassen kann. Störungen im Wirtschaftskreislauf müssten deshalb durch fiskalische Staatsaktivitäten behoben werden.

Die von Adam Smith postulierte „unsichtbare Hand" des Marktes, die Angebot und Nachfrage gleichsam automatisch in ein Gleichgewicht bringt, ist nach dem Keynesianismus „Unfug": das Sparen, das „einzelwirtschaftlich eine Tugend sein mag", hat volkswirtschaftlich eine negative Wirkung, weil durch das Sparen ein Teil des Einkommens nicht für die Konsumnachfrage und damit nicht der Gesamtwirtschaft zur Verfügung steht.

Nach der Keynes'schen Revolution der Ökonomie steht jetzt die Verwendungsseite des Einkommens im Zentrum der Betrachtung und wird die gesamtwirtschaftliche Nachfrage zum entscheidenden Bestimmungsfaktor von Produktion und Beschäftigung:

Lohnsenkungen seien als Mittel der Krisenbekämpfung abzulehnen. Der Lohn ist nach keynesianischer Auffassung der falsche Hebel. Um Arbeitslosigkeit zu überwinden, müsse ein anderer Hebel angesetzt werden. Vielmehr kann durch Lohnsenkungen eine Lohn- Preissenkungs-Spirale, und damit eine Deflation ausgelöst werden. Diese kann viele Unternehmen in den Konkurs treiben und eine Arbeitslosigkeit noch verstärken. Die kumulative Abwärtsbewegung würde verstärkt.

Arbeitslosigkeit ist im Keynesianismus vor allem die Folge einer zu geringen Gesamtnachfrage. Die Löhne zu senken, um durch diese Kostensenkungen die Arbeitslosigkeit zu bekämpfen, hält der Keynesianismus für falsch. Denn: wenn die Haushalte ein geringeres Einkommen haben, können sie weniger konsumieren. Die Folge ist, dass die Nachfrage nach Gütern sinkt: *„So kann sich das vermeintliche Heilmittel gegen Arbeitslosigkeit als Gift entpuppen."* (John M. Keynes, Allgemeine Theorie der Beschäftigung, des Zinses und des Geldes, München und Leipzig 1936, 11. Aufl., Berlin 2009).

## 11.3 Der Keynesianismus – Die Nachfrage treibt die Wirtschaft

**Wirtschaftslenkung durch Staatsinterventionen**
Der Keynesianismus hält einen wirtschaftspolitisch starken Staat für notwendig, damit er durch makroökonomische Wirtschaftslenkung für die Beseitigung von Marktstörungen oder Marktversagen und die Stabilisierung von Wirtschaftsschwankungen und Unterbeschäftigung sowie für sozialen Ausgleich und eine moderate Verteilung von Einkommen und Vermögen sorgen kann.

Die Konjunktur ist steuerbar, weil konjunkturelle Einbrüche durch Mangel an Nachfrage bewirkt werden. Der Keynesianismus setzt deshalb über die Wirtschaftspolitik auf die Wirkung staatlicher Ausgabenprogramme (sowie den Multiplikatoreffekt).

Der Staat soll vor allem die Gesamtnachfrage so steuern, dass sich dabei Vollbeschäftigung ergibt; denn die Nachfrage nach Arbeitskräften ist von der Nachfrage nach Gütern abhängig. Damit die Unternehmen das gesamte Arbeitskraftpotenzial ausschöpfen, muss die Nachfrage nach ihren Produkten so groß sein, dass alle Arbeitskräfte benötigt werden, um die nachgefragten Güter herzustellen. Ist die Nachfrage nicht ausreichend, sollen die Staatsnachfrage und Staatsaufträge die Lücke füllen. Die Staatsaufträge müssen notfalls durch Kredite finanziert werden. Die Kritik, dass das zu hoher Staatsverschuldung führt, wird widerlegt mit dem Argument, dass eine Besserung der Wirtschaftslage, die durch zusätzliche Staatsaufträge bewirkt werde, zu zusätzlichen Steuereinnahmen führe, mit deren Hilfe dann die Kredite wieder zurückgezahlt werden könnten. Wirtschaftspolitische Mehrausgaben des Staates finanzierten sich durch spätere Mehreinnahmen von selbst.

Die Stabilisierung der gesamtwirtschaftlichen Entwicklung könne durch antizyklische Steuerung der Gesamtnachfrage erfolgen: Im Boom werden beispielsweise steuerliche Konjunkturzuschläge erhoben, in der Rezession niedrigere Zinsen geboten oder zusätzliche öffentliche Investitionen finanziert. Um die Wirtschaft in Krisenzeiten wieder in ein Gleichgewicht von Angebot und Nachfrage zubringen, soll der Staat eine Lücke in der Gesamtnachfrage durch eine aktive antizyklische Fiskalpolitik schließen.

Der Keynesianismus erweitert die Marktwirtschaft überdies um die Geldwirtschaft und überträgt dem Staat die Aufgabe der wohlstandsgewährleistenden Wirtschaftslenkung. Die Geldpolitik soll die

Fiskalpolitik unterstützen *("monetary-fiscal policy")*. In der Rezession ist eine „Politik des billigen Geldes" geboten; so würden nicht nur die Bedingungen für die Finanzierung der privaten Investitionen verbessert, sondern auch die Finanzierung der staatlichen Budgetdefizite erleichtert.

Ist das Wirtschaftswachstum nur gering, sind als Folge daraus auch die Einnahmen des Staates geringer als üblich. Trotz der Einbußen bei den Einnahmen sollen die Ausgaben des Staates erhöht werden. Dies muss zu einer Staatsverschuldung führen, die unter der Annahme eines wiedererstarkten Wirtschaftswachstums und wieder steigender Staatseinnahmen hingenommen wird. Diese Politik wird auch als *„deficit spending"* bezeichnet: der Staat erhöht seine Ausgaben mittels Krediten und tilgt diese mit den höheren Einnahmen während des Aufschwungs und des Booms wieder.

Keynes'sches *„Demand Management"* bedeutet eine Nachfragesteuerung in zwei Richtungen: In einer konjunkturellen Schwächephase soll durch Staatsaufträge die Konjunktur belebt werden, bei drohender konjunktureller Überhitzung soll durch Reduzierung von Staatsaufträgen die Konjunktur abkühlen.

Es gibt auch Fälle, in denen die Nachfrage zu hoch ist und über die Angebotsmöglichkeiten hinausgeht; eine drohende inflatorische Lücke bildet eine Gefahr für die Preisstabilität. In diesem Fall soll der Staat sich mit Aufträgen zurückhalten, um einer konjunkturellen Überhitzung entgegenzuwirken. Staatliches *„Demand Management"* bedeutet nicht, dass der Staat die Wirtschaft immer über seine Auftragsvergabe anheizen soll. Die Konjunkturpolitik soll die staatliche Ausgabenpolitik bei Konjunkturerhitzungen restriktiv regeln. Staatliche Konjunkturausgleichsrücklagen bei wirtschaftlicher Prosperität wirkten dämpfend auf die sich überhitzende Konjunktur. Damit komme es zu einer Reduzierung der Schwankungen der Wirtschaft und zu einer Vermeidung von tiefen Krisen.

## 11.4 Der Monetarismus – Die Geldmenge treibt die Wirtschaft

**Hauptvertreter des Monetarismus**
In den 50er Jahren begründete **Milton Friedman** (1912–2006) die ökonomische Theorie des Monetarismus. Der aus New York stammende

Wirtschaftswissenschaftler ist einer der einflussreichsten Ökonomen des 20. Jahrhunderts und heftiger Kritiker des Keynesianismus. Friedman veröffentlichte seine Theorien mit den Werken „Chancen, die ich meine" (1985) und „Kapitalismus und Freiheit" (1962) und erhielt 1976 dafür den Nobelpreis.

Der Wohlfahrtsstaat ist der Feind der Wirtschaft, vielmehr: *„Die soziale Verantwortung der Wirtschaft ist es, ihre Profite zu vergrößern"*, und *„Es ist unmoralisch, Geld von den Reichen zu nehmen, um es den Armen zu geben,"* schreibt er in seinen Werken.

Friedman war geistiger Meister der sogenannten „Chicago Boys", einer Gruppe neoliberaler Ökonomen, die seine Lehren verbreiteten. Friedman beriet den amerikanischen Präsidenten Ronald Reagan, die englische Premierministerin Margaret Thatcher und den chilenischen Diktator Augusto Pinochet. Friedman betrachtete seine Lehren durch sie und durch den Zusammenbruch des Sozialismus schließlich als bestätigt.

Eine monetaristische Wirtschaftspolitik wurde in Chile unter Pinochet, sowie in England unter Margret Thatcher und in den USA durch Ronald Reagan ausgeübt. Der Monetarismus konnte die ungelösten Beschäftigungsprobleme aber nicht lösen.

**Kernthesen des Monetarismus**
Der Monetarismus lässt sich in drei Kernthesen zusammenfassen:

- Freiheitsrechte – Motor der Wirtschaft
- Geldmengenregel – Schlüssel des Stabilitätsproblems
- Staatsneutralität – „Nachtwächterfunktion".

**Freiheitsrechte – Motor der Wirtschaft**
Der Monetarismus setzt auf das freie Zusammenspiel von Angebot und Nachfrage. Um die bestmögliche Versorgung der Bevölkerung mit Gütern und Dienstleistungen zu gewährleisten, soll sich der Staat von den Märkten so weit wie möglich fernhalten, so der amerikanische Ökonom Milton Friedman in „Kapitalismus und Freiheit", 1962. Friedman verbindet Kapitalismus und Freiheit: Die individuelle Freiheit sei ein „viel stärkerer Motor als jegliche staatliche Vorgabe". Der

Staat hat nur für Recht und Ordnung zu sorgen, und soll ansonsten den Wettbewerb fördern und, nach seiner Theorie des Monetarismus, für ein langsames, stetes Wachstum sorgen, indem er über die Fiskalpolitik die Geldmenge kontrolliert.

**Geldmengenregel – Schlüssel des Stabilitätsproblems**
Der Monetarismus geht davon aus, dass die Märkte quasi-automatisch auf ein Gleichgewicht von Angebot und Nachfrage und Vollbeschäftigung hin steuerten. Die Bekämpfung der Inflation ist für die Monetaristen deshalb so bedeutsam, weil ihrer Ansicht nach das Preissystem das beste Informations- und Regulierungsinstrument darstellt. Inflationäre Entwicklungen aber verfälschten dieses Instrument. Von diesem Stabilitätspostulat ausgehend, lösten Veränderungen des Nominaleinkommens monetäre Impulse aus, die in die Veränderung des Preisniveaus mündeten. Theoretisch wird dies begründet mit der monetaristischen „Quantitätstheorie" von dem Zusammenhang von Geldmenge und Preisniveau. Dieser Zusammenhang geht davon aus, dass die kurzfristigen Geldmengenschwankungen (die durch die staatlichen Eingriffe nur zu Komplikationen führten) sich in höheren Inflationsraten ausdrückten. Deshalb soll sich ein gleichbleibendes Geldmengenwachstum in seiner Höhe dem langfristig angestrebten Wachstum des BIP anpassen.

Der Monetarismus betrachtet vor allem die Inflation und sieht in der Geldmengenpolitik den Schlüssel des Problems. Er räumt geldpolitischen Maßnahmen (Geldmenge/M3) den Vorrang und die größere Bedeutung ein. Ohne monetäre Alimentierung durch eine entsprechende Geldmengenpolitik sei auf Dauer keine Inflation möglich.

Denn die Veränderungen der Geldmenge bestimmten die gesamtwirtschaftliche Nachfrage. Es bestehe ein enger Zusammenhang zwischen der Wachstumsrate der Geldmenge und der Wachstumsrate des Bruttoinlandsprodukts bzw. des Volkseinkommens. Ändere sich die Wachstumsrate der Geldmenge, erfolge kurz darauf in der gleichen Richtung auch eine Änderung der Wachstumsrate des Bruttoinlandsprodukts bzw. des Volkseinkommens.

Veränderungen der Geldmenge beeinflussen zwar kurzfristig die Güterproduktion (und das Volkseinkommen). Langfristig aber können Änderungen der Geldmenge nicht die Güterproduktion (und das

## 11.4 Der Monetarismus – Die Geldmenge treibt die Wirtschaft

Realeinkommen) erhöhen. Vielmehr führt langfristig eine zu starke Ausweitung der Geldmenge im Verhältnis zur Güterproduktion nur zur Geldentwertung, also zu Inflation. Preissteigerungen für Güter- und Dienstleistungen, d. h. Verminderungen des Geldwertes, sind deshalb die Folge einer zu starken Ausweitung der Geldmenge. Die Wachstumsrate der Geldmenge kann durch die geldpolitischen Instrumente von der Zentralbank im Prinzip bestimmt werden. Die Zentralbank kann die nominale Geldmenge, die Ausweitung der Zentralbankgeldmenge regeln. Die reale Geldmenge, d. h. der Geldwert und die Kaufkraft des Geldes ist dagegen vom Verhalten der privaten Wirtschaftsakteure in Bezug auf die Geldnachfrage bestimmt.

Der Monetarismus weist der Geldmengenpolitik eine zentrale Stellung innerhalb der Stabilitätspolitik ein und plädiert für eine strikte stabilitätsgerechte Geldpolitik. Der Monetarismus fordert deshalb eine regelgebundene Geldpolitik, z. B. die Vier-Prozent-Regel, wonach in der langfristigen Sicht die Geldmenge gemäß der langfristigen Wachstumsrate des Bruttoinlandsprodukts verstetigt werden soll.

**Staatsneutralität – „Nachtwächterstaat"**
Der Monetarismus hält wirtschaftspolitische Interventionen des Staates in die Volkswirtschaft für falsch. Den Wohlfahrtsstaat hält er für den Feind der Wirtschaft. Er lehnt staatliche „Stop-and-go"-Eingriffe in die wirtschaftliche Entwicklung ab, weil diese die Konjunkturschwankungen erst hervorriefen oder sogar verstärkten.

Der Staat hat nur für Ordnung und Sicherheit zu sorgen und besonders den Wettbewerb zu fördern. Der Monetarismus fordert, wie auch die Neo-Klassik, eine radikale Begrenzung der Aufgaben des Staates auf Sicherheit und den allgemeinen Rechtsrahmen; alle anderen staatlichen Interventionen seien schädlich für Gesellschaft und Wirtschaft.

Der Monetarismus verlässt sich zur Steuerung der Wirtschaft auf ein einziges Instrument: die Geldpolitik. Denn während der Keynesianismus insbesondere eine flexible Fiskalpolitik zwecks Steuerung der volkswirtschaftlichen Gesamtnachfrage zur Konjunktursteuerung fordert, hält der Monetarismus stattdessen die langfristige Verstetigung der Geldmenge gemäß der langfristigen Wachstumsrate des Bruttoinlandsprodukts als einziges Instrument zur Konjunktursteuerung für richtig.

Die Geldmenge sei die entscheidende volkswirtschaftliche Steuergröße: Sie sei stetig so zu variieren, dass die Ausweitung der Geldmenge der durchschnittlichen realen Wachstumsrate zuzüglich der unvermeidbaren Inflationsrate entspricht (potenzialorientierte Geldpolitik). Die Geldmenge (und nicht die Nachfrage) wirke ursächlich auf die güterwirtschaftliche Produktion. Die Höhe und die Entwicklung des Bruttoinlandsprodukts könne durch die Geldmengenänderungen direkt beeinflusst werden. Eine Änderung in der Wachstumsrate der Geldmenge bewirke Änderungen nicht nur im geldwirtschaftlichen Bereich (Preise, Nominallöhne, Nominalzinsen).

Verantwortlich dafür ist in der EU die unabhängige Zentralbank. Die Staaten haben für transparente und vor allem gleichbleibende wirtschaftliche Rahmenbedingungen zu sorgen, die die Findung eines Gleichgewichts von Angebot und Nachfrage auf den Märkten allein regeln sollen, anstatt durch Staatseingriffe.

Wirtschaftspolitisch bedeutet dies, dass die Geldpolitik der potenzialorientierten Geldmengenregel folgen soll und das Problem der Arbeitslosigkeit gegebenenfalls allein durch angebotsorientierte Maßnahmen gelöst werden könne.

## 11.5 Fallstricke auf dem Wege zur Wahrheit

Manche prominenten Repräsentanten der „herrschenden" Lehre der Wirtschaftswissenschaft verhalten sich in der Öffentlichkeit, als wären sie im Besitz einer endgültigen wahren Theorie der Volkswirtschaft und könnten Markt und Staat nicht zu überbietende wirtschaftspolitische Ratschläge geben.

Die herrschenden wirtschaftstheoretischen Lehren mit den konkurrierenden „Schulen" der Volkswirtschaftslehre: Neoklassik, Keynesianismus und Monetarismus unterscheiden sich in vielen Aussagen; sie erscheinen in zentralen Aussagen sogar sehr konträr, vor allem in ihren Auffassungen über die Funktion der Märkte und die Rolle des Staates und widersprechen sich in ihrer „Dogmatik" diametral. Sie bieten nur begrenzte (partielle) Erklärungshilfen zur Beschreibung verschiedener

## 11.5 Fallstricke auf dem Wege zur Wahrheit

Aspekte der wirtschaftlichen Wirklichkeit. Dennoch liefern sie wichtige Beiträge zum Denkwerkzeug der Volkswirtschaftslehre.

Keine dieser wirtschaftswissenschaftlichen Theorieansätze kann die wirtschaftliche Wirklichkeit zur Gänze beschreiben und erklären. Kein Lehrkonzept kann einen absoluten Wahrheitsanspruch stellen, und muss einräumen, dass seine wissenschaftlichen Erkenntnisse keine ewigen Wahrheiten darstellen, sondern auch irrtumsbehaftet sind und womöglich durch neue Forschungsergebnisse umgestoßen werden könnten.

Hinzu kommt, dass wirtschaftstheoretische Auffassungen und wirtschaftspolitische Erklärungen und Rechtfertigungen nicht zuletzt auch aus gruppenspezifischen Interessen (Gewerkschaften, Unternehmensverbände, Parteien, sog. Kirchen, etc.) heraus gebildet und zusammengesucht werden. Diese Interessen führen oft zu einer „selektiven Theorie-Wahrnehmung" und pflegen damit eine schein-wissenschaftliche Form des Vorurteils, sodass die Volkswirtschaftslehre von Gruppeninteressen vereinnahmt wird, und dabei von ihrer Wissenschaftlichkeit verliert.

Der Kardinalfehler der herrschenden ökonomischen Lehren – und ihrer Vertreter – liegt nicht so sehr in ihrem absoluten Wahrheitsanspruch, in der Hybris, mit einer Theorie alle Fragen beantworten zu können, sondern in ihrer unrealistischen Annahme, die wirtschaftliche Wirklichkeit in das Prokrustesbett eines **mathematischen Formalismus** zwängen zu können.

Um z. B. die Vielfalt der Abhängigkeiten und die genauen Ursache-Wirkungs-Beziehungen in den Modellen sichtbar machen und verdeutlichen zu können, findet beispielsweise in der Modellanalyse fast immer die **Ceteris-paribus**-Klausel (*ceteris paribus,* lat.: unter sonst gleichen Bedingungen) Anwendung, die besagt, dass nur eine von den vielen Ursachen verändert wird, um dadurch deren Auswirkungen untersuchen zu können. Die aus solchen Modellanalysen gefolgerten Schlüsse dürfen jedoch nicht einfach auf die Wirklichkeit übertragen werden.

Die traditionelle herrschende Volkswirtschaftslehre dreht sich im Kreise mathematischer Ansätze (Tautologien), solange sie allein durch eine mathematische Denkrichtung die wirtschaftliche Wirklichkeit zu verstehen und zu modellieren sucht, und andere Denkansätze als unwissenschaftlich abtut.

Die Wirtschaftswissenschaft wurde lange durch das mathematische Denken der Mechanik der klassischen Physik beeinflusst. Für die wirtschaftliche Wirklichkeit der modernen hoch arbeitsteiligen Volkswirtschaften als hochkomplexe soziale Systeme ist dieses mathematische Denken unzureichend. In den traditionellen Büchern der Volkswirtschaftslehre finden sich jedoch nicht selten „ökonomische Gesetze" beschrieben, bei denen es sich aber nicht um mathematische Zwangsläufigkeiten, wie bei den strengen Gesetzen der Mechanik, handelt, sondern um bloße Regelmäßigkeiten, die im Normalfall erwartet werden dürfen, aber durchaus Ausnahmen zulassen. Beispielsweise wird die von einem bestimmten Gut verkaufte Menge im Normalfall kleiner, wenn der Preis sich erhöht. Aber es ist nicht ausgeschlossen, dass die abgesetzte Menge bei einem höheren Preise gleich bleibt oder sogar zunimmt.

Der mathematische Formalismus ist blind gegenüber dem realen Verhalten der Menschen z. B. als Unternehmen oder Haushalt, sodass der Grad an mathematischer Strenge sich oft umgekehrt proportional zu seinem Realitätsbezug verhält.

Die Volkswirtschaftslehre hat sich verführen lassen von der Eleganz des Formalismus der Mathematik, gibt sich dadurch aber nur den Schein einer exakten Wissenschaft, die über die empirische Simplizität ihres Denkens hinwegtäuscht. Die mathematischen Formalismen können die Motive und Verhaltensweisen der Menschen nur unter engen Annahmen in ganz bestimmten ökonomischen Situationen (z. B. investieren oder konsumieren) beschreiben, erklären und voraussagen. Dem mathematischen Formalismus gelingt es so nur eingeschränkt, die Realität von schwankenden Märkten und Konjunkturen und menschliches Verhalten, wie Angst und Gier, in das Prokrustesbett von Gleichungen zu zwängen. Denn Menschen ändern ständig ihre Meinungen, sie tauschen sich dauernd aus, beeinflussen sich gegenseitig und ändern ihr Denken und Verhalten in ihren wirtschaftlichen Entscheidungen. Dies hängt insbesondere davon ab, wie die Zukunftserwartungen der Menschen aussehen, und wie – oft unvorhersehbar – auch aus kleinen

## 11.5 Fallstricke auf dem Wege zur Wahrheit

Irritationen, ein Chaos von riesigen Ausmaßen, wie z. B. an der Börse, entstehen kann. Angesichts der Kontingenz der Motive und Verhaltensweisen der Menschen und der Komplexität ihres Zusammenspiels kann eine mathematisch formalisierte Wirtschaftstheorie die Dynamik der wirtschaftlichen Wirklichkeit wohl nicht hinreichend abbilden.

Eine volkswirtschaftliche Theorie bleibt ohne ein empirisch fundiertes anthropologisches Fundament wohl unzureichend. Die Wirtschaftswissenschaft ist in der Realität eben auf weiten Strecken angewandte Anthropologie.

Gustav von Schmoller konstatierte dazu:

> Ich wollte die Volkswirtschaftslehre von falschen Abstraktionen durch exakte historische, statistische, volkswirtschaftliche Forschung befreien, aber doch stets zugleich generalisierender Wirtschaftstheoretiker soweit bleiben, als wir nach meiner Überzeugung heute schon dazu festen Grund unter den Füßen haben. Wo solcher mir zu fehlen scheint, da habe ich auch im Grundriss lieber nur die Tatsachen beschrieben und einige Entwicklungstendenzen angedeutet, als luftige Theorien aufgebaut, die mit der Wirklichkeit nicht in Fühlung stehen, bald wieder wie Kartenhäuser zusammenfallen (von Schmoller 1904, S. VI).

„Praktiker" in Markt und Staat kritisieren häufig, dass die abstrakten Modelle der Wirtschaftstheorie zu stark von der Realität abstrahieren, also eine zu geringe Realitätsnähe haben. Diese Kritik verkennt allerdings, dass ein Modell, das die ganze Vielfalt der Wirklichkeit abbildet, nicht hilfreich wäre, so wenig wie eine Landkarte im Maßstab 1:1.

Viele der Vertreter der Volkswirtschaftslehre haben sich aber daran gewöhnt, die komplizierten Zusammenhänge der komplexen Realität der Wirtschaft mit abstrakten Modellen so darzustellen, als gäben diese tatsächlich die wirtschaftliche Wirklichkeit wieder.

Die unreflektierte Kritik der Mathematisierung der Wirtschaftstheorie verkennt allerdings den Vorzug der präzisen Ausdrucks- und Argumentationsweise von mathematisch formulierten Modellen. Die Mathematik ist für die Volkswirtschaftslehre eine nützliche Hilfswissenschaft. Ohne sie könnten viele ökonomische Sachverhalte oft nicht sachgerecht dargestellt und analysiert werden. Das tiefere Erkennen und Durchdringen ökonomischer Sachverhalte ist überhaupt erst mithilfe der Mathematik möglich.

So versucht die Volkswirtschaftslehre die hochkomplexen Phänomene und das Geschehen der Wirtschaft mit ihren schwankenden Märkten und Konjunkturen und der menschlichen Gier und Angst, durch **Modellkonstruktionen** zu beschreiben und zu erklären. Dazu werden vereinfachende Annahmen (z. B. der rationale Homo oeconomicus) gemacht, die dazu führen, dass die Aussagefähigkeit dieser Modelle begrenzt ist und die Übertragung in die Wirtschaftspraxis nur eingeschränkt möglich ist. Vereinfachungen sind unvermeidbar. In der Volkswirtschaftslehre geht es ohne Modelle von den wirtschaftlichen Phänomenen und Geschehen nicht, dabei darf der Realitätsbezug aber bei der Modellbildung in der Volkswirtschaftslehre nicht aus den Augen verloren werden, und müssen die unvermeidbaren Annahmen und Rahmenbedingungen so gesetzt werden, dass ein Modell auch zu realitätsnahen Ableitungen und Aussagen führen kann.

Mathematische Modelle bauen auf der unrealistischen Annahme effizienter Märkte auf, beispielsweise dass Verbraucher oder Investoren rational handeln und vollkommene Informationen besitzen. Es ist aber kaum möglich, eine Modellgleichung zu formulieren, die das tatsächliche menschliche Verhalten von Investoren oder Verbrauchern sowie von Sparern und Anlegern oder von Unternehmen und Haushalten erfasst. Wenn z. B. viele Marktakteure unerwartet in dieselbe Richtung laufen, versagen die Modelle, denn auch lange mathematische Gleichungen können das menschliche Verhalten, wie Angst und Gier auf den Märkten nicht wirklichkeitsgerecht abbilden.

Mathematische Modelle sind zur Erklärung der Wirklichkeit oder sogar für Prognosen zukünftiger Ereignisse nur begrenzt zuverlässig. Volkswirtschaftliche Modelle beruhen auf Statistik, auf Regressionen und Korrelationen und stehen zudem auf unsicheren Füßen von mehr oder weniger artifiziellen Annahmen und Rahmenbedingungen, wie Rationalität der Wirtschaftssubjekte u. a. Die reale Welt des Geschehens der Wirtschaft ist für mathematische Modelle zu komplex. Die Volkswirtschaftslehre geriert sich trotzdem als exakte Wissenschaft, um wirtschaftspolitische Empfehlungen für Markt und Staat zu rechtfertigen sowie um Wirtschaftspolitikern, z. B. bei den Zentralbanken, als Entscheidungshilfe dienen zu können, oft ohne genaues Wissen, wohin ihre Empfehlungen führen.

Deshalb hat das Versagen der Modelle in der Finanzkrise nicht überrascht. Die heutige Krise ist mit den herrschenden Modellen, neoklassisch, monetaristisch, neokeynesianisch, schwer zu erklären und zu behandeln. So hat die internationale „Finanzkrise" Zusammenhänge hervortreten lassen, die die traditionelle Wirtschaftstheorie der Volkswirtschaftslehre mit ihren mathematischen Modellen nicht erklären und voraussagen konnte, obwohl gerade die Vertreter der dominierenden neoklassischen Ökonomie überzeugt waren, politisch korrekte Vorhersagen machen zu können. Die Volkswirtschaftslehre ist keine exakte Wissenschaft wie die Mathematik, auch wenn sie mit viel mathematischem Aufwand an ihren Modellen baut. Die Ursache dafür, warum die „Finanzkrise" von den Wirtschaftswissenschaften nicht rechtzeitig erkannt und diagnostiziert wurde, ist: sie befand sich außerhalb des „Radars" der ökonomischen Modelle und Theorien, die nur Teile der Realität abbilden.

Wenn die Volkswirtschaftslehre mit ihren Modellen unvollständige Abbilder der wirtschaftlichen Realität konstruiert, ändert sie dadurch auch die Realität, wenn sie die Realität anhand ihrer Methoden und Modelle gestaltet, die aber nur einen Teil der realen Zusammenhänge der Wirtschaft erfassen, – mit fatalen Folgen (vgl. Derman 2013; Fullbrook 2013, S. 48).

Die Möglichkeit der Erkenntnisgewinnung (und Theorietestung) durch Experimente entfällt in der Volkswirtschaftslehre fast völlig. Modelle verkürzen zwar die wirtschaftliche Wirklichkeit, sie erleichtern aber das Denken, umso mehr, wenn sie schrittweise an die Wirklichkeit angenähert werden können. Mathematische Modelle können insbesondere eine Hilfe sein, um Szenario-Analysen mit verschiedenen wirtschaftspolitischen Instrumenten und Strategien durchzuspielen – solange die Weltwirtschaft nicht (durch „schwarze Schwäne") „aus den Fugen" gerät.

Die Volkswirtschaftslehre hat dringend neue Wirtschaftstheorien nötig, um bisher nichterklärbare Phänomene zu verstehen. Eine Theorie gilt so lange als wahr, als sie durch Beobachtungen bestätigt wird (z. B.

alle Schwäne sind weiß). Eine Theorie ist aber grundsätzlich nicht zu bestätigen, sondern nur zu widerlegen (statt Verifikation) durch Falsifikation (schwarzer Schwan). Falsifikation ist eine Methode des negativen Ausleseprozesses. Unbrauchbare Lösungsmodelle werden nicht weiterverfolgt. *„Eine letzte Wahrheit gibt es nicht, sondern nur eine Annäherung durch das Eliminieren falsifizierter Theorien"* (Popper 1934/2005). Solange eine Theorie (Erklärungsmuster) nicht zu widerlegen ist, ist sie brauchbar. Theorien sind aber immer nur vorläufig und nur relativ gültig (Hypothesen). Die Wissenschaft ist ein unabschließbarer Prozess.

Die theoretischen Erklärungsmuster (**Paradigmen**) der herrschenden Lehren der Neoklassik-Monetarismus-Synthese haben lange Zeiten die herrschenden Erklärungsmuster der Volkswirtschaftslehre und Wirtschaftspolitik dominiert.

In den Wirtschaftswissenschaften wird jedoch seit einiger Zeit über einen Paradigmenwechsel diskutiert. Denn eine neue Perspektive drängt sich auf, die die komplexen wirtschaftlichen Phänomene, wie Globalisierung, Vernetzung und Digitalisierung u. a. für die Wirtschaftstheorie und für die Wirtschaftspolitik zu integrieren vermag. Die neue Krise hat überdies gelehrt, dass die bloße Orientierung an statistisch-mathematischen Modellen wahrscheinlich eine Ursache der Krise ist. Ein Wechsel der herrschenden Paradigmen könnte sich in der Volkswirtschaftslehre anbahnen.

Ein neues Verständnis der Volkswirtschaft braucht neue Entwicklungen und neue Ansätze, so beispielsweise das der Evolutionsökonomik, und befindet sich noch in einem Stadium des Experimentierens. Ein neues Paradigma – das die Neoklassik, den Keynesianismus und den Monetarismus „unter einen Hut bringt" – lässt in der Volkswirtschaftslehre auf sich warten.

Ein Paradigma ist ein wissenschaftliches Konzept oder theoretisches Muster oder Theorem zur Deutung eines Gegenstandes und seiner Phänomene und Probleme. Ein Theorem (*theorema,* griech.: das Angeschaute) ist ein wissenschaftlicher Lehrsatz, eine Aussage, die logisch oder empirisch aus grundlegenden Axiomen (Annahmen, wie z. B. der rationale homo oeconomicus) abgeleitet werden kann und durch die ein Beweis begründet werden kann. Ein wissenschaftliches Paradigma regelt, wie die Phänomene und Probleme des Gegenstandes zu betrachten sind, wie dieser Gegenstand zu untersuchen ist und was als

## 11.5 Fallstricke auf dem Wege zur Wahrheit

brauchbare Lösung seiner Probleme zu akzeptieren ist. Ein Paradigma bietet ein Beschreibungs- und Erklärungsmuster mit dem sich der Gegenstand beschreiben und erklären lässt, aber auch einen methodologischen „*approach*" dafür, wie dieser Gegenstand zu untersuchen ist.

Die Theorie der wissenschaftlichen Entwicklung, wie Thomas Kuhn in „The Structure of Scientific Revolution" zeigt, besagt, dass der Erkenntnisfortschritt nicht einfach durch immer mehr Anhäufung von Wissen entsteht, sondern tatsächlich vor allem durch radikale Brüche (Revolutionen) der Wahrnehmung des Wissenschaftsobjektes erfolgt. Dieser tatsächliche Charakter der Wissenschaftsentwicklung ist keine „mehr und mehr" kontinuierlich wachsende kumulierte Wissensmenge, sondern verläuft diskontinuierlich durch Brüche, die all das, was bis dato als richtig angesehen wurde, plötzlich „über den Haufen" werfen und durch ein ganz neues Denken den Geltungsbereich der bisherigen Theorie radikal einschränken (Paradigmenwechsel).

Der Erkenntnisfortschritt geschieht von Zeit zu Zeit durch eine totale Änderung der Gegenstandsbetrachtung, der Begriffe und auch der Methoden, mit der Folge, dass zwischen der vor- und der nachrevolutionären Denkweise der Wissenschaft kaum noch Verständigung möglich wird. Sich vom etablierten Paradigma abzuwenden bedeutet ein beträchtliches Risiko und Unsicherheit, mit der Gefahr, von der „*scientific community*" ausgeschlossen zu werden.

Den Wechsel zu einer neuen Theorie zu riskieren, und sich von gewohnten Denkmustern abzukehren, treibt deshalb nur dann, wenn die Unzufriedenheit mit den etablierten Denkgewohnheiten ganz erheblich ist.

Gerade die internationale Finanzkrise hat gelehrt, dass die Orientierung an den traditionellen theoretischen (beengten) Erklärungsmustern (Paradigmen) ein wesentlicher Grund für die Unfähigkeit war, die Krise zu bewältigen, und dass in Markt und Staat dringend ein „interdisziplinärer" (über den modell-mathematischen hinausgehender) Ansatz zur Erklärung und Vorausschau der Wirtschaft Not tut.

Deshalb: „*Wir brauchen keine integrierten Gedankengebäude. Wir sollten unsere verschiedenen Denkrichtungen als unterschiedliche Blickpunkte auf die eine Realität begreifen, jede mit ihrem eigenen Hoheitsgebiet, für das sie angemessen ist. Das gesamte Objekt kann mit einer einzigen Theorie nicht erfasst werden"* (David Bohm). Denn: *"Wir können nicht eindeutig entscheiden, welches Abbild der Wirklichkeit das Richtige ist. Ein Bild kann für den einen Zweck angemessen sein, das andere für einen anderen"* (Werner Heisenberg).

Jede Theorie bietet einen *„approach"* – eine Vorgehensweise – an, der je situationsbezogen Teile der Realität gut beschreibt und erklärt und je ein geeignetes Methodeninventar bereitstellt – aber andere Teile der Realität mehr oder weniger ausblendet. Deshalb könnte die Volkswirtschaftslehre die je konkurrierenden Komponenten der unterschiedlichen Theorien in einem situations- und problemorientierten Denkansatz **komplementär** miteinander verbinden (vgl. Derman 2013).

Eine pluralistische Volkswirtschaftslehre könnte die „herrschenden" Wirtschaftstheorien nicht als konkurrierende, sondern als einander ergänzende Zugänge zum Verständnis der wirtschaftlichen Wirklichkeit behandeln. Die unterschiedlichen Wirtschaftstheorien erscheinen dann nicht wie Gegensätze, sondern als unterschiedliche Sicht- und Denkweisen, die nicht konkurrierende, sondern einander ergänzende Zugänge zur komplementären Deutung der wirtschaftlichen Wirklichkeit beitragen. Denn: *„Ob man etwas beobachten kann oder nicht, hängt von der Theorie ab, die man benutzt. Die Theorie bestimmt, was man sieht"* (Albert Einstein). Wer dieses Prinzip nicht beachtet, dem wird ein Teil der Realität verborgen bleiben, (was so auch in anderen Wissenschaften gilt.).

Die Volkswirtschaftslehre könnte deshalb eine solche komplementäre Methodenpluralität entwickeln, indem sie verschiedene Aspekte der Wirklichkeit mit verschiedenen Modellen und Theorien beschreibt (auch wenn sie oft nicht miteinander kompatibel sind), und so verschiedene Methoden einander ergänzend anwendet. Die Eigenschaften der wirtschaftlichen Wirklichkeit ermöglichen eben oft eine Vielzahl von Deutungsschemata. Ein Defizit an – interdisziplinärer – Toleranz und Pluralität oder gar eine antipluralistische Sicht- und Denkweise stellt in einer wissenschaftlichen Volkswirtschaftslehre ein gravierendes nachteiliges Vorurteil dar.

Was der Ökonomie möglich ist, ist konkurrierende und zugleich komplementäre (partielle) Modelle für die unterschiedlichsten wirtschaftlichen Situationen und Motive und Verhaltensweisen von Wirtschaftsakteuren, und deren Folgen, zu entwickeln.

Aufgrund des menschlichen Dilemmas der Ungewissheit der Zukunft sowie des beschränkten Wissens wäre es pragmatisch, eine „bescheidene" Politik der kleinen Weiterentwicklungen an den Modellen oder Theorien – je nach wirtschaftlicher Situation – vorzunehmen. Die Wahrheit lässt sich zwar nicht ein für alle Mal beweisen. Aber die Unwahrheit lässt sich beweisen, und so ist es möglich, sich der Wahrheit schrittweise anzunähern (Karl Popper).

Es wäre eine Illusion, wenn wissenschaftliche oder staatliche Akteure glaubten, die hochkomplexen Prozesse und Strukturen des Systems der Volkswirtschaft mithilfe eines großen Entwurfs der Wirtschaftstheorie, einer wahren *„grand theory"*, kontrollieren und steuern zu können. Gerade unerwartete „Schocks" können jederzeit in der Volks – oder Weltwirtschaft auftreten. Eine Wirtschaftstheorie, die unvorhersehbare Konjunktureinbrüche, „schwarze Schwäne", erklären und vorhersagen könnte, wird es wohl nicht geben.

Karl Popper hat in seinem Werk „Die Logik der Forschung" über das menschliche „Problemlösen" das Resümee gezogen: *„Wir wissen nicht, wir raten nur."* Das bedeutet nicht, dass Menschen gar nichts wissen können, sondern, dass alles menschliche Wissen immer nur bruchstückhaft ist und etwas Vorläufiges an sich hat. Das menschliche Wissen bleibt stets lückenhaftes „Stückwerk". So geht es eben auch den Akteuren von Markt und Staat.

Wirtschaftspolitisches Handeln gerade staatlicher Akteure wird deshalb vor allem dann erfolgreich sein, wenn es nach der Strategie der Stückwerkstechnik mit reversiblen kleinen Schritten, Fortschritt durch Fehlschritt, durch „Versuch und Irrtum" vorgeht – wobei auch Zufälle oder Einfälle eine Rolle spielen.

## Quellen und weiterführende Literatur

Beinhocker, Eric, Die Entstehung des Wohlstands. Wie Evolution die Wirtschaft antreibt, Landsberg/Lech 2007

Bofinger, Peter, Grundzüge der Volkswirtschaftslehre. Eine Einführung in die Wissenschaft von Märkten, 4. Aufl., München 2015

Caspari, Volker / Schefold, Bertram / Forst, Rainer / Günther, Klaus, Wohin steuert die ökonomische Wissenschaft? Ein Methodenstreit in der Volkswirtschaftslehre, Frankfurt/M. 2011

Derman, Emanuel, Models. Behaving. Badly. Warum die Verwechslung von Theorie und Wirklichkeit zum Desaster führt, Hamburg 2013

Friedman, Milton, Die optimale Geldmenge und andere Essays, München 1970

Friedman, Milton, Kapitalismus und Freiheit, Stuttgart-Degerloch 1971, zuletzt München/Zürich 2004

Fritsch, Michael / Wein, Thomas / Ewers, Hans-Jürgen, Marktversagen und Wirtschaftspolitik. Mikroökonomische Grundlagen staatlichen Handelns, 7. Aufl., München 2007

Fullbrook, Edward, Wie bei der Sonnenfinsternis, Handelsblatt vom 10.4.2013

Heise, Arne, Ende der neoklassischen Orthodoxie? Wieso ein methodischer Pluralismus gut täte, in: Wirtschaftsdienst, Berlin 7/2007, S. 442–449

Hesse, Jan-Otmar, Wirtschaft als Wissenschaft. Die Volkswirtschaftslehre in der frühen Bundesrepublik, Frankfurt/M. 2010

Keynes' sieben Irrtümer. Der unverstandene Prophet, Handelsblatt 15.2.2013, Seiten 49 bis 55

Keynes, John M., The General Theory of Employment, Interest and Money, London 1936, dt. Allgemeine Theorie der Beschäftigung, des Zinses und des Geldes, München/Leipzig 1936, 11. Aufl., Berlin 2009

Keynes, John Maynard, Allgemeine Theorie der Beschäftigung, des Zinses und des Geldes, 10. Aufl., übersetzt von Fritz Waeger, überarbeitet von Jürgen Kromphardt und Stephanie Schneider, Berlin 2006

Krüger, Stephan, Keynes und Marx, Hamburg 2012

Kuhn, Thomas, Die kopernikanische Revolution, (engl. The Copernican Revolution, Harvard/Cambridge 1976), Braunschweig 1980

Kuhn, Thomas, Die Struktur wissenschaftlicher Revolutionen, 2. Aufl., Frankfurt/M. 1967/1976

Molitor, Bruno, Wirtschaftspolitik, 7. Aufl., München u. a. 2006

Möller, Hans W., Angewandte Volkswirtschaftslehre. Wirtschaftspolitische Fallstudien mit Lösungstechniken, 3. Aufl., Wiesbaden 2013

Nienhaus, Lisa, Die Blindgänger. Warum die Ökonomen auch künftige Krisen nicht erkennen werden, Frankfurt/M. 2009

Popper, Karl, Logik der Forschung, 11. Aufl., Tübingen 1934/2005
Poser, Hans, Wissenschaftstheorie. Eine philosophische Einführung, Stuttgart 2001
Ricardo, David, Über die Grundsätze der Politischen Ökonomie und der Besteuerung, Berlin 1979
Rose, Uwe / Kuhn, Thomas S., Verständnis und Missverständnis, Göttingen 2004
Say, Jean-Baptiste, Abhandlung über die Nationalökonomie, Dillenburg 1999
Skidelsky, Robert, Die Rückkehr des Meisters. Keynes für das 21. Jahrhundert, München 2009
Smith, Adam, Der Wohlstand der Nationen, London/München 1978
Smith, Adam, Theorie der moralischen Gefühle, Hamburg 1759/2010
Starbatty, Joachim, Hg., Klassiker des ökonomischen Denkens. Von Platon bis John M. Keynes, Hamburg 2008
Trebeis, Orestes V., Hg., Nationalökonomologie, 6. Aufl., 1991
Ulrich, Peter, Integrative Wirtschaftsethik. Grundlagen einer lebensdienlichen Ökonomie, 2. Aufl., Bern u. a. 1998
Vomfelde, Werner, Abschied von Keynes? Eine Antwort auf die monetaristisch-neoklassische Gegenrevolution, Frankfurt/M. 1989
von Schmoller, Gustav, Grundriß der Allgemeinen Volkswirtschaftslehre, Leipzig 1904

# Teil IV
## Die Hebel und Handlungsspielräume des Staates (Wirtschaftspolitik)

# 12
# „Heilmittel" wider das „Stückwerk des Wissens"

*Über die fatale Macht alter Denkgewohnheiten
ist schon oft sinniert worden;
im konkreten Fall ist es darum nicht leichter,
sie zu durchbrechen.*
Theodor Prager

## 12.1 Diagnose und Prognose

Jeder wirtschaftliche Akteur, ob eine staatliche Institution oder ein Marktteilnehmer, Haushalt oder Unternehmen, sieht sich immer wieder mit einer wirtschaftlichen Situation konfrontiert, in der „etwas" nicht so ist, wie es sein sollte – also mit einem „Problem".

Er versucht eine erste Diagnose der Situation zu treffen und definiert eine oder mehrere Probleme, und hat vielleicht auch schon Vermutungen darüber, welche Ursachen für die unbefriedigende Situation verantwortlich sein mögen und stellt auch eine erste Prognose für die weitere Entwicklung an – für den Fall, dass nichts getan würde. Er konstatiert, dass Handlungsbedarf besteht, weil die Situation nicht so sein sollte, wie sie ist.

Dieser Handlungsbedarf führt zu der Überlegung, welche Handlungsoptionen durch bestimmte Maßnahmen oder Instrumente zur Verfügung stehen und ob und welche dieser Optionen die unbefriedigende Situation in eine befriedigende verändern könnte.

Der Akteur muss also eine Wahl, eine Entscheidung über die geeignetsten Maßnahmen treffen. Dazu benötigen die wirtschaftspolitischen Akteure Informationsinstrumente: einerseits Informationen über die aktuelle volkswirtschaftliche Lage, die Probleme und deren Ursachen (Diagnosen), und andererseits über die voraussichtlich weitere Entwicklung (Prognosen) sowie ein Wissen über wirtschaftspolitische Instrumente, Maßnahmen und ihre Wirkungsweisen.

Wirtschaftspolitik ist deshalb eine komplexe Aufgabe, die zur Bewältigung mehrerer planvoller Schritte oder Teilaufgaben bedarf:

Praktische Wirtschaftspolitik bedarf zunächst der Präzisierung der **Zielsetzungen**, die in einer gegebenen volkswirtschaftlichen Situation angestrebt werden sollen. In weiteren Schritten sind theoretische Vorstellungen darüber zu bilden, wie die Zielverfehlungen mit den gesamtwirtschaftlichen Tatbeständen kausal zusammenhängen. Erst auf der Basis der aufgefundenen **Kausalzusammenhänge** und prognostizierten **Entwicklungstendenzen** können geeignete wirtschaftspolitische Maßnahmen (Instrumente) geplant (ausgewählt) werden. Dies ermöglicht es, die weitere Entwicklung einzuschätzen – wenn nichts geschieht – und Ansatzpunkte für die Beeinflussung gesamtwirtschaftlicher Tatbestände im Hinblick auf die Zielvorstellungen auffinden zu können.

Schließlich sind **Erfolgskontrollen** durch administrative Instanzen vorzusehen und ggf. einzelne Handlungselemente der Wirtschaftspolitik zu revidieren.

Die Diagnose, Prognose und die Therapie bleiben trotz aller ökonomischen Expertise unsicher und ungewiss.

Jeder Akteur des Staates riskiert, dass die Kausalbestimmung einer Problemlage, (sei es Inflation, oder Arbeitslosigkeit) durch eine Unbekannte durchkreuzt wird, und sich als ein Irrtum erweist. Bei der Wahl der geeigneten Maßnahmen und deren vermutlichen Wirkungsmechanismen kann sich die Hoffnung der staatlichen Akteure bei der

Umsetzung als ein Irrtum erweisen. Bei der Entscheidung der geeigneten Maßnahmen setzen die staatlichen Akteure in einer bestimmten Problemlage die Hoffnung auf eine Wirkungseffektivität, die sich aber als Irrtum erweisen könnte, weil der Transfer- oder Wirkungsmechanismus wegen unberechenbarer Unbekannter bei der Umsetzung nie ganz sicher und präzise vorhersagbar ist.

Aus Gründen des „Stückwerks des Wissens" über die (unsichere) Kausalbestimmung und den (ungewissen) Wirkungsmechanismus gibt es für die praktische Wirtschaftspolitik selten eine sichere Patentlösung, sondern jede wirtschaftspolitische Entscheidung ist risikobehaftet, und es erweist sich oft erst im Nachhinein, was das Bessere gewesen wäre. So bleibt es häufig bei einem erneuten Versuch.

Die staatliche Wirtschaftspolitik hat wegen des „Stückwerks des Wissens" und damit des Risikos des Irrens nicht nur Probleme mit der empirisch korrekten Kausalbestimmung und Kausalanalyse, sondern auch mit der praktischen Umsetzung von einmal getroffenen Entscheidungen. Mit ihrer Wirtschaftspolitik können die Akteure des Staates bei dem Versuch, die wirtschaftliche Realität zu gestalten, durch Fehlentscheidungen aufgrund von Fehleinschätzungen, oder weil die entwickelten Maßnahmen nicht den Ursachen adäquat sind, scheitern. Die staatlichen Akteure machen oftmals den Fehler und denken bei ihren Entscheidungen nicht fallbezogen, sie unterziehen sich nicht der Anstrengung, die Ursachen einer Situation genau zu analysieren. Wirtschaftspolitiker haben so oft wenig Neigung, sich – vor der Wahl einer ursachenadäquaten Therapie – die Mühe zu machen, die Ursachen eines Problems genau herauszufinden. Die Wirtschaftspolitik neigt stattdessen oft dazu, alle wirtschaftlichen Situationen mit den immer gleichen Rezepten und denselben „Heilmitteln" zu behandeln: wie die Erhöhung der Geldmenge, die Senkung der Zinsen, die Förderung des Exports etc. So wurden die „Allerweltsrezepte" der Neoklassik mit ihrer Angebotspolitik und dabei insbesondere den Lohnsenkungen oder des Monetarismus mit seiner Zins- oder Geldmengensteuerung o. a. für viele Akteure zur „Weltanschauung".

Die wichtigste Aufgabe der wirtschaftspolitischen Akteure ist deshalb die Beurteilung der wirtschaftlichen Situation, die Analyse ihrer Ursachen und die Einschätzung der möglichen Entwicklung. Dafür bedarf es präziser Daten über Stand und Entwicklung der wichtigen ökonomischen Größen im volkswirtschaftlichen **Wirtschaftskreislauf**: des privaten Verbrauchs, des Staatsverbrauchs, der Summe der Investitionen, der Ausfuhr, der Einfuhr, des gesamten Einkommens mit dem Bruttoinlandsprodukt und dem Bruttonationaleinkommen u. a. Diese Daten liefert die **Wirtschaftsrechnung** der amtlichen „Volkswirtschaftlichen Gesamtrechnung" (VGR) durch die Statistischen Ämter in Bund, Ländern, EU u. a.

# 13

# Im Regelkreis der Wirtschaft – Wirtschaftskreislauf und Wirtschaftsrechnung (VGR)

„Ich habe versucht, ein Tableau von den Grundzügen der ökonomischen Ordnung zu machen, um darin Ausgaben und Erträge in einer leicht fasslichen Übersicht darzustellen und um zu einem klaren Urteil darüber zu kommen, welcher Art die Orientierung und Desorientierung sind, die die Regierung verursachen kann."

© Granger, NYC/INTERFOTO
*François Quesnay (1694–1774)*

## 13.1 Wirtschaftskreislauf und Kreislaufanalyse

### 13.1.1 Idee und Methodik der Kreislaufanalyse

Die Idee, sich das gesamtwirtschaftliche Geschehen kreislaufförmig vorzustellen und darzustellen, geht auf den französischen Arzt François Quesnay (1694–1774) zurück. In seinem „Tableau Economique" stellte er die ökonomischen Beziehungen zwischen Bodeneigentümern und -pächtern sowie Handel und Gewerbe dar und versuchte, die volkswirtschaftlichen Aktivitäten, die zwischen ihnen fließen, systematisch zu erfassen: Er entwickelte daraus die Idee des wirtschaftlichen „Kreislaufs" aus Tauschvorgängen und stellte die Güter- und Geldströme in einem grafischen Diagramm des Wirtschaftskreislaufs dar.

Wesentliche Impulse der Weiterentwicklung zur modernen Kreislaufanalyse gingen insbesondere von dem englischen Ökonom John M. Keynes (1863–1946) aus, der seine makroökonomischen Untersuchungen anhand kreislaufanalytischer Zusammenhänge machte. Das volkswirtschaftliche Denken wurde dadurch grundlegend verändert. Die revolutionäre Vorstellung vom Wirtschaftskreislauf hat die Volkswirtschaftslehre von linearen Kurzschlüssen befreit, die bis dato das ökonomische Denken beherrscht und blockiert hatten. Wer den Wirtschaftskreislauf verstanden hat, hat jetzt zu einem guten Teil die Volkswirtschaft verstanden.

Ein Beispiel soll dies veranschaulichen:

Für ein Unternehmen ist es von Vorteil, seine Kosten zu senken. Insbesondere die Löhne zu senken wäre von Vorteil. Es könnte dann billiger anbieten als die Konkurrenz und könnte mehr verkaufen. Es würde mehr herstellen und möglicherweise zusätzliche Arbeitskräfte einstellen. Ohne Verständnis der Kreislaufzusammenhänge entstand und entsteht daraus immer wieder der ökonomische Kurzschluss, Lohnsenkungen seien der sicherste Weg zur Überwindung von Arbeitslosigkeit. Die Lohnsenkung führt aber zu Verlust an Kaufkraft, Verminderung der Nachfrage und Absatz und schließlich zu Abbau von Produktion, Wachstum und Beschäftigung etc. Am Ende dieses Kreislaufs stehen Konkurse und eine Rezession.

Der Wirtschaftskreislauf ist der Inbegriff der quantifizierbaren Wirtschaftstätigkeit in Gestalt der Gesamtheit der Geld- und Güterströme

## 13.1 Wirtschaftskreislauf und Kreislaufanalyse

einer Volkswirtschaft während eines bestimmten Zeitraumes. Mit dem Bild vom Wirtschaftskreislauf werden die ständigen Ströme des Geld- und Güteraustauschs zwischen den Wirtschaftssubjekten veranschaulicht.

Das Bild des Wirtschaftskreislaufes verschafft einen Überblick über die Komplexität der wirtschaftlichen Austauschprozesse – wie alle Teile der Wirtschaft miteinander verbunden sind und sich gegenseitig beeinflussen. Heute ist die Bedeutung der Kreislaufanalyse für die Volkswirtschaftslehre und Wirtschaftspolitik deshalb nicht zu unterschätzen.

Die Kreislaufanalyse geht grundsätzlich in drei Schritten vor:

- Zunächst wird die Volkswirtschaft in wenige Sektoren, nach Wirtschaftssubjekten, untergliedert und zusammengefasst.
- Anschließend werden die Zusammenhänge zwischen den Sektoren (leistend und empfangend) analysiert.
- Letztlich wird die Art von Transaktionsströmen der Güter (Sachgüter, Dienstleistungen, Faktorleistungen) und Geld (Forderungen, Wertpapiere) zwischen Wirtschaftssubjekten dargestellt.

Zunächst werden die Wirtschaftssubjekte (Haushalte, Unternehmen, Staat) nach leistenden bzw. empfangenden Gruppen bzw. Sektoren als gegenüberliegende Pole zusammengefasst, um einen Überblick über deren Art der Austauschbeziehungen zu erhalten. Der Kreislauf der Wirtschaft umfasst in der Regel vier Wirtschaftssubjekte oder Sektoren: „Haushalte", „Unternehmen", „Staat" und „Ausland" und zum einen die materiellen Transaktionen von Faktoren und Gütern (Produktion, Konsum), sowie zum anderen monetäre Transaktionen (Zahlungen, Kredite).

Die vier zusammengefassten Wirtschaftssektoren weisen sowohl leistende als auch empfangende Funktionen im Wirtschaftskreislauf auf:

- **Haushalte** stellen Faktorleistungen für die Unternehmen und den Staat, meist Arbeitsleistungen, aber auch Boden und Kapital. Die Haushalte verwenden das dafür erhaltene Einkommen für Konsum und zum Sparen.

- **Unternehmen** produzieren Güter und Dienstleistungen, die sie an die Haushalte absetzen, um Gewinne zu maximieren und beziehen von den Haushalten ihre Einkommen.
- Der **Staat** erstellt öffentliche Güter, wie Sicherheit, Bildung, Infrastruktur u. a., die Finanzierung geschieht über Abgaben, Steuern etc.
- Das **Ausland** sind ausländische Empfänger von Exporten und Lieferanten von Importen.

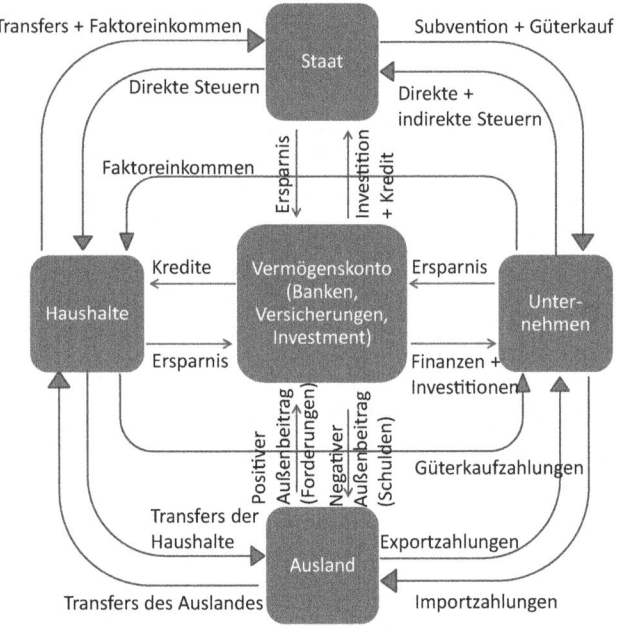

Für eine wirtschaftliche Kreislaufanalyse ist es erforderlich, die unterschiedlichen Arten von Austausch-Strömen, Güterströme und Geldströme, die zwischen den vier Sektoren fließen, zu kennen: Zwischen den beiden Sektoren „Private Haushalte" und „Unternehmen" fließen der Güterstrom (Arbeitsleistungen, Waren, Dienstleistungen) und der Geldstrom (Zahlungsmittel für die Güter). Die Haushalte arbeiten für Unternehmen (Güterstrom) und bekommen dafür Lohn (Geldstrom). Ein Teil ihres Lohnes geht zurück an die Unternehmen, in dem

## 13.1 Wirtschaftskreislauf und Kreislaufanalyse

Haushalte Güter kaufen (Güterstrom) und bezahlen (Geldstrom). Der Wirtschaftskreislauf besteht also aus zwei Güter- und zwei Geldströmen:

Zum einen: der Güterkreislauf „Produktionsfaktoren und Konsumgüter": Die privaten Haushalte stellen den Unternehmen die Produktionsfaktoren Boden, Kapital und Arbeit zur Verfügung, damit in den Betrieben Konsumgüter hergestellt werden. Diese sind für die privaten Haushalte bestimmt und werden an diese verkauft.

Zum anderen: der Geldkreislauf „Einkommen und Ausgaben": Für die geleistete Arbeit und die den Unternehmen zur Verfügung gestellten sonstigen Produktionsfaktoren erhalten die privaten Haushalte Einkommen in Form von Löhnen, Gehältern, Gewinnen und Mieten u. a.

Die privaten Haushalte verwenden ihre Einkommen zum Kauf der von den Unternehmen hergestellten Konsumgüter und tätigen damit ihre „Ausgaben für die Lebenshaltung".

Die Kreislaufdarstellung beschreibt die ökonomischen Verflechtungen zwischen den Wirtschaftssektoren der Volkswirtschaft und stellt die gesamtwirtschaftlichen Güterströme und Geldströme transparent dar (bspw. in Grafiken, Konten- und Matrixform oder in Form von mathematischen Gleichungen).

Die Kreislaufanalyse soll aber nicht nur beschreiben, sondern vor allem erklären und voraussagen. Sie ermöglicht, die beobachteten (und beschriebenen) Austauschströme zu „ergründen", (die Ursachen des wirtschaftlichen Geschehens zu klären, um herauszufinden, welche Faktoren diese Austauschprozesse bestimmen) und die komplexen, arbeitsteiligen Austauschvorgänge, die sich zwischen den Millionen von Wirtschaftssubjekten in einer Volkswirtschaft abspielen, durchsichtig zu machen.

Die unverzichtbare Aufgabe der Kreislaufanalyse liegt deshalb darin, durch systematische Untersuchungen wirtschaftliche Beziehungen, Zusammenhänge und Regelmäßigkeiten aufzudecken und zu analysieren, um Anhaltspunkte für wirtschaftspolitisches Handeln herauszufinden, und beispielsweise bisherige Handlungen und künftige Handlungsweisen zum Zwecke besserer Lösungen korrigieren zu können.

Kreislaufanalyse ist überall unabdingbar, wo wirtschaftspolitische Entscheidungen getroffen werden müssen, die die gesamte Volkswirtschaft betreffen. Sie liefert unverzichtbare Entscheidungshilfen für Regierungen, Zentralbanken und Tarifparteien, Gewerkschaften, Verbände, Unternehmen, Behörden, Medien u. a.

## 13.1.2 Der Nutzen der Kreislaufanalyse

In einer einfachen (fast statischen) Volkswirtschaft, mit einem „einfachen" Wirtschaftskreislauf, wie er sich z. B. noch in manchen Teilen Afrikas vorfindet, liegt die Spar- und Investitionstätigkeit fast bei Null. In solchen Volkswirtschaften ändert sich (außer durch Revolutionen oder Kriege) wirtschaftlich wenig. Es gibt keine gravierenden Störungen des Wirtschaftskreislaufs, aber auch kaum wirtschaftliches Wachstum. Anders in entwickelten Volkswirtschaften: hier wird der Wirtschaftskreislauf durch Spar- und Investitionstätigkeiten immer wieder Störungen aufweisen. Dies ist der Preis, den sie für das Wachstum zahlen müssen. Überdies wird der Wirtschaftskreislauf durch das Sparen und Investieren sowie durch Kredite und Schulden dynamisch und der volkswirtschaftliche Mechanismus außerordentlich kompliziert.

Ein kleines Fallbeispiel zeigt den Unterschied zwischen der einzelwirtschaftlichen und der kreislauftheoretischen Betrachtung und demonstriert den volkswirtschaftlichen Kreislaufmechanismus:

Bei einer allgemeinen Lohnsenkung würde ein lohnsenkendes Unternehmen zwar neue Arbeitskräfte einstellen, weil das jetzt billiger wäre und es daher seinen Marktanteil auf Kosten der Konkurrenz ausweiten könnte. Die Konkurrenz dagegen müsste aus dem gleichen Grunde Arbeitskräfte entlassen. Wenn nun alle Unternehmen die Löhne senken, hätte in diesem Fall kein Unternehmen einen Wettbewerbskostenvorteil. Die Gewinnspannen würden sich erhöhen, wenn die Lohnsenkungen nicht im Preis weitergegeben würden und die Investitionsneigung würde gestärkt. Gleichzeitig führte die Lohnsenkung aber zu Kaufkraftverlusten bei den Arbeitnehmerhaushalten. Die Nachfrage nach Konsumgütern ginge zurück. Die Konsumgüterindustrie würde weniger produzieren und Arbeitskräfte entlassen, sowie auch weniger investieren. Da die Investitionsneigung vor allem vom Absatz abhängt, wird der Rückgang der Nachfrage nach Konsumgütern auch auf die Kapazitätsauslastung drücken und damit den Absatz und die Produktion, die Investitionsneigung und die Beschäftigung sowie auch die Steuereinnahmen senken. Der Staat müsste Staatsausgaben verringern und sparen.

Nach der klassischen Finanzlehre soll der Haushalt eines Staates immer ausgeglichen sein, d. h. die Ausgaben des Staates müssen durch reguläre Einnahmen (Steuern etc.) gedeckt sein. Gingen die Einnahmen zurück – etwa in Folge eines Konjunktureinbruchs – so hätte der Staat die Ausgaben zu senken, um den Haushalt wieder ins Gleichgewicht zu bringen. Auf keinen Fall dürften Kredite aufgenommen werden.

Beides führt folglich im Kreislauf zu Verlust an Kaufkraft, geringerer Nachfrage und Absatz und damit zu Abbau von Produktion, Wachstum und Beschäftigung. In der weiteren Folge stehen Abschwung und womöglich Rezession.

Diese Kreislaufanalyse zeigt, dass eine Rücknahme der Staatsausgaben die Wirtschaftslage verschlechtern würde, da die Staatsausgaben wichtiger Bestandteil der gesamten Nachfrage sind. Produktion und Beschäftigung müssten sinken. Dies bedeutet sinkende Einkommen und somit wiederum dazu ein rückläufiges Steueraufkommen. Der Staat würde sein Ziel, den Haushalt wieder ins Gleichgewicht zu bringen, also nicht erreichen, sondern sogar das Haushaltsdefizit noch vergrößern. Staatliche Sparprogramme würden folglich eine Wirtschaftskrise verschärfen, während höhere Staatsausgaben die Konjunktur spürbar anschieben könnten. Aus dem Wirtschaftsleben ist bekannt, dass die Millionen Haushalte in Abschwungs- und Rezessionsphasen sich scheinbar rational verhalten und „vorsorglich" noch mehr sparen. Dadurch sinkt aber die Gesamtnachfrage und verschlimmert eine Rezession oder verschärft sie erst richtig. Dahinter versteckt sich der einzelwirtschaftliche Fehlschluss, mit anderen Worten: „Sparen macht arm."

Überdies treibt ein Sparüberangebot von Geld den Zins gegen Null. Die privaten Investitionen sind nicht ausreichend, um das hohe Angebot an Sparkapital aufzunehmen. Es kommt zu einer Unterauslastung der Kapazitäten, weil die Spartätigkeit so hoch ist und es an gesamtwirtschaftlicher Nachfrage fehlt, um die Kapazitäten auszulasten.

Die schwache Konjunktur wird noch weiter geschwächt. Je mehr „die Leute" sparen, ihre Ausgaben reduzieren, desto mehr bricht die Nachfrage ein. Es droht also keine Inflation, sondern eine Deflation, weil die Wirtschaft schrumpft. Sinkende Einkommen und Preise machen es noch schwerer, die Schulden abzubauen. Die Wirtschaft gerät in eine Rezession, mit der Folge, dass die Gesamteinkommen und die Preise sinken, mit der fatalen Konsequenz, dass die Schulden sogar steigen. Kreislaufwirtschaftlich lassen sich Schulden nur abbauen, wenn die Wirtschaft wächst.

Wenn jedoch die Haushalte und Unternehmen ihre Ausgaben verringern, muss der Staat einspringen. Er muss sich verschulden, um die Wirtschaft wieder anzukurbeln. Diesen Teufelskreis kann nur der Staat durchbrechen – mit einem massiven Konjunkturprogramm.

In der kreislaufwirtschaftlichen Gesamtschau steigen die Schulden auch nicht. Sie werden nur zwischen den Wirtschaftssektoren verschoben. Der Staat nimmt Schulden auf und schafft damit Einkommen, das die Unternehmen und die Haushalte wiederum nutzen, um ihre Schulden zu reduzieren.

Diese Kreislaufanalyse zeigt überdies auch den Zusammenhang zwischen gesamtwirtschaftlicher Nachfrage und gesamtwirtschaftlicher Produktion und Beschäftigung. Sie zeigt, dass die einzelwirtschaftliche Betrachtung zu kurz greift und volkswirtschaftliche Überlegungen ohne Berücksichtigung der Analyse des Wirtschaftskreislaufs immer zu einem falschen Schluss kommen. Die kreislauftheoretische Analyse ist deshalb für volkswirtschaftliche Überlegungen unabdingbar, weil sie nicht nur die Wirkung einer ökonomischen Größe auf eine andere, sondern auch die Wirkung auf alle anderen und deren Rückwirkungen betrachtet. Die einzelwirtschaftliche Analyse führt hingegen zu einem volkswirtschaftlich falschen Resultat, weil eben die Veränderung einer ökonomischen Größe in einem Teil der Wirtschaft, wegen der gesamtwirtschaftlichen Interdependenzen, in zahlreichen anderen Bereichen der Wirtschaft Folgen bewirken. Wie im oben genannten Fall eine Lohnsenkung in den einzelnen Unternehmen Kostensenkungswirkungen erzeugt, aber wegen der gesamtwirtschaftlichen Interdependenzen in vielen anderen Bereichen der Wirtschaft eigentlich unerwünschte Folgen auftreten.

Eine ausschließlich (neoklassische) angebotspolitische bzw. betriebswirtschaftlich-kostentheoretische Sicht greift angesichts der hoch arbeitsteilig interdependenten Komplexität der volkswirtschaftlichen Realität zu kurz.

Erst die Analyse des Regelsystems des nahezu gesamten Wirtschaftskreislaufs kann auch die Rückkopplungszusammenhänge zwischen der gesamtwirtschaftlichen Nachfrage und der gesamtwirtschaftlichen Produktion wahrnehmen.

## 13.2 Vom Wirtschaftskreislauf zur Wirtschaftsrechnung – die volkswirtschaftliche Gesamtrechnung (VGR)

### 13.2.1 Die Aufgaben der VGR

Die wichtigste Grundlage aller wirtschaftspolitischen Entscheidungen staatlicher Akteure sind zuverlässige präzise Daten über die wirtschaftliche Entwicklung der Volkswirtschaft. Die Beurteilung der Situation einer Volkswirtschaft und die Analyse ihres Wirtschaftskreislaufs benötigen Daten über wirtschaftliche Befunde, Statistiken und Analysen der amtlichen Statistik im Zusammenhang mit der Volkswirtschaftlichen Gesamtrechnung(VGR). Wird das Modell des Wirtschaftskreislaufs mit konkreten empirischen, von den Statistischen Ämtern ermittelten Zahlen gefüllt, so entsteht die volkswirtschaftliche Gesamtrechnung.

Die Volkswirtschaftliche Gesamtrechnung ist ein unverzichtbares Werkzeug für wirtschaftspolitische Analysen und Diagnosen, Erklärungen, Prognosen und Maßnahmen. Mithilfe der VGR kann beispielsweise herausgefunden werden, um wie viel Prozent das Inlandsprodukt real zunehmen muss, wenn die Beschäftigung wenigstens gehalten oder ein weiterer Anstieg der Arbeitslosigkeit verhindert werden soll. Denn es besteht ein Zusammenhang zwischen dem Inlandsprodukt und der Beschäftigung.

Die Volkswirtschaftliche Gesamtrechnung gibt ein umfassendes Rechenwerk über eine Volkswirtschaft während eines bestimmten Zeitraumes, ein übersichtliches, strukturiertes und quantitatives Gesamtbild der wirtschaftlichen Entwicklung. Dieses Bild ist die Beschreibung des Wirtschaftsablaufes mit allen Wirtschaftsakteuren (Personen oder Institutionen) und ihren wirtschaftlichen Tätigkeiten und allen damit verbundenen Ergebnissen. Bei der VGR handelt es sich um eine Statistik wichtiger ökonomischer Größen: insbesondere der Daten des Bruttoinlandsprodukts und des Bruttonationaleinkommens, des privaten Verbrauchs, des Staatsverbrauchs, der Summe aller Investitionen, der Ausfuhr, der Einfuhr, des gesamten Einkommens u. a.

Ziel der volkswirtschaftlichen Gesamtrechnung ist es, die Ergebnisse der Wirtschaftsentwicklung einer Volkswirtschaft für eine bestimmte Periode zahlenmäßig zu erfassen. Dazu hat sie mehrere Aufgaben:

- sie dient der Wohlstandsmessung,
- sie bildet die Grundlage für Wirtschaftsprognosen,
- sie liefert die Datenbasis zur Überprüfung theoretischer Hypothesen,
- sie unterstützt wirtschaftspolitische Entscheidungen und
- sie hilft beim Verständnis gesamtwirtschaftlicher Zusammenhänge.

Die Volkswirtschaftliche Gesamtrechnung gibt auf die wichtigsten wirtschaftspolitischen Fragen über Umfang und Wert der wirtschaftlichen Leistungen einer Volkswirtschaft übersichtlich Antwort und informiert darüber:

- Wie groß war die gesamte Wirtschaftsleistung eines Landes in Produktion von Gütern und Dienstleistungen in einem bestimmten Jahr? (Bruttoinlandsprodukt)
- Was haben die großen wirtschaftlichen Bereiche zu dieser Gesamtleistung beigetragen? (Landwirtschaft, Industrie, Dienstleistungen)
- Wie ist diese Gesamtleistung auf- und verteilt worden? (Erwerbs- und Vermögenseinkommen)
- Wie ist die Gesamtleistung verwendet worden? (Verbrauch und Ersparnis, Vermögensbildung, Investitionen)

- Wie haben sich die verschiedenen Größen im Verlauf der Zeit entwickelt? (Umstrukturierung, Verschiebung der Proportionen)
- Wie war das Verhältnis und das Gesamtvolumen von Im- und Export?

Die Erhebungen dazu werden in Deutschland durch das Statistische Bundesamt auf der Grundlage des Europäischen Systems Volkswirtschaftlicher Gesamtrechnungen (ESVG) durchgeführt. Grundlage sind die Definitionen des Internationalen Währungsfonds (IWF), die die weltweite Vergleichbarkeit sichern sollen. Die Ergebnisse der Volkswirtschaftlichen Gesamtrechnung werden regelmäßig vom Statistischen Bundesamt veröffentlicht. Die methodischen Grundlagen der Berechnungen sowie die Interpretationen der Ergebnisse werden in loser Reihenfolge in der Monatszeitschrift „Wirtschaft und Statistik" publiziert.

## 13.2.2 Der Aufbau der VGR – Die Ermittlung des BIP

Im Jahre 1995 wurden die nationalen gesamtwirtschaftlichen Wirtschaftsrechnungen an das Europäische System der Volkswirtschaftlichen Gesamtrechnungen (ESVG) angepasst.

Das Schema des Europäischen Systems der Volkswirtschaftlichen Gesamtrechnungen (ESVG) unterscheidet und fasst die Vielzahl der Wirtschaftseinheiten mit ihren wirtschaftlichen Aktivitäten in drei Hauptbereiche zusammen. Danach stehen drei Wege für die Ermittlung der volkswirtschaftlichen Wirtschaftsleistung, des Bruttoinlandsprodukts (BIP) bzw. Nationaleinkommens, zur Verfügung: die Entstehungs-, die Verteilungs- und die Verwendungsrechnung. In dem übersichtlichen Schema des ESVG gelten folgende Definitionen:

**Die Entstehungsrechnung**

+ Produktionswert
− Vorleistungen
= **Bruttowertschöpfung**
+ Gütersteuern

\+ Gütersubventionen
= **Bruttoinlandsprodukt**
\+ Saldo der Einkommen mit dem Ausland
= Bruttonationaleinkommen
− Abschreibungen
= **Nettonationaleinkommen**

**Die Verteilungsrechnung**

= **Nettonationaleinkommen**
− Arbeitnehmerentgelte
= Unternehmens- und Vermögenseinkommen

**Die Verwendungsrechnung**

Private Konsumausgaben
\+ Konsumausgaben des Staats
\+ Ausrüstungsinvestitionen
\+ Bauinvestitionen
\+ Sonstige Anlagen
\+ Vorratsänderungen
\+ Exporte
− Importe
= **Bruttoinlandsprodukt**

**Begriffsklärungen**
Der Produktionswert ist der Wert der Verkäufe von Gütern und Dienstleistungen, vermehrt um den Wert der Bestandsänderungen sowie um die selbst erstellten Anlagen.

Vorleistungen sind der Wert der Güter und Dienstleistungen, die von den Unternehmen bei anderen Unternehmen gekauft wurden, z. B. das Holz einer Möbelfabrik. (Der Wert muss abgezogen werden, um Doppelzählungen zu vermeiden.)

Gütersteuern sind alle Steuern und Abgaben, die für gehandelte Güter oder Dienstleistungen zu entrichten sind. Gütersubventionen sind Zahlungen des Staats an Unternehmen, um deren Verhalten zu beeinflussen.

## 13.2 Vom Wirtschaftskreislauf zur Wirtschaftsrechnung ...

Der in der früheren Statistik benutzte Begriff Bruttosozialprodukt entspricht nicht dem heutigen Bruttoinlandsprodukt, sondern grob dem heutigen Bruttonationaleinkommen. Das heutige Nettonationaleinkommen schließlich entspricht etwa dem früheren Volkseinkommen. Als „Maßstab des Wohlstands" ist das frühere Bruttosozialprodukt durch das heutige **Bruttoinlandsprodukt** ersetzt worden.
Die Volkswirtschaftliche Gesamtrechnung beschreibt das Bruttoinlandsprodukt (bzw. Nationaleinkommen) in Form von drei volkswirtschaftlichen Konten. Sie ist eine Art Buchführung für die Volkswirtschaft: über die Einkommens**entstehung** (durch Produktion), die Einkommens**verteilung** (Löhne und Gewinne) und die Einkommens**verwendung** (durch Verbrauch/Konsum und Sparen zur Vermögensbildung).

### 13.2.2.1 Die Entstehung des Bruttoinlandsprodukts (BIP)

In der Entstehungsrechnung werden die Leistungen der das Bruttoinlandsprodukt erzeugenden Wirtschaftsbereiche zusammengefasst. Die wirtschaftlichen Akteure dieser Leistungen zur Erstellung des Bruttoinlandsprodukt sind:

- Die „Unternehmen", in denen die Güter und Dienstleistungen für den Markt produziert werden. Ihr Beitrag ist die Wertschöpfung, der Produktionswert, d. h. der Wert aller erzeugten Güter abzüglich der „Vorleistungen", d. h. abzüglich der Ausgaben für Material, Reparaturen, Mieten, usw.
- Die „Haushalte" stellen den Unternehmen, gegen Einkommen, Produktivleistungen (insbesondere Arbeit) zur Verfügung und verwenden ihr Einkommen für Konsum und Ersparnis. Ihr Beitrag zum BIP besteht überdies in Leistungen für andere Haushalte: Hausarbeit von Hausangestellten, Haushälterinnen oder Dienstpersonal. Eine kleine Ironie dieser Ökonomie ist, dass ein Junggeselle, der seine Haushälterin heiratet, das Bruttoinlandsprodukt senkt.
- Der „Staat" stellt durch die staatlichen Akteure einen Beitrag zum BIP in Form von öffentlichen Gütern und Dienstleistungen (z. B.

Infrastruktur) für die Bürger und Unternehmen bereit. Werden von den gesamten Kosten der öffentlichen Dienstleistungen die Sachausgaben als Vorleistungen abgezogen, ergibt sich der Wert der Personalausgaben des Staates. Außerdem ist der Staat noch als Steuereinnehmer und Umverteiler von Einkommen tätig.

- Das „Ausland" steht für den Wert der materiellen und monetären Tausch-Transaktionen zwischen in- und ausländischen Wirtschaftssubjekten. Der Beitrag des Auslands zum inländisch verfügbaren Angebot besteht vor allem in importierten Gütern und Dienstleistungen im Austausch mit den Exporten.

Werden diese Beiträge der Wertschöpfungen bzw. Produktionswerte der einzelnen Produktionsbereiche addiert, ergibt sich das Bruttoinlandsprodukt von der Entstehung her, wie die Übersicht (für Deutschland) es zeigt:

| Entstehungsbereiche des BIP | ca. Anteil am BIP |
|---|---|
| Landwirtschaft, Forstwirtschaft, Fischerei, Bergbau | 2% |
| Warenproduzierendes Gewerbe | 35% |
| Handel und Verkehr | 15% |
| Private Dienstleistungen | 35% |
| Staat | 10% |
| Private Haushalte | 3% |

Der primäre Sektor mit Landwirtschaft, Forsten, Bergbau etc. stellt nur noch einen sehr geringen Anteil an der Volkswirtschaft dar. Der sekundäre Sektor umfasst das Waren produzierende Gewerbe mit Industrie und Handwerk. Vor 50 Jahren entfiel über die Hälfte des Bruttoinlandsprodukts auf Industrie und Handwerk, inzwischen aber nicht mehr als ein Drittel. Der Grund sind die Rationalisierung und die Produktivitätsfortschritte in modernen Volkswirtschaften durch Computer u. a. technische Fortschritte (mit dem Verlust von Arbeitsplätzen) etc. Der Anteil des tertiären Sektors ist dementsprechend größer; die Rationalisierung hat aber auch vor dem tertiären Sektor nicht haltgemacht. Als quartärer Sektor wird oft der Teil von Information, Bildung, Wissenschaft und Forschung bezeichnet. Als quintärer Sektor wird oft ein künftig expansiver Gesundheitssektor (aufgrund der alternden Gesellschaft und entsprechenden Krankheiten sowie der damit verbundenen Notwendigkeit von immer mehr medizinischen, pharmakologischen und pflegerischen Gütern und Dienstleistungen) benannt.

### 13.2.2.2 Die Verteilung des BIP

Durch den Verkauf von erzeugten Gütern und Dienstleistungen des Bruttoinlandsprodukts entstehen Einkommen und insgesamt das Bruttonationaleinkommen (BNE).

Die Verteilungsrechnung gibt an, wie diese entstandenen Einkommen verteilt wurden.

Ebenso wie die Produktion der Werte der erzeugten Güter lassen sich auch die Einkommen addieren, um zum BIP zu gelangen, indem die Einkommen aus unselbstständiger Arbeit (Löhne) und aus Unternehmenstätigkeit und Vermögen (Gewinne) addiert werden. Die Einkommen aus unselbstständiger Arbeit umfassen alle Löhne und Gehälter sowie die von den Arbeitgebern gezahlten Beiträge zur Sozialversicherung der Arbeitnehmer, während die Einkommen aus Unternehmenstätigkeit und Vermögen die Unternehmensgewinne sowie Vermögenserträge, z. B. Einkünfte aus Mieten, Pachten, Zinsen u. a. umfassen.

Die Einkommen aus unselbstständiger Arbeit werden erzielt aus dem Faktor Arbeit, während sich die Einkommen aus Unternehmenstätigkeit und aus Vermögen aus der Bereitstellung der Faktoren Boden und Kapital erzielen. Deren Kosten muss der Verbraucher im Preis der Güter und Dienstleistungen bezahlen, mit anderen Worten des einen Einkommen sind des anderen Kosten.

Die Verteilung der, aus diesen Bereichen resultierenden Einkommen („Gewinne", „Löhne"), wird als Primäreinkommen bezeichnet.

Die Belastung dieser Einkommen mit Steuern und Abgaben wird die Basis der Umverteilung durch den Staat zur Finanzierung von Transfereinkommen bzw. Sekundäreinkommen für private Haushalte (Sozialleistungen) und Unternehmen (Subventionen). Der Umfang dieser Umverteilung zuzüglich der Ausgaben für die öffentlichen Güter ergibt die „Staatsquote", d. h. den Anteil der Staatsausgaben am BIP bzw. BNE.

Das Volkseinkommen (die Summe aus den „Löhnen" und den „Gewinnen") ist dann das Einkommen, das die Inländer durch ihre wirtschaftlichen Tätigkeiten erzielt haben. Das Volkseinkommen wird auch als Nettoinlandsprodukt zu Faktorkosten bezeichnet und ergibt sich aus den Kosten bzw. Einkommen der Produktionsfaktoren.

Das „Volkseinkommen" ist die Summe aller Einkommen:

| Verteilungsbereiche des BIP | ca. Anteil am BIP |
|---|---|
| Einkommen aus unselbständiger Arbeit | 65% |
| + Einkommen aus Unternehmenstätigkeit und Vermögen | 35% |
| = **Volkseinkommen (Nettoinlandsprodukt zu Faktorkosten)** | **100%** |
| + Indirekte Steuern ( minus Subventionen) | 35% |
| = Nettoinlandsprodukt zu Marktpreisen (Volkseinkommen) | 100% |
| + Abschreibungen | 15% |
| = **Bruttoinlandsprodukt (zu Marktpreisen)** | |

Das Volkseinkommen ist die Größe, die an private Haushalte verteilt wird. Der Anteil der Einkommen aus unselbstständiger Arbeit am Volkseinkommen wird als Lohnquote bezeichnet. Sie beträgt in Deutschland rund zwei Drittel und ist seit Jahren zurückgegangen. Der Anteil der Einkommen aus selbstständiger Arbeit und aus Vermögen am Volkseinkommen wird als Gewinnquote bezeichnet. Sie beträgt in Deutschland gut ein Drittel und ist angestiegen. Lohnquote und Gewinnquote ergeben immer zusammen 100 % und damit das Volkseinkommen.

Die Anteile der Lohnquote und Gewinnquote an der Einkommensverteilung sind jedoch etwas irreführend, da die Einkommen aus unselbstständiger Arbeit und die Einkommen aus Unternehmenstätigkeit und Vermögen nicht eindeutig den unselbstständigen Arbeitnehmern und den Selbstständigen zugeordnet werden können. Denn die Einkommen aus Unternehmenstätigkeit und Vermögen enthalten, wegen der Regeln der Amtsstatistik, auch die Vermögenseinkommen von unselbstständigen Arbeitnehmern, also Zinsen aus Sparguthaben u. a. Zum anderen werden auch die Einkommen von juristisch unselbstständigen Personengruppen den Einkommen unselbstständiger Arbeit zugeordnet, obwohl sie aufgrund ihrer hierarchischen Position in den Unternehmen zur Unternehmensseite zu rechnen sind. Die

Aussagefähigkeit der Lohnquote wird deshalb oft angezweifelt, insbesondere wenn die Lohnquote steigt (von den Arbeitgebern), oder wenn sie fällt.

### 13.2.2.3 Die Verwendung des Bruttoinlandsprodukts

Die Verwendungsrechnung gibt an, zu welchen Zwecken die hergestellten Güter und Dienstleistungen des Bruttoinlandsprodukts verbraucht wurden, ob sie beispielsweise konsumiert oder investiert wurden oder für den Staatsverbrauch oder den Außenbeitrag (Exporte minus Importe) eingesetzt wurden. Die Importe werden zwar verbraucht, aber nicht selbst von der inländischen Volkswirtschaft erzeugt, und werden deshalb herausgerechnet.

Da aus Einkommen irgendwann Nachfrage wird, lässt sich das BIP auch ermitteln, indem seine Verwendungsbereiche bzw. Nachfragebereiche zusammenaddiert werden. Die Übersicht zeigt ihre **Anteile am BIP**:

| Verwendungsbereiche des BIP | ca. Anteile am BIP |
|---|---|
| Privater Verbrauch | 60% |
| Staatsverbrauch | 20% |
| Bruttoanlageinvestitionen | 20% |
| Vorratsinvestitionen | 1% |
| Außenbeitrag | 10% |

Mehr als die Hälfte des Bruttoinlandsprodukts entfällt auf den „privaten Verbrauch"; dieser ist weitgehend von Einkommen aus unselbstständiger Arbeit abhängig. Zum „Staatsverbrauch" – nicht mit den Staatsausgaben zu verwechseln – zählen neben dem Staatskonsum auch staatliche Investitionen (die in den Bruttoanlageinvestitionen enthalten sind). Die Staatsausgaben bestehen zum größten Teil aus Sozialleistungen, aus denen privater Verbrauch wird.

Die „Bruttoanlageinvestitionen", auch als Investitionsquote bezeichnet, schaffen die Investitionsvoraussetzungen für die Steigerung des Wachstums der Volkswirtschaft. Denn Investitionen bezeichnen die Nachfrage nach Investitionsgütern, wie Maschinen, Fahrzeugen oder Bauleistungen usw. und erneuern und erweitern die

Produktionskapazitäten und die Angebotsmöglichkeiten. Der „Außenbeitrag" ist die Differenz zwischen Aus- und Einfuhr an Gütern und Dienstleistungen. Ein positiver Außenbeitrag bedeutet einen Ausfuhrüberschuss, ein negativer Außenbeitrag bedeutet einen Einfuhrüberschuss. In Deutschland war der Außenbeitrag meist erheblich positiv.

## 13.3 Fallstricke der VGR

Ein zentraler Begriff der volkswirtschaftlichen Gesamtrechnung ist das Bruttoinlandsprodukt. Es ist der Wert aller Güter und Dienstleistungen, die in einem bestimmten Zeitraum (z. B. ein Jahr) von einer Volkswirtschaft erstellt wurden. Die gesamtwirtschaftliche Leistung einer Volkswirtschaft wird nach wie vor am Bruttoinlandsprodukt gemessen.

Das Bruttoinlandsprodukt gilt auch als Maß für den Wohlstand und als Indikator für die Lebensverhältnisse in einem Land sowie für internationale Wohlstandsvergleiche, obwohl es als Maßstab des Wohlstandes sehr umstritten ist. Mehrere Mängel am Bruttoinlandsprodukt als Maß des Wohlstands werden immer wieder angeführt und erschweren Wohlstandsvergleiche mit anderen Ländern erheblich:

So werden in der VGR solche Leistungen nicht berücksichtigt, die nicht über den Markt gegangen sind, die z. B. unentgeltlich erbracht werden, obwohl sie den Wohlstand erhöht haben. Alle Güter und Dienstleistungen, die offiziell nicht vermarktet werden, werden vom Finanzamt nicht erfasst und gehen nicht in das Bruttoinlandsprodukt ein. Dies gilt z. B. für Eigenleistungen privater Haushalte, für die keine Entgelte gezahlt werden, wie Werte, die durch Hausarbeit, Nachbarschaftshilfe, Hausfrauentätigkeit, Kindererziehung, Eigenheimbau, heimselbsterstellte Produkte erbracht werden. Dies gilt auch für Leistungen, die durch illegale Geschäfte auf „Schwarzmärkten" in der sogenannten Schattenwirtschaft erstellt werden. In unterentwickelten Wirtschaften oder Schwellenländern spielt die Produktion zum Eigenverbrauch (Subsistenzwirtschaft) eine große Rolle.

Eine ökonomisch falsche Bewertung gilt überdies auch bei öffentlichen Gütern, die oft als Leistungen von öffentlichen Haushalten entgeltlos abgegeben werden.

## 13.3 Fallstricke der VGR

Besonders kurios ist die Tatsache, dass auch sogenannte „Leistungen" in die Inlandsproduktrechnung eingehen, die durch schädliche Ereignisse ausgelöst werden, wie Aufwendungen, um Schäden abzustellen, wie z. B. Unfallschäden im Straßenverkehr etc. (sog. defensive Ausgaben). Ein Verkehrsunfall steigert so das Inlandsprodukt durch die dadurch bedingten notwendigen Dienstleistungen und Güter an der Fahrzeugreparatur, Arztleistungen, Medikamente, bis zu Krankenhausleistungen etc.

Andere Wohlstandsschäden, die volkswirtschaftlich – und für die Menschen und die Gesellschaft – schwerwiegende nachteilige Ereignisse darstellen, wie Umweltschäden, samt Gesundheitsschäden, die u. a. durch Industrie und Handwerk hervorgerufen werden, gehen auch nicht in die Inlandsproduktrechnung ein, obwohl sie die Lebensqualität und den Wohlstand ganz erheblich vermindern.

Wenn die Inlandsproduktrechnung korrekt sein soll und das BIP als wahres Wohlstandsmaß gelten soll, müssen solche Wohlstandseinbußen vom rechnerischen Wert des Bruttoinlandsprodukts abgezogen und die (kaum zu erfassenden) Leistungen der „Schattenwirtschaft" hinzugerechnet werden. Leider ist es alles andere als trivial, Umweltschäden oder verhinderte Umweltschäden zu messen und zu ermitteln. Hierfür gibt es keinen allgemeingültigen Maßstab, sodass die Versuche, den (entgangenen) Umweltnutzen in die Inlandsproduktrechnung zu integrieren, noch nicht gelungen sind.

Das Statistische Bundesamt stellt aber ergänzend zur VGR eine „Umweltökonomische Gesamtrechnung" (UGR) zur Verfügung, die die Wechselwirkungen zwischen wirtschaftlichen Aktivitäten und der Beanspruchung, dem Verbrauch und der Zerstörung von natürlichen Umweltressourcen darstellen soll. So wird ermittelt, wie effizient Wirtschaft und Gesellschaft mit Material, Energie und Flächen umgehen und welche Kosten mit damit bedingten Umweltschutzmaßnahmen verbunden sind. Nach Möglichkeit werden die UGR-Ergebnisse mit der VGR sowie mit anderen Statistiken verknüpft und in physischen als auch monetären Größen dargestellt.

Die Stärken und Schwächen des Inlandsproduktkonzepts sind vor allem, dass alle Leistungen – gleich ob Güter (*"goods, mads oder bads"*) oder Dienstleistungen – als bloße monetäre „Wertgrößen" erfasst und „bewertet" werden, d. h. in Geldeinheiten mit ihrem jeweiligen Marktpreis. „Äpfel und Birnen" lassen sich aber nicht addieren. Das BIP ist aber eine einzige in Geldeinheiten ausgedrückte Größe (in Deutschland gut 3 Bill. €). Diese Stärke ist zugleich die Schwäche des Inlandsproduktkonzepts, weil die Wirtschaftsleistung in den jeweiligen Preisen gemessen wird, d. h. die Entwicklung des Geldwertes, durch Inflation oder Deflation, darin enthalten ist. Eine solche Veränderung wird als nominal bezeichnet; wird die nominale Größe inflationsbereinigt, wird sie als real bezeichnet.

Weitaus schwieriger sind aber weltweite Vergleiche der Wirtschaftsleistung; solche Darstellungen werden in einer Weltwährung, wie z. B. in US-Dollar erstellt. Die dabei verwendeten Wechselkurse können jedoch nicht die unterschiedliche innere Kaufkraft berücksichtigen. Deshalb wird zum Vergleich oft versucht, für Währungsumrechnungen pragmatisch die internationalen Cola- oder Hamburger-Preise zu nutzen.

Trotz Mängel in der statistischen Erfassung von wirtschaftlichen Vorgängen ist das Standardsystem der VGR ein unverzichtbares Instrument der Wirtschaftstheorie und der angewandten Wirtschaftspolitik.

Womöglich wird es nie gelingen, ein korrektes Wohlstandsmaß zu entwickeln, das allgemein anerkannt wird und den Fortschritt – oder Rückschritt – an wirtschaftlicher Lebensqualität fehlerfrei wiedergibt. Trotz der Mängel des Inlandsproduktkonzepts lässt es aber hoffen, schrittweise durch „Versuch und Irrtum" besseren Wohlstandsindikatoren näher zu kommen.

## Quellen und weiterführende Literatur

Braunberger, Gerald / Weizsäcker, Carl Christian von, Macht mehr Schulden!, FAZ blog 24.07.2012

Brümmerhoff, Dieter, Volkswirtschaftliche Gesamtrechnungen, 7. Aufl., München 2002

Deutscher Bundestag, Enquete-Kommission Wachstum, Wohlstand, Lebensqualität, Berlin 2013, Website der Enquete Wachstum, Wohlstand, Lebensqualität
Frenkel, Michael, Volkswirtschaftliche Gesamtrechnung, 9. Aufl., München 2011
Haslinger, Franz, Volkswirtschaftliche Gesamtrechnung, 6. Aufl., München 1992
Hübl, Lothar, Wirtschaftskreislauf und gesamtwirtschaftliches Rechnungswesen, in: Vahlens Kompendium der Wirtschaftstheorie und Wirtschaftspolitik, Bd. 1, 9. Aufl., München 2007
Krugman, Paul, Vergesst die Krise! Warum wir jetzt Geld ausgeben müssen, Frankfurt/M. 2012
Lepenies, Phillip, Die Macht der einen Zahl. Eine politische Geschichte des Bruttoinlandsprodukts, Berlin 2013
OECD, OECD Guidelines on Measuring Subjective Well-being, Paris März 2013
Stobbe, A., Volkswirtschaftliches Rechnungswesen, 8. Aufl., Berlin 1994
(www.bundestag.de/bundestag/ausschuesse)
(www.destatis.de/basis)
(www.oecd.org/statistics/Guidelines)

# 14

# Die Hebel der Wirtschaftspolitik: Die „sichtbare Hand" des Staates

„Wissenschaft will soziales Handeln deutend verstehen und seine Wirkungen ursächlich erklären."

© Sammlung Rauch/INTERFOTO
*Max Weber (1864–1920)*

*Unsichtbar wird der Wahnsinn, wenn er genügend große Ausmaße angenommen hat.*
Bertolt Brecht

## 14.1 Die Akteure des Staates – die sichtbare Hand des Staates

Die Marktwirtschaft geht mit einigen unerwünschten Nebenwirkungen einher, das sogenannte Marktversagen, wie insbesondere: konjunkturelle Schwankungen mit Arbeitslosigkeit oder Geldentwertung, Kapitalkonzentration mit zunehmender ungleicher Einkommens- und Vermögensverteilung sowie die Umweltzerstörung mit dem schleichenden Klimawandel.

Das Zusammenarbeiten und Zusammenwirtschaften der Akteure einer Volkswirtschaft bedarf deshalb eines allgemeinen Regelwerks, nach dem gemeinsam alltäglich neu bestimmt werden kann, welche Bedarfe erfüllt werden sollen und wie die verfügbaren Ressourcen eingesetzt werden sollen (die Lösung des Allokationsproblems). Die Gesellschaft muss deshalb durch die „sichtbare Hand" des Staates den wirtschaftlichen Tätigkeiten der autonomen Wirtschaftssubjekte einen Ordnungsrahmen setzen.

Die Wirtschaftsakteure (Haushalte und Unternehmen etc.) brauchen ein Grundvertrauen in die Zuverlässigkeit und Verlässlichkeit der vom Staat gesetzten Rahmenbedingungen für die wirtschaftlichen Handlungsrechte, z. B. dass im Rahmen der Rechtsordnung Konflikte zwischen wirtschaftlicher und ökologischer Rationalität beseitigt werden sowie das Vertrauen, dass der staatliche Akteur über die wirtschaftspolitische Kompetenz zur Steuerung der hochkomplexen Organisation der fragilen Volkswirtschaft verfügt.

Denn sich dem Wettbewerb im Markt zu stellen und sich um Leistungen zu bemühen, ist für einen Wirtschaftsakteur nur dann rational, wenn er von der Zuverlässigkeit der Rechtsordnung und von der Handlungsfähigkeit des Staates bei Marktversagen ausgehen kann, z. B. bei Verletzungen der Wettbewerbsordnung oder bei Umweltzerstörungen.

## 14.1 Die Akteure des Staates – die sichtbare Hand des Staates

Ohne diese Verlässlichkeit in die Handlungsfähigkeit des Staates (wie bei Marktversagen) macht es für einen Anbieter keinen Sinn, sich um die Weiterentwicklung seiner Produkte zu bemühen und Kunden zu halten und zu gewinnen.

Ohne die Verlässlichkeit der sichtbaren Hand des Staates können die Wirtschaftssubjekte ihr Entscheiden und Handeln nicht planvoll disponieren. Ökonomisches Verhalten steht und fällt mit dem Vertrauen in die Tragfähigkeit von Handlungsvoraussetzungen, die die Wirtschaftssubjekte selbst nicht kontrollieren können: das Vertrauen der Wirtschaftssubjekte (Haushalte und Unternehmen) eben nicht nur in die „**unsichtbare Hand**" **des Marktes**, sondern subsidiär auch in die **sichtbare gestaltende Hand des Staates** in den Fällen, in denen die unsichtbare Hand des Marktes nicht zum optimalen Wohlfahrtsergebnis führt, wie es bei schädlichem Marktversagen, z. B. Wirtschaftskrisen, der Fall ist.

Die Volkswirtschaft ist ein gemischtes Ensemble von Entscheidungsträgern in Markt und Staat – nahezu eine Symbiose von Markt und Staat – oder Mixtur der „unsichtbaren Hand" des Marktes und der „sichtbaren Hand" des Staates, die im Falle unerwünschter Störungen in der wirtschaftlichen Entwicklung gemeinsam entgegen wirken oder intervenieren.

Eine **Marktwirtschaft** ist eine interventionistische Wirtschaftsordnung, in der der Markt mit dem privaten Sektor zwar dominiert, in der vor allem der Staat und andere Entscheidungsträger regulierende öffentliche und wirtschaftspolitische Aufgaben erfüllen sollen. Entscheidungsträger sind Personen und Institutionen, denen die Gesellschaft entsprechende Kompetenz und die für die Durchsetzung von Entscheidungen erforderliche Macht zuerkannt hat. Die wichtigsten Akteure sind die staatlichen wirtschaftspolitischen Entscheidungsträger, hinzukommen verschiedene nicht- oder parastaatliche Entscheidungsträger, wie Verbände, Gewerkschaften u. a. Im wirtschaftspolitischen Prozess wirkt eine Vielzahl von Akteuren, die auch als „Öffentliche Hand" u. a. im staatlichen Sektor bezeichnet werden. Die Zahl der Entscheidungsträger ist groß; dies ergibt sich daraus, dass es beispielsweise in Deutschland ein föderalistisches und auf dem Prinzip der Gewaltenteilung basierendes Staatswesen gibt.

**Staatlicher Sektor**
Der Staat ist die politische Ordnung einer Gesellschaft, die ein abgegrenztes Staatsgebiet bzw. Territorium, ein dazugehöriges Staatsvolk, eine gemeinsame Rechtsordnung und öffentliche Institutionen der Machtausübung, wie Gerichte, Polizei, Militär usw. umfasst.

Der Staat verkörpert die öffentlichen Institutionen, die Öffentliche Hand, mit allen verschiedenen Erscheinungsformen, in denen der Staat den Bürgern in rechtlicher, politischer, wirtschaftlicher und finanzieller Hinsicht gegenübertritt.

Der staatliche Sektor umfasst die Institutionen bzw. Entscheidungsträger, die gemäß Verfassung, als staatliche Gewalten auch über wirtschaftspolitische Entscheidungsgewalt verfügen. Dazu gehören alle staatlichen Einrichtungen, die auf unterschiedlichen Ebenen mit Aufgaben des Staates befasst sind:

- Die **Exekutive**: die ausführende Gewalt mit Bundesregierung, Bundeskanzler und Bundesministern, den Landesregierungen und Kommunalbehörden; mit den Behörden und den staatlichen Organen, öffentlichen Verwaltungen auf allen Ebenen in Bund, Ländern und Gemeinden, sowie zahlreichen Eigenbetrieben und Beteiligungen, durch die der Staat auch als Unternehmer agiert.
- Die **Legislative**: die gesetzgebende Gewalt mit Bundestag, Landtagen und Bundesrat.
- Die **Judikative**: die rechtsprechende Gewalt mit Zivil-, Arbeits-, Sozialgerichten u. a.

Träger der Wirtschaftspolitik in Deutschland sind alle staatlichen oder öffentlichen Akteure, die wirtschaftspolitische Entscheidungen auf unterschiedlichen Ebenen treffen; (einige jedoch nur mit geringer wirtschaftspolitischer Entscheidungskompetenz, wie beispielsweise nur für regionale Wirtschaftsstrukturpolitik).

Den wirtschaftspolitischen Entscheidungsträgern oder staatlichen Akteuren stehen dazu mehrere Institutionen und Instrumente der **Politikberatung** zur Verfügung:

- Der „**Sachverständigenrat zur Begutachtung der gesamtwirtschaftlichen Entwicklung**" besteht aus fünf Wirtschaftsprofessoren („Die fünf Weisen"), die von der Bundesregierung für eine Amtszeit von 5 Jahren in den Rat berufen werden. Der Sachverständigenrat hat die Aufgabe, jährlich das sog. „Herbstgutachten" zu erstellen, das Informationen und die Einschätzung der aktuellen wirtschaftlichen Lage und Prognosen über die weitere wirtschaftliche Entwicklung abgibt sowie auch Optionen für wirtschaftspolitische Maßnahmen entwickelt.
- Die **Arbeitsgemeinschaft der deutschen wirtschaftswissenschaftlichen Forschungsinstitute** umfasst zehn führende Wirtschaftsforschungsinstitute, wie z. B. das Deutsche Institut für Wirtschaftsforschung (DIW) mit Sitz in Berlin, das zweimal jährlich Frühjahrs- und Herbstgutachten vorlegt, die, wie das Gutachten des Sachverständigenrates, hinsichtlich der wirtschaftlichen Lage Prognosen und Vorschläge berichten.
- Eine wichtige internationale wirtschaftswissenschaftliche Informationsquelle für die wirtschaftspolitischen Entscheidungsträger bietet die **OECD**, in der alle größeren Industriestaaten vertreten sind. Deren Hauptaufgabe ist die Erstellung wirtschaftswissenschaftlicher Analysen auf der Basis wirtschaftlicher Erkenntnisse aus den Mitgliedstaaten.
- Der **Finanzplanungsrat**; dessen Mitglieder sind die Bundesregierung (vertreten durch das Bundeswirtschaftsministerium und das Bundesfinanzministerium), die sechzehn Länderfinanzminister sowie vier (vom Deutschen Städte- und Gemeindetag bestimmte) Gemeindevertreter sowie die Deutsche Bundesbank, jedoch ohne Stimmrecht. Er findet sich vierteljährlich zusammen und seine Hauptaufgabe besteht in der Abstimmung der Finanzplanung des Bundes, der Länder und der Gemeinden.
- Der **Konjunkturrat**; Mitglieder sind die Bundesregierung (vertreten durch das Bundeswirtschaftsministerium und das Bundesfinanzministerium), die sechzehn Länderfinanzminister sowie vier (vom Deutschen Städte- und Gemeindetag bestimmte) Gemeindevertreter sowie die Deutsche Bundesbank, jedoch ohne Stimmrecht. Seine Hauptaufgabe besteht darin, die Wirtschaftspolitik der Gebietskörperschaften von Bund, Ländern und Gemeinden miteinander abzustimmen.

**Intermediärer Sektor**
Die Mitglieder des intermediären Sektors sind autonome Träger (Bundesbank, Kammern von Handel und Handwerk, Bundesversicherungsagenturen) oder weisungsgebundene Träger (Bundeskartellamt, Bundesversicherungsagentur, Bundesagentur für Arbeit, Umweltbundesamt u. a.) sowie verschiedene Träger mit öffentlich-rechtlicher Informationsfunktion (Monopolkommission u. a.) und *"Public relation"*-Funktion, wie z. B. die staatlich gesetzlichen „Sozialversicherungsträger", mit den sogenannten „fünf Säulen" der sozialen Sicherung (der gesetzlichen Rentenversicherung, Krankenversicherung, Unfallversicherung, Arbeitslosenversicherung, sowie Pflegeversicherung) mit den Trägern (d. h. den Vertretern der Pflichtversicherten).

Die Mitglieder des intermediären Sektors sind unabhängige Einfluss- und Entscheidungsträger, die mit ihrer „Stimme" und ihren Entscheidungen den wirtschaftspolitischen Diskurs und Willensbildungsprozess mit beeinflussen.

**Privater Sektor**
Die privatrechtlichen Akteure im Bereich der Wirtschaftspolitik sind ein komplexes gesellschaftliches Entscheidungsnetzwerk von machtvollen Interessengruppen, wie z. B. Tarifparteien und Wirtschaftsverbänden.

Neben den Verbraucherverbänden und den Umweltverbänden als Entscheidungsträger im privatwirtschaftlichen Bereich mit besonderer Bedeutung, umfasst dieser Sektor die Akteure im Bereich der Wirtschaftspolitik mit wichtigen Informationsfunktionen sowie Entscheidungskompetenz und – gewalt wie die Gewerkschaften und die Arbeitgeberverbände, Industrieverbände oder Wirtschaftsverbände. Diese verfolgen unterschiedliche Interessen und Ziele, aus denen sich zentrale gesamtgesellschaftliche Interessensdifferenzen und Zielkonflikte ergeben. Überdies verfügen oft prominente Personen oder Institutionen über Möglichkeiten wirtschaftspolitischer Einflussnahme, obwohl es ihnen an gesellschaftlich legitimierter Macht fehlt; ihre Interessen oder Vorstellungen können sie aber dennoch gegen Widerstände durchsetzen. Typisch sind beispielsweise die Medien (Zeitungen, Fernsehen und

## 14.1 Die Akteure des Staates – die sichtbare Hand des Staates

Presse), Universitäten, Großunternehmen, Kirchen, die nicht direkt wirtschaftspolitische Entscheidungen treffen, diese aber über „Lobbyarbeit" (in ihrem Interesse) zu beeinflussen versuchen. Die Entscheidungsträger des privatrechtlichen Sektors können mit ihren Interessen und Vorstellungen den nationalen wirtschaftspolitischen Ziel- und Willensbildungsprozess erheblich beeinflussen.

**Internationaler Sektor**
Zum Internationalen Sektor zählen die Entscheidungsträger internationaler oder supranationaler Wirtschaftspolitik: vor allem die Vereinten Nationen (UNO), die Europäische Gemeinschaft (EG), der Internationale Währungsfonds (IWF), das Allgemeine Zoll- und Handelsabkommen (GATT); zudem zählen dazu die verschiedenen Organisationen (EU u. a.) und Institutionen, wie die Europäische Eurozone mit der Europäischen Zentralbank.

Internationale Entscheidungsträger sind vor allem:

- die EU-Kommission der Europäischen Union, mit einer Vielzahl wirtschaftlicher Kompetenzen im Rahmen der Binnenmarktgestaltung oder Regulierung der Zölle, Abschöpfungen, Subventionsgenehmigungen etc.,
- der Europäische Rat (Regierungschefs der Mitgliedstaaten der EU, in halbjährlichen Treffen zu Grundsatzentscheidungen, z. B. über die Aufnahme neuer Mitgliedstaaten),
- der Weltwirtschaftsgipfel der G7-/G8-/G20-Staaten (Kanada, USA, UK, Japan, Frankreich, Italien, Deutschland, (Russland)), die jedoch nur wirtschaftspolitische Empfehlungen verabschieden,
- die Weltbank,
- der Rat des Internationalen Währungsfonds (IWF) sowie
- der Vorstand der OECD.

Die Entscheidungsträger des internationalen Sektors haben mit ihren Maßnahmen und Entscheidungen vor allem die Aufgabe, den supranationalen Willensbildungsprozess in der internationalen Wirtschaftspolitik zu koordinieren.

## 14.2 Die dienstleistende Rolle des Staates

Für die Funktionsfähigkeit der modernen Wirtschaft und Gesellschaft sind die staatlichen Tätigkeiten und die Bereitstellung öffentlicher Dienstleistungen insbesondere im Infrastrukturbereich eine unverzichtbare notwendige Voraussetzung für Produktion, Stabilisierung und Verteilung der Volkswirtschaft. Die Bereitstellung solcher „Produktionsvoraussetzungen" ist eine öffentliche Aufgabe, die vom Staat wahrgenommen wird. Der Staat übernimmt in der demokratischen Gesellschaft, ergänzend zum privaten Wirtschaftssektor, neben seiner regulierenden und umverteilenden Rolle in Markt und Staat, mehrere Sonderrollen: bestimmte Güter und Dienstleistungen für die Bevölkerung herzustellen und bereitzustellen, z. B. aus sozialpolitischen Gründen, weil diese Güter von der Privatwirtschaft sonst nicht angeboten würden.

Neben den privaten Gütern und Dienstleistungen rücken deshalb immer stärker die öffentlichen Güter und Dienstleistungen wie sogenannte Infrastrukturleistungen in den Vordergrund. „Infrastruktur" bezeichnet die gesellschaftlichen Einrichtungen, die öffentliche Dienstleistungen bereitstellen, wie Verkehrs- und Kommunikationseinrichtungen, kommunale Ver- und Entsorgungseinrichtungen etc.

Eine moderne Industriegesellschaft ist auf die staatliche Bereitstellung von effizienten Infrastrukturleistungen angewiesen. Ohne diese Grundvoraussetzung wäre die private Produktion von Gütern und Dienstleistungen nicht möglich. Je nachdem, ob die Leistungsabgaben eher Haushalten oder eher Unternehmen zugute kommen, wird von haushaltsorientierter oder unternehmensorientierter Infrastruktur gesprochen. Haushalts- und unternehmensbezogene Infrastrukturleistungen sind: Versorgungseinrichtungen wie Wasserwirtschaft, Energiesicherheit, Umweltschutz, Straßen und Wasserwege, Bahn und transeuropäische Netze, Post-, Internet- und Fernmeldewesen, aber auch Bildungsangebote und Bildungseinrichtungen wie Schulen, Kultur- und Verwaltungsgebäude, Sozialwohnungen, Krankenhäuser oder Polizei und Militär u. a.

Damit der „Staat" effiziente Infrastrukturleistungen für Wirtschaft und Gesellschaft herstellen und bereitstellen kann, müssen die staatlichen Akteure in erheblichem Umfang die Rolle eines Unternehmens, beispielsweise Stadtwerke, und auch die Rolle eines Haushalts, als Nachfrager privater Güter, einnehmen. Denn um staatliche Dienstleistungen für Haushalte und Unternehmen zu produzieren und bereitzustellen, muss der Staat die dafür notwendigen Produktionsfaktoren und Vorleistungen am Markt beschaffen. Angesichts des großen Umfangs der öffentlichen Beschaffungen kann der Staat die öffentliche Nachfrage zugleich auch zum Zwecke der Stabilisierung der Konjunktur oder zur Wirtschaftsförderung einsetzen.

## 14.3 Die Stabilitätsrolle des Staates

In einer offenen Volkswirtschaft können von Zeit zu Zeit binnen- und außenwirtschaftliche Störungen mit einer Abweichung vom gesamtwirtschaftlichen Gleichgewicht mit Inflation oder Deflation auftreten.

Bis zur Weltwirtschaftskrise von 1929–1932 wurde auf den „Selbstheilungsmechanismus der Wirtschaft" vertraut, der mit seiner eigenen „Mechanik" aus sich heraus und von selbst aus jeder Krise wieder herausfinden würde. Im Weiteren zeigte sich allerdings, dass die Wirtschaft nicht aus eigener Logik aus einer instabilen Wirtschaftslage zum Gleichgewicht zurückfindet, sondern die Wirtschaftstätigkeit einer Volkswirtschaft ohne staatliche Intervention immer wieder ins Ungleichgewicht gerät und die wirtschaftspolitischen Ziele verfehlt.

Die ursächlichen Gründe dafür, dass die Marktwirtschaft instabil ist, sind, dass der private Sektor mit den Wirtschaftssubjekten – Haushalte und Unternehmen – ihre Einzelentscheidungen souverän treffen und es keine Abstimmung zwischen den Konsumentscheidungen der Haushalte und den Investitionsplänen der Unternehmen gibt. Vor allem gibt es keine Abstimmung zwischen den Sparplänen der Haushalte und den Investitionsplänen der Unternehmen. Die Folge ist, dass die Höhe der Gesamtnachfrage nach Gütern und Dienstleistungen (Konsum, Investitionen, Staat, Ausland) gegenüber dem gesamtwirtschaftlichen Gesamtangebot des Produktionspotenzials der Volkswirtschaft zyklischen Schwankungen unterworfen ist.

Bei Überbeanspruchung des Produktionspotenzials kommt es zu einem Konjunkturaufschwung mit einer zunehmenden Inflationsrate, während es bei Unterauslastung zu einem Konjunkturabschwung mit fallenden Wachstumsraten des Inlandsprodukts und zunehmender Arbeitslosigkeit kommt.

Der Staat hat in der Volkswirtschaft deshalb die gesellschaftliche Aufgabe, die gesamtwirtschaftliche Entwicklung und insbesondere Schwankungen der wirtschaftlichen Entwicklung so zu gestalten, dass mittelfristig das reale Wirtschaftswachstum der gesamtwirtschaftlichen Produktionskapazität entspricht.

Die Marktwirtschaft bedarf deshalb der Intervention des Staates: insbesondere für die Lösung des Stabilitätsproblems, um einen möglichst stabilen Wirtschaftsablauf (Stabilitätspolitik) durch Instrumente der Konjunktur- oder Beschäftigungspolitik (Prozesspolitik) zu erreichen, mit der Folge, dass es immer „weniger Markt" und „mehr Staat" gibt.

Deutschland hat mit dem „Gesetz zur Förderung der Stabilität und des Wachstums der Wirtschaft" (Stabilitätsgesetz) die Ziele und Instrumente der staatlichen Wirtschaftspolitik festgelegt. Das Stabilitätsgesetz eröffnete 1967 dem Staat die Möglichkeit, insbesondere haushaltspolitische Instrumente einzusetzen, um die wirtschaftliche Entwicklung im gesamtwirtschaftlichen Gleichgewicht zu halten. Da die Instrumente im Stabilitätsgesetz rechtlich verankert sind, bedarf es keines langwierigen Gesetzgebungsverfahrens (durch 1., 2. und 3. Lesung), um bestimmte Maßnahmen auf den Weg zu bringen. Auch andere geeignete Instrumente können zum Einsatz kommen, für die nicht der normale, zeitraubende Gesetzgebungsweg einzuhalten ist, um die Ziele des Stabilitätsgesetzes zu realisieren.

So stehen den Akteuren der Wirtschaftspolitik eine Reihe von Instrumenten zur Beeinflussung der gesamtwirtschaftlichen Entwicklung zur Verfügung (staatliche „Globalsteuerung"), vor allem die Geld-, Finanz-, Einkommens- und Außenhandelspolitik. Solche Eingriffsinstrumente sind in den anderen Staaten der Europäischen Union vergleichsweise auch institutionalisiert:

- **Geldpolitische Instrumente** zielen zum einen auf die Beeinflussung des gesamtwirtschaftlichen Zinsniveaus (Kapitalmarktzins) ab und zum anderen auf die in der Gesamtwirtschaft verfügbare Liquidität (Geldmenge). Auf diesem Wege sollen je nach Situation die Kreditkosten verbilligt oder verteuert oder/und das Kreditangebot verringert oder erhöht werden, um die Konsum- und Investitionsnachfrage (etwa ein Drittel der Konsumnachfrage und etwa zwei Drittel der Investitionsnachfrage sind kreditfinanziert) im Hinblick auf die Ziele der Wirtschaftspolitik zu beeinflussen.

- **Finanzpolitische Instrumente** zielen dagegen auf die Beeinflussung zum einen der Unternehmenserträge und zum anderen der Haushaltseinkommen. Auf diesem Wege sollen je nach Situation die Unternehmenserträge oder/und die Haushaltseinkommen erhöht oder gesenkt werden, um dadurch die Konsum- und Investitionsnachfrage (die von der Ertrags- bzw. Einkommensentwicklung bestimmt wird) im Hinblick auf die Umsetzung der magischen Ziele der Wirtschaftspolitik zu beeinflussen.
- **Einkommenspolitische Instrumente** zielen wiederum auf die Beeinflussung zum einen der Massenkaufkraft der Haushalte und zum anderen auf die Lohnkosten der Unternehmen ab. Auf diesem Wege sollen je nach Situation die Haushaltseinkommen verbessert oder eingeschränkt werden oder/und zum anderen die Lohnkostenentwicklung der Unternehmen gesenkt oder gebremst werden, um die Konsum- und Investitionsnachfrage (die ja auch in großem Umfang von der Lohnentwicklung bestimmt wird) im Hinblick auf die Ziele der Wirtschaftspolitik zu beeinflussen.
- **Außenhandelspolitische Instrumente** zielen schließlich auf die Beeinflussung zum einen der Exportkosten und zum anderen der Importkosten ab. Auf diesem Wege sollen je nach Situation die Exporte oder/und zum anderen die Importe verteuert oder verbilligt werden, um die Export- oder/und Importnachfrage (die in hohem Umfang neben den Preisen beispielsweise von den Transaktionskosten des Währungsumtauschs (Wechselkurs) bestimmt wird) im Hinblick auf die Ziele der Wirtschaftspolitik zu beeinflussen.

Der Staat bzw. die staatlichen Akteure darf bzw. dürfen nach dem Stabilitätsgesetz dabei diese Instrumente nur „im Rahmen der marktwirtschaftlichen Ordnung", d. h. unter Wahrung der wirtschaftlichen Freiheitsrechte von Unternehmen und Haushalten, also bei grundsätzlich freier Konsumwahl, freier Wahl des Arbeitsplatzes, Vertragsfreiheit, unbegrenzter Währungskonvertibilität, Dispositionsfreiheit der Unternehmen und Tarifautonomie einsetzen. Dirigistische Eingriffe in das wirtschaftliche Verhalten der Wirtschaftssubjekte, also Verbote oder Gebote sind, außer zur Sicherheit und Ordnung, nicht marktkonform und unzulässig. Trotzdem sind die wirtschaftlichen Freiheiten allerdings aus vielerlei Gründen nicht unbegrenzt:

Zulässig sind im Rahmen der marktwirtschaftlichen Ordnung von Staats wegen nur Anreize, die die Wirtschaftssubjekte zu einem gesamtwirtschaftlich erwünschten Verhalten animieren sollen: *„Man darf die Pferde zwar zur Tränke führen, aber nicht zum Saufen zwingen"* (angelsächsisch: *„nudging"*: anschubsen, anstoßen).

Erlaubt sind also Maßnahmen der „Globalsteuerung", d. h. Veränderungen der Rahmenbedingungen, also Anreize ohne direkten Zwangscharakter; dazu gehören auch die Veränderung von Staatsaufträgen, die Änderung steuerlicher Bestimmungen oder auch geld- und zinspolitische Maßnahmen, die jedoch der Zentralbank zur Verfügung stehen.

Diese Einwirkungen erfolgen entweder indirekt, z. B. über steuerliche Erleichterungen oder Erschwerungen der Nachfrage der Unternehmen oder der Haushalte, oder direkt, indem der Staat selbst als Nachfrager auftritt und seine Nachfrage ausweitet oder einschränkt.

Das Instrumentarium des Stabilitätsgesetzes hat sich jedoch nach ihren Kritikern nicht als zureichend erwiesen: Es würde nur einseitig angewandt, also in einer Rezession, aber kaum in Zeiten der konjunkturellen Erholung. Die großzügige Ausgabefreudigkeit des Staates, gerade in der Hochkonjunktur, verhindere es, Konjunkturausgleichsrücklagen zu bilden für eine spätere Konjunkturankurbelung. Stattdessen nehme die Staatsverschuldung durch mehr zusätzlich kreditfinanzierte Staatsausgaben *(„deficit spending")* in einer rezessiven Konjunktur ständig zu und werde den Staatshaushalt des Weiteren durch immer mehr Zinsen und Tilgung belasten.

## 14.4 Fallstricke der „sichtbaren Hand"

Die praktische Umsetzung rationaler Wirtschaftspolitik leidet häufig an vielfältigen Problemen: Die Akteure der staatlichen Wirtschaftspolitik sind in ihren Zielen nicht immer an den Interessen der Allgemeinheit, also am Gemeinwohl orientiert, sondern oft mehr an den Interessen einflussreicher Lobbyisten und sie sind auch selbst nicht frei von eigenen politischen Interessen. Überdies sind die wirtschaftspolitischen Akteure in ihrem Entscheidungsverhalten oft nicht immer vollständig und umfassend informiert und fachlich kompetent und sie sind in ihrer instrumentellen Ausstattung nicht immer so mächtig wie nötig und verfügen nicht immer über die notwendigen Mittel zur Durchsetzung.

Aufgrund der relativ kurzen Zeithorizonte (Wahlen, Pensionen etc.) sind die Entscheidungsträger häufig nur kurzfristig orientiert. Auch ist der Informationsgehalt von Wahlen über die Präferenzen der Bürger wegen der Vielfalt der Entscheidungsfelder gering und die Sanktionskraft demokratischer Wahlen im Hinblick auf bestimmte Handlungen oft nur schwach.

Hinzu kommt, dass die Anreizstruktur (Karriere, Einkommen, Position, Macht etc.) in den Hierarchien der Institutionen der wirtschaftspolitischen Akteure die Personalpolitik vielfach parteienorientiert beeinflusst und oft mangelhafte fachliche Kompetenz bedingt.

Die Akteure und Institutionen der Wirtschaftspolitik sind außerdem nicht frei von ihren je eigenen fachlichen Standpunkten. Die wirtschaftspolitischen Akteure sind zudem oft überzeugt, „aus eigener Erfahrung" von dem Gegenstand Wirtschaft schon genug zu verstehen, um sich Urteile über wirtschaftspolitische Sachverhalte zutrauen zu können. Mancher wirtschaftspolitischer Akteur verwirft Befunde und Aussagen der theoretischen Wirtschaftspolitik – jedenfalls dann, wenn sie ihm nicht „in den Kram" passen, mit dem üblichen Einwand, das alles sei „graue Theorie". Häufig dient der Einwand – „das sei bloße Theorie" – jedoch nur als Argument dafür, die eigenen Interessen zu rechtfertigen und unbequeme Wahrheiten abzuwehren.

Praktische Wirtschaftspolitik muss deshalb bei ihren Analysen immer auch das politische und gesellschaftliche Umfeld einkalkulieren. Dazu gehören die verschiedenen gesellschaftlichen Gruppierungen mit ihren besonderen Interessen und Verhaltensweisen, allen voran die Arbeitgeber, die Mittelständler oder die Gewerkschafter, die Arbeitnehmer etc.

Die Erfolgschancen der Umsetzung wirtschaftspolitischer Maßnahmen werden darum immer auch davon bestimmt, inwieweit es gelingt, die jeweils betroffenen Interessengruppen für eine bestimmte

Wirtschaftspolitik einzubinden. Das ist die originäre Aufgabe der Politik. Praktische Wirtschaftspolitik und wirtschaftspolitische Akteure folgen aber mehr dem kurzfristigen Interesse an Sicherung der eigenen Wählerbasis und Gewinnung von neuen Wählerstimmen, sowie sonstigen Eigeninteressen, als der wissenschaftlichen Rationalität und Analyse der Ökonomie. Oft ist praktische Wirtschaftspolitik weniger eine Frage der Erkenntnis, als vielmehr eine Frage der Macht.

## Quellen und weiterführende Literatur

Dörner, D., Über den Umgang mit komplexen Systemen, in: Gleich, Arnim von / Gößling-Reisemann, Stefan, Hg., Industrial Ecology. Erfolgreiche Wege zu nachhaltigen industriellen Systemen, Wiesbaden 2007

Dörner, D., Die Logik des Misslingens, Reinbek 1989

Dörner, D., Entscheidungsfallen in komplexen Situationen. Die Logik des Mißlingens in der Entwicklungspolitik, in: Schmid, J., Hg., Bevölkerung – Umwelt – Entwicklung, Opladen 1994, S. 149–166

Möller, Hans W., Angewandte Volkswirtschaftslehre. Wirtschaftspolitische Fallstudien und Lösungstechniken, 3. Aufl., Frankfurt/M. 2012

# 15
# Die Rolle des Staatshaushalts – Nachhaltige Fiskalpolitik des Staates

"In the long run we are all dead."

© CLASSICSTOCK/C.P. CUSHING/INTERFOTO
*John Maynard Keynes (1883–1946)*

> *Jede Wirtschaft beruht auf dem Kreditsystem,*
> *das heißt auf der irrtümlichen Annahme,*
> *der andre werde gepumptes Geld zurückzahlen.*
> *Tut er das nicht, so erfolgt eine sog. „Stützungsaktion",*
> *bei der alle, bis auf den Staat, gut verdienen.*
> Kurt Tucholsky, Nationalökonomologie

## 15.1 Ziele und Prinzipien nachhaltiger Fiskalpolitik

Die Finanzpolitik hat die Aufgabe, das Staatsbudgets, d. h. die öffentlichen Haushalte bzw. Haushaltspläne der Gebietskörperschaften, insgesamt die Staatseinnahmen und Staatsausgaben nach Höhe und Struktur so zu gestalten, dass sie mit den geplanten staatlichen Aufgaben nachhaltig korrespondieren.

Fiskalpolitik bezeichnet dann die Strategien und Instrumente, um die Struktur des Staatshaushaltes mit den Staatseinnahmen und Staatsausgaben so auszurichten, dass die Entwicklung der Volkswirtschaft im Hinblick auf die gesamtwirtschaftlichen Ziele (mit dem Bruttoinlandsprodukt und der Beschäftigung) für die Bevölkerung weitestgehend erreicht wird. Träger der Fiskalpolitik sind die Gebietskörperschaften Bund, Länder und Gemeinden, wobei Bundestag und Bundesregierung eine hervorgehobene Rolle spielen, da sie die aktive Federführung besitzen. Die Länder aber können ihr fiskalisches Verhalten im Rahmen der gesetzlichen und haushaltsrechtlichen Richtlinien selbstständig festsetzen.

Im Grundgesetz Artikel 109 heißt es dazu:

> Bund und Länder sind in ihrer Haushaltswirtschaft selbständig und voneinander unabhängig.
> Bund und Länder haben bei ihrer Haushaltswirtschaft den Erfordernissen des gesamtwirtschaftlichen Gleichgewichts Rechnung zu tragen. Durch Bundesgesetz, das der Zustimmung des Bundesrates bedarf, können für Bund und Länder gemeinsam geltende Grundsätze für das Haushaltsrecht, für eine konjunkturgerechte Haushaltswirtschaft und für eine mehrjährige Finanzplanung aufgestellt werden.

## 15.1 Ziele und Prinzipien nachhaltiger Fiskalpolitik

Zur Abwehr einer Störung des gesamtwirtschaftlichen Gleichgewichts können durch Bundesgesetz, das der Zustimmung des Bundesrates bedarf, Vorschriften über Höchstbeträge, Bedingungen und Zeitfolge der Aufnahme von Krediten durch Gebietskörperschaften und Zweckverbände und eine Verpflichtung von Bund und Ländern, unverzinsliche Guthaben bei der Deutschen Bundesbank zu unterhalten (Konjunkturausgleichsrücklagen), erlassen werden. Ermächtigungen zum Erlass von Rechtsverordnungen können nur von der Bundesregierung erteilt werden. Die Rechtsverordnungen bedürfen der Zustimmung des Bundesrates. Sie sind aufzuheben, soweit der Bundestag es verlangt; das Nähere bestimmt das Bundesgesetz.

Die Aufgaben und Instrumente der Fiskalpolitik sind dazu in Deutschland seit 1967 im „Gesetz zur Förderung der Stabilität und des Wachstums der Wirtschaft" (STWG) festgeschrieben worden. In § 1 STWG heißt es:

> Bund und Länder haben bei ihren wirtschafts- und finanzpolitischen Maßnahmen die Erfordernisse des gesamtwirtschaftlichen Gleichgewichts zu beachten. Die Maßnahmen sind so zu treffen, dass sie im Rahmen der marktwirtschaftlichen Ordnung gleichzeitig zur Stabilität des Preisniveaus, zu hoher Beschäftigung und zu außenwirtschaftlichem Gleichgewicht bei angemessenem und stetigem Wirtschaftswachstum beitragen.

Der Staat hat diese Aufgabe, die gesamtwirtschaftlichen Ziele und fiskalpolitischen Maßnahmen, wie es dort heißt, „im Rahmen der marktwirtschaftlichen Ordnung" zu verwirklichen, also bei freier Konsumwahl, freier Wahl des Arbeitsplatzes, Dispositionsfreiheit der Unternehmen und Tarifautonomie zu realisieren. Die Marktwirtschaft gefährdende Maßnahmen haben daher zu unterbleiben, d. h. fiskalpolitische Maßnahmen zur Konjunkturbeeinflussung dürfen nicht den Preismechanismus stören, wie beispielsweise ein Lohn- oder Preisstopp. Nur „globale" staatliche Maßnahmen, wie Anreize, dürfen ergriffen werden, die den Entscheidungs- und Marktmechanismus nicht direkt beeinträchtigen.

Neben dem Stabilitätsgesetz regelt zudem der „Stabilitäts- und Wachstumspakt", als ein Vertrag zur Sicherung der Haushaltsdisziplin in den EU-Ländern, die staatliche Finanz- und Fiskalpolitik. Um die Nachhaltigkeit der Finanzpolitik zu gewährleisten, hatten die Staats- und Regierungschefs der Mitglieder der EU sich auf einen „Stabilitäts- und Wachstumspakt" geeinigt, der die Teilnehmerländer verpflichtet, mittelfristig einen ausgeglichenen oder überschüssigen Haushalt zu erreichen (Maastricht-Kriterien):

Die Obergrenze für die jährlichen Haushaltsdefizite liegt bei 3 % des Bruttoinlandsprodukts und die Staatsverschuldung darf insgesamt höchstens 60 % des Bruttoinlandsprodukts betragen. Höhere Defizite sollen nur zeitweise und in Ausnahmefällen erlaubt werden, z. B. im Falle schwerer Rezessionen. Sonst werden Sanktionen verhängt, die zunächst eine unverzinsliche Einlage des Landes in Höhe von bis 0,5 % des BIP bei der EZB vorschreiben und falls ein übermäßiges Defizit auch nach Ablauf einer bestimmten Frist nicht beseitigt wurde, kann die Einlageverpflichtung in eine Geldbuße umgewandelt und erhöht werden.

Die Finanzpolitik verblieb allerdings „noch" in der Kompetenz und Verantwortung der einzelnen Mitgliedstaaten des Euro-Währungsraumes. (Mit der Europäischen Wirtschafts- und Währungsunion [EWWU] wurde überdies die Geldpolitik vergemeinschaftet, um die Preisstabilität in der „Eurozone" zu sichern.)

Zur Abwehr einer drohenden gesamtwirtschaftlichen Störung können die Fiskalpolitik und die öffentlichen Finanzen konjunkturdämpfende oder stabilisierende Maßnahmen nutzen, indem sie den Staatshaushalt bzw. die öffentlichen Haushalte so ausrichten, dass sich das mittelfristige reale Wirtschaftswachstum im Rahmen der volkswirtschaftlichen Produktionskapazität bzw. des Produktionspotenzials entwickelt, um dadurch eine hohe Beschäftigung und angemessenes Wirtschaftswachstum zu verwirklichen.

Der Staatshaushalt umfasst die Summe aller Staatseinnahmen und Staatsausgaben einer Periode:

- Die **Staatseinnahmen** bestehen aus der Summe aller Einnahmen des Staates, aus den Abgaben- und Steuereinnahmen, Gebühren und Beiträgen z. B. aus Sozialversicherungsbeiträgen und Gewinnen aus staatlichen Unternehmen, sonstigen Einnahmen sowie Kreditaufnahmen.

## 15.1 Ziele und Prinzipien nachhaltiger Fiskalpolitik

- Die **Staatsausgaben** sind die Summe aller Ausgaben des Staates mit dem Staatsverbrauch, den Staatsinvestitionen und den Transferausgaben, mit anderen Worten den Umverteilungsausgaben.
- Die **Transferausgaben** umfassen die Zahlungen, Übertragungen oder geldwerten Leistungen, die die Öffentliche Hand an private Haushalte (Sozialtransfers) oder Unternehmen (Subventionen) ohne marktliche Gegenleistungen erbringt.
- Die **Staatsinvestitionen** sind die Erstellung langlebiger Produktionsmittel z. B. für Infrastruktur durch den Staat. Sie dienen entweder der Produktion in öffentlichen Unternehmen, wie etwa Telekom, Post und Bahn oder der Entwicklung im privatwirtschaftlichen Bereich, wie z. B. Flughafenbau, Straßenbau, Brückenbau.
- Der **Staatsverbrauch** ist der Teil der Staatsausgaben, der zur unmittelbaren Aufgabenerfüllung der öffentlichen Verwaltung ausgegeben wird. Zum größten Teil sind dies die Löhne und Gehälter, wie z. B. Beamtenbezüge, die in der staatlichen Verwaltung gezahlt werden. Zum Staatsverbrauch gehören jedoch keine Investitionen und Sozialausgaben.
- Die **Staatsnachfrage** ist die Summe von Staatsverbrauch und Staatsinvestitionen.

Der **Umfang** der Staatsfinanzen hat ein erhebliches wirtschaftspolitisches Gewicht für die Volkswirtschaft. Die öffentlichen Finanzen sind so groß, dass ihre Vermehrung einen Boom anregen oder verstärken, ihre Verminderung eine Rezession einleiten oder verschärfen kann. Das volkswirtschaftliche Gewicht der Finanz- und Fiskalpolitik folgt z. B. schon aus der staatlichen Aktivität, gemessen an der **Staatsquote (StQ)**, als dem Anteil der Staatsausgaben am Inlandsprodukt:

$$StQ = \frac{Staatsausgaben \times 100}{BIP\ nominell}$$

Die Staatsquote beträgt in Deutschland rund 50 % des BIP.

Aufgrund dieser – im internationalen Vergleich – hohen Staatsquote ergibt sich für die öffentlichen Haushalte – u. a. mit Änderungen der Staatsausgaben – die Möglichkeit der prozyklischen als auch der antizyklischen Konjunkturbeeinflussung. Insbesondere kann der Staat der – zyklischen – Entwicklung der Gesamtwirtschaft entgegenwirken: beispielsweise in Rezessionsphasen belebend durch expansive Staatsausgaben und in Boomphasen dämpfend durch kontraktive Staatsausgaben.

## 15.2 Fiskalpolitische Strategien

Die „öffentliche Hand" des Staates versucht, die Staatseinnahmen und Staatsausgaben so an die zyklische gesamtwirtschaftliche Entwicklung von Konjunktur und Wachstum anzupassen, dass die Ziele der Wirtschaftspolitik möglichst nicht verfehlt werden.

**Prozyklische Fiskalpolitik**
Die „Öffentlichen Hände" (Bund, Länder und Gemeinden) betreiben oft ein prozyklisches Budgetverhalten. Die Budgetausrichtung der Öffentlichen Hand – besonders die Staatsausgaben – verläuft meist parallel zum Konjunktur- und Wachstumszyklus: In der Hochkonjunktur, wenn die Gesamtnachfrage sehr hoch ist, wenn also alle Steuereinnahmen steigen, erreicht auch das Budgetvolumen des Staates sein Maximum. In der Rezession, wenn die Steuereinnahmen des Staates gering sind, weisen auch die Staatsausgaben der öffentlichen Hand ihren Tiefpunkt auf. Daraus, dass der Staat seine Ausgaben den Einnahmen anpasst, resultiert zu einem guten Teil der zyklische Verlauf von Wachstum und Konjunktur.

Die Mehrheit der „öffentlichen Hände" betreibt somit eine prozyklische, also zyklusverstärkende Politik, wenn nicht bewusst oder gar in geplanter Absicht, so doch aber faktisch. Das prozyklische Budgetverhalten des Staates verstärkt die zyklische Entwicklung der Volkswirtschaft, oder erzeugt sie sogar, wenn nicht sogar den nächsten Abschwung und die folgende Rezession.

**Antizyklische Fiskalpolitik**
Für die Ausrichtung des Staatsbudgets wird deshalb oft gefordert, durch eine antizyklische Strategie der Fiskalpolitik und entsprechende

## 15.2 Fiskalpolitische Strategien

staatliche Haushaltsmaßnahmen den konjunkturellen Schwankungen entgegenzuwirken:

In Phasen eines Abschwungs oder einer Rezession, wenn eine zu schwache private Konsum- und Investitionsnachfrage besteht, oder wenn die Ersparnis größer ist als die Nachfrage nach Investitionen und die gesamtwirtschaftliche Nachfrage stagniert oder zurückgeht, soll der Staat durch verstärkte Staatsnachfrage und zusätzliche Ausgaben diese Nachfragelücke, notfalls durch eine höhere Staatsverschuldung, auszugleichen versuchen. Über die zusätzliche Staatsnachfrage soll die Auslastung der gesamtwirtschaftlichen Produktionskapazität und damit die Ertrags- und die Beschäftigungslage in den Betrieben und Unternehmen verbessert und ein Aufschwung angestoßen werden *("nudging")*.

In Phasen des Booms oder der Hochkonjunktur, wenn eine Übernachfrage die volkswirtschaftliche Produktionskapazität überauslastet und die Löhne und Preise, aber auch die Steuereinnahmen, stark ansteigen, sollen die „Öffentlichen Hände" die staatliche Nachfrage drosseln und auf Staatsausgaben zum Teil verzichten oder sie zeitlich verschieben, um die Preisstabilität zumindest nicht zusätzlich zu gefährden.

Gegen eine solche antizyklisch ausgerichtete Fiskalpolitik wird allerdings eingewendet, dass sie an den begrenzten Möglichkeiten der Konjunktur- und Wachstumsprognose scheitern müsse, weil die hinreichend genaue Vorausschätzung der Entwicklung der Komponenten der gesamtwirtschaftlichen Nachfrage, wie die Konsum- und die Investitionsnachfrage oder die Import- und Exportnachfrage, kaum gelingen würde. Um für eine antizyklische Fiskalpolitik die notwendigen Informationen über die Entwicklung der Komponenten der gesamtwirtschaftlichen Nachfrage zur Verfügung stellen zu können, ist die Wirtschaftsforschung der renommierten Wirtschaftsinstitute durchaus in der Lage, die entscheidenden Umbrüche des gesamtwirtschaftlichen Konjunkturzyklus', also die konjunkturellen Wendepunkte von der Rezession in den Aufschwung und von der Hochkonjunktur in den Abschwung, in der Regel auch rechtzeitig zutreffend vorauszuschätzen.

Viel schwerer ist folgende Kritik gegenüber einer antizyklischen Fiskalpolitik: der Mangel an Flexibilität bzw. die Rigidität des Staatsbudgets und ihrer Verantwortlichen machten eine antizyklische Politik, wie sie vor allem bei den Staatsausgaben erforderlich wäre, außerordentlich schwer. Insbesondere treten in der Bürokratie des Staates auf allen Ebenen des politisch-administrativen Prozesses, der Informationsgewinnung und -verarbeitung, des „decision making" und der Ausführung getroffener Entscheidungen so erhebliche Verzögerungen („time-lags") auf, dass der Versuch, eine antizyklische Politik zu betreiben, das Risiko eingeht, geradezu zu einem tatsächlich prozyklischen Verhalten zu führen.

Eine antizyklische Fiskalpolitik erfordert darum vom Staat in der Tat ein hohes Maß an Ausgabenflexibilität der „öffentlichen Hände". Die staatlichen Organisationen mit ihren typisch bürokratischen Strukturen weisen aber einen hohen Trägheitsgrad gerade bei ihrem Ausgabeverhalten auf. Fast rund 90 % der öffentlichen Ausgaben sind aufgrund weitgehend festgelegter Aufgaben und Ausgaben, wie die Verteidigungs- oder Soziallasten, haushaltspolitisch als Manövriermasse für eine antizyklische Fiskalpolitik sehr stark eingeschränkt. Diese Ausgaben sind „nach unten", durch Kürzungen, wenig flexibel und für eine fiskalpolitische Politik kaum disponierbar. Eine antizyklische Fiskalpolitik lässt sich deshalb wohl als Konzeption überzeugend begründen, aber in der Praxis nur schwer durchführen.

**Das kompensatorische Staatsbudget**
Deshalb stellt sich die Frage, ob das Problem der (konjunktur- und wachstumsgerechten) Ausrichtung der öffentlichen Haushalte an den zyklischen Konjunkturschwankungen nicht anders gelöst werden könnte.

Eine pragmatisch verstetigte Haushaltspolitik ist beispielsweise die sogenannte „zyklusneutrale Wirtschaftspolitik", die den Konjunktur- und Wachstumszyklus einfach ignoriert, d. h. die Staatsausgaben werden, unabhängig von der konjunkturellen Situation, kontinuierlich parallel zum langfristigen Trend des BIP und der gesamtwirtschaftlichen Entwicklung ausgerichtet. Für die Vorhaben- und Ausgabenplanung ist also der langfristige prognostizierte Wachstumstrend des BIP die entscheidende Bezugsgröße. Die Vorteile dieser Haushaltsstrategie sind, dass die Staatsausgaben verstetigt werden, wodurch die Finanzpolitik ein hohes Maß an langfristiger Kontinuität und Planungssicherheit gewinnt und von dem Zwang befreit ist, sich immer wieder an den kurzfristigen Konjunkturzyklus anpassen zu müssen. Zugleich wirkt eine solche Fiskalpolitik automatisch zyklusverstetigend auf die gesamtwirtschaftliche Entwicklung, ohne dass besondere wirtschaftliche Aktivitäten notwendig sind.

Der Nachteil eines solchen konjunkturneutralen Haushaltes ist allerdings, dass in der Hochkonjunktur mit einer galoppierenden Inflationsrate und in der Rezession mit Beschäftigungseinbußen zu rechnen ist, obwohl der Staat nach dem Stabilitäts-Gesetz und dem konjunkturellen „Sachzwang" dagegen agieren müsste.

Ein alternativer Weg wäre jedoch, den Staatshaushalt (nach seiner Flexibilität) nach den spezifischen Aufgaben- und Ausgabentätigkeiten in Teilbereiche aufzuteilen und für den jeweiligen Teilbereich eine spezifische zweckmäßigste Ausrichtung zu wählen.

Eine solche flexible Budgetpolitik ermöglicht das **„Musgrave'sche Modell** des kompensatorischen Staatsbudgets", das den Staatshaushalt in drei Abteilungen aufteilt:

- Die **„Allokationsabteilung"** des Staatshaushalts konstituiert diejenigen Ansprüche des Staates an das Inlandsprodukt, die ohne Rücksicht auf die Konjunkturlage, unbedingt erfüllt werden müssen. Erstens ist ein bestimmter Umfang an Bildungsinvestitionen unabdingbar, gleich ob die Bildung auch als Ziel oder als Mittel der Wachstumspolitik fungiert. Der Konjunkturverlauf darf keinesfalls dazu verleiten, den Umfang der Bildungsinvestitionen zu senken. Zweitens müssen die erforderlichen Strukturwandlungen in der Wirtschaft durch fördernde Strukturanpassungsmaßnahmen frühzeitig beschleunigt werden, sodass Arbeitskräfte und Kapitalien aus einem stagnierenden Wirtschaftsbereich freigesetzt und in andere Verwendungen geschleust werden können, ohne sich durch ein konjunkturbedingtes Mehr oder Weniger an öffentlichen Mitteln beirren zu lassen. Drittens muss die Allokationsabteilung unbedingt im Markt- und Preissystem die notwendige Konkurrenz aufrechterhalten und die Bildung übermäßiger wirtschaftlicher Macht verhindern.
- Die **„Distributionsabteilung"** des Staatshaushalts hat die Aufgabe, die notwendigen Verteilungskorrekturen vorzunehmen, ohne Rücksicht auf Schwankungen der öffentlichen Einnahmen. Die Distributions- wie die Allokationsabteilung müssen strikt an der mittleren

Wachstumsrate des Volkseinkommens orientiert werden. Die Verteilungsabteilung hat das Existenzminimum und ein bestimmtes Wohlfahrtsniveau entsprechend den Bedürfnissen zu gewährleisten. Die Verteilungsabteilung hat auch die gesellschaftlich unabdingbare Aufgabe, eine ungleiche Vermögensverteilung allmählich und stetig zu berichtigen und Machtballungen zu verhindern, die der politischen Freiheit und der Chancengleichheit schaden würden. Durch proportionale Verbrauchs- (oder Einkommens-)steuern sollen überdies die Mittel für öffentliche Güter und für Chancengleichheit im Bildungswesen u. ä. aufgebracht werden.

- Die **„Stabilisierungsabteilung"** des Staatshaushalts hat schließlich die Aufgabe, die unvermeidbaren Wirtschaftsschwankungen aufzufangen, indem sie gegebenenfalls überschüssige Staatseinnahmen stilllegt, um gesamtwirtschaftliche Nachfrageüberhänge gar nicht erst entstehen zu lassen oder gegebenenfalls Mindereinnahmen, notfalls durch Anleihen und Staatskredite, zu kompensieren, um eine prozyklische Wirkung des Gesamtbudgets zu vermeiden. Käme es trotzdem zu einer Überhitzung oder zu einem Nachlassen der Konjunktur, so müssten frühzeitig antizyklische Maßnahmen einsetzen; die Stabilisierungsabteilung müsste in der beginnenden Hochkonjunktur zusätzliche Steuern erheben, um die Übernachfrage zu dämpfen, und in der beginnenden Rezession zusätzliche Transfereinkommen auszahlen, die in erster Linie denjenigen zufließen, die durch Arbeitslosigkeit oder prekäre Arbeit Einkommenseinbußen erlitten haben. Reichen diese Transferzahlungen zur Konjunkturankurbelung nicht aus, so könnte sie weitere Kompensationsmaßnahmen finanzieren, die z. B. in vorgezogenen Infrastrukturinvestitionen in der Allokationsabteilung bestehen könnten.

Bei der Errichtung geplanter Infrastrukturvorhaben, wie Flughäfen, Bauvorhaben, Deiche, Straßen, etc. ist es am zweckmäßigsten, dass sich die staatlichen Akteure so weit wie möglich antizyklisch verhalten, d. h. Infrastrukturprojekte in der Rezession so weit wie möglich durchführen und vorziehen und in der Hochkonjunktur so weit wie möglich einschränken und verschieben, um ihre konjunkturstabilisierenden Vorzüge möglichst zu realisieren. Bei öffentlichen Vorhaben, wie z. B.

Infrastrukturinvestitionen, die notwendig sind, ist oft ein prozyklisches Verhalten kaum zu vermeiden, wenn aufgrund größerer staatlicher Projekte auch größere Vorleistungen (z. B. Baumaterial etc.) beschafft werden müssen.

An der langfristigen Haushaltsplanung sollte so lange festgehalten werden, wie der „langfristige" Wirtschaftstrend nicht korrigiert werden muss, es sei denn, dass eine kurzfristige Rezession oder eine längerfristige Hochkonjunktur nicht schon Anlass geben, die langfristige Haushaltsplanung zu revidieren.

Ob und inwieweit es gelingen kann, eine solche kompensatorische Budgetpolitik umzusetzen, hängt davon ab, dass die staatlichen Akteure und Haushaltsverantwortlichen ihre „Erkenntnis und Interesse" (Habermas) miteinander in Einklang bringen und einen Mix von fiskalischen Eingriffsinstrumenten im Rahmen entsprechender Strategien umsetzen. Wirtschaftspolitische Entscheidungen sind in der Realität allzu oft eben nicht eine Frage der Erkenntnis, sondern der Macht.

## 15.3 Eingriffsinstrumente der Fiskalpolitik

Die fiskalpolitischen Instrumente zielen auf die Erhöhung oder Senkung zum einen der Unternehmenserträge und zum anderen der Haushaltseinkommen, um dadurch die Konsum- und Investitionsnachfrage zu gestalten. Das Stabilitäts- und Wachstumsgesetz (StabG) gibt dem Staat in Deutschland ein umfassendes fiskalisches Instrumentarium, um die Ziele von Wachstum und Beschäftigung zu verwirklichen:

Das Stabilitätsgesetz bietet dem Staat neben **Informationsinstrumenten** (Jahreswirtschaftsbericht, Subventionsbericht), **Planungsinstrumenten** (Mifrifi – mittelfristige Finanzplanung, Aufstellung mehrjähriger Investitionsprogramme) und **Koordinationsinstrumenten** (Konjunkturrat: Abstimmung der Konjunkturpolitik der Gebietskörperschaften und Konzertierter Aktion, Abstimmung der Tarifpartner plus Regierung und Bundesbank), eine ganze Anzahl von Eingriffsmöglichkeiten, um die Konsum-, Investitions- und Staatsnachfrage beeinflussen zu können.

Dem Staat stehen im Prinzip zwei fiskalische Möglichkeiten zur Steuerung der gesamtwirtschaftlichen Nachfrage zur Verfügung: die Variation der Einnahmen und die Variation der Ausgaben:

**Die fiskalischen Einnahmen-Instrumente**
Grundsätzlich kann der Staat seine Einnahmen, durch Steuererhöhungen oder Steuersenkungen, zu fiskalpolitischen Zwecken gestalten (variieren), wie:

- Steuereinnahmen – z. B. nach dem StabG erhöhen/senken,
- Steuersatzvariationen bei Einkommens- und Körperschaftssteuer,
- Anpassung der Steuervorauszahlungen,
- Steuerabzug bei Investitionen oder
- Änderungen der Abschreibungsmöglichkeiten.

Dem Staat steht ein ganzes Instrumentenbündel zur Verfügung, um Verhaltensänderungen durch Anreize oder Hemmungen bei Unternehmen und Haushalten herbeizuführen, und durch kontraktive Effekte oder expansive Effekte auf die gesamtwirtschaftliche Nachfrage und Konjunktur einzuwirken.

In einer **Hochkonjunktur**, in der die gesamtwirtschaftliche Nachfrage größer ist, als das gesamtwirtschaftliche Angebot, besteht die Gefahr, dass es zu einer höheren Inflation kommt. Versucht der Staat mittels **„kontraktiver Effekte"** die Nachfrage zu dämpfen, z. B. durch Steuererhöhungen, können diese zum einen in privaten Haushalten, durch die Absenkung des Nettoeinkommens, ein Sinken der Nachfrage bewirken und zum anderen in den Unternehmen, durch die Erhöhung der Steuerlast dazu führen, dass angestrebte Investitionen unterlassen oder verschoben werden. Da private Verbraucher einen Teil ihres Einkommens sparen, drängt der Staat mit Steuererhöhungen nicht nur den Konsum, sondern auch die Ersparnis zurück.

In einer **Rezession**, in der die gesamtwirtschaftliche Nachfrage geringer ist, als das gesamtwirtschaftliche Angebot, kann der Staat über **„expansive Effekte"** versuchen, durch Steuersenkungen und durch Anreize die Investitionen in den privaten Unternehmen anzukurbeln. Steuersenkungen bewirken zum einen in privaten Haushalten die

Anhebung des Nettoeinkommens und den Anstieg der Nachfrage, und zum anderen in den Unternehmen durch die Senkung der Steuerlast, dass angestrebte Investitionen verstärkt realisiert und vorgezogen werden. Die fiskalpolitischen Maßnahmen können für Haushalte und Unternehmen die steuerlichen Rahmenbedingungen so ändern (beispielsweise durch die Senkung der Einkommensteuersätze, die Senkung der Körperschaftssteuer, Senkung der Gewerbesteuer, der Vermögenssteuer, Änderung der Abschreibungsfristen oder Sonderabschreibungen), dass zusätzlich gespart werden kann und die notwendige Kapitalbildung, insbesondere in den kleinen und mittleren Unternehmen, d. h. das wirtschaftliche Wachstum, gefördert wird.

**Die fiskalischen Ausgaben-Instrumente**
Grundsätzlich kann der Staat versuchen, auch durch die Gestaltung seiner Ausgaben den konjunkturellen Schwankungen gegenzusteuern. Durch eine Änderung der Staatsausgaben kann der Staat die gesamtwirtschaftliche Nachfrage so gestalten, dass die Entwicklung den gesamtwirtschaftlichen Zielen von Wachstum und Beschäftigung näherkommt. Im Rahmen seiner Ausgabenpolitik hat der Staat mehrere fiskalische Instrumente zur Verfügung:

- die Änderung staatlicher Auftragsvergabe für öffentliche Investitionen, Käufe oder Verschiebung von Sachausgaben, z. B. für Infrastruktur, Straßen, Gebäude, Brücken etc.,
- Variation der Staatsausgaben, z. B. Beamtenpensionen und -bezüge,
- Auflösung von Überschüssen, die in der Vergangenheit als Konjunkturausgleichsrücklage gebildet wurden,
- zusätzliche Kreditaufnahme, z. B. Ausgabe von Staatsanleihen auf dem Kapitalmarkt oder Beschränkung der Kreditaufnahme bzw. Begrenzung der Kreditaufnahmemöglichkeiten,
- Variation der staatlichen Transferzahlungen, Sozialleistungen an die privaten Haushalte.

Der Staat kann vor allem durch die Schaffung von Anreizen oder Hemmungen mit kontraktiven bzw. expansiven Effekten die gesamtwirtschaftliche Nachfrage gestalten und damit auf die jeweilige Konjunktursituation einwirken:

In einer **Hochkonjunktur**, in der die gesamtwirtschaftliche Nachfrage größer ist, als das gesamtwirtschaftliche Angebot, besteht die Gefahr, dass es zu einer höheren Inflation kommt. Deshalb versucht der Staat durch „kontraktive Effekte" mittels Ausgabensenkungen die gesamtwirtschaftliche Nachfrage und die Inflation zu dämpfen. Dabei sollte er aber die Transferausgaben unberührt lassen, da ein einmal geschwächter Konsum nur schwer wiedererweckt werden kann.

In einer **Rezession**, in der die gesamtwirtschaftliche Nachfrage geringer ist als das gesamtwirtschaftliche Angebot, sind Beschäftigung und Wachstum geschwächt. Der Staat kann dann versuchen, mittels „expansiver Effekte", z. B. die Steuern zu verringern und die Staatsausgaben zu verstärken, den Konsum zu unterstützen und die Investitionsneigung der Unternehmen zu stärken. Daneben kann der Staat seine eigenen Investitionen erhöhen.

Der expansive Einsatz der Instrumente der Fiskalpolitik zur Rezessionsbekämpfung (durch höhere Staatsausgaben) kann für den Staat zu Finanzierungsdefiziten führen. Diese Ausgabenerhöhungen bzw. Haushaltsdefizite werden häufig in Form des sogenannten „*deficit spending*" finanziert, d. h. durch staatliche Kreditaufnahme auf dem Kapitalmarkt. Die staatliche Kreditaufnahme führt auf dem Geld- und Kapitalmarkt zu knapper Liquidität und zur Verdrängung privater Kredit- und Investitionsnachfrage, aufgrund der Verknappung der Kreditmöglichkeiten und des Anstiegs der Kapitalmarktzinsen.

Diese Wirkung der staatlichen Kreditaufnahme auf dem Kapitalmarkt wird als **„Crowding out-Effekt"** bezeichnet. Dies kann dazu führen, dass eine expansive Fiskalpolitik die gewünschte Wirkung konterkariert und einen Rückgang der privaten Gesamtnachfrage insbesondere nach den Investitionsgütern bewirkt. Der Staat verdrängt private Aktivitäten. Dies bedeutet, dass zusätzliche kreditfinanzierte Staatsausgaben nur dann Erfolg haben, wenn in der Privatwirtschaft – bei Banken und Unternehmen – genügend Liquidität vorhanden ist und Crowding-out-Effekte nicht auftreten. Der Crowding-out-Effekt tritt nicht auf, wenn in der Volkswirtschaft reichlich Liquidität vorhanden ist oder von der Zentralbank bereitgestellt wird. Bei reichlicher

Geldversorgung belastet die Kreditaufnahme des Staates die Kreditmärkte nur wenig, sodass ein Crowding-out-Effekt nicht oder nur wenig zu erwarten ist.

Mittels der **Eingriffsinstrumente der Fiskalpolitik** (StabG) kann der Staat grundsätzlich zwar die Komponenten der gesamtwirtschaftlichen Nachfrage (Konsum, Investitionen, Staatsausgaben sowie Exporte und Importe) stimulieren, indem er entsprechende Anreize schafft, oder umgekehrt die gesamtwirtschaftliche Nachfrage dämpfen, wenn er weniger ausgibt, als er einnimmt. Allerdings wird die Wirksamkeit der fiskalpolitischen Maßnahmen oft überschätzt, da sie auf die entscheidenden Zukunftserwartungen der Wirtschaftssubjekte (bezüglich Einkommen und Gewinnen usw.) wenig Einfluss ausüben können.

Überdies handeln Politiker, die wiedergewählt werden wollen, **asymmetrisch**: bei einem Konjunkturabschwung *(deficit spending)* sind Ausgabenausweitungen sehr populär, und bei einem Konjunkturaufschwung sind Ausgabenkürzungen sehr unpopulär, die dann aber gerade sinnvoll wären. Politiker tendieren deshalb dazu, nur einen Aspekt des *deficit spending* anzuwenden – nämlich den der Ausgabenausweitungen bei einem Konjunkturabschwung -, aber mit den Folgen fiskalischer Verwerfungen, wie hohe Staatsverschuldung, mehr Inflation usw. Eine wachsende Staatsverschuldung (aufgrund des *deficit spending*) führt im nächsten Konjunkturabschwung zu einem weiteren Anstieg der Staatsschulden durch die Zinslasten des Staatshaushaltes, mit der Folge der Verringerung der Handlungsspielräume des Staates.

## 15.4 Fallstricke der Angebots- oder Nachfrageorientierung

Den staatlichen Akteuren stehen beim Einsatz der fiskalpolitischen Instrumente alternativ die Angebots- oder die Nachfrageorientierung zur Wahl. Diese Alternative beruht auf kontroversen ökonomischen Theorieansätzen, d. h. ob das Angebot oder die Nachfrage als zentraler Motor in der Marktwirtschaft anzusehen ist und ob entweder die Angebotsbedingungen oder stattdessen die Gesamtnachfrage für die wirtschaftliche Entwicklung und damit für Wachstum und Beschäftigung entscheidend sind. Diese Kontroverse hat ihren Ursprung in der konträren Deutung des Selbstregulierungsmechanismus von Marktwirtschaften. Die eine Deutung gründet sich auf der neoklassischen Auffassung von Say und Smith von der automatisch-stabilisierenden Selbststeuerung der Märkte, wenn die Angebotsbedingungen stimmen. Die andere Deutung gründet in der keynesianischen Vorstellung von der grundsätzlichen Instabilität der Märkte, die, wenn die Gesamtnachfrage schwächelt, der staatlichen Intervention bedarf.

**Angebotsorientierung**

Die **„Angebotsorientierung"** geht davon aus, dass die Märkte über die „unsichtbare Hand", die Selbstregulierung des Wettbewerbs- und Preismechanismus', automatisch zu einer Auslastung aller Produktionsfaktoren führen und damit für hohe Beschäftigung und Wachstum sorgen. Die Angebotsseite ist die entscheidende Determinante der wirtschaftlichen Entwicklung, weil jedes Angebot seine eigene Nachfrage schafft, und bei der Produktion von Gütern Einkommen mit kaufkräftiger Nachfrage entstehen. Demzufolge sind Wachstumsschwäche und Arbeitslosigkeit nicht auf nachfrageseitige Schwächen, sondern auf angebotsseitige Hemmnisse zurückzuführen: Wirtschaftliche Schwäche und Arbeitslosigkeit besteht aufgrund zu hoher Lohnkosten und Lohnnebenkosten oder zu hoher Zinsen, zu hoher Steuern u. a. sowie *„last but not least"* schwacher Gewinne.

**Angebotspolitik** heißt deshalb, alle Angebotshemmnisse zu beseitigen, und die Angebotsbedingungen durch die Kostensituation zu verbessern, wie Verbesserungen von Steuer- und Abschreibungsregelungen, Abbau sozialer Leistungen der Unternehmen wie Lohnfortzahlung, Arbeitgeberbeiträge zur Sozialversicherung, sowie moralischer Druck auf die Gewerkschaften zu „maßvollen" Tarifabschlüssen etc., um so die Unternehmensgewinne zu steigern, damit die Neigung und Fähigkeit zu Investitionen gestärkt werden und Produktion (sowie Beschäftigung) und damit auch Angebot zunehmen.

Angebotsmaßnahmen sind deshalb:

## 15.4 Fallstricke der Angebots- oder Nachfrageorientierung

- die Kapitalzinsen senken,
- die Staatsverschuldung und Staatsausgaben abbauen, damit der Geld- und Kapitalmarkt entlastet wird und die Zinsen sinken,
- öffentliche Dienstleistungen an private Unternehmen übergeben,
- die Abgabenlast der Unternehmen senken, die Abschreibungsbedingungen verbessern, die Soziallasten reduzieren,
- den Abbau des Lohnkostendrucks und Lohnzuwächse reduzieren,
- die Unternehmenssteuern senken.

Überdies sollte eine Politik der Wettbewerbsfreiheit zum Abbau von staatlichen und gesetzlichen Hemmnissen, die die unternehmerische Dispositionsfreiheit behindern, führen: neben Deregulierung von staatlichen Interventionen, Abbau von „staatlicher Monopolmacht" (z. B Post, Bahn u. a.) zugunsten des privaten Entscheidungsspielraums, damit die Marktkräfte ihre Dynamik frei entfalten können. Mit anderen Worten: *„mehr Markt und weniger Staat"*. Eine Angebotspolitik soll überdies wirtschaftliche Ungleichgewichte als „Reinigungskrisen", die die Revitalisierung der privaten Wirtschaftstätigkeit stärken, in Kauf nehmen.

Der Staat soll auf eine staatliche „Stop-and-go-Politik" verzichten und sich stattdessen zugunsten einer Verstetigung des Staatsverhaltens an eine „Konstanz der Wirtschaftspolitik" halten, mit der Ausrichtung an der langfristigen Wachstumsrate des BIP, die es den Unternehmen erlaubt, mit wenig Unsicherheiten zu planen und zu entscheiden.

**Nachfrageorientierung**

Die **„Nachfrageorientierung"** geht demgegenüber von der Erkenntnis aus, dass der Mechanismus der Märkte dafür sorgt, dass die Produktionskapazitäten in zyklischer Abfolge immer wieder über- oder unterausgelastet sind und damit Arbeitslosigkeit oder Inflation erzeugen. Diese Erkenntnis gründet auf John Maynard Keynes „General Theory of Employment, Interest and Money" (1955), der betont, dass die „unsichtbare Hand" der Märkte mit ihren Marktmechanismen eine Unterbeschäftigungssituation nicht automatisch überwindet. Die Theorie Keynes' vertraut nicht auf die „unsichtbare Hand" des Marktes, sondern auf die „heilsamen Wirkungen" der „sichtbaren Hand" des Staates durch eine aktive Fiskalpolitik. Keynes' Wirtschaftstheorie sieht die

Nachfrageseite von Märkten als entscheidende Determinante der wirtschaftlichen Entwicklung und die gesamtwirtschaftliche Nachfrage als Hauptursache für die immer wieder zyklisch auftretende Unterauslastung der Produktionskapazitäten, die zu Arbeitslosigkeit führt.

**Nachfragepolitik** hat deshalb die Aufgabe, die gesamtwirtschaftliche Nachfrage durch das Staatsbudget so zu gestalten, dass die Konjunkturschwankungen im Verhältnis zu den gesamtwirtschaftlichen Produktionskapazitäten verstetigt werden. Insbesondere soll die Fiskalpolitik in konjunkturell schwachen Zeiten die Staatsnachfrage erhöhen und bei konjunktureller Überhitzung die Staatsnachfrage reduzieren, damit die optimale Auslastung der gesamtwirtschaftlichen Produktionskapazitäten gewährleistet wird.

Nachfragemaßnahmen, um die gesamtwirtschaftliche Nachfrage zu verbessern, sind deshalb:

- die Steuern senken, um die gesamtwirtschaftliche Kaufkraft zu beleben,
- die Zinsen senken (und die Bankenliquidität ausweiten), um die kreditfinanzierte Investitions- und Konsumnachfrage zu stärken,
- die Löhne anheben, um die Massenkaufkraft zu erhöhen,
- die Sozialleistungen anheben, um die Kaufkraft zu verbessern,
- zusätzliche (kreditfinanzierte) Staatsausgaben zur Auftragsvergabe für Investitionen in Infrastruktur, Umweltschutz oder „Zukunftsinvestitionsprogramme" (ZIP) zur Förderung neuer Technologien und Märkte.

Eine **Gegenüberstellung** der beiden Konzepte zeigt, dass die Trennung in Angebots- und Nachfragepolitik angesichts des gesamtwirtschaftlichen Verlaufsmusters, theoretisch und empirisch einseitig und unzulänglich ist: Der Konjunkturzyklus mit Wachstum und Beschäftigung ist von Höhen und Tiefen geprägt, und wird sowohl von der Nachfrageseite als auch von der Angebotsseite beeinflusst. Die jeweilige gesamtwirtschaftliche Situation weist ihre besonderen situationsspezifischen Ursachen auf. Deshalb ist es verfehlt, nur angebotsorientierte oder nur nachfrageorientierte Maßnahmen zu ergreifen, stattdessen müsste eine „situationsbezogene Strategie" durchgesetzt werden, die beide Seiten des Marktes berücksichtigt und nicht nur einseitige neoklassische, keynesianische oder monetaristische Maßnahmen ergreift. Es kommt auf den **ursachenadäquaten Mix von angebotspolitischen und/oder nachfragepolitischen Maßnahmen** an, um die optimale Auslastung der gesamtwirtschaftlichen Produktionskapazität zu verwirklichen.

In Bezug auf die Schaffung von Arbeitsplätzen waren die Erfolge der Angebotspolitik empirisch eher dürftig. Sie hat die Arbeitslosigkeit nicht nur nicht beseitigen oder reduzieren können, sondern stattdessen zu noch höherer chronischer Arbeitslosigkeit geführt.

In einer Hochkonjunktur, wenn eine restriktive Wirtschaftspolitik zur Dämpfung von überhitztem Wachstum und Inflation angemessen wäre, müssten dann sogar die Angebotsbedingungen der Unternehmen verschlechtert werden. Diese Forderung wird von den Anhängern der Angebotspolitik jedoch nicht erhoben.

Eine Angebotspolitik, die die Kosten- und Gewinnsituation der Unternehmen stärkt und damit die Investitionstätigkeit erhöht, um das Arbeitsangebot und das Wachstum zu verbessern, wirkt jedoch auch auf die Gesamtnachfrage, sodass die Angebotspolitik einer Nachfragepolitik erstaunlich nahekommt.

Denn angebotspolitische Maßnahmen, mit Kostensenkungen und Gewinnverbesserungen, haben immer auch Nachfrageeffekte (Investitionsnachfrage). Umgekehrt sind nachfragepolitische Maßnahmen, mit Staatsnachfrage und -aufträgen, immer auch mit Angebotseffekten (Produktionseffekte) verbunden. Der Schluss liegt nahe, dass Nachfrage- und Angebotspolitik letztlich komplementär sind.

## Quellen und weiterführende Literatur

Bofinger, Peter, Zukunftsfähige Finanzpolitik. Voraussetzungen einer aufgabenadäquaten Finanzausstattung der Länder, Berlin 2008
Friedrich, H., Grundkonzeptionen der Stabilisierungspolitik, Opladen 1983
Keynes, J. M., Allgemeine Theorie der Beschäftigung, des Zinses und des Geldes, Berlin 1955

Möller, Hans W., Angewandte Volkswirtschaftslehre. Wirtschaftspolitische Fallstudien mit Lösungstechniken, 3. überarb. Aufl., Wiesbaden 2013

Musgrave, Richard A. / Musgrave, Peggy B./Kullmer, Lore, Die Öffentlichen Finanzen in Theorie und Praxis, Band 1, 6. Aufl., Tübingen 1994, (Marktversagen S. 67 ff.)

Musgrave, Richard A. / Musgrave, Peggy B., Public Finance in Theory and Practice, New York 1973, S. 693

Myles, Gareth D., Public Economics, Cambridge u. a. 1995

Tucholsky, Kurt, Nationalökonomologie, Kurzer Abriß der Nationalökonomie, Hg. Treibeis, Orestes V., 2. Aufl., Tübingen 1982

Vomfelde Werner, Abschied von Keynes? Eine Antwort auf die monetaristisch-neoklassische Gegenrevolution, Frankfurt/M. 1987

# 16
# Wohlstand für alle? – Die Schere zwischen Arm und Reich

„Die Philosophen haben die Welt nur verschieden interpretiert, es kommt darauf an, sie zu verändern."

© PHOTOAISA / INTERFOTO
*Karl Marx (1818–1883)*

> *Reicher Mann und armer Mann*
> *standen da und sahn sich an.*
> *Und der Arme sagte bleich:*
> *Wär ich nicht arm, wärst du nicht reich.*
> Bertolt Brecht

## 16.1 Das Verteilungsproblem – Die Einkommens- und Vermögensverteilung

Jede arbeitsteilig organisierte Produktionsweise ist mit dem Problem konfrontiert, die durch den Einsatz der Produktionsfaktoren Arbeit, Kapital und Boden erzielten Einkommen aus den Produktionserträgen und produzierten Gütern auf die beteiligten Personen oder Gruppen zu verteilen. Die Volkswirtschaftslehre hat deshalb, mit dem Allokationsproblem der Ressourcen und dem Stabilitätsproblem der Entwicklung, auch das Verteilungsproblem der Güter und Einkommen zwischen den Arbeitenden und den Faktorbesitzenden zu lösen.

In der volkswirtschaftlichen Theorie ist die Verteilungsgerechtigkeit eine sehr „heiße" wirtschaftsethische Schwierigkeit. Eine „gerechte" Verteilung kann ökonomisch nur schwer bestimmt werden. Die große Ungleichheit von Einkommen und Vermögen, wie auch die Unterschiede zwischen Arbeitenden und Besitzenden oder Arm und Reich, ist ein ungelöstes Problem.

Mit dem Aufkommen der Wahrnehmung einer weltweiten Verteilungskrise um die immer krassere Ungleichheit von Einkommen und Vermögen innerhalb der einzelnen Gesellschaften oder Staaten und auch international zwischen den einzelnen Staaten, ist das Bemühen um ein altes theoretisches Problem für die Ökonomie neu entstanden. Der französische Ökonom Thomas Piketty hat mit seinem Werk „Das Kapital im 21. Jahrhundert" dafür einen erheblichen Anstoß gegeben (Piketty 2015).

Die Volkswirtschaftslehre hat sowohl in den nationalen Volkswirtschaften, wie auch im globalen Zusammenhang, ganz erhebliche Erklärungsprobleme für die außerordentlich große Ungleichheit von

## 16.1 Das Verteilungsproblem ...

Einkommen und Vermögen. Die Wissenschaft kann zu der Verteilungsfrage nur vage Anhaltspunkte vermitteln. Gerechtigkeitsnormen können kaum mit wissenschaftlichen Maßstäben, sondern nur im politischen Entscheidungsprozess entschieden werden.

In Marktwirtschaften erfolgt die Verteilung von Einkommen und Gütern zunächst nach dem „Marktleistungsprinzip", also nach dem von einem Wirtschaftssubjekt geleisteten Knappheitsbeitrag für die Deckung der Bedarfe. Prinzipiell sollen in einer Marktwirtschaft unterschiedliche Einkommensverhältnisse das Ergebnis des Leistungswettbewerbs sein, mit anderen Worten: unterschiedliche Leistungen und Qualifikationen rechtfertigen Einkommensunterschiede. Die Unterschiede sollen die wesentliche Triebfeder wirtschaftlichen Handelns sein (vgl. 4. Armuts- und Reichtumsbericht der Bundesregierung 2014, S. III - Q: 4/437). Marktwirtschaftliche Systeme haben aber die Tendenz zur Verteilungsungleichheit, unabhängig von Leistungen und Qualifikationen, weil in der Realität die Startgleichheit (Erben) und fairer Wettbewerb weitgehend nicht gewährleistet sind. Der Markt generiert tendenziell wohl eine marktleistungsbedingte Verteilung der Einkommen, aber auch eine gesellschaftlich bedingte Ungleichverteilung des Vermögens, besonders durch Erbschaften.

Der englische Ökonom John Maynard Keynes konstatierte in seinem Hauptwerk schon 1936: *„Die hervorstechenden Fehler der wirtschaftlichen Gesellschaft, in der wir leben, sind ihr Versagen, für Vollbeschäftigung Vorkehrung zu treffen und ihre willkürliche und unbillige Verteilung des Reichtums und der Einkommen."*

Die Ungleichheit von Einkommen und Vermögen ist ein nationales und ein globales Problem, in den USA und Lateinamerika, in Russland, China, Indien u. a. wie auch in Europa. Die Schere zwischen Arm und Reich klafft immer weiter auseinander. Im Jahre 2011 stellte die OECD fest, dass die Schere zwischen Arm und Reich seit den Neunzigerjahren auch in den sozial vorbildlichen Ländern wie Dänemark, Schweden und auch Deutschland auseinandergeht. Trotz positiver Entwicklung von Wirtschaft und Arbeitsmarkt ist die Kluft zwischen Vermögenden und Mittellosen weiter gewachsen. Die Reichen wurden in den vergangenen Jahrzehnten reicher und die Armen ärmer, sodass die Ungleichheit der Vermögensverteilung zwischen 2002 und 2007 stark gestiegen ist (vgl. 4. Armuts- und Reichtumsbericht der Bundesregierung 2014, S. XLIII). Gemäß der Europäischen Zentralbank weist Deutschland in der EU (2013) sogar die größte Ungleichheit der Eigentumsverteilung auf.

Dass die Kluft zwischen den Armen und den Reichen, als auch zwischen den Arbeitenden und Vermögenden immer größer wurde und weiterhin wächst, ist nicht nur ein Problem für die Stabilität von Gesellschaft und Staat, sondern auch eine Gefährdung der Stabilität der Volkswirtschaft. Die Ungleichheit ist wahrscheinlich dafür verantwortlich, dass die Volkswirtschaften von einer Krise in die nächste Krise schwanken (vgl. Stiglitz 2012, 2014, S. 24–25).

Die wachsende Kluft zwischen Arm und Reich ist eine große Gefahr für die Marktwirtschaft, für die Weltwirtschaft und für die demokratische Gesellschaft. Diese Ungleichheit der Einkommens- und Vermögensverteilung stellt ein zunehmendes Problem für die politische Stabilität einer Gesellschaft dar. Angesichts der immer größeren Disparitäten und der Konzentration in der Einkommens- und Vermögensverteilung hat sich um die Umverteilung von Vermögen und Einkommen sozialer Sprengstoff gebildet. Die Ungleichheit kann zu einer „Systemkrise" eskalieren und unterminiert sogar das Fundament der Gesellschaft.

Markt und Staat bekommen ein immer größeres Legitimationsproblem. Denn Markt und Staat (mit Gewerkschaften und Arbeitgeberverbänden) tragen die Verantwortung dafür, dass ein Minimum an sozialer Gerechtigkeit in der Gesellschaft besteht. Die Rolle des Staates beinhaltet eine (um)verteilende Aufgabe, auch „gegen den Markt" einzugreifen, um ein Minimum an „Gerechtigkeit" bei der Verteilung von Einkommen und Vermögen zu gewährleisten, zur Erhaltung einer gesellschaftlich akzeptierten und sozial „gerechteren" Verteilung, als es der Markt leistet.

In Deutschland ist der Staat durch mehrere Verfassungsgrundsätze sozial verantwortlich; insbesondere durch Art. 1, Abs. 1 GG, der den Staat auf die Würde des Menschen verpflichtet, d. h. dem Bürger auch ein wirtschaftliches Existenzminimum zusichern muss. Mit dem Sozialstaatsgebot in Art. 19 GG sowie mehreren Urteilen des Bundesverfassungsgerichts ist der Staat gefordert, die Existenzgrundlage der Bürger zu gewährleisten und für einen Ausgleich der Gegensätze von Einkommen und Vermögen zu sorgen. Das Grundgesetz Deutschlands fordert den Staat überdies auf, die Sozialverpflichtung der unveränderbaren Grundrechte auf Eigentum an das Wohl der Allgemeinheit zu binden. Im Artikel 14 des Grundgesetzes heißt es dazu: *„Eigentum verpflichtet. Sein Gebrauch soll zugleich dem Wohle der Allgemeinheit nutzen."*

In der politischen Realität verpflichtet der Staat die großen „Vermögen" praktisch kaum zu etwas anderem, als sich zu vermehren. Vom Dienste zum Wohle der Allgemeinheit wird das „Vermögen" durch die Steuerpolitik eher befreit, weil beispielsweise eine progressive Einkommensbesteuerung zwar mehr Verteilungsgerechtigkeit bewirken könnte, aber abgelehnt wird, weil von ihr aus angeblich negative Anreizwirkungen auf die Leistungsbereitschaft der sogenannten Besserverdienenden ausgehen würde.

## 16.2 „Ungleichheit" – Die Kluft zwischen Arm und Reich

Die Einkommensverteilung ist zu unterscheiden von der Vermögensverteilung. Die Verteilung der Vermögen und Einkommen ist methodisch-statistisch mehr schlecht als recht erfasst. Unzählige Wirtschaftsdaten werden nicht erfasst - ausgerechnet bei den Vermögen bleibt sehr vieles im Dunkeln, sodass sich nur aus verschiedenen Untersuchungen recht unterschiedliche Zahlenangaben finden.

Die Öffentlichkeit hat fast keine Ahnung über die Reichtümer der Reichen. Das liegt daran, dass in Deutschland Vermögen seit 1998 nicht mehr besteuert werden und der Staat deshalb kaum Daten über den Reichtum der Bürger hat und fast nichts über die Vermögen seiner Bürger weiß. Es existieren keine Datensammlungen – weder aus Mikrozensus, Einkommens- und Verbraucherstichproben, noch aus Sozioökonomischem Panel – für die die Bürger über ihre Vermögen befragt worden wären.

Die reichlichen Darstellungen zur statistischen Methodenlehre über die Erhebung und Definitionen von Einkommen und Vermögen spiegeln vielleicht die sehr unbefriedigende Datenlage über die empirische Einkommensverteilung in Deutschland und reflektieren den Zusammenhang von Erkenntnis und Interesse (Habermas). Die hauptsächlichen Quellen sind die Armuts- und Reichtumsberichte der Bundesregierung sowie Untersuchungen des Statistischen Bundesamtes und der EZB und der Deutschen Bundesbank sowie des Sachverständigenrats (SVR), der Allianz SE und der Stiftung Bertelsmann.

Mit Beschluss vom 27. Januar 2000 hat der Deutsche Bundestag die Bundesregierung erstmals aufgefordert, regelmäßig einen „Armuts- und Reichtumsbericht" zu erstatten. 2001 hat die Bundesregierung den ersten Armuts- und Reichtumsbericht vorgelegt. Der 2. Armuts- und Reichtumsbericht von 2005 beschreibt die Lebenslagen der Menschen in Deutschland zu Einkommen, Vermögen, Erwerbstätigkeit u. a. Den 4. Armuts- und Reichtumsbericht hat die Bundesregierung 2013/14 der Öffentlichkeit vorgelegt. Der 5. Bericht ist in Vorbereitung.

(**Quellen:** Die Datengrundlagen und Angaben stammen aus der amtlichen Statistik für die Bundesrepublik Deutschland. So weit nicht anders vermerkt, sind die Zusammenstellungen von empirischen Daten über die sozialen Befunde von Deutschland vom Statistischen Bundesamt, der Bundeszentrale für politische Bildung, von der Bundesregierung sowie dem Wissenschaftszentrum Berlin für Sozialforschung und dem Deutschen Institut für Wirtschaftsforschung (Datenreport 2013, www.destatis.de)).

**Was ist Armut?**
Armut ist Vermögenslosigkeit. **Absolute Armut** besteht nach einer Definition der Vereinten Nationen, wenn ein Mensch weniger als einen US-Dollar am Tag zum (Über-)Leben hat. Absolute Armut besteht nach einer Definition der Weltbank, wenn *„ein Mensch nicht genügend Einkommen besitzt, um sich die existentiellen Bedürfnisse nach Nahrung, Wasser, Obdach, Kleidung, sanitären Einrichtungen, Gesundheit und Ausbildung zu erfüllen."* (vgl. Weltbank in: Singer 2013, S. 340–382).

Absolute Armut gibt es heute in den Industriestaaten nur noch selten bei einzelnen Individuen, wohl aber **relative Armut**. In den Industriestaaten ist relative Armut aber entscheidend. Als „relativ" arm galt in Deutschland, oder als armutsgefährdet gilt, wer weniger als das Existenzminimum im Monat zur Verfügung hat, d. h. wessen Einkommen

## 16.2 „Ungleichheit" – Die Kluft zwischen Arm und Reich

weniger als 60 % des Durchschnittseinkommens beträgt, bzw. wer die Einkommensgrenze des Durchschnitts des Einkommens der Bevölkerung (d. i. das Nettoeinkommen inklusive Sozialleistungen) unterschreitet. Derzeit macht dies einen Betrag von rund 850 EUR für einen Single und knapp 1800 EUR für eine Familie (mit zwei Erwachsenen und zwei Kindern) aus.

Heute gibt es in Deutschland für breite Schichten ein hohes relatives Armutsrisiko. Als „armutsgefährdet" gelten in Deutschland mehr als die Hälfte der Haushalte der Bevölkerung. Auch die dauerhafte Armut hat zugenommen. Insbesondere ist in Deutschland die Zahl der Menschen mit sehr niedrigen Einkommen deutlich gestiegen. Wie nie zuvor haben mehr Teile der Bevölkerung mit Armut zu tun: Deutschland zeigt, dass die Armutsquote auf ein Rekordniveau angestiegen ist.

Nach einer Studie des Paritätischen Wohlfahrtsverbands zur Armutsentwicklung in Deutschland von 2013 lebten über 12 Mio. Menschen einkommensarm und rund 15 % der Bevölkerung unter der Armutsschwelle oder waren von Armut bedroht, - im Jahr 2004 waren es noch zwölf Prozent. Das Risiko, im einkommensschwächsten unteren Fünftel der Bevölkerung zu sein und zu bleiben, hat sich deutlich erhöht (vgl. Datenreport 2013, www.destatis.de und VER.DI Bundesvorstand, Wirtschaftspolitik aktuell, Feb. 2015).

Deutschland ist in Bezug auf Wohlstand und Armut ein tief zerklüftetes Land. Die Armut in Deutschland hat mit einer Armutsquote von 15,5 % ein Rekordhoch erreicht und umfasst rund 12,5 Mio Menschen. Der Anstieg der Armut ist - zwischen dem Ruhrgebiet und dem Schwarzwald bis Bremerhaven - fast flächendeckend. Die regionale Zerrissenheit hat sich verschärft. Neue Problemregionen sind, neben dem Ruhrgebiet, der Großraum Köln/Düsseldorf, in dem mehr als fünf Millionen Menschen leben. Dort hat die Armut seit 2006 um 31 % auf überdurchschnittliche 16,8 % zugenommen. Die hervorstechenden Armuts-Risikogruppen sind dabei vor allem:

- Die Erwerbslosen, deren Armutsquote bei 15,5 % liegt mit ansteigender Tendenz, seitdem im Jahr 2005 Hartz IV eingeführt wurde.
- Die Kinderarmut befindet sich dazu auf hohem Niveau. Die Armutsquote der Minderjährigen ist von 2012 bis 2013 auf 19,2 % gestiegen.

- Schließlich zeigt sich die stärkste Armutsentwicklung noch bei den Rentnern. In Deutschland leben über 20 Mio. Rentner, von denen immer mehr zum Leben Geld vom Staat benötigen (vgl. Sozialbericht Datenreport 2013). Die Grundsicherung bewegt sich im Alter auf das Existenzminimum zu. Die Armutsquote beträgt bei den Rentnern über 15 % und hat deutlich zugenommen (vgl. Der Paritätische Gesamtverband, Berlin 2014, www.paritaet.org, www.derparitaetische.de).

Auch die EU ist von den Zielen zur Vermeidung von Armut und Armutsrisiko weit entfernt. In der Europäischen Union waren bereits 2012 rund 25 % der Menschen von Armut oder sozialer Ausgrenzung bedroht (vgl. Bertelsmann-Stiftung 2014).

**Die Gründe** für dieses zunehmende Armutsrisiko liegen in dem Abbau des Rentenniveaus, in einer zunehmenden Altersarmut und vor allem in der Art der vielen Jobs: Ein Hauptgrund für Armut ist die Ausweitung des Niedriglohnsektors sowie die Langzeitarbeitslosigkeit. Jeder fünfte Beschäftigte hatte 2012 eine prekäre nicht-typische Beschäftigung, beispielsweise eine Zeitarbeit oder Teilzeitarbeit. Rund 3 Mio. Menschen waren in Deutschland erwerbslos, davon insbesondere viele Personen ohne berufliche Qualifikation. Trotzdem gibt es in Deutschland so viele Beschäftigte wie nie zuvor. 2013 hatten rund 42 Mio. Menschen einen Job.

**Armut hat Auswirkungen:** Zunächst wirkt sich Armut auf die Gesundheit der Menschen aus. Die Lebenserwartung von Männern in der niedrigsten Einkommensgruppe liegt fast elf Jahre unter der der hohen Einkommensgruppe. Bei den Frauen liegt der Unterschied bei acht Jahren (vgl. Datenreport 2013/2014, www.amtliche-sozialberichterstattung.de).

Armut an Besitz behindert die Verwirklichungschancen und die Lebensgestaltung erheblich, schränkt Handlungsspielräume und Teilhabechancen an den Aktivitäten der Gesellschaft gravierend ein. Vermögenslosigkeit bestimmt die Lebensbedingungen und -chancen und bedeutet schlechte Startbedingungen (etwa bei Existenzgründungen).

Vermögenslosigkeit stellt einen „Arbeitsangebotszwang" dar und macht die, die über kein Vermögen verfügen, von den jeweiligen

## 16.2 „Ungleichheit" – Die Kluft zwischen Arm und Reich

Arbeitsmarktbedingungen abhängig. Diese Abhängigkeit kann von der Arbeitgeberseite ausgenützt werden, was durch verringerte Lohnangebote zum Ausdruck kommt: Bei sinkendem Lohnsatz kann der Arbeitnehmer gezwungen sein, sein Arbeitsangebot zu erhöhen, um seinen Lebensunterhalt zu bestreiten. Eine breitere Vermögensstreuung würde deshalb die Abhängigkeit der Arbeitnehmer von den Lohneinkommen verringern.

**Exkurs: Die Kosten der Haustierhaltung**
Die gesellschaftliche Bedeutung der Armut ist nicht gering; im Kontrast dazu ist auch die wirtschaftliche Bedeutung der Haustierhaltung gewaltig. Eine „Heimtierstudie" über den Wirtschaftsfaktor der Heimtierhaltung in Deutschland 2014 dokumentiert den Befund, dass die Heimtierhaltung insgesamt einen jährlichen Umsatz von über 9,1 Mrd. EUR und rund 200.000 Arbeitsplätze bewirkt. Haustiere bringen der deutschen Wirtschaft mehr als neun Milliarden Euro jährlich ein. Allein mit Futter werden in Deutschland rund 3,75 Mrd. EUR umgesetzt. Weitere 2,1 Mrd. EUR werden dazu durch Ausgaben für die Haustiergesundheit von Hund, Katze, Hamster, Ziervögeln, Zierfischen u. a. umgesetzt. Hinzu kommen Erlöse durch Heimtierernährung, Hundeschulen, Tierpensionen, Tierfriseure, Tierbestattungen, Tierheime, Tierbücher sowie Zubehör wie Halsbänder, Tierversicherungen, oder Besuche beim Tierarzt (vgl. Ohr 2014).

**Was ist Reichtum?**
Reichtum ist Besitz an Vermögen: Er umfasst den Besitz an allen Anlagegütern, sowie Geldvermögen. Das Gesamtvermögen (Bruttovermögen minus Schulden) (einer natürlichen oder juristischen Person) besteht aus der Wertsumme der Aktiva, vermindert um den Wert der Passiva. Passiva sind Verpflichtungen. Aktiva sind alle Sachgüter (Sach- und Grundvermögen) und alle Forderungen (Finanzaktiva) einer Person.

Zum Vermögen gehört das Geldvermögen wie Bargeld, Spar- und Bausparguthaben, Wertpapiere wie Aktien, Kapital – aus Lebensversicherungen, sowie das Sachvermögen wie Grundstücke und Häuser (jedoch abzüglich von Bauschulden), Beteiligungen am Produktivkapital, Beteiligungen an Unternehmen, Edelmetalle, aber auch Schmuck, wertvolle Sammlungen, sowie Gebrauchsvermögen, – abzüglich von Krediten und anderen Verbindlichkeiten (vgl. 4. Armuts- und Reichtumsbericht der Bundesregierung, S. 4/436). Auch Ansprüche gegenüber der staatlichen Sozialversicherung zählen dazu oder Ansprüche aus Betriebsrenten, obwohl schwer zu quantifizieren. Vermögen ist noch wichtiger als das Einkommen. Es ist Indikator für Wohlstand und Reichtum. Maßgeblich ist das Nettovermögen.

Vermögen dient zunächst der Vorsorge, der Absicherung gegen die fünf großen Lebensrisiken: Arbeitslosigkeit, Pflegefall, Krankheit, Unfall und Altersarmut.

Verfügung über (evtl. ererbtes) Vermögen ermöglicht aber auch, weitgehend unabhängig von der eigenen oder/und ohne eigene Leistung, die ökonomischen Vorteile dieser Verfügungsmacht zu genießen. Vermögen erhöht die wirtschaftliche und soziale Sicherheit des Vermögensbesitzers, und ermöglicht, von dem Vermögenseinkommen zehren zu können und nicht allein auf ein Arbeitseinkommen angewiesen zu sein. Wer eine Immobilie im Wert von 300 000 bis 400 000 EUR geerbt hat, steht weit besser da, als andere, deren Einkommen von hohen steigenden Mieten belastet werden.

Wer über größeres Vermögen verfügt, hat aber vor allem größere persönliche Freiheitsspielräume als ein Unvermögender, er verfügt über ein hohes Maß an Verwirklichungschancen und Lebensgestaltung. Vermögen erlaubt die Realisierung persönlicher Entfaltungsmöglichkeiten.

Nicht nur wirtschaftlich, auch gesellschaftspolitisch kommt Vermögensbesitz große Bedeutung zu. Vermögen ist in politische Macht umsetzbar und verändert auch die demokratische Qualität einer Gesellschaft. *„Je tiefer die Kluft zwischen Arm und Reich ist, desto unzufriedener sind die Bürger mit der Demokratie, desto weniger trauen sie den politischen Institutionen, desto niedriger ist die Wahlbeteiligung."* (Friedrichs 2015).

Ein großes Vermögen kann aber auch ein Fluch sein. Wer Vermögen von seinen Eltern geerbt hat, kümmert sich in seinem Leben vor allem darum, wie er es erhalten kann und nicht, wie er in seinem Leben produktiv tätig wird. Der Stahl-Baron Andrew Carnegie plädierte deshalb in seinem Manifest „Evangelium des Reichtums" dafür, sein Vermögen zu stiften, denn: *„Die Eltern, die ihrem Sohn enorme Reichtümer* *hinterlassen, töten seine Talente und seine Energie und verführen ihn dazu, ein weniger nützliches und weniger wertvolles Leben zu führen, als er es sonst tun könnte."* (Friedrichs 2015).

**Vermögensverteilung**
Die ökonomische Verteilungssituation ist nicht so schnell zu erklären: Während die Größe des Gesamtvermögens in Deutschland, abzüglich der Schulden, auf rund 10 Bio. EUR, in Form von Immobilien, Wertpapieren und Gold und Geld u. a. geschätzt wird, zeigt dessen Verteilung ein desaströses Bild von einer skandalösen Vermögenskonzentration und von Vermögensunterschieden zwischen Arm und Reich, ähnlich denen in desolaten Entwicklungsländern:

- die reichsten 1 % der Bevölkerung Deutschlands besitzen zusammen im Jahr 2007 rund 23 % des Gesamtvermögens,
- die reichsten 10 % der Bevölkerung besitzen einen Anteil am Gesamtvermögen von 61,1 %,
- die ärmeren 70 % der Bevölkerung besitzen zusammen ganze 9 % des gesamten Vermögens und
- 27 % der Erwachsenen besitzen überhaupt kein Vermögen oder haben sogar Schulden (vgl. Deutsches Institut für Wirtschaftsforschung (DIW) 2009).

Die privaten Vermögen in Deutschland waren also noch nie so groß, – und wachsen mit steigender Tendenz.
Nach dem 4. Armuts- und Reichtumsbericht der Bundesregierung und dem Statistischen Bundesamt und der Deutschen Bundesbank hatte sich 2014 *„das Nettovermögen der privaten Haushalte (Geld-, Immobilien-, Betriebs- und Gebrauchsvermögen, abzüglich der Verschuldung) in den letzten Jahren von knapp 4,6 auf rund 10 Billionen Euro mehr als verdoppelt"* und ist damit mehr als dreifach so hoch wie die jährliche Wirtschaftsleistung mit einem BIP von rund 3 Bio. EUR (während die realen Löhne und Renten gesunken sind) (vgl. 4. Armuts- und Reichtumsbericht der Bundesregierung 2014, S. XLIII und XLV sowie Statistisches Bundesamt, Deutsche Bundesbank, Panelstudie „Private Haushalte und ihre Finanzen" 2010). Auch das Deutsche Institut für

Wirtschaftsforschung (DIW, Berlin) ermittelte das gesamte Nettovermögen in einer Studie 2014 auf rund zehn Billionen Euro.

Der Ökonom Wilhelm Krelle schätzte in den 60er Jahren, dass knapp zwei Prozent aller privaten Haushalte über 74 % des gesamten westdeutschen Produktivvermögens und über 35 % des Gesamtvermögens verfügten (vgl. Krelle 1968).

Heute wird als Vergleichsmaßstab statistisch vor allem das oberste **Dezil**, d. h. das oberste Zehntel der Haushalte herangezogen. Diese obersten zehn Prozent der Haushalte der deutschen Bevölkerung konnten, laut unterschiedlicher amtlicher Zahlen (siehe Quellen), ihren Anteil am Gesamtvermögen von 2002 bis 2007 von 58 % auf 61 % des Nettogesamtvermögens steigern. Diese reichsten obersten zehn Prozent der deutschen Bevölkerung verfügten im Jahr 2014 über ein privates Nettovermögen von durchschnittlich rund 500 000 EUR (dagegen besaßen die unteren 60 % der Bürger nur ein geringes Nettovermögen von wenigen Tausend Euro oder waren sogar Nettoschuldner).

Nach einer Studie der **Bundesbank „Private Haushalte und ihre Finanzen (2013)** im Auftrag der Europäischen Zentralbank (EZB) besitzen die reichsten zehn Prozent der Haushalte rund 60 % des Nettovermögens und das **Deutsche Institut für Wirtschaftsforschung** schätzte in einer Studie 2014 die Konzentration des Privatvermögens sogar auf 63 bis 74 % (bei den reichsten zehn Prozent der Bevölkerung), während nach einer Studie des **Paritätischen Wohlfahrtsverbands** zur Armutsentwicklung die reichsten zehn Prozent rund 70 % des gesamten Vermögens besitzen (vgl. Der Paritätische Wohlfahrtsverband 2015 und VER.DI Bundesvorstand, Wirtschaftspolitik aktuell, Feb. 2015).

Der **jüngste amtliche 4. Armuts- und Reichtumsbericht der Bundesregierung 2014** schätzt dann schließlich, dass die zehn Prozent der vermögensstärksten Haushalte der Bevölkerung 56 % des gesamten Wohlstands des Nettovermögens (von den etwa zehn Billionen Euro) besitzen, immerhin deutlich mehr als die Hälfte, während nach diesem 4. Armuts- und Reichtumsbericht der Bundesregierung die untere Hälfte der Bundesbürger nahezu nichts besitzt: Die ärmere Hälfte der Bevölkerung hat praktisch gar kein Vermögen. Ihnen gehören nur rund zwei Prozent aller Vermögenswerte. Ihre Sparleistungen gehen überdies sogar zurück, weil sie ihr Geld nicht investieren, sondern in unrentablen Spar-, Bankeinlagen und Lebensversicherungen „parken".

Mit anderen Worten: fast zwei Drittel des gesamten Privatvermögens verteilen sich auf nur ein Zehntel der Bevölkerung in einem drastischen Konzentrationsprozess also, und die privaten Vermögen wachsen weiter. Der Anteil des obersten Zehntels daran ist in den letzten Jahren noch weiter gestiegen. Diese zehn Prozent der Bevölkerung haben diese gewaltigen privaten Vermögen weitgehend leistungslos angehäuft.

In Deutschland gibt es heute eine Million Millionäre mit 2,7 Billionen EUR Gesamtvermögen. Von den 100 reichsten Deutschen haben allerdings nur ganze 34 ihr Vermögen auch selbst erarbeitet. Die meisten haben beim „Erben-Lotto" das große Los gezogen. Die meisten Haushalte haben aber ein „unterdurchschnittliches" Nettovermögen, die Hälfte der Deutschen besitzt lediglich wenige Tausend Euro – oder nur Schulden.

Statistisch besitzt jeder Bürger im Durchschnitt zwar über 100 000 EUR. Im Jahr 2012 verfügten in Deutschland alle erwachsenen Personen noch über ein Nettovermögen von durchschnittlich rund 85 000 EUR. Knapp 28 % hatten keinerlei Vermögen oder sogar Schulden. Wer dem reichsten Zehntel der Bevölkerung angehörte, besaß dagegen ein Nettovermögen von mindestens 217 000 EUR. Gegenüber dem Jahr 2002 hat sich das private Nettovermögen durchschnittlich um knapp 5 % erhöht (vgl. Sachverständigenrat 2014, S. 382).

Die Hälfte des Vermögens der privaten Haushalte besteht aus Wohnungsvermögen. Der Anteil der Bevölkerung, der über selbstgenutzten Immobilienbesitz verfügt, beträgt insgesamt rund 38 %, die Verbreitung von Wohneigentum aber fällt im internationalen Vergleich niedrig aus. Der durchschnittliche Wert dieser selbstgenutzten Immobilien lag im Jahr 2012 in Deutschland bei rund 141 000 EUR. Die Selbstständigen besaßen – über alle beruflichen Stellungen hinweg – mit größtem Abstand die höchsten privaten Nettovermögen. Das private Nettovermögen der Selbstständigen (mit zehn und mehr Beschäftigten) betrug im Jahr 2012 durchschnittlich mehr als 950 000 EUR (vgl. Sachverständigenrat 2014, Kap. VI).

Deutschland ist also – gemessen am Bruttoinlandsprodukt (BIP) – ein reiches Land, aber auch ein Land von einer gewaltigen ungleichen

Verteilung und einer außerordentlichen Kumulation und Vermögenskonzentration. Noch nie konzentrierten sich so große Reichtümer in so wenigen Händen. Das Gefälle zwischen Reichen und der „normalen" Bevölkerung ist noch nie so tief gewesen: Der jüngste 4. Armuts- und Reichtumsbericht der Bundesregierung von 2014 gipfelt in der Feststellung: *„Die Privatvermögen in Deutschland sind höchst ungleich verteilt"* (eine Aussage, die später gestrichen wurde). Die Organisation für wirtschaftliche Zusammenarbeit und Entwicklung (OECD) hat konstatiert, dass die Ungleichheit und diese Tendenz zur wachsenden sozialen Kluft zwischen Arm und Reich in keinem anderen Industrieland so groß ist, wie in Deutschland. Die Vermögen konzentrieren sich – **weltweit** – immer stärker bei der Reichen-Elite. **Weltweit** kontrollierte das oberste ein Prozent der Haushalte 2010 noch 43 % des **weltweiten** Finanz- und Immobilienvermögens, während es Mitte 2014 bereits 48,2 % sind (von insgesamt 126,9 Billionen $ weltweit) (vgl. Handelsblatt, Ausgabe 32, Feb. 2015 sowie eine Studie „Global Wealth Report" der Schweizer Bank Credit Suisse Zürich 2014 sowie der Allianz SE und Pikettys Daten in seinem Werk „Das Kapital im 21. Jahrhundert" 2013/2015).

Die Spaltung der Einkommensschere wächst: Die zunehmende Vermögenskonzentration wird noch verstärkt, wenn Erbengenerationen - erstmals wieder nach den Weltkriegen – in den Genuss einer gewaltigen Erbmasse kommen, zu deren Erwirtschaftung sie selbst nichts beigetragen haben. Die Vermögenszuwächse erfolgten vor allem dort, wo bereits viel Vermögen vorhanden ist. Die Mehrheit der Bevölkerung hat von dem Reichtum wenig bekommen, die unteren Vermögensgruppen haben sogar entsprechend verloren. Mit anderen Worten: die Reichen in Deutschland – und weltweit – werden immer reicher, die Armen immer ärmer.

Die bestehende Vermögensverteilung in der Gesellschaft kann nicht durch persönliche Leistung gerechtfertigt werden, vielmehr spielt das Leistungsprinzip keine Rolle. Das gewaltige Wachstum der privaten Vermögen geht vor allem auf die günstige Entwicklung der Aktienkurse zurück. Die Arbeitseinkommen können mit den Vermögensgewinnen nicht mithalten. Börseninvestitionen lohnen sich oft mehr als zu arbeiten. So wurde die Ungleichheit immer größer.

## 16.2 „Ungleichheit" – Die Kluft zwischen Arm und Reich

Die Zunahme der sozialen Ungleichheit ist nicht nur eine Belastung des Sozialstaats. Mit verschärfter Ungleichheit wird die Legitimationsgrundlage des politischen Systems infrage gestellt. Denn die Glaubwürdigkeit der sozialstaatlichen Demokratie beruht gerade darauf, dass die gesetzlich postulierten Gleichheitschancen tatsächlich vermehrt und nicht vermindert werden. Es stellt sich insbesondere die Frage, wie weit ein Staat noch verfassungskonform sein kann, dessen Politik dazu führt, dass die Gewinn- und Vermögenseinkommen der Selbstständigen zehnmal so schnell steigen, wie die der unselbstständig Beschäftigten. Ein Ausgleich der Interessen ist nicht zu erkennen. Im Gegenteil: diese Vermögen werden täglich mit gewaltigen Zinssummen bedient und sorgen so für eine ständige Umverteilung von unten nach oben (vgl. VER. DI Bundesvorstand, Wirtschaftspolitik, aktuell, Feb. 2015, Allianz SE, „Global Wealth Report 2014").

**Einkommensverteilung**

Der Lebensstandard und die Lebensgestaltung eines Menschen werden bestimmt vom Einkommen und Vermögen sowie von den Preisen der Konsum- und Wirtschaftsgüter.

In der Volkswirtschaftslehre werden die Haushaltseinkommen und das Volkseinkommen untersucht bezüglich der Entstehung, der Verteilung und der Verwendung der Einkommen. Das BIP in Geld ausgedrückt ergibt das Volkseinkommen. (Das BIP bezeichnet die in einem Jahr erzeugten Konsum- und Produktionsgüter sowie Dienstleistungen.) Das Einkommen einer Volkswirtschaft wird auf Personen oder Haushalte aufgeteilt und fließt auf der Haushaltsebene zusammen zum Haushaltseinkommen und ergibt, abzüglich der Steuern und Abgaben, das verfügbare Einkommen.

Die **Haushaltsnettoeinkommen** setzen sich zusammen aus dem Markteinkommen (Arbeitseinkommen plus Besitzeinkommen) sowie staatlichen Transferleistungen, wie Renten und Pensionen. Das verfügbare Einkommen eines Haushalts umfasst dieses Haushaltsnettoeinkommen abzüglich der Steuern und abzüglich der Einkommensteuer und der Sozialbeiträge, des Arbeitnehmeranteils der Pflichtbeiträge zu den Sozialversicherungen und der Rentenbeiträge an die Gesetzliche Rentenversicherung (GRV).

Das **Bruttoeinkommen** bezeichnet das Einkommen eines Haushaltes in einer Zeitperiode aufgrund von Arbeitsleistungen (Lohn und Gehalt) und aus Vermögensbesitz (Zinsen und Dividenden). Dieses Einkommen ergibt sich durch das am Markt erzielte Faktorenentgelt. Dazu kommt die staatliche Umverteilung mit sozialen Transferzahlungen wie gesetzliche Renten und andere Staatsleistungen, z. B. Sozialhilfen, Kindergeld, Krankengeld, Arbeitslosengeld und sonstige Zahlungen wie Bafög, abzüglich der geleisteten Abgaben, z. B. Sozialbeiträge, Solidaritätszuschlag.

Das Einkommen der privaten Haushalte fließt zumeist als **Arbeitseinkommen** zu. Das monatliche Bruttoeinkommen besteht aus Gehalt oder Lohn pro Monat durch unselbstständige Arbeit als Beschäftigter, ohne Arbeitgeberbeiträge zur Sozialversicherung. Dieses Arbeitseinkommen ist die üblichste Form. Zu unterscheiden sind Nominaleinkommen und Realeinkommen (abzgl. der Inflationsrate). Das Nominaleinkommen ist die nominelle Einkommenshöhe, während das Realeinkommen für die Kaufkraft entscheidend ist. D. h. der Nominallohn kann gestiegen sein, ohne Steigerung des Realeinkommens, wenn das Preisniveau im gleichen Ausmaß wie der Lohn gestiegen ist – oder sogar stärker (Inflation).

Die **Besitzeinkommen** umfassen die Vermögens- oder Kapitaleinkommen in Form von Zinsen, Dividenden und Gewinnen sowie Einkünfte aus Vermietung und Verpachtung, abzüglich des Finanzierungs- und Instandhaltungsaufwands. Das Besitzeinkommen kann aus Kapitaleinkommen sowie auch aus Grundbesitzeinkommen resultieren. Das Kapitaleinkommen entsteht durch Zinsen, Dividenden oder Gewinnen, das Grundbesitzeinkommen durch Mieten, Pachten u. a. Das Unternehmenseinkommen kann aus Kapitaleinkommen, wie aus Gewinnen oder sog. Unternehmerlohn oder auch aus Besitzeinkommen (wie Dividenden, Zinsen) für das eingesetzte Kapital entstehen.

Das jährliche **Haushaltsnettoeinkommen** betrug in Deutschland im Jahr 2011 durchschnittlich knapp 23 000 EUR und ist gegenüber dem Vorjahr und seit dem Jahr 2005 leicht gesunken (vgl. Sachverständigenrat (SVR), Jahresgutachten 2014, S. 371).

Nach dem Deutschen Institut für Wirtschaftsforschung (DIW) ist das durchschnittliche Nettomonatseinkommen unselbstständig

Beschäftigter zwischen 2000 und 2010 real um knapp 2 % gesunken, während die oberen 10 % der Beschäftigten einen realen Zuwachs erzielten und die Unternehmensgewinne und die Spitzenmanagerbezüge erheblich gestiegen sind (vgl. www.zeit.de/wirtschaft/2011-03/ gerechtigkeit-einkommen-kluft). Ab einem Haushaltsnetto von 7545 EUR im Monat zählt ein Haushalt zur Spitze der Einkommenshierarchie, mit weniger als 712 EUR im Monat zählt er zum untersten Zehntel der Hierarchie.

So haben die Haushaltseinkommen (abzgl. Steuern) des obersten Dezils in den Jahren 2000 bis 2011 rund 13 % an Zuwächsen erzielt. Beispielsweise beziehen die 65 Reichsten in Deutschland ein Durchschnittseinkommen von rund 50 Mio. EUR pro Jahr (vgl. Deutsches Institut für Wirtschaftsforschung (DIW Berlin) in einer aktuellen Studie 2013 und Wagner 2008).

Volkswirtschaftlich wird die **Einkommensverteilung** nach den Einkommen der Produktionsfaktoren Arbeit und Kapital, nach Arbeitseinkommen (oder Lohneinkommen) und nach Kapitaleinkommen (auch Vermögens- oder Besitzeinkommen) unterschieden.

Die maßgebende volkswirtschaftliche Größe für die abhängig Beschäftigten ist der Anteil der Löhne und Gehälter am Volkseinkommen. Der Anteil der Bruttoeinkommen der abhängig Beschäftigten am Volkseinkommen ist die Lohnquote. Die Lohnquote entspricht dem Anteil der Arbeitnehmerkosten (wie die Löhne oder Gehälter zzgl. der Sozialabgaben) am Volkseinkommen. Die Gewinnquote ist dann der Anteil der Brutto-Unternehmens- und Vermögenseinkommen am Volkseinkommen, wie Gewinne, Dividenden und Zinsen. Das Verhältnis von **Lohnquote und Gewinnquote** spiegelt im Prinzip die Einkommen der selbstständigen und unselbstständigen Beschäftigten der Bevölkerung am Volkseinkommen wider. Die Gewinnquote und Lohnquote verhalten sich also proportional zueinander und ergeben zusammen 100 %. Das Verhältnis zwischen dem Anteil der **Arbeitseinkommen** (Löhnen und Gehältern) und dem Anteil der **Kapitaleinkommen** (Unternehmens- und Vermögensgewinnen) ergibt entsprechend die Lohnquote und die Gewinnquote und zusammen das Volkseinkommen bzw. das Bruttoinlandsprodukt (BIP).

Der Wohlstand reflektiert sich zu einem großen Teil in der Verteilungsstruktur von Löhnen und Gewinnen. Dieses Einkommensverhältnis ist ein wichtiger Indikator der ökonomischen Ungleichheit. Die Vermögenseinkommen machen etwa ein Drittel des Volkseinkommens aus und fließen den Kapitalbesitzern zu. Die Selbstständigen erzielen die höchsten Vermögenseinkünfte. Sie müssen für ihre Alterssicherung aber auch selbst sorgen und dafür eine Vermögensreserve, wie durch Lebensversicherungen u. a., einrichten.

Die beiden Quoten haben sich seit Jahren stark schwankend entwickelt, während die Gewinnquote stetig stark anstieg von 25 % auf Höchstwerte um 35 %, fiel die Lohnquote entsprechend auf Tiefwerte um 65 % ab. Diese Zahlen spiegeln den Anstieg der Vermögenseinkommen wider (vgl. Deutsches Institut für Wirtschaftsforschung (DIW) 2014).

**Die Quellen des Reichtums**
In der Marktwirtschaft bestimmt das Verhältnis von Angebot und Nachfrage den Preis für die Leistung von Arbeit – und den Einsatz von Kapital – sowie damit das personelle Arbeits- und Besitzeinkommen. Die Einkommensverteilung soll danach durch das Leistungsprinzip bestimmt werden. Jede Person soll nach ihrer Leistung entgolten werden, sodass Ungleichheiten in den Einkommen auch durch unterschiedliche Leistungen zwischen den Personen begründet sein sollen. Das gesamtwirtschaftliche Einkommen wird von den Leistungen der einzelnen Wirtschaftssubjekte erbracht, das durch deren Einsatz von Kapital und Leistung ihrer Arbeit entsprechend aufgeteilt wird.

Vermögen gelten als Ergebnis der Leistung. Je höher das Einkommen, desto höher war die Leistung. Tatsächlich können sich Einkommensunterschiede aber kaum mit unterschiedlichen Qualifikationen, Arbeitszeiten und Verantwortung erklären lassen. Entscheidend sind Vermögen, wirtschaftliche Macht und soziales Netzwerk. Wer reich ist, hat häufig Glück gehabt, sei es durch die Geburt, durch den Zufall oder dass er zur richtigen Zeit am richtigen Ort präsent gewesen ist.

Reichtum entsteht durch Umstände, die die Profiteure meist nicht durch eigene Leistungen erzeugt haben. Zins-, Pacht- und Mieteinnahmen oder steigende Aktienkurse oder Immobilienpreise mehren das

Vermögen, ohne dass die Eigentümer dafür viel leisten müssen. Die Gewinner steigender Mieten und Häuserpreise verdanken ihre Gewinne einer Stadtentwicklung und Wohnungspolitik. Überdies machen steigende Aktienkurse auf den Finanzmärkten, den Börsen, oftmals reich; die Gewinne sind der Marktentwicklung oder geschickten Spekulationen geschuldet – kaum eigenen Leistungen; noch mehr stammen leistungslose Einkommen aus Erbschaften, die allein in Deutschland jedes Jahr an die 300 Mrd. EUR betragen.

Die gewachsene Ungleichheit der Erwerbseinkommen und der Abstand zwischen den Reichen gegenüber der übrigen Bevölkerung haben sich innerhalb kurzer Zeit deutlich verbreitert und die Einkommenskonzentration hat aufgrund der gestiegenen Vermögens- bzw. Kapitaleinkommen erheblich zugenommen. Die wachsende Ungleichheit der Vermögenseinkommen hat vor allem zwei Gründe:

Zum einen die ökonomische Logik der „unsichtbaren Hand" des Marktes, die akkumulierende hohe Rendite des Kapitals und der Zinseszinseffekt sowie zum anderen die politische Logik der „sichtbaren Hand" des Staates, mit seiner sozial verschärfenden Steuer- und Sozialpolitik.

Der steigende Einkommensstrom kommt vor allem den reichsten Familien und den wenigen Wohlhabenden zugute. Bei 2 % Rendite netto verdoppelt sich das Vermögen alle 35 Jahre.

**Die ökonomische Logik des Marktes**
Die Vermögensbildung erfolgt oft nach dem Bonmot des sogenannten Matthäus-Prinzips: *„Wer hat, dem wird gegeben."* (Mt 25,29) – oder nach dem Gesetz des Geldes: *„Das Geld will sich vermehren."* (Thomas Mann, in: Buddenbrooks). Der Grund ist, dass die Vermögenden ihr Geld produktiv investieren – in Aktien und Immobilien, wodurch sie größere Chancen haben, Gewinne zu erzielen. Die „kleinen Leute" mit nur geringen Ersparnissen bringen ihr Geld lediglich auf das Sparbuch oder in Staatsanleihen. Hinzu kommt, dass die „kleinen Leute" mit geringerem Einkommen es von vornherein schwer haben, überhaupt allzu viel Geld zu sparen und anzulegen (vgl. Handelsblatt, Ausgabe 32, Feb. 2015).

Einkommen und Vermögen hängen stark zusammen. Die Höchstverdiener können – auch wegen der extremen Lohnspreizung – ihr Vermögen aus ihrem Einkommen ausbauen. Reiche beziehen höhere Einkommen, kumulieren so noch mehr Reichtum und geben ihn dann an ihre Erben weiter. Die Vermögenssituation der „kleinen Leute" (30 %) mit Niedrigsteinkommen bleibt konstant schlecht. Dies führt dazu, dass die Lohnquote gegenüber der Kapitalquote weiter abnimmt.

Die Ungleichverteilung und Kumulation von Vermögensbesitz, die Wachstumsrate und die Kapitalrendite sind die Haupttriebkräfte der Ungleichheit. Gewinner dieser Entwicklung sind die Kapitalbesitzer: Der „Kapitalmarkt" verursacht steigende Ungleichheiten, sodass der Abstand zwischen Reichen und Armen vergrößert wird.

Der französische Ökonom Thomas Piketty hat in seinem Werk „Das Kapital im 21. Jahrhundert" (2014) aufgrund von umfangreichen historischen und empirischen Erhebungen und Datenmaterial aus zwei Jahrhunderten die Verteilung der erbrachten Wirtschaftsleistung auf die Produktionsfaktoren Arbeit und Kapital untersucht und dabei besonders die Kapitaleinkommen in das Zentrum der ökonomischen Analyse gerückt.

Nach seinen Befunden und Analysen erklärt sich die personelle Einkommensungleichheit hauptsächlich durch die ständig gestiegenen Kapitaleinkommen und deren immer größer gewordenen Anteil an den gesamten Einkommen der Haushalte. Piketty folgerte aus der Analyse der ökonomischen Daten ein „ehernes" ökonomisches „Gesetz des Kapitals" der Vermehrung, mit der Formel „$r > g$": Diese Formel bedeutet, dass, wenn die Kapitalrendite (**r**) höher oder größer ist als die Wachstumsrate (**g**), d. h. wenn die durchschnittlichen Kapitalerträge **r** stärker wachsen als die Wachstumsrate der Volkswirtschaft **g**, die Vermögen ohne Arbeitsleistung durch die Rendite schneller zunehmen als der Wohlstand, der durch Arbeitsleistungen erschaffen und erspart wird.

Dieses „Gesetz des Kapitals" mit der Formel „$r > g$" begründet damit die zentralen Mechanismen der Ungleichheit. Die wachsende Ungleichheit lässt sich hauptsächlich zurückführen auf dieses ökonomische Gesetz: sofern die Rendite größer ist als das Wachstum, also **r** größer ist als **g**, wächst die Ungleichheit.

## 16.2 „Ungleichheit" – Die Kluft zwischen Arm und Reich

Dieses „Gesetz des Kapitals" ist deshalb so bedrohlich, weil diese kapitalistische Logik eine wachsende Ungleichheit der Einkommen und Vermögen erzeugt und verfestigt und die Gewinne zumal einen strukturellen Vorsprung vor den Löhnen haben. Immer, wenn Vermögen mehr einbringt als Arbeit, wachsen die Vermögen gleichsam „in den Himmel", mit anderen Worten: nicht die Arbeitsleistung, sondern das Vermögen bestimmt das Gesamteinkommen des einzelnen. Wenn die Vermögen schneller wachsen als die Wirtschaft, werden die Reichen immer reicher und die Vermögensungleichheit pendelt sich tendenziell auf ein immer höheres Niveau ein.

Die selbstverstärkende Kapitalakkumulation folgt der **r > g**-Formel; das Vermögen nimmt schneller zu, wenn die Kapitalrendite auf Dauer die Wachstumsrate der Wirtschaft übertrifft. Die Ertragsrate bzw. Rendite auf Sach- und Finanzvermögen ist auch historisch in den meisten Ländern – in der Regel – längerfristig meist höher als die Wachstumsrate des Bruttoinlandsprodukts.

Wenn die Rendite des Vermögens beispielsweise vier bis fünf Prozent beträgt, was dem normalen langfristigen Durchschnittswert entspricht, und die Wirtschaft aber nur mit einem bzw. zwei Prozent im Jahr wächst, dann nimmt die Ungleichheit entsprechend schneller zu. Dieser Prozess verstärkt sich sogar umso mehr, je geringer das Wirtschaftswachstum gegenüber der Kapitalrendite ausfällt. Dies bedeutet: Wenn die Kapitalrendite **r** über dem Wirtschaftswachstum **g** liegt, dann wird das Vermögen im Verhältnis zur Arbeit immer gewichtiger und die Ungleichheiten nehmen zu. Die wachsende Ungleichheit in der Vermögensverteilung entsteht folglich aus der Tatsache, dass die Ertragsraten (Gewinne) aus Kapital meist höher sind, als die Wachstumsraten (BIP) – mit dem Trend zu einer immer größeren Ungleichheit (vgl. Piketty 2015).

Überdies kann aus Geldvermögen durch Kauf auch Sachvermögen entstehen und durch dessen Veräußerung noch mehr Geldvermögen. Die so entstandenen Vermögen werden z. B. als Kapital an den Börsen nach Angebot und Nachfrage gehandelt. Denn: Geld wird und bleibt nur dort investiert, wo es sich vermehrt. „Vermögen schafft Vermögen".

Die Marktwirtschaft hat so eine inhärente Tendenz zu einer immer weiter steigenden Ungleichheit, – auch durch den **Zinseszinseffekt** -, besonders wenn das Wachstum schwach ist. Die wachsende Ungleichheit resultiert nämlich nicht allein aus den Kapitalrenditen und steigenden Kapitaleinkünften. Eine Quelle der Vermögensbildung ist auch der Zinseszinseffekt. Die Vermögensbesitzer erzielen neben den Wertsteigerungen auch noch Zinseszinserträge aus dem Zinseszinseffekt, sodass ihnen ein immer größerer Teil der alljährlich steigenden Kapitaleinkünfte zufällt. Der ökonomische Zinseszinsmechanismus arbeitet für die Akkumulation beständig am Werk des Kapitals zur weiteren Akkumulation des Kapitals. Der Zinseszinseffekt wirkt selbstverstärkend für die wachsende Kapitalkonzentration und die wachsende Ungleichheit.

Die Tendenz zur Vermögensungleichheit ist der Logik der Marktwirtschaft immanent: wer geringere Einkommen verdient, kann weniger oder kein Vermögen bilden. Die wachsende Ungleichheit wirkt selbstverstärkend für die wachsende Vermögensmehrung bei den einen und für die Verarmung bei den anderen.Solange dies so ist, hat der vermögenslose Arbeitnehmer – der dazu nicht sehr gut verdient - kaum eine Chance, mit den Erträgen der Vermögensbesitzer mitzuhalten. Arbeitsleistung ist im Vergleich zum Vermögensbesitz benachteiligt. Vermögen bringt mehr ein als Arbeitsleistung. Dies bedeutet umgekehrt, dass diejenigen, die über kein Vermögen verfügen, auch keine Vermögenseinkommen beziehen.

Vermögensbildung ist ein Prozess kumulativer Vermögenskonzentration in den Händen derer, die bereits über Vermögen verfügen. Vermögen, das erwerbswirtschaftlich genutzt wird, stellt eine Quelle des Reichtums dar und bildet ein ständiges leistungsloses Einkommen (Zinsen, Dividenden, Pachten etc.). Erträge aus bereits bestehendem Vermögen ermöglichen eine weitere Vermögensakkumulation. Die Vermögenseinkommen sind eine ständige Quelle der Vermögensbildung. Die Vermögenskonzentration wirft deshalb die Frage auf, ob Vermögenskonzentration und Demokratie miteinander gut funktionieren können; eine wachsende Ungleichheit ist unverträglich mit einer Demokratie, weil die wenigen Vermögenden viel mehr Einfluss ausüben, als ihnen in einer Demokratie zusteht.

**Die politische Logik des Staates**
Es klingt wie ein schlechter Scherz, aber: das Bonmot des sog. Matthäuseffekts gilt offenbar auch umgekehrt, für die Verarmung: *„Denn: Wer*

*nicht hat, dem wird auch noch genommen, was er hat."* (Mt 25, 29). Diejenigen, die über kein Vermögen verfügen, beziehen auch keine Vermögenseinkommen.

Wer hart arbeitet, bleibt häufiger arm. Altenpfleger, Busfahrer und Krankenschwestern „malochen" über 50 h die Woche und haben am Monatsende weniger als 1500 EUR zur Verfügung. Für den Tagesverdienst des VW-Chefs – 40.000 EUR – müsste eine Altenpflegerin mehr als zwei Jahre arbeiten, während für das Jahresgehalt des Vorstands der Deutschen Bank eine Erzieherin 200 Jahre arbeiten müsste.

Die Lohnentwicklung hat zur Spreizung bei den Einkommen beigetragen. Die Gehaltsunterschiede zwischen hoch und gering qualifizierten Arbeitnehmern sind immer größer geworden. Am meisten profitieren die Spitzenverdiener; die Entlohnung von „Managern" ist kräftig gestiegen. Auf diese Weise wird das Leistungsprinzip außer Kraft gesetzt.

Seit der Jahrtausendwende sind die Löhne deutscher Beschäftigter real geschrumpft, während die Einkommen von Großverdienern real gewachsen sind. Dadurch hat sich die Schere zwischen großen und mittleren Einkommen weiter geöffnet. Deshalb: *„Deutschland gilt heute als eines der OECD-Länder mit dem höchsten Anstieg der Lohnungleichheit."* (vgl. Institut für Arbeitsmarkt- und Berufsforschung, OECD).

Auf der anderen Seite setzt die hohe Arbeitslosigkeit die Löhne der abhängigen Erwerbstätigen unter Druck. Über eine Million Menschen sind langzeitarbeitslos und jeder fünfte Arbeitnehmer arbeitet im Niedriglohnsektor. Überdies sind immer mehr Jobs prekär: Leiharbeit, befristete Arbeitsverträge, Praktika-Schleifen, Werkverträge und Minijobs erreichen Rekordstände. Frauen, ältere oder jüngere, finden oft gar keinen oder nur einen prekären Job. Von den Millionen Niedriglohnbeschäftigten sind viele Erwerbstätige, die ihren Lohn mit Arbeitslosengeld aufstocken müssen, zudem müssen Arbeitslose ihre Ersparnisse oder Rücklagen aufbrauchen, bevor der Staat ihnen das Arbeitslosengeld gewährt, mit einer Spätfolge von Altersarmut, weil die aufgebrauchten Ersparnisse für die Altersvorsorge geplant waren.

So wurden die Armen immer ärmer gemacht, indem der Staat dazu beitrug und ausgerechnet für die Schwächsten die sozialen Leistungen verringert und die Sozialausgaben zurückgestutzt hat. Die Dunkelziffer der Menschen, deren Einkommen nicht zum Überleben reicht, gilt als hoch (vgl. Deutsches Institut für Wirtschaftsforschung (DIW), Berlin 2007).

Trotz der enormen Konzentration der Vermögen greift der Staat kaum ein. Die Vermögen in Deutschland werden traditionell gering besteuert. Die Reichen müssen von ihrem Einkommen und Vermögen vergleichsweise wenig an den Staat abgeben. Kapitaleinkünfte werden deutlich geringer besteuert als Arbeitseinkommen. Während im Jahre 1975 die Kapitalerträge in Deutschland noch 18 % des Volkseinkommens ausmachten, sind diese inzwischen fast doppelt so hoch und liegen bei 32 % (vgl. Piketty 2015).

Immer mehr Einkommen wird nicht erarbeitet. Das bedeutet, dass große (vermögendere) Teile der Gesellschaft von Kapitalerträgen leben (vgl. Friedrichs 2015). So hat sich das Verhältnis zwischen Arbeit und Vermögen immer mehr verschoben.

Die durchschnittliche Besteuerung der Arbeitseinkommen (Löhne und Gehälter) liegt bei rund 33 %. Am Anfang der 80er Jahre lag die Lohnsteuer bei rund 28 %. 2009 wurden die Abgaben auf Kapitalerträge bei 25 % gedeckelt, d. h. dass die meisten Kapitalerträge in Deutschland inzwischen pauschal durch die Abgeltungsteuer mit 25 % besteuert werden, während der Höchstsatz der Einkommensteuer nur noch bei 45 % liegt. Die Steuerpolitik verzichtet auf höhere Sätze bei Spitzeneinkommen und verordnete eine Senkung des Einkommensspitzensteuersatzes von 53 % auf 45 %. Sogar die Tabaksteuer ist inzwischen höher als die Steuer auf Kapitalgewinne. Während die Lohnsteuer angehoben wurde, wurde die Gewinnsteuer abgesenkt sowie weitere Erleichterungen und Begünstigungen für die Wohlhabenden eingeführt. Den Unternehmen öffnete der Staat inzwischen so große Schlupflöcher, dass die meisten Unternehmen fast gar keine Steuern mehr bezahlen.

Die Vermögensteuer wurde (nach Intervention des Bundesverfassungsgerichts) gar nicht mehr erhoben. 2014 hat das Bundesverfassungsgericht erklärt, dass diese mit dem Grundrecht der „steuerlichen Belastungsgleichheit" nicht zu vereinbaren ist. Sie wurde im Jahre 1998 ausgesetzt. Vermögensbezogene Steuern erreichen gerade einmal gut zwei Prozent der Fiskaleinnahmen. Deutschland ist damit eines der wenigen westlichen Länder, das fast völlig auf eine Vermögensteuer verzichtet.

Ein noch größeres Steuerprivileg, das der Staat den Reichen macht, ist die Erbschaftsteuer. Die Abgabenquote der Steuern auf Erbschaften liegt bei einem Prozent. Im Übrigen ist die Erbschaftssteuer durch Freibeträge und Ausnahmeregeln stark durchlöchert. Schätzungen zufolge zieht der Staat eine sehr geringe Erbschaftsteuer mit einem durchschnittlichen Steuersatz von nicht einmal zwei Prozent ein. Die Steuererträge aus Erbschaften schrumpfen weiter, obwohl die vererbten Nachlässe immer größer werden. Um die Vermögenskonzentration zu verringern, war die Erbschaftssteuer einmal eingeführt worden. Aber sie beginnt erst bei Freibeträgen über 400.000 EUR und kostet den Erben ersten Grades bis zur halben Million nicht mehr als 7 %. Wer eine Million oder mehr erbt, zahlt kaum mehr als den Mehrwertsteuersatz. Der Bundesfinanzhof bezweifelt überdies auch, dass die Erbschaftsteuer verfassungsgemäß ist. Deutschland ist für Erben geradezu eine Steueroase.

Der Staat verstärkt die Ungleichheit noch weiter: In Deutschland wird leistungsloses Vermögen steuerlich weitgehend geschont. Stattdessen wird durch Arbeitsleistung erarbeiteter Wohlstand steuerlich kräftig belastet. Ein sozialstaatlicher Ausgleich zwischen dem vermögenden und dem arbeitenden Teil der Gesellschaft fehlt bei weitem.

Die „unsichtbare Hand" des Marktes mit seinen kapitalistischen Bereicherungsmechanismen, aber auch die „sichtbare Hand" des Staates trägt dazu bei, die Ungleichheit von Einkommen und Vermögen zu verstärken, statt sie zu verringern, sodass der Abstand zwischen Arm und Reich immer größer wird. Deshalb erachten internationale Organisationen, wie der Internationale Währungsfonds (IWF) und die OECD eine neue Umverteilung des Wohlstands und Reichtums zugunsten der Ärmeren und Ärmsten, insbesondere bezüglich der Kinderarmut, für dringend notwendig, mit dem Ziel, die wachsende Ungleichheit der Einkommen und Vermögen von Staats wegen zu beeinflussen.

Es ist Aufgabe der Politik, diese Verteilungsverhältnisse zu korrigieren und die Entstehung und Verteilung der Einkommen so zu regulieren, dass hohe Einkommen und Vermögen durch höhere Steuern für das Gemeinwohl nutzbar gemacht werden. Das Grundgesetz steht einer aktiven Vermögenspolitik zur Gestaltung einer „gerechteren" Verteilung der Einkommen und Vermögen zum Wohle der gesamten Gesellschaft nicht entgegen. Das Problem ist nur, die Bildung und Verteilung des volkswirtschaftlichen Vermögens so zu fördern und zu lenken, dass es nicht nur den Wenigen, sondern jedermann und jedefrau zugutekommt.

## 16.3 Chancengleichheit durch Vermögensbildung

Die Wirtschaftssubjekte bekommen ihre Einkommen als Arbeitsentgelt (Lohn) oder Unternehmerentgelt (Gewinn) am Markt entsprechend ihrem Beitrag zur Entknappung von gefragten Gütern und Dienstleistungen. Die Marktprozesse, durch die nachgefragte Güter durch den Einsatz der Ressourcen geschaffen werden, gelten insofern als „gerecht", weil *„Der Markt definiert, was gerecht ist."* (Sandel 2013). Die erwirtschafteten Arbeits- und Kapitaleinkommen der Wirtschaftssubjekte werden folglich im Prinzip nach ihren erbrachten Knappheitsleistungen am Markt, nach dem Verhältnis von Angebot und Nachfrage, zugeteilt.

Der Markt mit Belohnungen und Bestrafungen nach dem Knappheitsprinzip kann jedoch, wegen der sozialen Zufälle von unterschiedlicher Ausstattung an Startkapital der einzelnen Wirtschaftssubjekte, der Forderung nach Chancengleichheit häufig nicht genügend Rechnung tragen.

Chancengerechtigkeit in Markt und Gesellschaft setzt voraus, dass jedes Wirtschaftssubjekt über ein soziales Mindest-Startkapital bzw. Grundvermögen verfügen kann, mit anderen Worten: ein minimales Existenzvermögen. Denn faire Chancen in Markt und Gesellschaft setzen ein angemessenes Startkapital bzw. ein Minimumvermögen für jedermann und -frau voraus.

Die große Ungleichheit in der Einkommens- und Vermögensverteilung verhindert oder verringert aber die fairen Lebenschancen in Markt und Gesellschaft, vor allem für die weitgehend Besitzlosen. Chancengleichheit einzufordern bedeutet deshalb, zu versuchen, die Ungleichheiten von Einkommen und Vermögen, die das System von Markt und Staat erzeugt, zu verringern (vgl. Rawls 1993).

## 16.3 Chancengleichheit durch Vermögensbildung

Vermögensbildung ist allerdings aus mehreren Gründen schwierig geworden. Ohne dass aber jedes Wirtschaftssubjekt eine faire Chancengleichheit zur Vermögensbildung erhält, kann das Problem der Ungleichheit nicht effektiv verringert werden. Die verstärkte Ersparnisbildung ist jedoch eine zentrale Bedingung für eine Vermögensbildung in den privaten Haushalten. Die Bildung von Vermögen kann entstehen aus gespartem Einkommen – auch durch staatliche Förderung:

- der Sparfähigkeit durch Anteil am Produktivitätsfortschritt (Produktivitätslohn),
- Sparbildung aus Zins-, Gewinn- und Kapitaleinkommen (Freibeträge) und
- durch die Steuerprivilegierung für Sparleistungen durch Sparabschreibungen o. a.

Seit der Industrialisierung im 19. Jahrhundert ist die Produktivität der Volkswirtschaft durch den technischen Fortschritt fortwährend gestiegen. Der technische Fortschritt insbesondere mit Automatisierung und Digitalisierung sowie der zunehmenden globalen Arbeitsteilung u. a. hat die Ergiebigkeit der Arbeit laufend ansteigen lassen.

Der ständige Produktivitätsfortschritt und die Produktivitätszuwächse ermöglichen die Steigerung der Arbeitseinkommen. Die Lohnhöhe entscheidet darüber, in welcher Höhe die Arbeitnehmer an der Wertschöpfung durch die gestiegene Arbeitsproduktivität der Unternehmen teilhaben. Die Anteilnahme der Arbeitnehmer an dem Produktivitätswachstum ermöglicht die Sparfähigkeit der Arbeitnehmer. Eine produktivitätsorientierte Lohnpolitik könnte daher, durch erhöhte Sparfähigkeit, die Vermögensbildung und somit auch mehr Verteilungsgerechtigkeit ermöglichen. Eine produktivitätsorientierte Lohnpolitik erhöht deshalb die Nominallöhne um die jährliche Produktivität plus die Preissteigerung (mit anderen Worten die Reallöhne). Die Gewerkschaften versuchen auch in den Lohnverhandlungen die Lohnanhebungen zumindest an der Arbeitsproduktivität und der Rate der Inflation zu orientieren. Die Reallöhne sind in realiter jedoch wenig gestiegen und liegen meist unter der Produktivität. In Deutschland ist eine direkte Einflussnahme des Staates auf die Lohnpolitik sehr begrenzt – dagegen stehen verfassungsrechtliche Gründe – aufgrund des Rechtes der Tarifvertragsparteien (Gewerkschaften und Arbeitgeberverbände), die Lohnhöhe ohne staatlichen Eingriff auszuhandeln.

Arbeitseinkommen und Vermögensbildung hängen über die Sparfähigkeit stark voneinander ab. Geldkapitalbildung wird dabei oft zur Sachkapitalbildung (z. B. durch Immobilienerwerb) und erhöht damit die Produktivvermögen der Haushalte.

Die Möglichkeit zur Vermögensbildung hängt aber entscheidend von der Höhe der Einkommen der Arbeitnehmer ab. Neues Vermögen wird meist über Sparen gebildet. Die heutigen Generationen müssen allerdings höhere Rücklagen für die private Altersabsicherung aufwenden und überdies, da sich seit den Neunzigerjahren das Zinsniveau mehr als zwei Jahrzehnte lang – historisch einmalig - auf einem Dauertief von fast Null befindet, wird die Ersparnis und Vermögensbildung erschwert.

Die Förderung der Ersparnis ist ein zentraler Baustein für die Vermögensbildung. Nur durch den Nichtkonsum von Einkommensteilen kann aus Arbeitseinkommen Vermögen gebildet werden, d. h. das erzielte Einkommen (= Ersparnis durch Konsumverzicht) wird nicht vollständig ausgegeben und kann durch Zinseszins mehr Geldvermögen schaffen.

Die Sparleistung erhält einen Zins, der Vermögensbildung schafft. Die Vermögensbildung ist wie eine Spirale: aus Arbeitseinkommen (Lohn und Gehalt) o. a. entsteht Ersparnis, daraus entsteht Vermögensbildung, daraus entsteht Einkommen durch Zinseszinserträge, aus denen entsteht wiederum Ersparnis, und daraus entsteht weitere Vermögensbildung und so fort, denn, „wer hat, dem wird gegeben."

Dem einen etwas zu nehmen, um es einem anderen zu geben, werden viele nicht als gerecht anerkennen. Aber diejenigen, die nichts oder wenig haben, zu fördern durch Sparprämien, Sparzulagen, Zuschüsse zum Immobilienerwerb und anderweitige Mithilfen zur Vermögensbildung und Bildung von Wohneigentum, durch Bauförderung und Förderung von Unternehmensbeteiligungen der Arbeitnehmer, um die Sparfähigkeit zur Vermögensbildung zu stärken, wird weniger Widerstand finden. Nicht ein Grundeinkommen, sondern die staatliche schrittweise Förderung bis zu einem bestimmten Grundvermögen ist kaum abzulehnen, sodass jedermann irgendwann zumindest die "eigenen vier Wände" sein Eigentum nennen kann, wie eine Eigentumswohnung oder ein Einfamilienhaus.

Ein Grundvermögen, das als Startkapital fiskalisch anerkannt wäre, würde für alle Bürger mehr wirtschaftliche Freiheit und soziale Sicherheit und auch mehr Demokratie bringen. Die Bürger würden von der drückenden Existenzangst befreit sein und müssten sich nicht mehr unbedingt gegenüber einem Arbeitgeber, aus Angst um den Arbeitsplatz, ducken, denn sie wären nicht mehr erpressbar. Wenn ein Bürger ein Grundvermögen besitzt, muss er überdies nicht mehr zu irgendeiner Arbeit gezwungen werden. Menschenunwürdige oder sinnentleerte Arbeit müsste ein Bürger nicht annehmen oder müsste entsprechend besser entlohnt werden.

Eine staatliche Politik kann deshalb durch eine aktive Vermögenspolitik direkt dafür sorgen, dass jeder Bürger eine faire Chance zur Vermögensbildung erhält und ein Mindestvermögen als ein soziales Grundkapital bzw. ein soziales Startkapital oder Grundvermögen bilden kann.

Durch eine breite staatliche Förderung der Vermögensbildung für jedermann könnten auf vielfältige Weise Anreize geschaffen werden, die auf die Bildung der privaten Vermögen Einfluss nehmen. Vermögenspolitik dient nicht nur einer gerechteren Vermögensverteilung, sondern vorrangig der Förderung der Vermögensbildung der privaten Haushalte, indem die Sparfähigkeit gestärkt wird mit steuerpolitischen Instrumenten, wie durch Steuerbegünstigungen, Entlastung von Abgaben oder Steuern sowie durch Familienbeihilfen, der Förderung von Wertpapiersparen bis zu Arbeitnehmersparzulagen - wenn Einkommensgrenzen nicht überschritten werden.

## 16.4 Fallstricke der Verteilung

Die Idee der Marktwirtschaft gründet sich auf das Leistungsprinzip im Sinne des gefragten Knappheitsbeitrags, und auf die Erwartung, dass entsprechende Entknappungsleistungen belohnt werden. Ungleichheit soll sich auf solche Leistung und Arbeit, und nicht auf Herkunft, Erbe oder Vermögen gründen. Ohne diese leistungsrationale Rechtfertigung ist zum einen in der demokratischen Gesellschaft Ungleichheit kaum akzeptabel, zum anderen kann kaum legitimiert werden, dass einzelne Personen vom Ertrag ihres Vermögens leben, statt vom Ertrag ihrer Arbeitsleistung.

Die reale „Macht-Wirtschaft" führt aber nicht zu einer reinen Leistungsgesellschaft, in der alle gleiche Chancen zur Teilhabe am gemeinsam erwirtschafteten Wohlstand der Gesellschaft haben, sondern vielmehr verteilt sie den Wohlstand sehr ungleich und die Ungleichheit wächst weiter. Die Reichen werden immer reicher und die Armen immer ärmer.

Die Unterschiede zwischen den früheren Klassen der Gesellschaft (Aristokraten, Bürger, Arbeiter) sind zwar nicht mehr relevant, dagegen heute vielmehr die zwischen den Arbeitenden und den Vermögenden oder einfach zwischen „Arm" und „Reich". Der wachsende Abstand zwischen „Arm" und „Reich" gewinnt durch die zunehmende Einkommens- und Vermögensungleichheit wirtschaftspolitisch immer erheblicher an Bedeutung.

Inzwischen hat sich nämlich, insbesondere in den reichen Industrieländern, durch den enormen angehäuften Reichtum ein neuer Krisentyp herausgebildet. Die Kapitalkonzentration führt zu immer größeren Ungleichheiten in den Gesellschaften. Diese immer größere Vermögens- und Einkommensungleichheit zwischen Arm und Reich, in den USA und der EU, aber auch in vielen anderen Ländern, ist eine zentrale Ursache für die Destabilisierung der Volkswirtschaften, die am Ende eine nationale und weltweite Verteilungskrise erzeugt.

Die zunehmende Ungleichheit der Einkommen und Vermögen bewirkt: bei den einen – den oberen Bevölkerungsgruppen –, dass diese immer mehr Einkommen und Vermögen anhäufen und damit ihre Verfügungsmacht über Kapital aller Art und ihren Lebensstandard erhöhen, während die anderen – die unteren Bevölkerungsgruppen – immer geringere Einkommen und Vermögen erhalten und sogar Schulden anhäufen und damit ihren Lebensstandard verringern müssen, sodass die zunehmende Ungleichheit der Einkommen und Vermögen am Ende auch die gesamtwirtschaftliche Nachfrage schwächt.

Die gesamtwirtschaftliche Nachfrage reicht dann irgendwann nicht mehr, um die gesamtwirtschaftlichen Produktionskapazitäten auszulasten, sodass die gesamtwirtschaftliche Nachfrage und das gesamtwirtschaftliche Angebot ins Ungleichgewicht geraten. Die Produktion fällt geringer aus, mit entsprechenden Wachstumsverlusten und zunehmender Freisetzung von Arbeitskräften. Überdies wird nicht nur die gesamtwirtschaftliche Nachfrage abgeschwächt, sondern die gesamtwirtschaftlichen Investitionen werden immer weniger in die Produktionskapazitäten investiert, stattdessen immer mehr auf dem Finanzmarkt (Börse), sodass in der Folge die gesamtwirtschaftliche Nachfrage und die Kapazitäten immer noch weiter auseinanderdriften.

„*Ungleichheit bremst das Wachstum.*" – so David Lipton vom Internationalen Währungsfonds (IWF) – und erschwert ein stabiles Wachstum. „*Je größer die Ungleichheit ist, desto geringer und instabiler ist das Wirtschaftswachstum.*" – so Jonathan Ostry, IWF- und desto fragiler ist das Wirtschaftswachstum. „*Die Wahrscheinlichkeit für große Krisen steigt dadurch deutlich.*" – so Michael Kumhof, Direktor im Internationalen Währungsfonds (IWF).

Umgekehrt ist das Wachstum in Ländern mit einer ausgeglicheneren Vermögens- und Einkommensverteilung meist höher, wie z. B. in den skandinavischen Ländern. Die Ungleichheit zu verringern durch eine Politik der moderaten Umverteilung von Reich nach Arm schadet der Wirtschaft nicht, sondern nützt sogar dem Wachstum. Eine Politik der schrittweisen Umverteilung führt also nicht notwendigerweise zu Wachstumseinbußen.

Politisches Handeln kann ökonomische Ungleichheiten korrigieren, so z. B. durch progressive Steuern auf Einkommen und Vermögen (beispielsweise im Rahmen von Kapitalertragssteuern, Spekulations- und Finanztransaktionssteuern, Spitzensteuersätzen, Erbschaftssteuern, Vermögenssteuern).

## Quellen und weiterführende Literatur

Die Datengrundlagen und Angaben stammen aus der amtlichen Statistik für die Bundesrepublik Deutschland, so weit nicht anders vermerkt vom Statistischen Bundesamt.

## 16 Wohlstand für alle? – Die Schere zwischen Arm und Reich

Die Zahlen zum Umfang der Vermögen und Vermögensverteilung sind mit Bewertungsproblemen verbunden und beruhen auf Daten der veröffentlichten Angaben und Schätzungen:

Allianz SE, mit Brandmeir, Kathrin u. a., Global Wealth Report 2014, München 2014
Bertelsmann Stiftung, Soziale Gerechtigkeit in der EU. Kernergebnisse und Ableitungen. Studie, Gütersloh 15.09.2014
Bundesregierung, Hg., Lebenslagen in Deutschland. Der 1.-4. Armuts- und Reichtumsbericht der Bundesregierung, Bonn/Berlin 2001–2015, insbes., Der 4. Armuts- und Reichtumsbericht der Bundesregierung, Lang- und Kurzfassung, Bonn/Berlin 2013–2014, S. IX f
Credit Suisse, Global Wealth Report, Zürich 2014
Deutsches Institut für Wirtschaftsforschung (DIW), im Auftrag der Hans-Böckler-Stiftung, Studie "Gestiegene Vermögensungleichheit in Deutschland", Wochenbericht des DIW,Berlin Nr. 4/2009
Erhard, Ludwig, Wohlstand für alle, 8. Aufl., Düsseldorf 1957
Friedrichs, Julia, Wir Erben. Was Geld mit Menschen macht, Berlin 2015
Geißler, Rainer, Die Sozialstruktur Deutschlands. Zur gesellschaftlichen Entwicklung mit einer Bilanz zur Vereinigung, Wiesbaden 2011, S. 322–364
International Monetary Fund (IWF), Redistribution, Inequality and Growth and Fiscal Policy and Income Inequality, Washington DC 2014
Kalckreuth, Ulf von, u. a., The PHF. A Comprehensive Panel Survey on Household Finances and Wealth in Germany, Deutsche Bundesbank Discussion Paper No. 13, Frankfurt/M. 2012
Keynes,John Maynard, Allgemeine Theorie der Beschäftigung, des Zinses und des Geldes, Nachdruck der 1. Aufl., Berlin 1936, S. 314–324, insbesondere 24. Kapitel
Krelle, Wilhelm, Überbetriebliche Ertragsbeteiligung der Arbeitnehmer, 2 Bde., Tübingen 1968
Laage, Philipp, Soziale Gerechtigkeit. Die fast unüberwindbare Kluft zwischen Arm und Reich, Sozialverband Deutschland, 23. August 2012
Moewes, Günther, Wir brauchen ein neues wirtschaftliches Gleichgewicht, in: Blätter für deutsche und internationale Politik, Diskussionspapier anlässlich der Konferenz "Wohlstand von morgen. Wege zu einem nachhaltigen Wirtschaftsmodell", 14.2.2013
Ohr, Renate, Zur wirtschaftlichen Bedeutung der Heimtierhaltung in Deutschland, Universität Göttingen 2014

Paritätischer Wohlfahrtsverband, Armutsentwicklung in Deutschland, Berlin 2015

Pickett, Kate / Wilkinson, Richard G., Gleichheit ist Glück. Warum gerechte Gesellschaften für alle besser sind, Berlin 2010

Piketty, Thomas, Das Kapital im 21. Jahrhundert, dt. München 2015, Capital in the Twenty-First Century, Cambridge 2014, original: ders., Le capital au XXIe siècle, Paris 2013

Rawls, John, Eine Theorie der Gerechtigkeit, 7. Aufl., Frankfurt/M. 1993

Sachverständigenrat zur Begutachtung der gesamtwirtschaftlichen Entwicklung (SVR), Jahresgutachten 2014/15, Mehr Vertrauen in Marktprozesse, Wiesbaden, S, 270 ff. und Kap. 9, Einkommens- und Vermögensverteilung in Deutschland, S. 368–397

Sandel, Michael J., Gerechtigkeit. Wie wir das Richtige tun, München 2013

Singer, Peter, Praktische Ethik, 3. Aufl., Stuttgart 2013

Statistisches Bundesamt (destatis), Datenreport 2013. Sozialbericht für Deutschland, Wiesbaden 2013

Statistisches Bundesamt, Einkommens- und Verbrauchsstichproben, Wiesbaden – Datengrundlage und Zahlen über die Vermögen der privaten Haushalte und einer großen Haushaltebefragung, dem Sozioökonomischen Panel (SOEP), DIW-Wochenbericht 4/2009

Statistisches Bundesamt, Wirtschaftsrechnungen. Einkommens- und Verbrauchsstichprobe und Einkommensumverteilung in Deutschland, Fachserie 15, Heft 6, Wiesbaden Nov. 2008

Stiglitz, Joseph, Der Preis der Ungleichheit. Wie die Spaltung der Gesellschaft unsere Zukunft bedroht, München 2012

Stiglitz, Joseph, Die Ungleichheit wächst - und das ist die eigentliche Ursache der Krise, in: Deutschland wird einen hohen Preis zahlen, Handelsblatt, 7. Okt. 2014

VER.DI – Vereinte Dienstleistungsgewerkschaft, Wirtschaftspolitik, Zahlen zur Vermögensverteilung in Deutschland, Berlin 2013

Wagner, Gert G., Reiche in Deutschland. Das Oberschichten-Problem, sueddeutsche.de, 21.02.2008

Wehler, Hans-Ulrich, Die Explosion der Ungleichheit, in: Blätter für deutsche und internationale Politik, 4/2013

wikipedia, Vermögensverteilung in Deutschland, www, 15. Juli 2015

# 17

# Die optimale Geldmenge – Der Balanceakt der EZB zwischen „Inflation" und „Deflation"

„Money is, what money does."

© UNDERWOOD ARCHIVES/INTERFOTO
*Milton Friedman (1912–2006)*

© Springer Fachmedien Wiesbaden GmbH 2017
H.W. Möller, *Versuch und Irrtum*, DOI 10.1007/978-3-658-02312-6_17

*Die Grundlage aller Nationalökonomie ist das sog. Geld.
Woher das Geld kommt, ist unbekannt.
Es ist eben da bzw. nicht da – meist nicht da.*
Kurt Tucholsky, Nationalökonomologie

*Würden die Menschen das Geldsystem verstehen,
hätten wir eine Revolution noch vor morgen früh.*
Henry Ford, 1863–1947, US-amerikanischer Autounternehmer

## 17.1 Was ist Geld? Und wie entsteht es?

Eine auf **Naturaltausch** beruhende Volkswirtschaft ist kaum noch vorstellbar oder findet sich nur unter einzelnen Personen und Gruppen.

Eine zigmillionenfache Bevölkerung mit allen notwendigen und wünschenswerten Gütern und Dienstleistungen in einer modernen Volkswirtschaft mit nur geringen natürlichen Ressourcen, täglich zuverlässig zu versorgen, grenzt an ein Wunder, und ist nur durch eine hochkomplexe Arbeitsteilung im Rahmen von vielen zusammenarbeitenden Millionen Betrieben mit hochqualifizierten Mitarbeitern sowie einer hoch effizienten Infrastruktur zu ermöglichen. Eine solche Volkswirtschaft mit täglich Abermillionen Tauschvorgängen auf einer Vielzahl von Märkten bedarf eines zuverlässigen abstrakten Geldes und ebenso eines hochkomplexen Geldwesens, das durch eine zentrale Instanz der Geldwirtschaft – eine Zentralbank – geregelt und gesteuert wird. Die Zentralbank übt durch ihre Geldpolitik die Kontrolle und Steuerung der Geldwirtschaft aus und ist deshalb **das** zentrale Regelungsorgan, ohne die eine moderne hocharbeitsteilige Volkswirtschaft gar nicht mehr möglich ist und nicht funktionieren könnte, umso mehr als die miteinander in einer europaweiten Arbeitsteilung verbundenen Volkswirtschaften in einem gemeinsamen Währungsraum (Euro) auf „Gedeih und Verderb" miteinander verkettetet sind, wie in der Europäischen Union.

Geldwirtschaft bedeutet eine deutliche Vereinfachung der technischen Abwicklung von Tauschvorgängen, bei wesentlich niedrigeren Informations- und Transaktionskosten. In der modernen

## 17.1 Was ist Geld? Und wie entsteht es?

**Geldwirtschaft** wird das Geld von staatlichen Einrichtungen produziert und in Umlauf gebracht. Geld muss allgemein anerkannt sein und als Zahlungsmittel staatlich geregelt werden. Privaten Personen, Unternehmen oder Institutionen ist die Produktion von Banknoten strafrechtlich untersagt. Die enorme Differenz zwischen Nenn- und Produktionswert von Banknoten würde sonst zu einer gewaltigen Angebotsschwemme führen. Die Banknoten wären so wertlos wie das Papier, auf dem sie gedruckt sind und das Geld wäre praktisch funktionsunfähig.

Diese Vorteile einer Geldwirtschaft können in einen Nachteil umschlagen, wenn das vom Staat in Umlauf gebrachte Geldvolumen zu groß wird. Eine Geldwirtschaft kann flexibel auf Konjunkturschwankungen reagieren; so kann z. B. bei Bedarf eine expansive Geldpolitik verfolgt werden, unabhängig von der realen Güterwertschöpfung. Es fehlt eine „natürliche" Schranke für das Wachstum der Geldmenge und das birgt daher die Gefahr der Geldentwertung durch Inflation.

In einem System der Geldwirtschaft ist es von höchster Bedeutung, dass das vom Staat in Umlauf gebrachte Geldvolumen in Abhängigkeit vom Produktionspotenzial der Volkswirtschaft reguliert werden muss. Diese Geldmengenregulierung bestimmt wesentlich darüber, dass das Geld als Zahlungsmittel seine Funktionen behält.

In einer Geldwirtschaft erfüllt **Geld** folgende **Funktionen**:

- Geld ist **Wertübertragungsmittel: Tauschmittel** gegen Güter und andere Währungen. Tauschvorgänge bei Kauf und Verkauf können mit Geld rationaler und effizienter gestaltet werden, bei Verringerung der Transaktionskosten. Gesetzliches Zahlungsmittel ist Geld, mit dem finanzielle Verpflichtungen rechtswirksam erfüllt werden und für das ein Annahmezwang besteht, d. h., dass ein Gläubiger verpflichtet ist, es als Zahlung anzunehmen. Bei Münzen ist dieser Annahmezwang beschränkt, bei Banknoten unbeschränkt.
- Geld ist **Wertaufbewahrungsmittel**: Spar- und Kreditmittel, das **speicherbar** und auf andere übertragbar ist. Für die Sicherung des Geldwertes ist Wertstabilität notwendig; dies ermöglicht die Übertragung der Kaufkraft von der Gegenwart in die Zukunft und ist Voraussetzung zur Kapitalbildung.

- Geld ist **Wertausdrucksmittel: Bewertungsmaßstab** und Recheneinheitsfunktion. Der Wertmaßstab beinhaltet den Geldwert als Kaufkraft. Geld ist Ausdruck für den Wert der Güter oder Währungen und ermöglicht durch Preisinformationen die Vergleichbarkeit mit geringerem Aufwand.

„Geld ist geprägte Freiheit" hat der russische Schriftsteller Fjodor M. Dostojewski gesagt, oder anders ausgedrückt: Geld ist geprägte Macht. Denn Geld zu besitzen bedeutet, über fast alle Dinge dieser Welt – Güter – verfügen zu können. Die stofflichen Bestandteile der Güter stammen aber alle von der Natur, ihre Gestalt und Funktion jedoch resultieren aus menschlicher Arbeit, wenn auch mit Werkzeugen oder Maschinen erstellt. Letztlich kann deshalb gesagt werden: Geld ist für den „Normalbürger" ein virtuelles Äquivalenz für menschliche Arbeitsleistungen. Oder mit der amerikanischen Pragmatik, entsprechend der Funktionen des Geldes: *„Money is, what money does."*

Das Geld ist überdies das wichtigste Instrument zur Steuerung fast aller wirtschaftlichen Prozesse, wie Produktion, Investitionen etc. Die Verteilung des Geldes durch Markt und Staat auf die verschiedenen Wirtschaftssubjekte bestimmt darüber, für welche der produzierten Güter und Dienstleistungen es verwendet wird und wie die verschiedenen Ressourcen bzw. Produktionsfaktoren eingesetzt werden, also wie das Allokationsproblem gelöst wird.

**Geldarten**
Der Normalbürger versteht Geld in seinen Erscheinungsformen als Münzen, Noten, Giralgeld (Girokontostand), welches ihm als ein Wert „an sich" erscheint:

- **Münzen** sind ein kostenintensives Zahlungsmittel und bei der Wertaufbewahrung aufwendiger als Noten.
- **Noten (Papiergeld)** sind für den Transport einfacher, deshalb entstand das Papiergeld aus Quittungen (Depotscheinen). Die Papiergeldschaffung übernimmt der Staat.
- Abstrakt ist sog. **Giralgeld (Buchgeld):** Sichteinlagen oder Sichtguthaben, d. h. Forderungen von Nichtbanken sowohl gegen die

## 17.1 Was ist Geld? Und wie entsteht es?

Zentralbank als auch gegen die Geschäftsbanken. Geld ist damit zu einer abstrakten Größe geworden. Giralgeld ist kein gesetzliches Zahlungsmittel wie Bargeld, als Münzen und Noten. Giralgeld ist besonders gut für Zahlungen geeignet; Gefahren durch den Transport des Geldes werden vermieden, es geht nicht verloren und ist vor Fälschungen sicher. Giralgeld ist jederzeit verfügbar, z. B. durch Aushändigung von Banknoten, Überweisung oder Scheck. Jeder Zahlungsvorgang wird schriftlich festgehalten und hinterlässt dabei Spuren.

Die jeweiligen Zentralbanken legen fest, was zur amtlichen Geldmenge gehört.

Nach internationalen Gepflogenheiten existieren unterschiedliche Definitionen der Geldmenge und Geldmengenaggregate. Neben dem „eigentlichen Geld" (Noten und Münzen) zählen per definitionem auch Geldanlagen aller Art zum Bestandteil der Geldmenge, da diese relativ leicht auflösbar und über die Nachfrage preis- bzw. inflationswirksam werden können.

Zur Geldmenge zählen die Geldbestände der inländischen Nichtbanken (Unternehmen, Haushalte) bei den Banken einschließlich der Bausparkassen sowie der Investmentfonds; schließlich zählen dazu: das Bargeld der Geschäftsbanken und die Einlagen der Geschäftsbanken bei der Zentralbank, sowie Buchgeld bzw. Giralgeld (Einlagen oder Sichtguthaben, deren Inhaber jederzeit darüber verfügen können), und Forderungen von Nichtbanken gegen die Zentralbank als auch gegen die Geschäftsbanken; im Einzelnen sind dies:

- **Girokonten**, auf denen sich Sichteinlagen (= täglich fällige Einlagen) befinden (sofern sie nicht überzogen sind, d. h. sofern kein Kredit in Anspruch genommen wurde),
- **Festgeldkonten**, auf denen sich Termineinlagen befinden, d. h. Gelder, die für eine bestimmte Frist (z. B. 30 Tage, 3 Monate, 1 Jahr) festgelegt wurden,
- **Sparkonten**, auf denen sich Spareinlagen befinden, teils mit dreimonatiger Kündigungsfrist (Abhebungen bis zu 2000 EUR innerhalb

eines Kalendermonats ohne Kündigung), teils mit längerer Kündigungsfrist (z. B. 1 Jahr oder 4 Jahre). Daneben gibt es
* **Wertpapiere**, wie den (kurzfristigen) Geldmarkt, z. B. Bankschuldverschreibungen mit kurzer 2-jähriger Laufzeit.

Je nachdem, welche dieser Einlagen und Wertpapiere zum Buchgeld hinzugerechnet werden, unterscheiden die Zentralbanken drei Geldmengenaggregate: deren amtliche Kurzbezeichnungen sind (engl.): **Money 1 (M1), Money 2 (M2) und Money 3 (M3):**

**Geldmengendefinitionen**
**Geldmenge M1** (enger Geldmengenbegriff):
M1 bezeichnet den Bargeldumlauf und die Sichteinlagen in dem gemeinsamen Währungsgebiet (€-Mitgliedstaaten). Die Geldmenge M1 ist die engste Definition der Geldmenge in der Volkswirtschaft. Dazu gehören streng genommen die liquiden Mittel, unter denen „Geld" zu verstehen ist: nämlich zum einen das Bargeld, das in Form von Banknoten und Münzen im Umlauf ist. Für M1 zählen zum anderen dazu auch die Sichtguthaben bei Banken in Form von Buch- oder Giralgeld, über die jederzeit per Überweisung oder Scheck verfügt werden kann.

M1 ist die nachfragerelevante Geldmenge im Wirtschaftskreislauf. Dieses Bargeld und Buchgeld kann sofort an den Märkten nachfragewirksam werden. M1 orientiert sich an der Zahlungsmittelfunktion des Geldes.

**Geldmenge M2** (mittlerer Geldmengenbegriff):
M2 bezeichnet die Geldmenge M1, zuzüglich der Termineinlagen mit einer Laufzeit von bis zu zwei Jahren, zuzüglich Spareinlagen mit Kündigungsfrist bis zu drei Monaten.

In diesen mittleren Geldmengenbegriff werden kurzfristige Einlagen einbezogen, weil über sie (unter Inkaufnahme eines Zinsverlustes) vorzeitig nachfragewirksam verfügt werden kann.

M2 orientiert sich an der temporären Wertaufbewahrungsfunktion des Geldes: denn Spareinlagen und Termineinlagen können nicht direkt als Zahlungsmittel verwendet werden, dienen insofern der

## 17.1 Was ist Geld? Und wie entsteht es?

Wertaufbewahrungsfunktion des Geldes. Sie können aber relativ schnell in Zahlungsmittel umgewandelt werden (Quasi-Geld).

**Geldmenge M3** (weiter Geldmengenbegriff):
M3 bezeichnet die Geldmenge M2, zuzüglich der marktfähigen „Geldmarktpapiere": kurzfristige Wertpapiere (Geldmarktfondsanteile und Bankschuldverschreibungen mit einer Laufzeit bis zwei Jahren). M3 orientiert sich auch an der Wertaufbewahrungsfunktion des Geldes.

Die Geldmenge M3 umfasst Bargeld, Sichteinlagen, Termineinlagen mit einer Befristung bis zwei Jahre, Spareinlagen mit dreimonatiger Kündigungsfrist, sowie Geldmarktpapiere, Anteile an Geldmarktfonds, Repoverbindlichkeiten, und Bankschuldverschreibungen mit einer Laufzeit bis zu zwei Jahren. Dieser weiteste Geldmengenbegriff M3 bezieht auch kurzfristige Wertpapiere ein, die relativ schnell nachfragewirksam werden können.

Bei der Geldpolitik der EZB steht bezüglich des Geldmengenwachstums die Geldmenge M3 im Vordergrund. Für die geldpolitische Orientierungsgröße bietet M3 zugleich dazu den quantitativen Referenzwert (jährliche reale Wachstumsrate von ca. 2,5 % zuzüglich Inflationsrate 2 % = 4,5 %).

**Die Geldschöpfung durch die Zentralbank**
Die EZB ist zur Ausgabe von Banknoten berechtigt. Geregelt ist dies nach Art. 105 a EGV i. V. mit Art. 16 der ESZB/EZB-Satzung, wonach die EZB das ausschließliche Recht hat, die Ausgabe von Banknoten innerhalb der Euro-Gemeinschaft vorzunehmen. Die Mitgliedsstaaten haben jedoch das Recht zur Ausgabe von Münzen, deren Umfang der Genehmigung durch die EZB bedarf. Die privaten Banken bzw. Kreditinstitute besitzen das Recht der Buch- oder Giralgeldproduktion.

Die Schaffung von Zentralbankgeld erfolgt zum einen, wenn die Zentralbank Gold und Devisen von Banken und Nichtbanken oder Wertpapiere an der Börse kauft und zum anderen auf dem Kreditwege, wenn die Geschäftsbanken bei der Zentralbank Kredite durch den Verkauf von Wechseln oder die Verpfändung von Wertpapieren aufnehmen.

In diesen Fällen schleust die Zentralbank Zentralbankgeld in den Wirtschaftskreislauf, d. h. sie schöpft Liquidität und über das

Bankensystem Bargeld. Im Falle des Verkaufs von Gold, Devisen oder Wertpapieren durch die Zentralbank, der Einlösung von Wechseln und der Auslösung verpfändeter Wertpapiere wird Zentralbankgeld vernichtet, d. h. dem Wirtschaftskreislauf wird Liquidität bzw. Bargeld entzogen.

Die Zentralbanken bringen das Geld in Umlauf und beeinflussen die Höhe des Geldvolumens (von M1, M2, M3). Durch den Ankauf von Gold, Wertpapieren, Devisen und ausländischen Zahlungsmitteln sowie Münzen vom staatlichen Münzamt bewirken sie die Erhöhung des Geldumlaufes; verkaufen sie, bewirken sie die Verminderung des Geldumlaufes. Der größte Teil des Zentralbankgeldes wird auf dem Kreditwege geschaffen, durch Kreditgewährung und Variation der Zinskonditionen, vor allem gegenüber den Kreditinstituten bzw. Geschäftsbanken. Werden die Kredite teurer, sinkt die Kreditnachfrage; werden die Kredite billiger, erhöht sich die Nachfrage nach Krediten. Je nachdem, über wie viel Kreditmittel verfügt wird, kommt es zum Umlauf von Bargeld (Münzen, Banknoten) und Buchgeld und erhöht sich das Geldvolumen. Banknoten, die (noch) im Keller der Zentralbank lagern, zählen nicht zum Geldumlauf.

**Die Geldschöpfung durch die Geschäftsbanken**
Die Geschäftsbanken sind ebenfalls in den Geldschöpfungsprozess involviert. Zahlt beispielsweise ein Kunde Bargeld bei einer Bank ein, so erhöhen sich die Sichteinlagen dieser Bank um die Einzahlung (passive Geldschöpfung), sodass bei diesem Vorgang die Geldmenge, über die der Kunde verfügen kann, sich nicht verändert hat; nämlich vorher über Bargeld, jetzt über eine Forderung gegenüber der Bank, mit anderen Worten: es ist eine Umwandlung von Zentralbankgeld in Geschäftsbankgeld.

Jetzt aber kann die Geschäftsbank zusätzlich aktive Geldschöpfung betreiben, indem sie mit dem eingezahlten Bargeld „Aktiva" von Nichtbanken aufkaufen oder Kredite vergeben kann.

Die Geschäftsbanken können also zur Vermehrung des Geldvolumens durch die Vermehrung des Buchgeldes beitragen (= Giralgeldschöpfung).

## 17.1 Was ist Geld? Und wie entsteht es?

Diese „Buchgeldschöpfung" ist dadurch möglich, dass ein Großteil der Zahlungen unbar, also nur durch Umschreiben von einem Konto auf das andere, erfolgt. Das Geldvolumen ist daher erheblich größer als der Umlauf an Banknoten. Die Höhe des Geldvolumens hängt davon ab, welchen Betrag die Banken von ihren Einlagen als Kredit weitergeben und welchen sie als Reserve behalten. Die Zentralbank schreibt den Banken dazu eine prozentuale Reserve vor („Mindestreserve") und bestimmt, welcher Prozentsatz der Einlagen höchstens als Kredit weitergegeben werden darf („Kreditrestriktion").

Neben dem Bargeld gibt es also eine weitere Geldart: das Buch- oder Giralgeld, in Form von Sichtguthaben auf einem Konto bei einer Bank. Diese Buchgeldschöpfung wird von den Geschäftsbanken zum einen auf dem Kreditwege vorgenommen. Auf einem anderen Wege entsteht Buchgeld, wenn Unternehmen und Haushalte bei den Geschäftsbanken Bargeld einzahlen oder den Geschäftsbanken Wertpapiere verkaufen und über den Wert der Einlage eine Gutschrift erhalten. So wird Bargeld in Buchgeld, und umgekehrt, bei der Auflösung der Einlage Buchgeld in Bargeld, umgewandelt.

Auf dem Kreditwege entsteht Buchgeld, wenn die Geschäftsbank Wechsel („Schuldscheine") verkauft oder Wertpapiere verpfändet oder bei ihr Kredite aufgenommen und der Kreditbetrag dem Konto des Kreditnehmers gutgeschrieben wird. Bei der Rückzahlung des Kredits wird das Buchgeld wieder vernichtet.

Die Banken wissen aus Erfahrung (Bankstatistik), dass zur Wahrung der Zahlungsfähigkeit von dem eingezahlten Bargeld nur eine geringe Barreserve gehalten werden muss und der große Rest der Einlage für Kredite verwendet werden kann, wodurch zusätzliches Buchgeld entsteht. Da Kredite wieder zu Einlagen werden, können die Banken weitere Kredite schöpfen. Es kommt zu einem multiplen Kredit- und Geldschöpfungsprozess. Durch Barabhebung geht dem Geschäftsbankensystem ein Teil des Zentralbankgeldes an Nichtbanken verloren, so verringert sich der Geldschöpfungsspielraum der Geschäftsbanken. Die Geldmenge ist deshalb keine durch die Zentralbank exakt steuerbare Größe, weil sie auch durch das Verhalten der Nichtbanken und der Geschäftsbanken bestimmt wird.

Wegen der Gefahr der übermäßigen Geldschöpfung (Geldmengeninflation), ist es der Zentralbank als „Hüterin der Währung" aufgegeben, den Kreditschöpfungsspielraum der Banken zu begrenzen, um die umlaufende Geldmenge unter Kontrolle zu halten. Neben der eigenen Kassenreserve müssen die Banken einen Teil ihrer Kundeneinlagen als gering verzinsbare Guthaben bei der Zentralbank als „Mindestreserve" hinterlegen. Durch die Veränderung der Mindestreservesätze kann die Zentralbank den Kreditschöpfungsspielraum der Banken beeinflussen. Der Giralgeldschöpfung durch die Geschäftsbanken wird also eine Grenze gesetzt.

## 17.2 Die Europäische Währungsunion und die EZB

Die „**Währung**" bezeichnet die **Geldverfassung eines Währungsgebietes**, das in Gesetzen oder Verträgen, vor allem im jeweiligen Notenbankgesetz niedergelegt ist und im Einzelnen regelt: die Geldeinheit, z. B. Euro (€) und die Stückelung (1 EUR = 100 Cent). Den Umgang mit Geld regelt die Geldordnung (EGV, Grundgesetz, Bundesbankgesetz, Kreditwesengesetz, Außenwirtschaftsgesetz, Einlagensicherung der Banken usw.) und das Euro-Währungsgebiet. Geld und Geldordnung werden zusammen als Währung bezeichnet.

„Euroland" ist eine Bezeichnung für die an der Europäischen Währungsunion teilnehmenden Staaten der Eurozone und bezeichnet auch den sogenannten „Club" der Mitgliedsländer des einheitlichen Währungsgebietes der EWWU mit dem Euro als gemeinsamer Währung und dem ESZB als unabhängigem Zentralbanksystem.

Die Mitgliedsstaaten des Euro-Gebietes gewährleisten die wirtschaftlichen und rechtlichen Voraussetzungen für die erfolgreiche Teilnahme an dem **Europäischen Währungssystem**. Im Maastrichter Vertrag sind die Eintrittsbedingungen für die Teilnahme an der Europäischen Währungsunion festgelegt. Anhand der Konvergenzkriterien wird festgestellt, ob die Beitrittsländer, die der Europäischen Währungsunion beitreten möchten, ausreichend stabil sind und ob sich die

## 17.2 Die Europäische Währungsunion und die EZB

Stabilitäts- und Wirtschaftspolitiken der Staaten hinreichend angenähert haben.

Die Konvergenzkriterien betreffen die Inflationsrate, das Zinsniveau, den Wechselkurs und die Finanzlage des Staates. Mit den Konvergenzkriterien wird geregelt, ob und in welchen Ländern eine solide Basis für einen stabilen Euro besteht. Diese sogenannten „Maastricht-Kriterien" sind Zielvereinbarungen für die Vorbereitung eines Europäischen Währungssystems (EWS):

- **Preisanstieg: höchstens 1,5 %** über dem durchschnittlichen Preisanstieg der drei stabilsten Länder,
- **Haushaltsdefizit: höchstens 3 %** des Inlandsprodukts im Haushaltsjahr,
- **Staatsverschuldung insgesamt: höchstens 60 %** des Inlandsprodukts,
- **Langfristiger Zinssatz: höchstens 2 %** über dem durchschnittlichen Zinssatz der drei stabilsten Länder.

Während die Maastricht-Kriterien Preisanstieg und langfristiger Zinssatz höchstens eine Abweichung zu dem Durchschnittswert der anderen EU-Mitgliedsländer darstellen dürfen, sind die Maastricht-Kriterien der Verschuldung an der binnenwirtschaftlichen Entwicklung des Bruttoinlandsprodukts ausgerichtet.

Mit dem Maastrichter Vertrag haben sich die EU-Staaten verpflichtet, eine gemeinsame europäische Währung einzuführen und die bisher nationale Geldpolitik der Teilnehmerländer auf eine Europäische Zentralbank zu übertragen. Ferner sollen die nationalen Wirtschaftspolitiken verstärkt aufeinander abgestimmt werden. Zu diesem Zweck wurde das Europäische System der Zentralbanken (ESZB) gegründet. In diesem System befinden sich die Nationalen Zentralbanken (NZB) aller Staaten der EU und die gemeinsame Europäische Zentralbank (EZB). Das ESZB bildet mit den nationalen Zentralbanken der teilnehmenden Mitgliedstaaten die gemeinsame Europäische Währungsunion (EWU). Die übrigen EU-Mitgliedsländer gehören der EWU nicht an, haben aber eine beratende Rolle. Die Europäische Zentralbank hat die Verantwortung für die Währungs- und Geldpolitik in der EWU.

## 17.2.1 Die Europäische Währungsunion – Der institutionelle Aufbau

Im Rahmen der Europäischen Wirtschafts- und Währungsunion (WWU) wurde eine europäische Währungsbehörde errichtet. Das ESZB besteht aus der Europäischen Zentralbank (EZB) an der Spitze und den einzelnen nationalen Notenbanken (NZB) darunter. Die EZB ist gleichsam das „Herzstück" des Eurosystems und des ESZB. Die **Zentralbank** EZB, auch **Notenbank**, ist für die Steuerung der gemeinsamen Währung zuständig. Die EZB mit den nationalen Zentralbanken nehmen die ihnen übertragenen Aufgaben gemeinsam wahr. Die geldpolitischen Entscheidungen werden in der EZB getroffen. Die nationalen Notenbanken sind an den geldpolitischen Entscheidungen beteiligt und haben Sitz und Stimme im höchsten Beschlussorgan der Europäischen Zentralbank, dem EZB-Rat. Die EZB besitzt Rechtspersönlichkeit im Sinne des Völkerrechts. Ein entscheidendes Merkmal der EZB ist ihre Unabhängigkeit von politischen Weisungen jeglicher Art. Die EZB trifft ihre geldpolitischen Entscheidungen in enger Zusammenarbeit mit den nationalen Zentralbanken im Euro-Raum. Sitz der EZB ist das Hochhaus „Eurotower" in Frankfurt am Main.

Die Deutsche Bundesbank musste ihre geldpolitische Verantwortung an die Europäische Zentralbank abgeben und ist Bestandteil des Europäischen Systems der Zentralbanken (ESZB) geworden, das die Geld- und Währungspolitik für die Teilnehmerstaaten gemeinschaftlich bestimmt. Der Präsident der Deutschen Bundesbank ist Mitglied im Rat der Europäischen Zentralbank und wirkt an allen geld- und währungspolitischen Entscheidungen mit.

Die EZB entscheidet über die Geldpolitik und legt die geldpolitischen Instrumente in der gesamten Währungsunion fest. Ihre Beschlüsse werden jedoch von den nationalen Zentralbanken in den einzelnen Mitgliedsländern vollzogen.

**Organe der Europäischen Zentralbank (EZB)**
Die Zentralbank ist die geldpolitische Entscheidungsinstanz einer Volkswirtschaft. Zu ihren Zielen zählt vorrangig die Sicherung der

## 17.2 Die Europäische Währungsunion und die EZB

Preisstabilität, aber auch die Förderung von Wachstum und Beschäftigung. Daneben zählen zu den Aufgaben einer Zentralbank ein geordneter Zahlungsverkehr in der Wirtschaft und die Stärkung des Vertrauens in die Stabilität des Finanzsystems. Mittels Einsatz ihrer geldpolitischen Instrumente soll die Zentralbank die Bankenliquidität und die Geldschöpfung der Banken so kontrollieren, dass die Ziele der Geldpolitik erreicht werden. Um beispielsweise Inflation wirksam zu bekämpfen, kann sie die gesamtwirtschaftliche Geldmenge knapp halten.

Die wichtigsten Gremien der Europäischen Zentralbank sind der **EZB-Rat** (der Europäische Zentralbankrat), das **EZB-Direktorium** und der **Erweiterte Rat**.

### Der EZB-Rat

Der EZB-Rat ist das oberste Beschlussorgan der EZB. Der EZB-Rat besteht aus dem Direktorium und den Präsidenten der (derzeit 12) nationalen Zentralbanken, insgesamt also 19 Personen.

Der Rat der EZB ist ein Entscheidungsorgan und kein Exekutivorgan. Er legt die gemeinsame Geldpolitik fest und ist für geldpolitische Entscheidungen zuständig. Seine Entscheidungen trifft der EZB-Rat mit einfacher Mehrheit, dabei hat jedes Mitglied eine Stimme. Bei Stimmengleichheit gibt die Stimme des Präsidenten den Ausschlag.

Die Präsidenten der nationalen Notenbanken werden von jedem Mitgliedsstaat bestimmt. Ihre Amtszeit beträgt mindestens fünf Jahre. Der EZB-Rat tagt in der Regel alle 14 Tage.

An den Sitzungen des EZB-Rates können der Präsident des Europäischen Ministerrates und ein Mitglied der Europäischen Kommission, ohne Stimmrecht, teilnehmen (Art. 109b 1 EGV).

Die Aussprachen des EZB-Rates sind vertraulich, der Rat kann aber die Veröffentlichung beschließen.

Der EZB-Rat hat folgende Hauptaufgaben:

- die Geldpolitik gemäß der Leitlinien und Beschlüsse des EZB-Rats durchzuführen und den nationalen Zentralbanken des Eurosystems die erforderlichen Weisungen zu erteilen,

- die Leitlinien zu erlassen und die Beschlüsse zu fassen, die notwendig sind, um die Erfüllung der dem ESZB übertragenen Aufgaben zu gewährleisten,
- die Geldpolitik der Gemeinschaft festzulegen, gegebenenfalls einschließlich Beschlüssen in Bezug auf die Verantwortung für die Geldpolitik im Euro-Währungsraum (Geldpolitische Zwischenziele bestimmen, Höhe der Leitzinssätze definieren),
- die Versorgung des Eurosystems mit Zentralbankgeld, und die für ihre Ausführung notwendigen Leitlinien zu erlassen, und die Ausgabe von Banknoten und Münzen zu genehmigen, sowie
- die Sitzungen des EZB-Rats vorzubereiten und die laufenden Geschäfte der EZB zu führen.

**Das EZB-Direktorium**
Das Direktorium ist das zweite Organ des ESZB, das zentrale Exekutivorgan der EZB (entsprechend Art. 109a II Buchst. a EGV).

Das Direktorium ist kein Entscheidungsorgan, sondern ein Exekutivorgan (Ausführungsorgan).

Das Direktorium *(International Board of the ECB)* besteht aus dem Präsidenten als „primus inter pares", dem Vizepräsidenten und vier weiteren Mitgliedern, die aus dem Kreis von in Währungs- oder Bankfragen anerkannten Persönlichkeiten ausgewählt wurden. Die Mitglieder des Direktoriums müssen in Währungsangelegenheiten sowie in Bankfragen erfahrene Persönlichkeiten sein. Sie werden durch die Regierungen der Mitgliedstaaten von den Staats- und Regierungschefs auf Empfehlung des Europäischen Rats, der dazu das Europäische Parlament und den EZB-Rat anhört, ernannt. Die Amtszeit der Direktoriumsmitglieder beträgt acht Jahre, eine Wiederernennung ist unzulässig.

Das EZB-Direktorium führt die Geldpolitik nach den Beschlüssen des EZB-Rates aus.

Das Direktorium führt die Geschäfte der EZB und kümmert sich um die Durchführung der Beschlüsse des EZB-Rates und gibt dazu Anweisungen an die nationalen Zentralbanken weiter, die die Beschlüsse umsetzen müssen. Die Präsidenten der nationalen Zentralbanken der Mitgliedstaaten sind ebenfalls kein Entscheidungsorgan, sondern ein Exekutivorgan (Ausführungsorgan).

## 17.2 Die Europäische Währungsunion und die EZB

Das Direktorium leitet die EZB, bereitet die Sitzungen des EZB-Rates vor und führt die Geldpolitik gemäß den Leitlinien und Entscheidungen des EZB-Rats durch:

- die Ausführung der Geldpolitik gemäß den Leitlinien und Entscheidungen des EZB-Rats sowie die Erteilung der erforderlichen Weisungen an die nationalen Zentralbanken,
- die Ausübung bestimmter vom EZB-Rat übertragener Befugnisse,
- Sitzungsvorbereitungen des EZB-Rates,
- Durchführung der Beschlüsse des EZB-Rates; insbesondere Übertragung der notwendigen Anweisungen an die nationalen Zentralbanken.
- Es ist verantwortlich für die laufenden Geschäfte der EZB und
- die Förderung des Funktionierens des Zahlungsverkehrs,
- erteilt hierzu den nationalen Zentralbanken die erforderlichen Weisungen.
- Des Weiteren können dem Direktorium durch Beschluss des EZB-Rates weitere Befugnisse übertragen werden (Art. 12 der Satzung).

**Der Erweiterte Rat**

Der Erweiterte Rat der EZB ist das dritte Beschlussorgan der Europäischen Zentralbank. Er setzt sich aus dem Präsidenten und dem Vizepräsidenten der EZB sowie den Präsidenten der nationalen Notenbanken aller Mitgliedstaaten der Europäischen Union zusammen.

Der Präsident der EZB bereitet die Sitzungen des Erweiterten Rates vor und unterrichtet diesen über die Beschlüsse des EZB-Rates. Die Geschäftsordnung und die Verantwortlichkeiten des Erweiterten Rates sind in Art. 46 und in Art. 47 der Satzung des ESZB und der EZB geregelt. Der Erweiterte Rat tritt einmal pro Quartal zusammen. An seinen Sitzungen können ein Mitglied der Europäischen Kommission sowie der Präsident des Europäischen Rates ohne Stimmrecht teilnehmen. Der Erweiterte Rat trägt keinerlei Verantwortung für die Geldpolitik, unterstützt die EZB bei der Erhebung statistischer Daten und berät gegebenenfalls über die Aufnahme weiterer Länder in die europäische Währungsunion. Der Erweiterte Rat hat überdies die Aufgabe, die

Konvergenzfortschritte der noch nicht an der Währungsunion teilnehmenden Staaten zu beurteilen.

## 17.2.2 Die Hauptaufgaben der EZB

Die Ziele und Aufgaben der EZB und des ESZB sind im Vertrag zur Gründung der Europäischen Gemeinschaft festgelegt worden. Damit ist im Euro-Währungsgebiet die Verantwortung für die Stabilität in den Staaten der Eurozone auf das ESZB übergegangen.

Rechtliche Grundlagen für die europäische Geldpolitik sind der Vertrag zur Gründung der Europäischen Gemeinschaft und die Satzung des Europäischen Systems der Zentralbanken und der Europäischen Zentralbank. Die Aufgaben finden sich in Art. 127 Abs. 2 AEU-Vertrag: Gemäß Artikel 105 Absatz 2 des Vertrags zur Gründung der Europäischen Gemeinschaft besteht die grundlegende Aufgabe des ESZB in der Gewährleistung der Preisstabilität, aber auch in der Unterstützung der Wirtschaftspolitik der EU.

Das zentrale Ziel des ESZB ist in Art. 105, Abs. 1 EG-Vertrag formuliert:

> (1) Das vorrangige Ziel des ESZB ist es, die Preisstabilität zu gewährleisten. Soweit dies ohne Beeinträchtigung des Zieles der Preisstabilität möglich ist, unterstützt das ESZB die allgemeine Wirtschaftspolitik in der Gemeinschaft, um zur Verwirklichung der in Artikel 2 festgelegten Ziele der Gemeinschaft beizutragen. Das ESZB handelt im Einklang mit dem Grundsatz einer offenen Marktwirtschaft mit freiem Wettbewerb. ...

Nur wenn die EZB Preisstabilität gewährleistet, kann das Geld als Steuerungsinstrument in einer hochkomplexen arbeitsteiligen Geldwirtschaft seine überragend wichtigen volkswirtschaftlichen Funktionen als Tauschmittel, Wertspeicherungsmittel und als Bewertungsmaßstab in Markt und Staat erhalten und effektiv ausüben.

Oberste Aufgabe und Ziel der Europäischen Zentralbank ist es, nachhaltig den Kaufwert und damit den Geldwert der europäischen Währung stabil zu halten. Dies bedeutet, dass die EZB Inflation als eine

## 17.2 Die Europäische Währungsunion und die EZB

dauerhafte Erhöhung des Preisniveaus verhindern muss; spezifiziert als ein Anstieg des „Harmonisierten Verbraucherpreisindex" (HVPI) von nahe zwei Prozent gegenüber dem Vorjahr. Gemessen wird die Entwicklung der Inflation (des Preisniveaus) anhand des Durchschnittsverbrauchs eines repräsentativen Warenkorbs von typischen Gütern.

Allerdings können bei dem Verbraucherpreisindex mit der Zeit Messfehler auftreten:

- der Warenkorb ist zum Teil überaltert und eine unveränderte Verbrauchsstruktur wird unterstellt (die nicht da ist!),
- eine Gütersubstitution wird nicht berücksichtigt,
- es gibt Lücken bei der Einbeziehung neuer Güter,
- bei Produktneueinführung überschätzt der Warenkorb die Preissteigerungsrate,
- Qualitätsveränderungen werden ausgeschaltet u. a.

Der individuelle Konsum von Wirtschaftssubjekten kann überdies vom Durchschnittsverbrauch des Warenkorbs abweichen und die „gefühlte Inflation" sich daher deutlich vom amtlich gemessenen Wert unterscheiden.

Zu den geldpolitischen Zielen der EZB zählt neben der Sicherung der Preisstabilität auch die Unterstützung der allgemeinen Wirtschaftspolitik in der Europäischen Gemeinschaft – so weit dies ohne deren Beeinträchtigung möglich ist – mit dem Ziel eines hohen Beschäftigungsniveaus und dauerhaften Wachstums.

**Die EZB hat darüber hinaus weitere Aufgaben**
Zu den weiteren Aufgaben der EZB gehört, die Versorgung der Kreditwirtschaft mit Zentralbankgeld und das reibungslose Funktionieren des Zahlungsverkehrs im Euro-Gebiet zu fördern.

Die EZB hat das Banknotenmonopol, d. h. nur die EZB ist berechtigt, Euro-Banknoten innerhalb des Euro-Raums herauszugeben sowie etwaige Begrenzungen der Bargeld- und Buchgeldschöpfung vorzunehmen. Das Münzregal (also das Recht zur Herausgabe von Münzen) liegt bei den jeweiligen Mitgliedstaaten der EU.

Eine weitere Aufgabe ist die Verwahrung der nationalen Wertreserven an Gold und die Verwaltung der Währungsreserven. Die EZB übt daneben auf dem Gebiet des Eurosystems die Aufsicht über alle im Finanzsystem tätigen Banken und Unternehmen aus. In Zusammenarbeit mit den nationalen Zentralbanken erhebt und sammelt die EZB die für die Erfüllung der Aufgaben notwendigen statistischen Daten und erstellt eine Zentralbankbilanz.

### 17.2.3 Die Unabhängigkeit der EZB

Ein stabiles wirtschaftliches Umfeld benötigt eine stabile Währung. Die EZB hat laut dem Maastrichter Vertrag den vorrangigen Auftrag, die Preisstabilität im EU-Währungsgebiet zu gewährleisten. Untersuchungen belegen, dass Preisstabilität umso eher erreicht wird, je unabhängiger die Zentralbank ist. Dauerhafte Preisstabilität kann eine Zentralbank nur bei Unabhängigkeit gewährleisten. Um diese geldpolitische Zielerreichung institutionell abzusichern, sind die Zentralbanken in vielen Ländern unabhängig von Weisungen der Regierungen.

Die Unabhängigkeit der EZB wurde im Maastrichter Vertrag völkerrechtlich bindend abgesichert und könnte nur durch Vertragsänderung mit Zustimmung aller EU-Staaten angetastet werden. Artikel 107 des Vertrages schützt die EZB deshalb vor Weisungen aus der Politik. Autonomie beinhaltet den Handlungsfreiraum der EZB bei der Konzipierung und Durchsetzung der Geld- und Währungspolitik. Die EZB verfügt folglich über eigene Instrumente, d. h. insbesondere die „unabhängige" Kontrolle über:

- alle Komponenten der Geldmenge (M1, M2, M3),
- die Refinanzierungszinssätze (Leitzinssätze),
- den Mindestreservesatz sowie
- die Strategie der Geldpolitik.

Der Vertrag über die Europäische Union, der Maastrichter Vertrag (EUV) von 2009, umbenannt in Vertrag über die Arbeitsweise der Europäischen Union, sichert die Unabhängigkeit der EZB von den

## 17.2 Die Europäische Währungsunion und die EZB

EU-Institutionen und den Regierungen der Mitgliedsländer der EWU. In seinen geldpolitischen Entscheidungen ist das ESZB unabhängig von anderen Trägern der Wirtschaftspolitik, sowohl auf nationaler Ebene (Mitgliedstaaten), als auch auf europäischer Gemeinschaftsebene.

Eine Besonderheit der EZB ist deshalb die Unabhängigkeit von politischen Weisungen jeglicher Art. Die Mitgliedsländer der Europäischen Union haben bei der Einführung der Währungsunion ihre Zentralbanken in die Unabhängigkeit entlassen. Der Prüfstein in das Vertrauen in die Geldwertstabilität der Währung ist deshalb wesentlich die Glaubwürdigkeit in die Gewährleistung der politischen Bewahrung der geldpolitischen Unabhängigkeit der Europäischen Zentralbank in der EU.

Die Argumente für die Unabhängigkeit der Zentralbank sind:

- funktionale/institutionelle Unabhängigkeit
- finanzielle/ökonomische Unabhängigkeit und
- personelle/politische Unabhängigkeit.

**Funktionale/institutionelle Unabhängigkeit**
Im Vertrag über die Europäische Union haben sich die Staats- und Regierungschefs auf die Unabhängigkeit einer Europäischen Zentralbank verständigt, die die geldpolitischen Funktionen übernehmen soll. Damit soll gewährleistet werden, dass eine Europäische Zentralbank die absolute Autorität über die Geldpolitik bekommt, und die Währungsstabilität nicht durch politische Kalküle gefährdet wird.

Die EZB ist funktional unabhängig, weil sie politische Weisungen nicht entgegennehmen darf. So heißt es in Art. 107 EGV:

Art. 107 (Unabhängigkeit der EZB):

> Bei der Wahrnehmung der ihnen durch diesen Vertrag und die Satzung des ESZB übertragenen Befugnisse, Aufgaben und Pflichten darf weder die EZB noch eine nationale Zentralbank noch ein Mitglied ihrer Beschlußorgane Weisungen von Organen oder Einrichtungen der Gemeinschaft, Regierungen der Mitgliedstaaten oder anderen Stellen einholen oder entgegennehmen. Die Organe und Einrichtungen der Gemeinschaft sowie die Regierungen der Mitgliedstaaten verpflichten sich, diesen Grundsatz zu beachten und nicht zu versuchen, die

Mitglieder der Beschlußorgane der EZB oder der nationalen Zentralbanken bei der Wahrnehmung ihrer Aufgaben zu beeinflussen.

Funktionelle Unabhängigkeit bedeutet die Handlungsfreiheit der EZB bei der Auswahl und dem Einsatz der geldpolitischen Maßnahmen. Dies bedeutet, dass die EZB bei ihren Entscheidungen in Bezug auf die Methode, mit der sie ihren Auftrag durchführt, frei ist. Allerdings ist der EZB durch Art. 127 Abs. 1 AEU-Vertrag die Preisstabilität als Hauptziel der europäischen Geldpolitik vorgeschrieben.

Sie ist eine weisungsunabhängige Zentralbank. Bei der Wahrnehmung der dem ESZB übertragenen Aufgaben sowie Befugnisse und Pflichten darf weder die EZB noch eine nationale Zentralbank, noch ein Mitglied ihrer Beschlussorgane, Weisungen von Organen oder Einrichtungen der Union bzw. Gemeinschaft, noch von Regierungen der Mitgliedstaaten oder anderen Stellen entgegennehmen. Diese politische Unabhängigkeit der Organmitglieder der EZB und der NZBs (Nationale Zentralbanken) schafft eine wichtige Voraussetzung erfolgreicher Geldpolitik.

Der Vertrag von Maastricht enthält im Besonderen die fest geschriebene wichtige Sicherung, dass jegliche Zentralbankkredite an öffentliche Akteure der Mitgliedstaaten in der EU strikt verboten sind. Der Vertrag legt also fest, dass die EZB den öffentlichen Haushalten der Staaten keinerlei Kredite gewähren darf, weil die Kreditgewährung an den Staat seitens der Zentralbank oft als eine Ursache für hohe Inflationsraten gilt. Das soll verhindern, dass die Autonomie der EZB durch irgendwie geartete Kreditgewährung an den Staat unterlaufen wird. Damit darf die EZB keine Defizite im Staatshaushalt der Gemeinschaft oder eines Euro-Mitgliedslandes finanzieren.

Allerdings hat die EZB während der Staatsschuldenkrise im Euro-Raum auf dem Sekundärmarkt (Börse), also nicht unmittelbar von den Staaten, sondern von den Banken bzw. Börsen, Staatsanleihen (u. a. von Spanien, Italien, Griechenland) aufgekauft, was Kritiker als das Unterlaufen des Vertrages schwer bemängelt haben.

In jüngster Zeit sind in diesem Kontext Zweifel an der Unabhängigkeit der EZB aufgekommen, vor allem schwere fachöffentliche Bedenken im Rahmen der Offenmarktpolitik gegenüber einem unbegrenzten

OTM-Programm *(outright monetary transactions)*, oder auch „*quantitative easing*" (QE) genannt. Gemäß den Kritikern hat die EZB, um die Wirtschaft anzukurbeln und der Gefahr einer Deflation entgegenzusteuern, durch großzügige Staatsanleihekäufe am offenen Markt eine unverantwortliche Geldinflation erzeugt. Das deutsche Bundesverfassungsgericht sah dadurch die Gefahr, dass die EZB durch den Ankauf von Staatspapieren auf dem Sekundärmarkt (Börse) das strenge Verbot des § 123 ESW (d. i.: die Zentralbank darf dem Staat keine Kredite geben), unterläuft. Ein Gutachten des Europäischen Gerichtshofs (EUGH) hat diese Kritik an der EZB deutlich zurückgewiesen.

**Finanzielle/ökonomische Unabhängigkeit**
Die Erfahrungen haben gezeigt, dass von Regierungen unabhängige Zentralbanken am ehesten eine Geldwertstabilität gewährleisten können. Deshalb unterstehen die nationalen Zentralbanken der Euro-Mitgliedstaaten nur noch der EZB und diese ist unabhängig.

Die finanzielle Unabhängigkeit besteht darin, dass die EZB über einen eigenen Haushalt, mit dem sie von den Euro-Mitgliedsländern ausgestattet wird, verfügt und über den Einsatz ihrer Mittel selbst entscheiden kann.

Das EZB-Kapital liegt ausschließlich bei den Zentralbanken der Europäischen Union. Die nationalen Zentralbanken befinden sich nicht alle in öffentlichem Besitz (Deutsche Bundesbank, Österreichische Nationalbank: 100 % staatlich; griechische Nationalbank oder italienische Nationalbank: größtenteils privat). Diese Kapitalbeteiligung hat keinen Einfluss auf die Politik der EZB.

Der finanziellen Unabhängigkeit der EZB und der nationalen Zentralbanken wird gemäß Art. 104 EGV i. V. m. Art. 21 der Satzung durch das Verbot der monetären Haushaltsfinanzierung Rechnung getragen und unterliegt der Kontrolle. Damit ist jede Kreditgewährung des ESZB an einen Staat verboten und eine wichtige Quelle von Inflation gebannt. Wenn eine Regierung bei der Zentralbank Kredite aufnehmen könnte, wäre eine eigenständige Zentralbankpolitik unmöglich.

**Personelle / politische Unabhängigkeit**
Die Unabhängigkeit einer Zentralbank muss auch gesichert werden vor dem Einfluss der Regierungen auf die personellen Entscheidungen der Zentralbank. Um die Unabhängigkeit des Führungspersonals der EZB zu gewährleisten, kann ein Mitglied des EZB-Rates nur bei schwerwiegenden Gründen, auf Antrag des EZB-Rates oder des Direktoriums, vom Europäischen Gerichtshof seines Amtes enthoben werden. Die Mitglieder können nur bei strafrechtlichem Fehlverhalten abberufen werden.

Das Führungspersonal wird für einen langen Zeitraum gewählt: EZB-Direktoren für acht Jahre; die Präsidenten der nationalen Zentralbanken für mindestens fünf Jahre. Bei der Ernennung soll die fachliche Qualifikation allein entscheiden. Eine zweite Amtszeit für Mitglieder des Direktoriums ist ausgeschlossen. Lange Amtszeiten und restriktive Vorschriften für mögliche Amtsenthebungen tragen zur personellen Unabhängigkeit der EZB-Ratsmitglieder bei.

Die Organe der Gemeinschaft sowie die Regierungen der Mitgliedstaaten dürfen (Art. 107) die Mitglieder der Beschlussorgane der EZB oder die nationalen Zentralbanken nicht beeinflussen.

Eine ernste Gefahr droht der Unabhängigkeit der EZB vor allem dadurch, dass die personelle Besetzung der Führungspositionen der EZB durch Gremien der Regierungen oder des EU-Rats erwählt werden. Diese Gefahr wird insofern als beschränkt angesehen, als die Positionen nur auf Zeit verliehen werden.

Überdies gilt für die Mitarbeiter der EZB und die Mitglieder des EZB-Rates ein Verhaltenskodex, nach dem sie keine Insidergeschäfte tätigen dürfen. Ohne Ausnahmegenehmigung darf kein Mitglied eine andere Beschäftigung annehmen. Damit sollen Interessenkonflikte vermieden werden. Ein Berater soll Orientierungshilfe leisten in ethischen Angelegenheiten bezüglich beruflichen Verhaltens und Geheimhaltung. Ein interner Datenschutzbeauftragter, der Ausschuss für interne Prüfungen, und ein eigener Ausschuss für Betrugsbekämpfung soll die personelle Unabhängigkeit der EZB gewährleisten.

## Die EZB unterliegt demokratischen Kontrollinstanzen

Die Europäische Zentralbank fällt weitreichende Entscheidungen ganz im Verborgenen. Die Unabhängigkeit bedeutet aber nicht, dass die EZB keiner Kontrolle unterliegt. Die EZB unterliegt der Aufsicht von externen Rechnungsprüfern, die den Jahresabschluss prüfen: insbesondere dem Europäischen Rechnungshof, der die Effizienz der EZB-Verwaltung prüft, sowie interner Kontrollinstanzen mit einer eigenen Revision.

Um schließlich die Nutzung von Insiderinformationen zu verhindern, gibt es sogenannte *„Chinese Walls"*, zum Beispiel zwischen den Geschäftsbereichen der Währungspolitik und der Währungsreserven- und Eigenmittelverwaltung. Beide beruhen auf einem von den Parlamenten der Mitgliedstaaten ratifizierten Vertrag und damit auf einer rechtlichen Grundlage.

Die Mitglieder der Beschlussorgane werden durch demokratisch legitimierte Institutionen bestellt. Der EGV Art. 109b III i. V. m. Art. 15 regelt Berichtspflichten der EZB gegenüber dem Europäischen Parlament, der Europäischen Kommission und dem Europäischen Rat sowie auch das Recht des Europäischen Parlaments und dessen zuständiger Ausschüsse über die Anhörung des Präsidenten der EZB und der anderen Mitglieder des Direktoriums.

Eine wichtige Kontrollinstanz ist aber die interessierte Öffentlichkeit, die die Entscheidungen der Geldpolitik der EZB kritisch begleitet. Anders als die US-Notenbank Fed, die nach jeder Sitzung die Protokolle veröffentlicht, hütet die Zentralbank in Frankfurt das Abstimmungsverhalten ihrer Ratsmitglieder wie ein Staatsgeheimnis.

Die EZB versucht, von sich aus Transparenz herzustellen, und die Öffentlichkeit über ihre Strategie und Entscheidungen zu informieren. Die Transparenz soll die Glaubwürdigkeit und die Wirkung der Geldpolitik unterstützen – durch die Information der Öffentlichkeit über die Ergebnisse. Dies soll Konsistenz in die Geldpolitik bringen. Die geldpolitische Wirkung beruht auch auf ihrer Glaubwürdigkeit und Vorhersehbarkeit.

In Erfüllung ihrer Berichtspflichten gibt die EZB vierteljährlich einen Bericht über ihre Tätigkeit, jede Woche einen konsolidierten Ausweis, und einen Jahresbericht, auch über ihre Geldpolitik. Den Jahresbericht bekommen das Europäische Parlament, die Europäische Kommission und der Europäische Rat der Europäischen Union. Es sind also weitere Schritte zu mehr geldpolitischer Transparenz zu erwarten, nicht zuletzt wegen der oft unverstandenen oder unverständlichen Maßnahmen der EZB. So wird, anders als bei der Bundesbank, die EZB wohl künftig – ein Novum – die Protokolle und Zusammenfassungen der Beratungen des EZB-Rates veröffentlichen, um die grundlegenden Überlegungen zu ihren Maßnahmen zu erläutern. Denn das Vertrauen der Öffentlichkeit ist für die Geldpolitik immens wichtig.

## 17.3 Die optimale Geldmenge: Balanceakt zwischen „Inflation" und „Deflation"

Mit der starken Stellung der EZB, die primär für die Geldwertstabilität zuständig ist, verbindet sich ein starkes öffentliches Vertrauen in die gemeinsame Währung Europas, aber auch in Wachstum und Beschäftigung.

Preisstabilität ist die tragende Säule funktionsfähiger Märkte; sie ist Voraussetzung für das Funktionieren des Preismechanismus und damit auch für Wirtschaftswachstum und einen hohen Beschäftigungsstand.

Inflation bewirkt dagegen Fehlallokationen der Produktionsfaktoren mit Wachstums- und Wohlstandseinbußen. Dominierendes Ziel der Geldpolitik ist deshalb die Preisstabilität, auch dann, wenn damit Beschäftigungseinbußen verbunden sein könnten.

Was ist die optimale Rate der Inflation? Es ist die Inflationsrate, bei der auch Vollbeschäftigung herrscht. Denn von einer gewissen Inflationshöhe an können Unternehmen und Konsumenten die Preissignale nicht mehr richtig deuten. Der Einsatz der Ressourcen erfolgt dann nicht mehr effizient.

Der EZB zufolge ist Preisstabilität dann gegeben, wenn die Inflation zwischen null und zwei Prozent liegt. D. h., dass die EZB nicht nur eine zu hohe Inflationsrate vermeiden will, sondern auch eine negative Inflationsrate. Dies wird als Deflation bezeichnet. Die Wirtschaftsgeschichte lehrt, dass eine Deflation ebenso gravierende Folgen haben kann wie eine Inflation. Deflation wirkt ganz anders als eine Inflation: Anders als eine Inflation mit anhaltenden Preissteigerungen, bewirkt eine Deflation einen ständigen Verlust des Vertrauens in die Geldfunktionen, sodass die Produktion zurückgeht mit Wachstumsverlusten und Unterbeschäftigung. Eine Deflation zeigt sich durch eine sehr niedrige (und sinkende) Inflationsrate und damit eine starke Geldwertstabilität und eine stabile Kaufkraft des Geldes.

„Deflation" bezeichnet deshalb einen Preisverfall in einer Volkswirtschaft, mit der Folge, dass die Verbraucher und Unternehmen in Erwartung weiter sinkender Preise ihre Konsum- oder Investitionsausgaben aufschieben und so Wachstum und Beschäftigung abwürgen. Die Erwartung sinkender Preise der Deflation führt zu Verkaufszurückhaltung sowie zurückgehenden Gewinnerwartungen und rückläufiger Investitionsgüternachfrage und hat damit negatives Wachstum und Beschäftigungsrückgang zur Folge.

Deflationär fallende Preise sind überdies eine Umverteilung von Schuldnern zu Gläubigern: denn je höher die Deflation, desto werthaltiger werden Schulden. Die Deflation macht so die Rückzahlung der Schulden schwierig. Das provoziert Konkurse und Bankrotte. Die Banken leihen weniger aus, da sie Kreditausfälle befürchten. Mit diesem Verhalten aber provozieren sie erst recht Ausfälle. Diese wiederum reißen Löcher in die Bankbilanzen. Das gesamte Finanzsystem wird anfälliger, im Extremfall bricht es zusammen.

Deshalb hat die EZB, um einen Sicherheitsabstand zur Deflation zu wahren, bewusst ihr Preisziel von „unter zwei Prozent" auf „nahe zwei" erhöht.

Die Geldpolitik der EZB bewegt sich also ständig in einem Balanceakt zwischen zu viel oder zu wenig Preissteigerungen, mit anderen Worten: zwischen den Gefahren der Inflation oder der Deflation. Die Geldpolitik bemüht sich mithilfe ihrer Eingriffsinstrumente, durch ständigen „Versuch und Irrtum", zwischen diesen beiden Gefahren – wie zwischen Scylla und Charybdis – hindurchzusegeln. Dazu „navigiert" die Zentralbank anhand der Quantitätstheorie des Geldes und der Theorie der Geldschöpfung.

## Die Quantitätstheorie des Geldes

Die Zentralbank benötigt Orientierungshilfe und Handlungsregeln bei den geldpolitischen Entscheidungen. Solche Regeln sind nötig, weil die wichtigste Zielgröße – die Inflationsrate – von der Zentralbank nicht direkt kontrolliert werden kann. Diese grundsätzlichen Regeln bezeichnen die geldpolitische Strategie.

Im geldpolitischen Strategiekonzept der EZB ist das Produktionspotenzial eine Schlüsselgröße für die Geldversorgung der Wirtschaft, indem die Geldmenge an dem Wachstumsziel bzw. an der Wachstumsrate ausgerichtet wird. Die Höhe der volkswirtschaftlichen Produktionsmöglichkeit, bei Normalauslastung aller vorhandenen Kapazitäten bzw. Ressourcen (Arbeitskräfte, Boden und Kapital), bestimmt das in einer Periode potenziell erreichbare Bruttoinlandsprodukt.

Die Orientierung der Geldversorgung nach der „Quantitätsgleichung des Geldes" wird bestimmt einerseits durch das potenzielle reale volkswirtschaftliche Wachstum, und andererseits durch den monetären Spielraum für einen Preisanstieg.

Die „Quantitätsgleichung des Geldes", auch „Fisher'sche Verkehrsgleichung", geht auf die Ökonomen Irving Fisher und Milton Friedman zurück. Nach ihrer Theorie sollte die Geldmenge prinzipiell gleich der Gütermenge sein, – bei gegebenem Preisniveau.

Die Quantitätsgleichung und Quantitätstheorie verknüpft die Bestimmungsfaktoren bzw. Größen in einer Volkswirtschaft: nämlich das optimale Verhältnis der Geldmenge und das Inlandsprodukt mit dem Preisniveau. Die Zahlen dazu kommen von Eurostat und dem Statistischen Bundesamt.

Mathematisch: $H \times P = M \times U$

wobei: $H$ = Handelsvolumen (BIP real), $P$ = Preisniveau, $M$ = Geldmenge, $U$ = Umlaufgeschwindigkeit des Geldes.

**M** ist die in einer Volkswirtschaft umlaufende Geldmenge (Banknoten, Münzen und Giralgeld). **U** ist die Umlaufgeschwindigkeit, die Häufigkeit, mit der das Geld den Besitzer wechselt. **H** sind alle Güter und Dienstleistungen als Handelsvolumen bzw. das BIP einer Volkswirtschaft und **P** ist das Preisniveau dieser Volkswirtschaft.

In Mathematischen Veränderungsraten VR:
VR BIP (real) + VR Preisniveau = VR Geldmenge + VR Umlaufgeschwindigkeit

Die Quantitätsgleichung wirft jedoch Probleme auf, weil die zugrunde liegende Anzahl der Transaktionen nicht eindeutig bestimmbar ist:

Das gesamte **Handelsvolumen** (BIP) einer Volkswirtschaft lässt sich nicht exakt messen. Der Wert alle Güter und Dienstleistungen – und das BIP – ist nur ein Schätzwert.

Die **Umlaufgeschwindigkeit des Geldes** gibt an, wie oft eine Geldeinheit in einer Periode im Durchschnitt zu Zahlungen verwendet wird: Die Annahme der konstanten Geldumlaufgeschwindigkeit ist aber nicht gesichert. Ob die Preisniveauentwicklung auf das Verhalten der Haushalte, Unternehmen, des Staates oder des Auslandes als Ursache der Inflation o. a. zurückzuführen ist, ist schwer zu beantworten.

Eine Erhöhung der **Geldmenge** kann zu einer Erhöhung des Preisniveaus führen.

Umgekehrt muss nicht jede Geldmengenausweitung, die über das reale Wirtschaftswachstum hinausgeht, unmittelbar zu Inflation führen. Geld kann nämlich „brach liegen", was bedeutet, dass die Geldmenge nicht völlig nachfragewirksam wird, die Umlaufgeschwindigkeit des Geldes also sinkt. Auf lange Sicht wird die Geldmenge aber irgendwann auch für Güterkäufe eingesetzt.

In der Quantitätstheorie des Geldes besteht ein Zusammenhang zwischen Geldmenge und Geldwert: Eine Verdoppelung der Geldmenge führe zu einer Verdoppelung der Nachfrage nach Gütern und (bei gleichem Angebot) zu einer Verdoppelung des Preisniveaus.

Die „Quantitätstheorie" zeigt, dass jede Inflation letztlich monetär alimentiert wird. Wächst die Geldmenge schneller als die gesamtwirtschaftliche Produktion (Produktionspotenzial), so ist Inflation die Folge, mit anderen Worten: jede Inflation ist auch ein monetäres Phänomen. Denn ohne die Ausweitung der Geldmenge ist Inflation auf die Dauer nicht möglich.

Mithilfe der Quantitätsgleichung oder Fisher'schen Verkehrsgleichung versucht die EZB den Liquiditätsbedarf bzw. die „optimale

Geldmenge", also den Geldbedarf einer Volkswirtschaft zu bestimmen. Der Geldbedarf der Volkswirtschaft, den die EZB mit ihren Maßnahmen bereitstellen muss, wäre die optimale Geldmenge. Als Faustregel gilt: Wenn das Geld knapp ist, ist es „gutes" Geld, also kaufträchtig. Nur knappes Geld ist gutes Geld.

Aus der Quantitätsgleichung lässt sich eine Regel für ein Geldmengenwachstum ableiten: Das Wachstum der Geldmenge sollte der Wachstumsrate des realen Inlandsproduktes zzgl. des unvermeidlichen Preisniveauanstiegs, vermindert um die Veränderung der Umlaufgeschwindigkeit des Geldes, entsprechen.

Bei der Ableitung des Geldmengenziels „optimale Geldmenge" orientiert sich die EZB an folgenden Größen: Die EZB legt ein jährliches Geldmengenziel bezogen auf M3 fest, d. h. sie legt jährlich fest, um wie viel die Geldmenge M3 steigen soll.

Bei der Festlegung dieses Ziels geht die EZB von drei Überlegungen aus:

- vom prognostischen Wachstum der volkswirtschaftlichen Produktionskapazitäten bzw. des Produktionspotenzials (gemessen an der Entwicklung des BIP [real] in der Eurozone),
- von der prognostischen Entwicklung der trendmäßigen Veränderung der Umlaufgeschwindigkeit des Geldes (in der Regel findet hier keine große Änderung statt),
- von der prognostischen Entwicklung der Inflationsrate in der Eurozone, dazu stellt sie eine sogenannte unvermeidliche Inflationsrate (2 %) in Rechnung.

Diese Geldmengenregel ist Eckpfeiler der Geldpolitik: sie sieht vor, dass die Geldmenge entsprechend an die Wirtschaftswachstumsrate angepasst wird. Aus den Relationen der Quantitätsgleichung des Geldes ergibt sich, dass die Geldmenge (M) multipliziert mit der Umlaufgeschwindigkeit des Geldes (U) dem Produkt aus dem (BIP) Handelsvolumen (H) und dem Preisniveau (P) entspricht. Daraus ergibt sich für die Geldmenge $M = H \times P/U$ und damit die „optimale Geldmenge" (Referenzwert) oder in deren mathematischen Veränderungsraten:

$$VR\ M3 = VR\ BIP\ (real) + VR\ P.$$

## 17.3 Die optimale Geldmenge: Balanceakt ...

Bei der Festlegung des „Referenzwertes" von M3 nimmt der EZB-Rat an, dass der Anstieg des HVPI für den Euro-Raum auf unter 2 % (laut Definition der Preisstabilität) begrenzt sei. Unter Beachtung dieser Annahme hat der EZB-Rat beschlossen, den Referenzwert von M3 auf 4,5 %. festzulegen. Steigt die Geldmenge rascher als dieser (Referenz-) Wert, muss die Zentralbank etwas unternehmen (z. B. die Zinsen erhöhen).

Der Vorteil dieser Strategie ist, dass die EZB sehr flexibel handeln kann. So kann sie beispielsweise auf eine kontraktive wirtschaftliche Entwicklung (Rezession) einwirken, indem sie die Zinsen senkt und mehr Geld an die Geschäftsbanken vergibt und so also eine expansive Geldpolitik betreibt. Dann können die Geschäftsbanken sich relativ leichter refinanzieren, mehr Kredite vergeben und die Zinsen senken, was wiederum die Investitionen und den Konsum ankurbelt.

In einer Hochkonjunktur besteht hingegen die Gefahr, dass es zu Inflation kommt. Dann betreibt die EZB eine restriktive Geldpolitik, d. h. sie vergibt weniger Geld an die Banken und erhöht ihre Zinsen, erschwert damit die Kreditvergabe und verteuert Investitionen und umgekehrt. Mit anderen Worten: bei einer restriktiven (expansiven) Geldpolitik und einsetzender Liquiditätsverknappung (-ausweitung) verringern (erhöhen) die Geschäftsbanken ihr Kreditangebot und die Wirtschaftssubjekte reduzieren (erweitern), aufgrund des höheren (niedrigeren) Zinssatzes, ihre Kreditnachfrage.

Die Wirksamkeit solcher Steuerung der Geldmenge und des Geldumlaufs durch die Geldpolitik kann jedoch problematisch sein (insbesondere kurzfristig), weil zum einen die Zinsempfindlichkeit der Investitionen – v. a. in der Hochkonjunktur – gering sein kann (Zinsfalle) und zum anderen erhebliche zeitliche Wirkungsverzögerungen auftreten können. Eine Verdoppelung der Geldmenge muss nicht zu einer Verdoppelung der Nachfrage führen, denn die Einkommensbezieher können einen Teil des Mehreinkommens sparen oder als Bargeld halten.

Die Erhöhung der Nachfrage führt nicht zu einem Preisanstieg, wenn auf der Anbieterseite ungenutzte Kapazitäten (Maschinen) vorhanden sind, sondern die steigende Nachfrage kann nur eine bessere Auslastung der Kapazitäten und ein höheres Angebot bewirken.

Wenn die Geschäftsbanken über freie Liquiditätsreserven verfügen, können sie Kredite gewähren und damit auch die Ausweitung der Zentralbankgeldmenge stimulieren; die Zentralbank wird jedoch versuchen, das Wachstum der Zentralbankgeldmenge entsprechend ihren Zielvorstellungen zu begrenzen. Die Zentralbank wird die (Refinanzierungs-) Bedingungen so setzen, dass steigende Zinssätze eine dämpfende Wirkung auf das Wachstum der Geldmenge erwarten lassen. Bei einer expansiven Geldpolitik kann die Zentralbank zwar Zentralbankgeld in beliebiger Menge bereitstellen, deren Verwendung hängt aber auch noch vom Verhalten der Nichtbanken und Geschäftsbanken ab.

Es ist fraglich, ob die EZB durch die Geldmengenorientierung das Inflationsproblem und die Preisentwicklung steuern kann. Wäre es so, würden keine Gremien zur Findung „optimaler" liquiditäts- und zinspolitischer Entscheidungen benötigt, sondern könnte ein Beamter der Zentralbank nach Eingang der aktuellen Geldmengenzahlen die Zentralbankzinsen einfach verordnen.

**Die moderne Theorie der Geldschöpfung**
Ein weit verbreiteter „Irrtum" über die Geldschöpfung in der Geldwirtschaft ist in den traditionellen Lehrbüchern der Volkswirtschaftslehre zu finden, nämlich die Vorstellung, dass die Banken, um Kredite vergeben zu können, auf die Spareinlagen der Haushalte angewiesen sind. Das traditionelle geldtheoretische Modell von der Geldschöpfung ist in dem Irrtum, dass Banken die Ersparnisse von Haushalten und Unternehmen einsammeln, und diese als Kredite an Unternehmen oder Haushalte für die Finanzierung von Investitionen und Konsum weiterverleihen.

Die Realität der Geldschöpfung unterscheidet sich tatsächlich von den Beschreibungen und Erklärungen in den traditionellen Ökonomielehrbüchern. Die reale Geldschöpfung in der modernen Wirtschaft befindet sich sogar im krassen Widerspruch zur Darstellung in den traditionellen Lehrbüchern der Ökonomie (Quelle: Bank of England (BoE), „Money Creation in the Modern Economy", Quarterly Bulletin, 2014, Q1). Die Geldschöpfung in der modernen Wirtschaft funktioniert völlig anders: Die Banken agieren – entgegen den traditionellen Lehrauffassungen – **nicht** als Geldvermittler, indem sie die

Spareinlagen, die die Kunden bei ihnen hinterlegen, als Kredite weiterverleihen und sogar vervielfältigen (Multiplikatortheorie). **Vielmehr schaffen oder schöpfen die Banken selbst „Geld" „aus dem Nichts" durch jede Kreditvergabe an Kreditnehmer.** Denn wann immer eine Bank einen Kredit vergibt, schafft sie zugleich eine entsprechende Einlage auf dem Girokonto des Kreditnehmers, und „schafft" auf diese Weise „Geld". Genau genommen wird das meiste Geld durch die Banken geschaffen, indem diese durch Darlehen- bzw. Kreditvergabe zugleich Einlagen schaffen. Wann immer eine Geschäftsbank einem Kunden einen Kredit gibt, beispielsweise um ein Haus zu kaufen, wird der Kreditbetrag dem Konto des Kreditnehmers als Einlage gutgeschrieben und erhöht entsprechend die Geldmenge. Diese Einlagen sind Giralgeld oder Buchgeld, welches als Schuld auf einem Konto existiert. Der Kreditnehmer kann damit Güter kaufen, z. B. durch elektronische Zahlungen.

Die Schulden auf der einen Seite bewirken ein Guthaben auf der anderen. Neues Geld wird folglich erschaffen durch Schuldenmachen, indem die Geschäftsbanken Darlehen als Schuldscheine in Form von Bankguthaben verleihen. Geld wie aus dem Nichts, das gedeckt ist durch das Vertrauen der Bürger. Geld ist somit ein „spezieller Schuldschein" in Form eines Bankguthabens auf dem Girokonto. Banken sind also schöpfende „Geldproduzenten" und nicht „Geldvermittler".

Wird umgekehrt ein Kredit zurückgezahlt, verringert sich die Geldmenge auch wieder um den entsprechenden Betrag, weil das Geld dann wieder vom Guthaben des Bankkunden abgebucht wird. Genauso wie das durch die Kreditvergabe geschaffene Geld, kann es also auch ebenso rasch wieder „vernichtet" werden, wenn die Kreditnehmer ihre Schulden bei der Bank zurückzahlen.

Es ist also nicht die Zentralbank, die alleine Geld erschafft und „vernichtet", sondern es sind die Geschäftsbanken, die durch Kreditvergabe in Form von Giro-Bankguthaben (als „spezielle" Schuldscheine) Geld schaffen oder aber „vernichten". Die moderne Geldschöpfung ist ein Schuldgeldsystem.

Die Rolle der Zentralbank beschränkt sich deshalb nicht auf die Kontrolle der umlaufenden Geldmenge. Die Zentralbank kann zwar so viel Geld drucken wie sie will, sie ist aber bedacht, nicht zu viel zu drucken. Die Menge des Geldes, die in einer Volkswirtschaft geschaffen wird, wird letztlich von der Geldpolitik der Zentralbank bestimmt. Sie kann auf die Größe der Geldmenge Einfluss nehmen, indem sie beispielsweise Vermögenswerte aufkauft oder verkauft und damit die Vergrößerung oder Verknappung der Geldmenge bewirken. Die Zentralbank legt nicht die in Umlauf kursierende Geldmenge fest, sondern sie bestimmt sie durch die Festlegung der Zinsen. Dies bestimmt dann auch die Zinskosten für Kredite und die Höhe der Nachfrage nach Geldanlagen in der Wirtschaft. Die Geschäftsbanken bestimmen dann, wie viel Geld sie verleihen und wie viel Zentralbankgeld sie dafür benötigen. Diese Geldnachfrage wird von der Zentralbank befriedigt und bestimmt so direkt den Umfang der Kreditvergabe und damit auch die gesamte Geldmenge.

Auf diese Weise wird das Wirtschaftswachstum ermöglicht, sofern die Kredite produktiv verwendet werden, d. h. wenn sie dazu gebraucht werden, Investitionen in zusätzliches Realkapital, wie Maschinen oder Anlagen, zu lenken und die Produktionskapazität zu erhöhen. Nur wenn die Kredite unproduktiv verwendet werden, d. h. für den Kauf von bereits existierenden Gütern, führt diese Geldschöpfung zu steigenden Preisen und so zu Inflation. Wenn hingegen zusätzliche Investitionen durch mehr Ersparnisse finanziert würden, würde dies dann kein weiteres Wirtschaftswachstum mehr erlauben. Überdies würden mehr Ersparnisse bedeuten, dass die Haushaltsausgaben entsprechend nicht mehr steigen, mit der Folge eines Rückgangs des Konsums.

Ein Großteil des von den Geschäftsbanken geschaffenen Geldes wird aber nicht für den Kauf von Gütern und Dienstleistungen für Investitionen oder Konsum verwendet, sondern für den Erwerb von Wertpapieren oder anderen Vermögenswerten. Anstatt in die Realwirtschaft, führen diese Geldanlagen dann häufig auf den Finanzmärkten oder Immobilienmärkten zu Inflation, besonders an der Börse, als sogenannte „spekulative Blasen". Ohne die Geldschöpfung der Geschäftsbanken wären diese spekulativen Blasen nicht möglich.

**Der EZB-Rat verfolgt eine Zwei-Säulen-Strategie**
Die Zentralbank nimmt mit dem Preis für verliehenes Geld durch Erhöhen oder Senken des Leitzinses Einfluss auf die Inflation oder

Deflation, also auf die konjunkturelle Entwicklung. Die Geldpolitik kann ohne Beeinträchtigung der Preisstabilität die allgemeine Wirtschaftspolitik unterstützen und eine Rezession vermeiden, d. h., dass die konjunkturelle Entwicklung der Auslastung der Produktionskapazitäten der Volkswirtschaft angemessen ist.

In Verfolgung des Zieles, sowohl Inflation als auch Deflation zu verhindern, orientiert sich die EZB durch ihre geldpolitische Strategie und Interventionen an monetären und realwirtschaftlichen Frühindikatoren (2 Säulen), nämlich an der Produktion und Kapazitätenauslastung sowie an der Preisentwicklung wie Erzeugerpreise oder Lohnentwicklung. Diese geldpolitische „Zwei-Säulen-Strategie" ist vom Rat der Europäischen Zentralbank entwickelt worden. Ihre Elemente sind folgende:

Die **erste Säule** beruht auf der Beobachtung der wirtschaftlichen Analyse, der Prognose der Inflationsrate sowie der Konjunktur- und Finanzentwicklung. Diese Säule umfasst eine Beurteilung der Aussichten der künftigen Wirtschafts- und Konjunkturentwicklung sowie der künftigen Preisentwicklung und der Risiken für die Preisstabilität im Euro-Raum. Sie stützt sich auf Daten und Indikatoren der Konjunkturanalyse, der Finanzmärkte sowie der Tarifpolitik, um den kurzfristigen Preisdruck zu analysieren, wie zum Beispiel:

- Umsätze und Gewinne,
- Löhne und Gehälter,
- Wechselkursentwicklung,
- Kapitalmarktzinssätze,
- Beschäftigung und Arbeitslosigkeit,
- fiskalpolitische Indikatoren,
- Preis- und Kostenindizes und
- Unternehmens- und Verbraucherstimmung.

Die **zweite Säule** der EZB-Strategie beruht auf der Beobachtung und Beurteilung der (potenzialorientierten) Geldmengenentwicklung und der Entwicklung des Wachstums des Bruttoinlandsprodukts. Die Geldmengenpolitik arbeitet dabei mit der Verkündung eines Referenzwertes (4 bis 5 %) für das Wachstum der Geldmenge M3.

Eine an der Preisstabilität ausgerichtete Geldpolitik setzt voraus, dass die Geldmenge nicht schneller wächst, als die reale Produktion gesteigert werden kann. Es ist daher Aufgabe der Zentralbank, das Geldmengenwachstum am realen Wachstum des Produktionspotenzials auszurichten, damit die Gesamtnachfrage sich möglichst gleichmäßig mit dem Produktionspotenzial entwickelt.

## 17.4 Wie die EZB eingreift – Die geldpolitischen Operationen

Zur Geldpolitik zählen alle Maßnahmen der Zentralbank zur Steuerung des Geldumlaufs und der Kreditversorgung in der Europäischen Währungsunion. Die Geldpolitik dient dazu, die Wirtschaft mit ausreichendem Geld zu versorgen, deren Kreditversorgung zu regeln und den Geldwert der Währung zu sichern.

Die EZB versucht diese Ziele mit den geldpolitischen Instrumenten, der Geldmengen- und Zinspolitik, zu realisieren, und dazu das gesamtwirtschaftliche Zinsniveau (Kapitalmarktzins) und die in der Gesamtwirtschaft verfügbare Liquidität (Geldmenge) zu beeinflussen.

Die EZB greift ein, indem sie die Geldnachfrage der Nichtbanken (Zinspolitik) und das Geldangebot der Geschäftsbanken (Liquiditätspolitik) beeinflusst. Dadurch sollen die wirtschaftlichen Aktivitäten (Investition, Konsum) jeweils gedämpft oder belebt werden. Allein in Deutschland werden etwa ein Drittel der Konsumnachfrage und etwa zwei Drittel der Investitionsnachfrage kreditfinanziert (sie sind relativ stark zinsempfindlich oder auch zinselastisch). Kreditfinanzierte Staatsausgaben gelten dagegen als zinsrobust bzw. zinsunempfindlich.

Besonders schwierig gestaltet sich für die Zentralbank die Aufgabe, die Geschäftsbanken als „Geldanbieter" „im Zaum zu halten"; denn die Geldschöpfung durch die Geschäftsbanken geht im Prinzip einfach durch Kreditvergabe vonstatten.

Die EZB versucht mit ihren Instrumenten zum einen die Kreditkosten zu verbilligen oder zu verteuern oder zum anderen das Kreditangebot für die Konsum- und Investitionsnachfrage zu verringern oder zu erhöhen. Beim Einsatz ihrer Instrumente kann die EZB deshalb entweder Preis- oder Mengengrößen festsetzen. Der EZB stehen zur Erreichung dieser Ziele grundsätzlich drei geldpolitische Instrumente zur Verfügung:

- Mindestreservepolitik
- Refinanzierungspolitik (sogenannte „Fazilitäten")
- Offenmarktpolitik

**Mindestreservepolitik**
Mindestreserven sind Guthaben, die die Banken bei der Zentralbank unterhalten müssen. Sie bestehen aus bestimmten Prozentsätzen aller Kundeneinlagen, die die Banken bei der Zentralbank einzahlen müssen. Die EZB verlangt von den Geschäftsbanken, zur Erfüllung der Mindestreservepflicht bei der Zentralbank Girokonten zu halten.

Die EZB kann dazu anordnen, dass die Banken von ihren Kundeneinlagen einen bestimmten – je nach ihrer Art – gestaffelten Prozentanteil bei der EZB hinterlegen müssen:

Der Mindestreservesatz beträgt zurzeit zwei Prozent für täglich fällige Einlagen und Geldmarktpapiere sowie Schuldverschreibungen mit einer Laufzeit bis zu zwei Jahren.

Die Höhe des gesamten Mindestreservesolls einer Bank wird durch die Mindestreservesätze auf die reservepflichtigen Kundeneinlagen ermittelt. Das Mindestreservesoll ist als Guthaben bei der Zentralbank zu halten. Das Mindestreservesoll wird am Ende eines Monats berechnet: Die Banken können die Mindestreserveguthaben aber als Arbeitsguthaben für ihren Zahlungsverkehr nutzen. Sie fungieren als Pufferreserve und können so starke Liquiditätsausschläge ausgleichen und die Zinsentwicklung verstetigen.

Der EZB-Rat kann die Mindestreservesätze, die die Kreditinstitute in einem bestimmten Prozentsatz ihrer Einlagen bei der Zentralbank (verzinslich oder zinslos) hinterlegen müssen, erhöhen oder senken.

Mit anderen Worten durch eine Erhöhung der Mindestreservesätze entzieht die EZB den Banken Liquidität, und umgekehrt führt sie ihnen durch eine Senkung der Mindestreservesätze Liquidität zu;

die Liquiditätsabschöpfung bewirkt ein geringeres Kreditvolumen, die höhere Liquidität bewirkt ein größeres Kreditvolumen.

Diese Kontrolle der Geldschöpfung wirkt begrenzend, wenn eine Inflation sonst nicht zu bremsen ist. Andererseits zwingt die Mindestreservepflicht die Banken dazu, sich für weitere Kreditvergaben an ihre Kunden, bei der Zentralbank Geld zu beschaffen (Refinanzierung).

Da die Haltung der Mindestreserve nur gering verzinst wird, tritt ein Rentabilitätseffekt auf, der zu einer Erhöhung des Zinsniveaus und der Kreditkosten führt und auch die Kreditnachfrage dämpfen soll.

Die Mindestreservesatzpolitik spielt in der Geldpolitik praktisch allerdings nur eine untergeordnete Rolle.

**Refinanzierungspolitik – (Ständige Fazilitäten)**
Die Politik der ständigen Fazilitäten – „Fazilität" bedeutet einfach Möglichkeit – bietet den Geschäftsbanken die Option, sich von der Zentralbank Zentralbankgeld zu beschaffen (oder auch Geld bei der Zentralbank anzulegen), zu bestimmten Zinsen, den sogenannten. „Leitzinsen".

Zinsen sind ein Entgelt, das der Schuldner dem Gläubiger für die Überlassung von geschuldetem Kapital zu zahlen hat. Zins ist also der Preis für die „Leihe" von Geld, sei es in Form der Überlassung (z. B. Sparen) oder in Form der Aufnahme (z. B. Kredit). Die Zinshöhe bildet sich nach den Marktgesetzen der Preisbildung und bestimmt sich auf dem Kapital- und Kreditmarkt insbesondere nach dem Umfang der kreditfinanzierten Konsum- und Investitionsnachfrage.

Die Europäische Zentralbank (EZB) bestimmt drei verschiedene „Leitzinsen": den Zinssatz für das Hauptrefinanzierungsgeschäft, für die Spitzenrefinanzierungsfazilität sowie für die Einlagefazilität. Die dabei erhobenen Zinsen gelten als Leitzins für das Kreditgeschäft der Banken untereinander und auch für das Nichtbankengeschäft.

Die Zinspolitik, mit diesen drei Leitzinsen, die von der Geldpolitik beeinflusst werden, ist das „Herzstück" und ein wichtiger geldpolitischer „Hebel" des Instrumentariums der EZB. Die Höhe der Leitzinsen wird von der Zentralbank im Rahmen ihres geldpolitischen Instrumentariums festgesetzt. Mit einer Leitzinsänderung sollen die Kredit- und

Sparzinsen verändert und damit die Kreditfinanzierungsnachfrage (für Konsum oder Investitionen) beeinflusst werden.

Die Leitzinsen sind das zentrale Instrument der EZB, mit dem sie die Zinsen und die Liquidität am Kapital- und Geldmarkt steuert und Signale über ihren geldpolitischen Kurs gibt, um die Zinsverhältnisse und die Zinsentwicklung in der Wirtschaft zu beeinflussen. Die Leitzinsen signalisieren den von der Zentralbank eingeschlagenen geldpolitischen Kurs gegenüber der aktuellen Wirtschaft. Die Anhebung (Senkung) eines Leitzinses zeigt eine restriktivere (expansivere) Geldpolitik – und umgekehrt: Eine Erhöhung wirkt prinzipiell auf Inflationsrisiken, während eine Senkung nur bei Deflationsrisiken entgegenwirkt.

**Hauptrefinanzierungsfazilitäten**
Der Zinssatz für Hauptrefinanzierungsfazilitäten ist der wichtigste Leitzins der EZB und wird deshalb häufig als „der" Leitzins bezeichnet. Dem Zinssatz der Hauptrefinanzierungsinstrumente kommt eine Schlüsselrolle unter den Leitzinsen zu. Der Zinssatz dieses Geschäftes heißt Hauptrefinanzierungssatz zu den sog. Hauptrefinanzierungsgeschäften. Hauptrefinanzierungsgeschäfte sind Kreditfazilitäten, in deren Rahmen die EZB den Banken für einen begrenzten kürzeren Zeitraum, befristet auf 7 bzw. 14 Tage (revolvierend), „frisches Geld" gegen Wertpapiersicherheiten Bankenliquidität bereitstellt.

Mit diesem Instrument über die Hauptrefinanzierungsgeschäfte wird der größte Teil der Liquiditätsversorgung (ca. drei Viertel des Geldvolumens) der Wirtschaft in den Markt gepumpt. Dieses Geldvolumen wird im amerikanischen Zinstenderverfahren mit einem Mindestbietungssatz versteigert. Zu diesem Zinssatz wird den Geschäftsbanken in einem wöchentlichen Tenderverfahren im Rahmen der Hauptrefinanzierungsgeschäfte Zentralbankgeld durch sog. Standardtender (mit vierzehntägiger Laufzeit) zur Verfügung gestellt.

Der Zinssatz wird von der EZB fest vorgegeben. Die einzelnen Kreditinstitute müssen dann in ihren Geboten den von ihnen gewünschten Betrag angeben. Weil der Zinssatz fest vorgegeben ist, kann Angebot und Nachfrage nur durch eine Mengenreaktion (Zuteilungsquote) ausgeglichen werden: Die Banken geben Gebote über die Beträge (zu dem vorgegebenen Zinssatz) ab, zu denen sie mit der Zentralbank Geschäfte tätigen wollen. Bei der Zuteilung werden die Gebote so lange bedient, bis der von der EZB vorgesehene Gesamtbetrag (des Geldvolumens) erreicht ist.

Dem gebotenen Zins kommt zusätzlich die Funktion eines Knappheitsindikators für Geld zu.

Hauptrefinanzierungsgeschäfte sind das wichtigste geldpolitische Instrument der EZB, mit dem sie die allgemeinen Zinsen und die Liquidität am Geldmarkt steuert und Signale über ihren geldpolitischen Kurs gibt. Die Konditionen der Hauptrefinanzierungsgeschäfte signalisieren den geldpolitischen Kurs der EZB – sie dienen u. a. der Steuerung des Geldmarktzinses. Der Hauptrefinanzierungssatz gilt als ein äußerst wirkungsvolles Instrument und Signal der Geldpolitik.

**Spitzenrefinanzierungsfazilitäten**
Im Rahmen der Spitzenrefinanzierungsfazilität haben die Geschäftsbanken die Möglichkeit, „Belastungsspitzen" an Geld- bzw. Liquiditätsbedarf bei der Zentralbank – gegen Hinterlegung von Sicherheiten – und gegen Zins – sehr viel kurzfristiger als dies am Markt möglich ist (teilweise innerhalb weniger Minuten) -, decken zu können. Es ist eine Möglichkeit der Banken, sich unbegrenzt für einen Geschäftstag „über Nacht" (Übernachtkredit) von der Zentralbank Liquidität zu beschaffen. Diese ständige Fazilität dient deshalb vor allem zur Deckung eines vorübergehenden kurzfristigen Liquiditätsbedarfs an Zentralbankgeld. Die Inanspruchnahme der Fazilität erfordert die Bereitstellung von Sicherheiten, wie z. B. Verkauf von Wertpapieren unter der Vereinbarung eines Rückkaufs bzw. Rückzahlungsversprechens.

Wenn eine Geschäftsbank kurzfristigen Liquiditätsbedarf hat, (im Interbankenhandel aber einen höheren Zins bezahlen müsste), stellt der Zins für die Spitzenrefinanzierungsfazilität die obere Zinsgrenze für tägliches Geld dar. Der Zinssatz ist etwas (meist ein Prozentpunkt) höher als der Hauptrefinanzierungssatz, aber der Marktzins darf nicht über den Satz der Spitzenrefinanzierungsfazilität steigen. Der Zinssatz für die Spitzenrefinanzierungsfazilität wird so hoch gesetzt, dass er die Obergrenze für den Tagesgeldsatz am Geldmarkt bildet und somit die Funktion eines geldpolitischen Leitzinses übernimmt.

## 17.4 Wie die EZB eingreift – Die geldpolitischen Operationen

**Einlagefazilitäten**

„Einlagefazilität" bedeutet „Einlagemöglichkeit" und bietet den Geschäftsbanken die Gelegenheit, überschüssige Gelder zu einem vorgegebenen Zinssatz auf Konten der Zentralbank für wenige Stunden oder über Nacht (Übernachtguthaben) bis zum nächsten Geschäftstag als Guthaben anzulegen. Der Zinssatz dieses Geschäftes heißt Einlagefazilitätssatz und ist niedriger als der Hauptrefinanzierungssatz.

Einlagenfazilitäten dienen den Geschäftsbanken als kurzfristige zinstragende Anlage von Zentralbankgeldüberschüssen zu einem von der EZB festgelegten und jederzeit änderbaren Zinssatz. Wenn sich eine Geschäftsbank mit einem niedrigeren Zins begnügt, bildet die Einlagefazilität in der Regel die Untergrenze des Tagesgeldsatzes am Geldmarkt und ist somit einer der Leitzinsen der EZB.

Bevor eine Bank ihre Geldüberschüsse am Geldmarkt zu einem niedrigeren Zins anlegen würde, überweist sie diese lieber der EZB und erhält zumindest den Zinssatz der Einlagefazilitäten. Die Einlagenfazilität ist insofern liquiditätsabsorbierend, als die Geschäftsbanken ihr überschüssiges Geld bei der EZB über Nacht anlegen können.

**Offenmarktpolitik**

Offenmarktpolitik bezeichnet den An- und Verkauf von Wertpapieren durch die EZB auf dem „offenen (freien) Markt", dem Geld- oder Kapitalmarkt oder der Börse. Als „offener Markt" wird der Markt zwischen der EZB und den Geschäftsbanken angesehen. An den offenen Markt gehen zu müssen, bedeutet, dass die EZB Schuldtitel von Staaten nicht direkt übernehmen darf. Die Initiative geht stets von der Zentralbank aus, d. h. sie kauft und verkauft an der Börse „Wertpapiere", wie rediskontfähige Wechsel, Schatzwechsel, Anleihen, Pfandbriefe, Schuldverschreibungen und Schuldbuchforderungen des Bundes, der Länder und öffentlicher Sondervermögen sowie andere zum amtlichen Börsenhandel zugelassene Schuldscheine.

Solche befristeten Transaktionen sind Geschäfte bei denen die Zentralbank Wertpapiere kauft oder verkauft (Pensionsgeschäfte) oder Kredite gegen Verpfändung von Sicherheiten gewährt (z. B. Pfandkredit). Anders als bei definitiven Käufen bzw. Verkäufen (Outright-Geschäften) durch die Zentralbank, wird bei befristeten Transaktionen

Bankenliquidität nur für einen begrenzten Zeitraum zur Verfügung gestellt (gemäß einer Rückkaufsvereinbarung). Offenmarktgeschäfte sind geldpolitische Operationen und können „endgültig" (definitiv oder outright) oder als befristete Transaktionen „auf Zeit" erfolgen.

Jeden Montag verteilt die EZB eine von ihr festgelegte Euro-Geldmenge mit Laufzeit von zwei Wochen zu einem von ihr festgelegten Zinssatz. Das Geld wird am folgenden Mittwoch auf den Konten der Banken gutgeschrieben. Die Geschäftsbanken müssen die Geldmenge nennen, die sie zum genannten Zinssatz haben möchten. In der Regel wird mehr Geld nachgefragt als die EZB bereitstellen möchte, dann wird quotenmäßig zugeteilt („repartiert"). Als Sicherheiten müssen die teilnehmenden Geschäftsbanken der EZB Wertpapiere zur Verfügung stellen. Die EZB bestimmt die Konditionen zur Abwicklung der Offenmarktgeschäfte nach einem „Tender"-Verfahren: Der „Tender" (*tender*, engl.: Auslobung) bezeichnet ein Angebot oder eine Offerte. Das Tenderverfahren ist ein Emissionsverfahren, bei dem Wertpapiere nach Art einer Versteigerung durch die Zentralbank aufgekauft (oder verkauft) werden.

Mit der Offenmarktpolitik versucht die EZB in erster Linie die Geldmenge zu bestimmen und die Bankenliquidität zu steuern. Mit Offenmarktgeschäften werden neben der Bankenliquidität auch die Geld- bzw. die Kapitalmarktzinsen beeinflusst. Durch den Kauf oder Verkauf von Wertpapieren pumpt oder entzieht die EZB der Volkswirtschaft Liquidität (und umgekehrt) und wirkt damit sowohl liquiditätserhöhend als auch liquiditätsabschöpfend. Auf diese Weise steuert die EZB die Liquidität der Banken und das Zinsniveau und die Wirtschaft im gesamten Euro-Währungsgebiet.

Die Zentralbank „tauscht" Geld gegen Wertpapiere. Durch den Wertpapierkauf reduziert die Zentralbank das Wertpapierangebot und verringert damit die Ertragsrate von Wertpapieren. Es ergibt sich eine Zinssenkung; zugleich werden durch die Zinssenkung Investitionen angeregt.

Überdies kann die Zentralbank, indem sie an der Börse die eigene Währung (Euro) oder auch Devisen bzw. Fremdwährungen kauft oder verkauft, so den Wechselkurs zwischen den Währungen beeinflussen und damit den Im- oder Export stützen oder bremsen.

Die EZB kann dieses geldpolitische Instrumentarium mit restriktiver Wirkung (im Aufschwung, Boom) oder mit expansiver Wirkung (im Abschwung, Rezession) einsetzen.

In Phasen wirtschaftlicher Rezession versucht die EZB durch eine expansive Offenmarktpolitik die Geldmenge zu erhöhen, um einem konjunkturellen Abschwung entgegen zu wirken. Aber eine expansive Liquiditäts- und Zinspolitik kann wirkungslos sein, wenn in einer Rezession die Auftragsbücher der Unternehmen leer und die Zukunftserwartungen pessimistisch sind, sodass die Unternehmen die niedrigeren Zinskosten kaum zum Investieren nutzen, sondern nur zu einer Preisniveauerhöhung.

In Phasen eines wirtschaftlichen Booms versucht die EZB durch eine kontraktive Offenmarktpolitik die Menge des umlaufenden Geldes zu verknappen und zu verteuern (also Liquiditätsverknappung und Zinserhöhung). Die EZB versucht der konjunkturellen Überhitzung entgegenzuwirken und die Nachfrage (die Konsum- und Investitionstätigkeit) zu drosseln und einer Inflation entgegenzuwirken. Dies führt zu Zinssteigerungen und Produktions- und Investitionsrückgang und bremst den Anstieg des Preisniveaus. Aber im Boom sind die Auftragsbestände der Unternehmen hoch und ihre Zukunftserwartungen optimistisch, sodass die Betriebe trotz der höheren Zinskosten mehr investieren.

## 17.5 Fallstricke der Geldschöpfung

Die Quantitätsformel des Geldes vermag die Frage nach der optimalen Liquiditätsversorgung und „der" optimalen Geldmenge theoretisch nicht ein für alle Mal (und für alle Situationen) zu bestimmen. Die Quantitätsformel des Geldes ist nur eine praktische Faustformel. „Die" optimale Geldmenge und Bankenliquidität muss für jede Situation der Volkswirtschaft neu gesucht werden. Der Versuch der Zentralbank, die Geldmenge und die Bankenliquidität mit dem geldpolitischen Instrumentarium zielgerecht zu beeinflussen, kann deshalb misslingen.

Der geldpolitische **Transmissionsmechanismus** ist unsicher, d. h. die **Übertragung**, die Art und Weise, wie sich geldpolitische Entscheidungen auf monetäre und reale Größen auswirken, ist nicht ganz berechenbar. Übertragungshemmnisse der geldpolitischen Instrumente ergeben sich zum einen durch das Verhalten der Banken, die die geldpolitischen Impulse (z. B. Zinssenkungen) der Zentralbank nicht an ihre Kunden weitergeben oder sich anderweitig (Ausland, Interbankenausleihungen) refinanzieren. Zum anderen durch das Verhalten der Unternehmen und Haushalte, die (entgegen der Zukunftserwartungen) trotz hoher Zinsen zusätzliche Kredite nachfragen oder auch trotz niedriger Zinsen verstärkt sparen. Schließlich ergeben sich Übertragungshemmnisse der geldpolitischen Instrumente der Zentralbank durch das Verhalten des Staates, der durch die Ausweitung seiner Staatsverschuldung auch bei angespanntem Kapitalmarkt, wegen seiner Zinsrobustheit, die privaten Kreditnachfrager (Haushalte, Unternehmen) am Kapitalmarkt verdrängt (Crowding-out-Effekt) und dadurch die privaten Investitionen (samt der Beschäftigung) kräftig bremst.

Die Zentralbank kann die geldpolitischen Endziele wie Preisstabilität oder Konjunkturstabilisierung – auch aufgrund nur unvollständiger Kenntnisse über die genauen Übertragungsmechanismen – mit geldpolitischen Maßnahmen nicht direkt steuern. Sie kann ihre Politik deshalb nur an Zwischenzielen, die sie direkt kontrollieren kann, ausrichten, z. B. am Zinsniveau, an den Wechselkursen oder den Geldmengengrößen, denn zwischen den geldpolitischen Instrumenten und dem Endziel, insbesondere der Preisstabilität, liegt ein Transmissionsprozess, den sie nur begrenzt steuern kann.

Die EZB kann nicht unmittelbar die gesamtwirtschaftliche Nachfrage beeinflussen, sondern die Geldpolitik kann über Zinssatz- und Geldmengenänderung nur indirekt auf das Ausgabenverhalten der Haushalte und Unternehmen Einfluss nehmen. Der Zusammenhang zwischen dem monetären und dem realen Sektor der Wirtschaft ist aber ausschlaggebend für die Wirksamkeit der Geldpolitik. Eine Erhöhung der Bankenliquidität führt zur Senkung der Zinssätze und beeinflusst durch die Kreditkosten die Investitionen. Die Geldmengenerhöhung soll eine Wirkungskette von Transmissionsvorgängen anstoßen: es steigt die Nachfrage nach Wertpapieren, während deren Rendite sinkt und es am Ende der Wirkungskette zu steigender Geldnachfrage kommt etc.

Dieser Wirkungsmechanismus (Transfer- oder Übertragungsmechanismus) von geldpolitischen Maßnahmen ist nie ganz sicher, sondern prinzipiell ungewiss und unsicher.

Solange es keine brauchbare mathematische Formel gibt, um die optimale Geldmenge in einer jeweiligen Situation zu bestimmen, geht die EZB mit ihren Mitteln der Geldpolitik besser nach der Stückwerkstechnik von „Versuch und Irrtum" vor, um sich einer je situativen Lösung schrittweise anzunähern.

Überdies stellt sich die zentrale Frage nach dem letztlich geldpolitischen „Endziel" der Zentralbank. Nach der herrschenden Auffassung in der EU ist das „Endziel" aller Anstrengungen der EZB die Sicherung der Preisstabilität, weil nicht zuletzt die Marktmechanismen sonst falsche Preissignale geben und eine Fehlallokation der Ressourcen bewirkt würde.

Die andere Auffassung ist dagegen, dass es das geldpolitische „Endziel" der EZB ist, den Wohlstand der Gesellschaft (d. h. das Wachstum) zu fördern, und die Preisstabilität nur ein – wenn auch ein wichtiges – Nebenziel ist. Preisstabilität ist kein Selbstzweck, während Wohlstand zwar auch nicht der Sinn des Lebens sein kann, aber zu der „Fülle des Lebens" und dem menschlichen Lebensreichtum beiträgt. Von daher müsste also das prioritäre Ziel der Zentralbank eher die Förderung des Wohlstands sein und die Preisstabilität eher ein dazu wichtiges Nebenziel. Dann müsste die traditionelle Geldpolitik allerdings anders ausgerichtet werden.

## Quellen und weiterführende Literatur

Binswanger, H. C. / Flotow, P. von, Hg., Geld und Wachstum. Zur Philosophie und Praxis des Geldes, Stuttgart/Wien 1994

Binswanger, Mathias, Die Magie der Geldschöpfung, in: Die Weltwoche, Zürich 16. 6. 2014

Bofinger, Peter / Reischle, Julian / Schächter, Andrea, Geldpolitik. Ziele, Institutionen, Strategien und Instrumente, München 1996

Bofinger, Peter, Grundzüge der Volkswirtschaftslehre. Eine Einführung in die Wissenschaft von Märkten, 4. Aufl., Hallbergmoos 2015

Bundesfinanzministerium, Hg., Fünfter Bericht des Arbeitsstabes Europäische Wirtschafts- und Währungsunion, Berlin 20. Juli 2001

Eatwell, John / Milgate, Murray, Hg., Money, in: The New Palgrave Series, New York 1989

Europäische Zentralbank (EZB), Vermögensblasen und Geldpolitik, in: Monatsbericht November 2010, S. 75–89

Europäische Zentralbank, Die Europäische Zentralbank, Frankfurt/M. 2000

Europäisches Währungsinstitut, Die einheitliche Geldpolitik in Stufe 3. Allgemeine Regelungen für die geldpolitischen Instrumente und Verfahren des ESZB, Sept. 1997, S. 17

Ferguson, Neil, Der Aufstieg des Geldes. Die Währung der Geschichte, Frankfurt 2008

Häring, Norbert, Gestern gaga, heute Mainstream. Die These, dass Banken Geld aus dem Nichts schöpfen, hält Einzug in die Lehrbücher, und Wo kommt das Geld her? Handelsblatt, Nr. 80, 27.4.2015, S. 13

Kitsche, Adalbert / Markmann, Heinz, Hg., Geld und Geldpolitik, Arbeitsgemeinschaft zur Förderung der wirtschaftlichen und sozialen Bildung e. V., Frankfurt/M. 1999

Lockerungsübungen für Anfänger, Wirtschaft und Politik. Wirtschaftswissenschaften, Handelsblatt, 2.06.2014

McLeay, Michael / Radia, Amar / Thomas, Ryland, (Bank's Monetary Analysis Directorate), Money Creation in the Modern Economy, (Wie Geldschöpfung geschieht), Bank of England (BoE), 14. Quarterly Bulletin, 2014, Q1 (http://www.bankofengland.co.uk/publications/Pages/quarterlybulletin/2014/qb14q1.aspx)

Möller, Hans W., Angewandte Volkswirtschaftslehre, 3. Aufl., Wiesbaden 2013

Ohr, Renate / Theurl, Theresia, Kompendium Europäische Wirtschaftspolitik, München 2001

Ruckriegel, K., Quo vadis Europäische Währungsunion?, schriftliche Fassung des Vortrags "Behavioral Economics. Lehren für die Geld und Währungspolitik", gehalten bei Workshop Autumn 2012 bei der Deutschen Bundesbank in Frankfurt/M., Nürnberg 2013 (www.ruckriegel.org)

Weizsäcker, Christian von, Grenzen des Konzepts einer unabhängigen Zentralbank, in: Wirtschaftsdienst, 92. Jg., 2012, H. 2, S. 91–94

Werner, Richard A., Can Banks Individually Create Money out of Nothing? The Theories and the Empirical Evidence, in: International Review of Financial Analysis, Volume 36, London December 2014, Pages 1–19, (http://www.sciencedirect.com 2014)

# 18
# Wettbewerbsfähigkeit für Wachstum und Beschäftigung

„Nichts trägt mehr zum Wohlstand und Glück eines Landes bei, als hohe Profite."

© picturedesk.com/ÖNB/INTERFOTO
*David Ricardo (1772–1823)*

*Was die Weltwirtschaft angeht,
so ist sie verflochten.*
Kurt Tucholsky

## 18.1 Außenhandel und außenwirtschaftliches Gleichgewicht

Importe von Gütern und Dienstleistungen aus dem Ausland bereichern die inländische Bevölkerung, steigern die „Fülle des Lebens" und damit den Wohlstand im Inland und somit den menschlichen Lebensreichtum, durch Güter und Dienstleistungen:

- die es im Inland nicht gibt, wie Südfrüchte, Kakao, Kaffee, Öl, Gas etc.,
- deren Erstellung im Inland teuer wären und
- ermöglichen Teilnahme an „Wissen und Information" – dem wissenschaftlich-technisch-kulturellen Fortschritt im Ausland.

Importe ausländischer Güter und Dienstleistungen müssen letztlich bezahlt werden durch die Exporte von inländischen Gütern und Dienstleistungen, die im Ausland gefragt sind.

Die **Importquote** ist der Anteil der Importe am Bruttoinlandsprodukt zu Marktpreisen. In Deutschland beträgt die Importquote (MQ) zurzeit rund 35 % (MQ = Einfuhren × 100/BIP).

Die deutsche Volkswirtschaft exportiert mehr als ein Drittel des Bruttoinlandsprodukts und importiert aus dem Ausland fast ebenso viel. Damit ist die deutsche Volkswirtschaft eine der drei größten Handelsnationen der Welt – nach den USA und Japan.

Die **Exportquote** ist der Anteil der Exporte an Waren und Dienstleistungen am Bruttoinlandsprodukt zu Marktpreisen. In Deutschland beträgt die Exportquote (XQ) zurzeit rund 35 % (XQ = Ausfuhren × 100/BIP).

Der Anteil des Außenhandels, d. h. der Anteil von Einfuhr und Ausfuhr am Bruttoinlandsprodukt kennzeichnet die Abhängigkeit und den

## 18.1 Außenhandel und außenwirtschaftliches Gleichgewicht

Offenheitsgrad der Volkswirtschaft gegenüber dem Ausland (zusammen rund 70 %).
Die Vorteilhaftigkeit des Außenhandels lässt sich leicht begründen. Entgegen anachronistischer Bestrebungen zur Abgeschlossenheit (*austerity*, Autarkie, „China wall") zum Schutz des eigenen Binnenmarktes (Protektionismus), haben sich die offensichtlich erheblichen Vorteile des Außenhandels aus mehreren unmittelbar einsichtigen Gründen durchgesetzt:

- unterschiedliche Faktor- und Ressourcenausstattung (z. B. Bodenschätze),
- unterschiedliche Faktorkosten in anderen Ländern (Rohstoffe),
- unterschiedliche Nachfragestrukturen in anderen Ländern (z. B. Präferenzen),
- bestimmte Güter sind im eigenen Land nicht verfügbar (z. B. Bananen),
- inländische Präferenzen für ausländische Güter (z. B. französischen Champagner),
- die Existenz von Technologieunterschieden,
- das Aufkommen von Größenvorteilen (Spezialisierung),
- ein günstiges Austauschverhältnis (Terms of Trade),
- Verfügen über Kostenvorteile (insbesondere bei absoluten Kostenvorteilen).

Im 19. Jahrhundert fand der englische Ökonom David Ricardo (1772–1823) für den Außenhandel eine theoretische Erklärung des Vorteils internationaler Arbeitsteilung und Spezialisierung im „Theorem des komparativen Kostenvorteils". Kurz gesagt: Ein Land konzentriert sich darauf, das zu produzieren, was es am besten und am billigsten kann und somit wird der Wohlstand für jede einzelne Volkswirtschaft gesteigert.

In seinem Werk „Principles of Political Economy and Taxation" (1817) hat David Ricardo das „Theorem der komparativen Kostenvorteile" begründet. Der Kerngedanke besagt, dass Handel auch dann für ein Land von Vorteil ist, wenn es sogar bei allen Gütern Produktivitäts- oder Kostenvorteile aufweist und diese billiger produzieren kann. Der Handel zwischen Ländern ist dann vorteilhaft, wenn bei den

Handelspartnern unterschiedliche Produktionskosten vorliegen; deshalb sollte sich jedes Land auf das Gut spezialisieren, das es relativ günstiger herstellen kann. Daraus folgt, dass der Außenhandel für diejenigen Länder vorteilhaft ist, die diejenigen Güter erzeugen und exportieren, bei denen sie über einen komparativen Produktivitäts- oder Kostenvorteil verfügen. Die Vorteilhaftigkeit des Außenhandels ist sogar gegeben für Länder, bei denen ihre Handelspartner in sämtlichen Gütern weniger effizient produzieren, wie beispielsweise im Handel zwischen einem hoch industrialisierten und einem unterentwickelnden Land. Selbst wenn ein Land bei allen Gütern über absolute Kostenvorteile verfügt, kann es also trotzdem Nutzen aus dem Außenhandel ziehen, wenn es seine auf Technologieunterschieden beruhenden komparativen Kostenvorteile durch Spezialisierung ausnutzt.

Diese Gründe erklären, warum Länder mit höherer Produktivität und besserer Faktorausstattung auch Außenhandel betreiben, um die Wohlfahrt aller beteiligten Länder zu erhöhen – auch trotz der Transportkosten. Die nachteiligen Begleiterscheinungen des Außenhandels sind, aufgrund einer immer stärkeren Spezialisierung, der Verlust an nationaler Selbstständigkeit sowie eine Krisenanfälligkeit und Abhängigkeit der heimischen Wirtschaft von der bestehenden internationalen Verflechtung.

Die Entwicklung und das Ergebnis des Außenhandels werden statistisch in der sogenannten **„Zahlungsbilanz"** erfasst; sie zeigt die wirtschaftlichen Verbindungen einer Volkswirtschaft zur übrigen Welt und stellt die außenwirtschaftlichen Transaktionen eines Landes systematisch dar. Die Zahlungsbilanz erfasst alle Zahlungen (Zu- und Abflüsse) von Transaktionen aus Geld- und Güterströmen zwischen dem In- und Ausland innerhalb eines Zeitraums.

Die Zahlungsbilanz gliedert sich in mehrere Teile:

- Die **Leistungsbilanz** umfasst die folgenden Teilbilanzen:

Die **Handelsbilanz** verbucht die Zahlungen aus Ex- und Importen und enthält den Wert aller mit dem Ausland ausgetauschten Güter. Die Differenz der Zahlungen aus Exporten/Importen ist der Saldo der Handelsbilanz. Ist der Saldo positiv, wurde mehr ex- als importiert und umgekehrt.

## 18.1 Außenhandel und außenwirtschaftliches Gleichgewicht

Die **Dienstleistungsbilanz** erfasst alle Zahlungen aus Ex- und Importen mit dem Ausland ausgetauschter Dienstleistungen (z. B. Reiseverkehr).

Die Handels- und Dienstleistungsbilanz zusammen bilden den Außenbeitrag. Der Außenbeitrag bemisst die Güter- und Dienstleistungssalden aus Exporten und Importen bzw. Aus- und Einfuhr an Waren und Dienstleistungen. Ist der Saldo positiv, wurde mehr ex- als importiert und umgekehrt.

Die **Übertragungsbilanz** ist die Erfassung aller Zahlungen zwischen In- und Ausland ohne Gegenleistungen, für die auch keine Rückzahlung vorgesehen ist, wie Geschenke, Überweisungen ausländischer Arbeitnehmer, Zahlungen an internationale Organisationen, Zahlungen von Renten an im Ausland lebende Personen sowie Vermögensübertragungen, Erbschaften.

Die Zusammenfassung von Handels-, Dienstleistungs- und Übertragungsbilanz bildet die Leistungsbilanz. Anders gesagt setzt sich diese zusammen aus dem Außenbeitrag und dem Saldo aus den Übertragungen in das Ausland und aus dem Ausland.

Die deutsche Leistungsbilanz ist tendenziell negativ, obwohl die Handelsbilanz erheblich überschüssig ist (weil Deutschland mehr Güter exportiert als importiert).

Importiert ein Land mehr Leistungen als es exportiert hat, muss dieser Importüberschuss finanziert worden sein, durch den Abbau von Forderungen gegenüber dem Ausland, oder durch die Verringerung der Währungsreserven bei der Zentralbank oder durch die Erhöhung der Verbindlichkeiten gegenüber dem Ausland.

Besonders negativ sind Leistungsbilanzdefizite, bei denen sich die Nachfrage vom In- in das Ausland verlagert, was im Inland Arbeitsplatzeinbußen bedeuten kann. Ein Leistungsbilanzdefizit kann schwerwiegende Rückzahlungsprobleme mit sich bringen. Im ungünstigsten Fall kann ein Land dann zahlungsunfähig werden. Deshalb wird eine ausgeglichene Leistungsbilanz angestrebt.

- Die **Kapitalbilanz** ist die Zusammenfassung aller Kreditbewegungen zwischen In- und Ausland. (Finanzielle Transaktionen aufgrund von Ansprüchen oder Verbindlichkeiten von Inländern gegenüber

Ausländern oder umgekehrt, insbesondere aufgrund von Direktinvestitionen, Wertpapieranlagen, Krediten und sonstigem Kreditverkehr.) Die Bilanz des Kapitalverkehrs stellt die Zahlungszuflüsse durch Kapitalimporte ins Inland den Zahlungsabflüssen durch Kapitalexport ins Ausland gegenüber.
- Die **Devisenbilanz** ist schließlich die Zusammenfassung aller Geldbewegungen zwischen dem In- und Ausland, also der Saldo aller Teile der Zahlungsbilanz. Der Ausgleich zwischen Devisenzu- und -abflüssen ist das sog. „Außenwirtschaftliche Gleichgewicht". Aus Buchhaltungslogik ist die Zahlungsbilanz immer ausgeglichen.

Zur Beurteilung des außenwirtschaftlichen Gleichgewichts wird der Devisenbilanzsaldo zum Verhältnis des BIP = Devisenbilanzquote herangezogen:

$$\text{Devisenbilanzquote} = \frac{\text{Devisenbilanzsaldo}}{\text{Bruttoinlandsprodukt} \times 100}$$

Die Devisenbilanzquote sollte als Idealwert zwischen +0,5 % und −0,5 % liegen.

Ist die Devisenbilanzquote außerhalb dieses Zielkorridors, gilt das außenwirtschaftliche Gleichgewicht als nicht erreicht.

Die Zielsetzung des **Außenwirtschaftlichen Gleichgewichts** gilt als Vorbedingung, damit die anderen binnenwirtschaftlichen Ziele (Wachstum, Preisstabilität, Beschäftigung) störungsfrei erreicht werden können.

Außenwirtschaftliches Ungleichgewicht bedeutet, dass durch die wirtschaftlichen Beziehungen des Inlands mit dem Ausland, vom Ausland entweder „importierte Inflation", „importierte Arbeitslosigkeit", oder „importierte Wachstumsschwäche" in die eigene Binnenwirtschaft hineingetragen werden. Umgekehrt können heimische Fehlentwicklungen zur Folge haben, dass eine heimische Inflation oder heimische Beschäftigungsprobleme oder Wachstumsschwächen in das Ausland exportiert werden. Eine Wirtschaftspolitik, die die binnenwirtschaftlichen Probleme auf Kosten von Nachbarländern löst, wird als *„beggar-my-neighbour-policy"* bezeichnet. Dies führt zu entsprechenden

Abwehrreaktionen des Auslandes und zu gegebenenfalls eskalierenden Gegenmaßnahmen mit der Folge eines „Wirtschaftskrieges" oder einer „Weltwirtschaftskrise".

## 18.2 Globalisierung und Europäischer Binnenmarkt

Die modernen Kommunikationstechnologien ermöglichen es den Unternehmen und Haushalten weltweit am internationalen Austausch von Gütern und Dienstleistungen direkt teilzunehmen. Die Märkte entwickeln sich weltweit immer dynamischer:

Die nationalen und regionalen Märkte verschmelzen zu Weltmärkten, auf denen immer größere Unternehmen global agieren. Die Globalisierung verschärft den internationalen Wettbewerb und fordert weitreichende Restrukturierungen insbesondere in Großunternehmen. Dieser Prozess wird allgemein als Globalisierung bezeichnet.

Globalisierung bedeutet auch die internationale Ausweitung der Finanzmarktaktivitäten: Spekulative Übertreibungen auf den globalisierten Finanzmärkten können auch international realwirtschaftliche Probleme erzeugen. Eine globale finanzwirtschaftliche Baisse kann beispielsweise durch den Pessimismus der Anleger und der Investoren eine schwere Belastung für das Wirtschaftswachstum bringen und sogar eine Weltwirtschaftskrise hervorrufen.

Überdies ist Globalisierung ein verstärkter Zusammenschluss von Staaten zu regionalen Wirtschaftsblöcken, um ökonomische Gemeinsamkeiten auf den Weltmärkten zu nutzen. Die Staaten versuchen mit internationalen Regelungen und supranationalen Einrichtungen die Grenzen und globalen Gestaltungsfreiheiten für den internationalen Handel zu definieren. Typisch sind gegenseitige Handelsvergünstigungen oder Freihandelsabkommen, und die Errichtung von internationalen Freihandelszonen (z. B. zwischen EU und USA mit einem TTIP o. a.) und Regelungsinstitutionen.

Das Abkommen des GATT (General Agreement on Tariffs and Trade) wurde beispielsweise mit dem Ziel gegründet, nationale Handelsbeschränkungen abzubauen und Zölle zu senken. An dessen Stelle trat die Welthandelsorganisation (World Trade Organization, WTO) mit dem Ziel der Beseitigung nicht-tariflicher Barrieren und Protektion. Die Welthandelsorganisation versucht durch international verbindliche Regeln ein Maß an Gerechtigkeit zwischen ihren Mitgliedern herzustellen. Daneben versuchen der Internationale Währungsfonds (IWF) und die Weltbank und die Internationale Bank für Wiederaufbau und Entwicklung (IBRD), die Wechselkursbeziehungen zwischen den IWF-Mitgliedern zu regeln.

Die Europäische Union (EU) ist durch den Vertrag von Maastricht (1992) aus den Europäischen Gemeinschaften (EG) hervorgegangen und versucht, die Geschicke der Staatengemeinschaft der einzelnen souveränen Mitgliedsländer zu gestalten, insbesondere die gemeinsame Außen- und Sicherheitspolitik und polizeiliche und justizielle Zusammenarbeit in Strafsachen (PJZS). Der Europäische Rat, bestehend aus den Regierungs- bzw. Staatschefs, entscheidet über die Entwicklung der Union.

Der EG-Vertrag (EGV) ist als wirtschaftliche Säule der EU von besonderer Bedeutung:

Der EG-Vertrag lautet in Art. 2:

> Aufgabe der Gemeinschaft ist es, durch die Errichtung eines Gemeinsamen Marktes und einer Wirtschafts- und Währungsunion sowie durch die Durchführung der in den Artikeln 3 und 3a genannten gemeinsamen Politiken oder Maßnahmen eine harmonische und ausgewogene Entwicklung des Wirtschaftslebens innerhalb der Gemeinschaft, ein beständiges, nicht-inflationäres und umweltverträgliches Wachstum, einen hohen Grad an Konvergenz der Wirtschaftsleistungen, ein hohes Beschäftigungsniveau, ein hohes Maß an sozialem Schutz, die Hebung der Lebenshaltung und der Lebensqualität, den wirtschaftlichen und sozialen Zusammenhalt und die Solidarität zwischen den Mitgliedstaaten zu fördern.

Mit der Errichtung der Europäischen Wirtschafts- und Währungsunion und einer gemeinsamen Währung (Euro) sind die Mitgliedsländer in Europa untereinander stark verflochten und wirtschaftlich aufs engste miteinander verbunden worden. Mit der Schaffung eines einheitlichen Europäischen Binnenmarktes wurde ein großer (350 Mio. Verbraucher) und transparenter Markt innerhalb der EU gebildet. Der Europäische

## 18.2 Globalisierung und Europäischer Binnenmarkt

Binnenmarkt bildet einen einheitlichen Markt, innerhalb dessen die Wettbewerbsfähigkeit europäischer Produkte verbessert und der Wohlstand der Bevölkerung angehoben werden soll. Der Europäische Binnenmarkt bedeutet größtmögliche Freiheit eines großen Marktes für Verbraucher und Unternehmen nach gemeinsamen Grundregeln:

- **Marktgleichheit** verlangt, dass in der Gemeinschaft gleiche Wettbewerbsbedingungen herrschen. Die Angleichung der innerstaatlichen Rechtsvorschriften ist für das ordnungsgemäße Funktionieren des Gemeinsamen Marktes erforderlich (Art. 3h EG-Vertrag).
- **Wettbewerbsfreiheit** soll garantieren, dass der gemeinsame Markt vor Verfälschungen durch staatliche oder private Eingriffe geschützt wird, durch die Errichtung eines Systems, das den Wettbewerb innerhalb des Gemeinsamen Marktes vor Verfälschungen schützt (Art. 3g EG-Vertrag).
- **Marktfreiheit** beinhaltet den ungehinderten Zugang zu den Märkten der Mitgliedstaaten der EU: die Abschaffung der Zölle und Beschränkungen bei der Ein- und Ausfuhr von Gütern sowie die Beseitigung von Hindernissen für den freien Personen-, Waren-, Dienstleistungs- und Kapitalverkehr zwischen den Mitgliedstaaten der EU (Art. 3 EG-Vertrag).

Der **Europäische Binnenmarkt** beruht vor allem auf der Verwirklichung der gemeinsamen Prinzipien der vier Grundfreiheiten:

- **Freier Personenverkehr** umfasst den Wegfall von Grenzkontrollen für Personen, die Harmonisierung der Einreise-, Asyl- und Drogengesetze, die Verwirklichung der Niederlassungs- und Beschäftigungsfreiheit für EU-Bürger sowie gemeinsame Außenkontrollen an den Grenzen des EU-Gebietes.
- **Freier Warenverkehr** bedeutet den Wegfall von Grenzkontrollen für Güter, die Harmonisierung oder gegenseitige Anerkennung von Normen und Vorschriften für Güter sowie auch Steuerharmonisierung.
- **Freier Dienstleistungsverkehr** beinhaltet Informationsfreiheit und -austausch, die Liberalisierung und Harmonisierung der Forschung und Wissenschaft und die Öffnung der Medien-, Nachrichten- und Telekommunikationsmärkte.

- **Freier Kapitalverkehr** bedeutet Freizügigkeit für Geld- und Kapitalbewegungen und Finanzdienstleistungen sowie Liberalisierung des Wertpapierverkehrs innerhalb der Europäischen Union.

Mit diesen **vier Grundfreiheiten** herrscht in einem einheitlichen Markt innerhalb des EU-Gebietes für die gleichen Rahmenbedingungen eine grenzüberschreitende Arbeitsteilung bei dem Einsatz von Produktionsfaktoren zur Produktion, der Entwicklung von Produkten und deren Verkauf.

Trotzdem stehen viele nationalstaatliche Regelungen und Interessen der Mitgliedstaaten immer noch oft mit den Grundfreiheiten des gemeinsamen Binnenmarktes im Widerstreit.

## 18.3 Die internationale Wettbewerbsfähigkeit des Wirtschaftsstandorts

Immer wieder wird eine „Standortdebatte" geführt, mit dem Tenor: Deutschland würde als Wirtschaftsstandort für inländische und ausländische Unternehmen an Attraktivität (seine Standortvorteile) verlieren und dadurch an Wachstum und Beschäftigung einbüßen. Die Wettbewerbsfähigkeit des Wirtschaftsstandorts weiterzuentwickeln kommt in Deutschland – als einer ausgeprägten Exportnation eine volkswirtschaftlich zentrale Rolle zu.

Ein Standort, mit den jeweils gegebenen geografischen Rahmenbedingungen, ist für die Produktion, als Kombination der Produktionsfaktoren, wirtschaftlich von zentraler Bedeutung. Die Standortfaktoren, insbesondere die Infrastruktur, die Arbeitskosten, die Steuerbelastung und die Umweltbedingungen bestimmen darüber, in welcher Hinsicht ein Standort für Unternehmen attraktiv ist.

Im Zuge der **Globalisierung** kommt es immer häufiger vor (oder es wird behauptet), dass immer mehr **Direktinvestitionen** im Ausland vorgenommen werden, weil der eigene Wirtschaftsstandort mit seinen Standortfaktoren als ungünstig angesehen wird. Es fließt dadurch mehr Kapital, in Form von Direktinvestitionen, ins Ausland ab – als dem eigenen Land zufließt – und damit werden auch Arbeitsplätze verlagert.

## 18.3 Die internationale Wettbewerbsfähigkeit ...

Das Standard-Standortargument bezieht sich auf die Standortfaktoren für die grenzüberschreitenden Direktinvestitionen. Direktinvestitionen bezeichnen die Errichtung oder die Erweiterung von Betrieben oder Niederlassungen im Ausland, z. B. wenn ein Autokonzern dort einen Zweigbetrieb errichtet oder die Produktionskapazität eines dort bereits bestehenden Betriebes erweitert, oder umgekehrt, wenn ausländische Unternehmen das gleiche im hiesigen Inland vornehmen.

Der Wirtschaftsstandort gilt als umso „schlechter", je größer der Negativsaldo zwischen den Zu- und Abflüssen an Kapital in Form von Direktinvestitionen ist. Schneidet der Standort im internationalen Vergleich „schlecht" ab, dann könnte das den hohen Abfluss an Direktinvestitionen ins Ausland erklären. Dabei spielen auch die Wechselkurse der Währungen eine wichtige Rolle.

**Reale Wettbewerbsfähigkeit**
Ein Standortfaktor für hohe Direktinvestitionen von inländischen Unternehmen im Ausland, ist vor allem das Argument bzw. die Behauptung, dass die **Lohnkosten** im Inland zu hoch seien.

Damit nähme der Anreiz zu, (nicht nur Arbeit durch Maschinen zu substituieren, sondern auch) arbeitsintensivere Produktionen ins Ausland zu verlagern. Dass inländische Unternehmen ins Ausland gehen und damit Arbeitsplätze im Ausland schaffen, hänge auch damit zusammen, dass dort das Investitionsklima attraktiver sei. Die Löhne und Lohnnebenkosten – und die Sozialleistungen – seien im Inland so hoch und deshalb der Wirtschaftsstandort Deutschland immer unattraktiver. Hohe Löhne und hohe Sozialleistungen würden die deutschen Exporte beeinträchtigen und führten dazu, dass Unternehmen im Ausland investieren, mit der Folge von Arbeitslosigkeit im Inland.

Die Direktinvestitionen (aus der Kapitalbilanz) zwischen In- und Ausland werden dazu als Indikator für die Abschätzung der Zahl der exportierten Arbeitsplätze herangezogen. Die ins Ausland gegangenen Direktinvestitionen geteilt durch den durchschnittlichen Wert eines Arbeitsplatzes, ergeben rechnerisch die Zahl der möglicherweise exportierten Arbeitsplätze.

Dies ist aber ein verbreiteter Irrtum. Denn vor allem dürfen die Lohnkosten nicht mit den Löhnen verwechselt werden.

Die Lohnkosten ergeben sich, wenn die Bruttoeinkommen aus unselbstständiger Arbeit durch den Produktionswert dividiert werden. Diese hängen aber außer von den Löhnen besonders auch von der Arbeitsproduktivität ab. Die effektiven Lohnstückkosten ergeben sich nicht allein aus den nominellen Löhnen, sondern abzüglich der aktuellen Arbeitsproduktivität.

Die Lohnstückkosten sind folglich die effektiven Lohnkosten pro erzeugter Gütereinheit:

**VR LSK = VR Löhne − VR Produktivität**

(LSK = Lohnstückkosten, VR = Veränderungsrate)

Die Höhe und Steigerung der Arbeitsproduktivität ergibt sich in einer Volkswirtschaft durch den innovativen technischen Fortschritt u. a. und stellt deshalb für die Unternehmen eine wesentliche Kostensenkung und somit eine Einsparung dar. Das Lohnargument der Standortverlagerung offenbart sich als politische „Drohstrategie".

Wenn die Direktinvestitionen im Ausland also zugenommen haben, liegt es nicht an den Löhnen. Denn der Großteil der Direktinvestitionen erfolgt nicht in Niedriglohnländern, z. B. in Entwicklungsländern, sondern in den USA, Frankreich und im UK, obwohl die Löhne in den USA und im UK mindestens so hoch sind wie in Deutschland.

Selbst hohe Lohnkosten und Steuerbelastung konnten die Wettbewerbsfähigkeit des Standortes Deutschland nicht beeinträchtigen, wie der florierende Export und das wachsende hohe Bruttoinlandsprodukt (auch pro Kopf) zeigen. Wenn die Lohnkosten und die Steuerbelastung zu hoch wären, dann hätte Deutschland als exportorientierte Volkswirtschaft längst „Pleite" gemacht. Der deutsche Export floriert aber im Gegenteil bestens.

Wenn die Direktinvestitionen im Ausland zugenommen haben, dann sind nicht die Löhne dafür der Grund. Wenn Unternehmen im Ausland investieren, spielen vielmehr absatzpolitische Erwägungen (und andere Faktoren) eine Rolle. Ausschlaggebend für Standortverlagerungen sind nicht nur die Arbeitskosten oder Steuern, sondern vielmehr die Erschließung und Sicherung von Absatzmärkten.

Zwischen Absatz und Direktinvestitionen besteht ein Zusammenhang. Wenn der deutsche Absatz sich außerordentlich günstig entwickelt hat, spricht dies dafür, dass auch die Direktinvestitionen deutscher Unternehmen im Ausland zugenommen haben. Die Wahl eines Wirtschaftsstandortes ist zum großen Teil absatzorientiert. Es liegt nahe, die Güter dort zu produzieren, wo das Unternehmen sie auch verkaufen will, um so die Transportkosten zu senken. Je mehr ein Unternehmen Produkte im Ausland verkauft, umso mehr wird es deshalb geneigt sein, auch im Ausland direkt zu investieren.

Die **internationale Wettbewerbsfähigkeit** einer Volkswirtschaft im Zuge der Globalisierung der Märkte im Kampf um einen großen Anteil am „Reichtum der Nationen" ist bestimmt von einer Vielzahl von Standortfaktoren, also nicht nur von den „harten" Kosten.

Insbesondere die sogenannten „weichen" Standortfaktoren spielen für die internationale Wettbewerbsfähigkeit eine bedeutsame Rolle, wie Bildung, Forschung, Wissenschaft, Know-how und Transferinstitutionen u. a. Die Basis der nationalen Wettbewerbsfähigkeit liegt viel mehr in sogenannten „weichen" Standortfaktoren, die in langfristigen Prozessen von Forschung und Bildung geschaffen werden, d. h. in der Schaffung von Wissensvorsprüngen. Wettbewerb ist – national und international – vor allem Wettbewerb um Wissensvorsprünge; d. h. die internationale Wettbewerbsfähigkeit hängt vor allem von der Innovationsfähigkeit eines Landes, nämlich seiner Fähigkeit zur Entwicklung intelligenter Produkte und Produktionsverfahren, ab. Die Innovationsdynamik einer Volkswirtschaft ist ganz entscheidend bestimmt von dieser Fähigkeit, immer neue Wissensvorsprünge zu gewinnen und diese in neue oder bessere Produkte und Produktionsverfahren umzusetzen: Wissen ist Macht. (Vgl. Die Bundesregierung, Digitale Agenda 2014–2017, Berlin 2014).

Eine große Rolle im Kampf um Wissensvorsprünge – oder um Aufholung von Wissensrückständen – spielt die Spionage in Wirtschaft, Forschungsinstituten und Staat. Wissensvorsprünge aufzuholen wird auch durch Ausforschung von Konkurrenten, durch Betriebs- und Wirtschaftsspionage, mithilfe moderner Elektronik und besonders durch das Internet (Cyberspionage) versucht.

Wissensvorsprünge werden auf die Dauer aber vor allem durch den Erwerb und die Erweiterung von eigenen Kompetenzen zur Forschung und Entwicklung in Markt und Staat gewonnen.

**Monetäre Wettbewerbsfähigkeit**
Die internationale Wettbewerbsfähigkeit der europäischen Produkte und Auslandsinvestitionen gerät durch Wechselkursschwankungen (Aufwertung) des Euro, insbesondere dem Dollar gegenüber, immer wieder in Gefahr. Die Preise (Wechselkurse) für eine Währung, in einer anderen Währung ausgedrückt, bestimmen die Devisenmärkte. Für die Wettbewerbsfähigkeit haben die Wechselkurse auch besondere Bedeutung:

Die Wechselkurse bestimmen mit dem Verhältnis der Kaufkraft der Währungen den Außenhandel mit dem Im- und Export. Das Kaufkraftverhältnis der Währungen bestimmt nicht nur die Wettbewerbsfähigkeit eines Landes mit, sondern auch die Attraktivität von Geldanlagen und die Börsenspekulation in einer Währung.

Verfügt ein Land über einen deutlichen Produktivitäts- und damit Preisvorsprung, werden seine Güter im Ausland stark gefragt. Dies steigert zusätzlich auch die Nachfrage nach der Währung dieses Exportlandes und erhöht deren Wechselkurs. Dieser erhöhte Wechselkurs wirkt dämpfend auf die Güternachfrage und kompensiert wiederum den Produktivitätsvorteil.

Nach den Regeln des Marktes hängt der Kurs einer Währung vor allem von ihrer Kaufkraft ab. Steigen die Preise in einem Land weniger als in den übrigen Ländern der Welt, erhöht sich die relative Kaufkraft seiner Währung, d. h. die Währung des Landes wird wertvoller. Der Wechselkurs muss die Währung des betreffenden Landes aufwerten.

Wechselkursveränderungen können das unternehmerische Kalkül zunichte machen und damit Investitionen und Arbeitsplätze gefährden. Stabile Währungsbeziehungen sind für Unternehmen von Bedeutung.

Die Wechselkursentwicklung zwischen den wichtigen internationalen Währungen spiegelt die unterschiedliche wirtschaftliche Situation in den betreffenden Ländern wider.

Eine einheitliche Währung, wie der Euro, bedeutet für die Unternehmen und Verbraucher zuverlässige Kalkulationsgrundlagen und

## 18.3 Die internationale Wettbewerbsfähigkeit ...

Planungssicherheit bei Außenhandelsgeschäften und Auslandsinvestitionen. Unternehmen und Verbraucher brauchen bei einer einheitlichen Währung keine Kursverluste zu befürchten. Denn im gemeinsamen Wirtschafts- und Währungsraum sind keine wettbewerbsverzerrenden Schwankungen bei den Wechselkursen zu befürchten.

Der Wechselkurs ist der Preis, der in inländischer Währung (Euro) für ausländische Zahlungsmittel (US-Dollar oder andere Devisen) gezahlt wird. Er gibt die Währungsrelation zwischen zwei oder mehreren Währungen an. Der Wechselkurs von 1,25 €/$ gibt an, dass ein Dollar 1,25 EUR kostet.

In einem System flexibler Wechselkurse schwanken die Wechselkurse je nach Angebot und Nachfrage auf den Devisenmärkten (Börse). In einem System fester Wechselkurse werden die Kurse durch zwischenstaatliche Vereinbarungen festgeschrieben.

Die amtliche Kursfeststellung erfolgt an der Devisenbörse der jeweiligen Auslandswährungen in einer sogenannten Preisnotierung, z. B. 1,15 EUR für einen 1 US$. Die Mengennotierung gibt an, welcher Betrag der Auslandswährung für eine bestimmte Menge an Inlandswährung (Euro) zu zahlen ist (z. B. 0,80 US$ für 1 EUR).

Der Wechselkurs wird in hohem Maße durch die Kapitalströme beeinflusst. Diese werden bestimmt durch Zinsdifferenzen zwischen In- und Ausland, Wachstumserwartungen im In- und Ausland etc., insbesondere:

- Zinsunterschiede (niedrige oder höhere Zinsen in einem anderen Land),
- Inflationsraten (besteht in einem Land eine hohe Preissteigerungsrate, entsteht die Gefahr der Kapitalflucht durch die Unternehmen und Haushalte),
- Handelsverkehr (durch hohe Exporte oder Importe) sowie
- Währungsspekulationen (Misstrauen in eine Währung).

Besteht eine Zinsdifferenz, beispielsweise wenn die Zinsen in den USA höher sind als im Euroland, dann hat dies direkte Folgen auf den Kapitalverkehr zwischen dem Euro-Raum und den USA: es bewirkt nämlich einen Kapitalabfluss (Kapitalexport) aus dem Euro-Raum in die USA (oder umgekehrt) – und ändert damit auch die Wechselkursentwicklung zwischen den beiden Währungen. Niedrigere Zinsen im Euroland und höhere Zinsen in den USA führen zu Kapitalexport in die USA und zu einem steigenden Angebot an Euros, sodass der Außenwert des Euros sinkt und abgewertet wird. Dies führt zugleich durch die dadurch bedingte erhöhte Nachfrage nach Dollars zu einer Aufwertung des Dollars. In der weiteren Folge werden Ausländer zunehmend mehr im Euro-Raum kaufen und investieren, weil die Exportgüter des Eurolands durch die Abwertung für das Ausland billiger werden.

Ein steigender Wechselkurs bedeutet eine Aufwertung des Euros (und umgekehrt eine Abwertung der ausländischen Währung). Wertet sich eine Währung auf und lässt erwarten, dass sie auch in Zukunft das „Hartwährungsland" aufgrund niedriger Inflationsraten durch geringe Lohn- und Preisentwicklung bleiben wird, wird diese Währung noch weiter aufgewertet und wird zu einer begehrten Geldanlage.

Die Währung eines „Stabilitätslandes" ist gefragt, weil erwartet wird, dass sie sich weiter aufwertet. Geldanleger und Devisenhändler rechnen mit Kursgewinnen, wenn sie die stabile, „harte" Währung kaufen. Die Nachfrage nach der harten Währung verstärkt den Kursanstieg, ein Selbstverstärkungsprozess setzt ein. Der Kursanstieg, der die Erwartung weiterer Kurssteigerungen auslöst, erhöht die Nachfrage nach der Währung und diese treibt den Kurs hoch und weckt weitere Aufwertungserwartungen, was die Nachfrage nach der Währung erneut verstärkt.

Die **Aufwertung** erhöht den Außenwert der Währung. Mit einer Aufwertung der Währung werden die Produkte und Dienstleistungen für ausländische Abnehmer teurer. Die Wettbewerbsposition des Landes verschlechtert sich – es gibt sinkende Exporte und steigende Importe.

Eine Aufwertung verschlechtert die internationale Wettbewerbsfähigkeit des „Hartwährungslandes", die ausländischen Verbraucher ziehen es vor, im eigenen Land zu kaufen. Eine Aufwertung verteuert die Ausfuhren, sodass im Ausland weniger Exportgüter gefragt werden, die Ausfuhren also sinken. Gleichzeitig werden die Importgüter billiger, sodass die Einfuhren steigen. Denn die Einfuhrgüter des aufwertenden Landes (in inländischer Währung gerechnet) werden billiger.

Wechselkursveränderungen bedeuten eine Verunsicherung der Wirtschaftssubjekte. Beispielsweise können „hohe" Wechselkurse des Euros

## 18.3 Die internationale Wettbewerbsfähigkeit ...

die internationale Wettbewerbsfähigkeit der europäischen exportorientierten Branchen und ihrer Produkte beeinträchtigen – mit allen Folgen für das Wirtschaftswachstum und den Arbeitsmarkt. Eine größere Divergenz der Wechselkursentwicklung zwischen Euro und US-Dollar kann auch zu einer divergenten Konjunkturentwicklung führen, während eine Wechselkursstabilität zwischen Euro und US-Dollar zu einer Konjunkturparallelität zwischen dem Euro-Raum und den USA beitragen kann.

Ein sinkender Wechselkurs (des Euros) bedeutet eine **Abwertung** (= eine Aufwertung der ausländischen Währung, z. B. des US-Dollars). Eine Abwertung ist die Verringerung des Außenwertes einer Währung (des Euros) durch Senkung des Wechselkurses. Ein „niedriger" Eurokurs verteuert die Einfuhren und treibt damit die Inflation an. Die Ausfuhren (in inländischer Währung gerechnet) werden dagegen teurer.

Eine Abwertung führt zur Verbesserung der internationalen Wettbewerbsfähigkeit.

Eine Abwertung bildet sich aus Überschuss an Angebot gegenüber Nachfrage nach einer Währung und ist ein Vorteil in der internationalen Wettbewerbsposition. Die Abwertung einer Währung reduziert die Exportpreise in ausländischer Währung, sodass die Exportnachfrage steigen wird. Wenn z. B. der Dollarkurs des Euros von 1,30 auf 1,14 fällt, so heißt das, dass die Amerikaner, z. B. auch die amerikanischen Importeure (und Europareisenden) weniger für einen Euro aufwenden müssen. Die Importe aus dem Euro-Raum (und die Europareisen) werden mithin günstiger.

Sind die Produktionskapazitäten im Inland nicht voll ausgelastet, wird sich durch die gestiegene Exportnachfrage die Produktion und Beschäftigung erhöhen.

Eine Abwertung hat aber auch Nachteile. Es tritt ein Vertrauensverlust in die Stabilität der Währung ein, sodass das Land höhere Zinsen anbieten muss, um Kapitalexport zu verhindern. Hohe Zinsen wirken schließlich negativ auf die Investitionsnachfrage und auf Produktion und Beschäftigung. Andererseits werden die Importpreise steigen, sodass die Nachfrage nach inländischen Importgütern steigt. Aus der Abwertung folgt eine Verschlechterung der „Terms of Trade", die zu einer Wohlfahrtsverschlechterung im Inland führt.

Das Verhältnis der Ausfuhrpreise zu den Einfuhrpreisen wird als „Terms of Trade" oder auch als Realtauschverhältnis bezeichnet. Steigen z. B. die Einfuhrpreise stärker, als die Ausfuhrpreise, verschlechtern sich die „Terms of Trade" für ein Land.

Eine Abwertung würde von den „Konkurrenzländern" erhebliche Gegenreaktionen provozieren.

Mit der Außenwirtschaftspolitik wird versucht, die internationalen Wirtschaftsbeziehungen so zu gestalten, dass der Außenhandel und der grenzüberschreitende Geld- und Kapitalverkehr (einschließlich der Direktinvestitionen) das Ziel des außenwirtschaftlichen Gleichgewichts möglichst erreicht. Mithilfe außenhandelspolitischer Instrumente wird versucht, die Wechselkurse so zu beeinflussen, um, durch eine Verteuerung oder Verbilligung der Exporte bzw. Importe je nach Situation, auf die Export- und Importnachfrage im Hinblick auf die Ziele der Wirtschaftspolitik einzuwirken.

Bei einer Abwertungstendenz käme beispielsweise eine Aufwertung der Euro-Währung in Betracht (z. B. Aufwertung gegenüber anderen Währungen). Durch eine Abwertung würde die Exportnachfrage gedämpft und die Importnachfrage angeregt. Allerdings ist seitens der Exportwirtschaft und seitens jener Branchen, die durch die Importkonkurrenz bedroht sind, mit Widerständen zu rechnen. In dieselbe Richtung zielt auch der Abbau von Importhemmnissen.

Die Möglichkeiten, die europäischen „Außenbeiträge" wirkungsvoll zu beeinflussen, sind insofern beschränkt. Der Wechselkurs des Euros kann der EZB bei ihrer Stabilitäts- und Zinspolitik also nicht gleichgültig sein, auch wenn er nicht explizit zu den Zielen gehört.

In einem System flexibler Wechselkurse besteht die Möglichkeit zu einer binnenwirtschaftlich ausgerichteten Geldpolitik, z. B. durch Wechselkursbewegungen entstehende Verteuerungen oder Verbilligungen von Importen und Exporten zu beeinflussen.

Der Europäischen Zentralbank bleibt nur, mittels ihrer Instrumente der Geldpolitik einen „optimalen" Wechselkurs des Euros *„step by step"* in einem „Balanceakt" zwischen Aufwertung und Abwertung für das Euroland in der jeweiligen Situation zu suchen, mit anderen Worten: die Interessen an einem vorteilhaften Export und die Interessen an einem vorteilhaften Import auszutarieren.

Die verantwortlichen EZB-Akteure haben also die Möglichkeit, sich in den jeweiligen wirtschaftlichen Situationen durch vorsichtig dosierte Instrumente der Geld- und Wechselkurspolitik dem optimalen Wechselkurs durch „Versuch und Irrtum" anzunähern.

## 18.4 Fallstricke des internationalen Handels

Der internationale Handel ist eine sensible störanfällige Angelegenheit: Die größten Fallstricke für den internationalen Handel sind wohl vor allem die Unwägbarkeiten der politischen Entwicklung. Diese ist noch kontingenter, als die wirtschaftliche. Internationale politische Konflikte sind jederzeit möglich und können den internationalen Handel so schwer beeinträchtigen, dass sie sich auf Wachstum und Beschäftigung auswirken. Dies umso mehr, wenn eine Volkswirtschaft, wie z. B. die deutsche, außerordentlich stark vom florierenden Außenhandel abhängt. So ist Deutschland in seiner Güterversorgung zu rund 35 % von Importen (insbesondere von strategischen Gütern wie Energie) abhängig. Um diese finanzieren zu können, muss Deutschland dies durch den Export (mit gut über 35 % Exporten) im internationalen Handel verdienen.

Der internationale Handel ist auf die kurze bis mittelfristige Zeit ein Nullsummenspiel: was die eine Nation im Export gewinnt, verliert die andere. Internationale Wettbewerbsfähigkeit ist in Zeiten der Globalisierung deshalb eine Bedingung zur Anteilnahme am „Wohlstand der Nationen".

Zumindest auf lange Sicht ist die erfolgreichste Wettbewerbsstrategie einer Volkswirtschaft, nachhaltige „Wissensvorsprünge" durch Forschung, Wissenschaft und Bildung zu gewinnen und die Kreativität und Produktivität in Markt und Staat zu steigern. Internationale Wettbewerbsfähigkeit durch komparative Vorteile besteht immer weniger in „harten" materiellen Wettbewerbsvorteilen, wie in einer günstigeren Ausstattung an natürlichen Ressourcen (Rohstoffe, Klima etc.), sondern vielmehr in Vorsprüngen bei „weichen" Wettbewerbsfaktoren, wie Bildung, Forschung und Wissenschaft. Deren

Produktivitätsvoraussetzungen in der Wissenschaft liegen vor allem in der Gewährleistung der politischen, persönlichen und wirtschaftlichen Freiheitsrechte in Markt und Staat (siehe Kap. 5: Gesellschaftliche Rahmenbedingungen der Volkswirtschaft). „Wissensvorsprünge" gedeihen am besten in einem gesellschaftlichen Klima der Freiheit und einer Fehlerkultur, die „Versuch und Irrtum" erlaubt.

Gesellschaften, in denen diese Freiheitsrechte gewährleistet wurden, waren und sind wissenschaftlich, technisch, wirtschaftlich und künstlerisch sehr produktiv, während solche Gesellschaften, in denen die Freiheitsrechte eingeschränkt oder nicht selbstverständlich sind, aus eigenen Mitteln unproduktiv stagnieren. Ein Beispiel in der Wirtschaftsgeschichte sind totalitäre, freiheitsunterdrückende Gesellschaften, die nur durch erheblichen Spionageaufwand oder Einkauf des Know-hows wissenschaftliche Erkenntnisse gewinnen, um damit ein Geringes an Produkt- und Verfahrensinnovationen zu erreichen, ohne den Preis der Freiheit zu bezahlen. Die Freiheit ist ständig in Gefahr.

Freiheit ist eine zentrale Produktivkraft in der Volkswirtschaft.

## Quellen und weiterführende Literatur

Koch, Eckart, Internationale Wirtschaftsbeziehungen, 3. Aufl., München 2006

Krugman, Paul R. / Obstfeld, Maurice, Internationale Wirtschaft. Theorie und Politik der Außenwirtschaft, 7. Aufl., München 2006

Krugman, Paul, Der Mythos vom globalen Wirtschaftskrieg, Frankfurt/M. 1999; daraus: Kap I, S. 21–42 und Kap II, S. 53–67

Martin, Hans-Peter / Schumann, Harald, Die Globalisierungsfalle. Der Angriff auf Demokratie und Wohlstand, Wien 1997

Matschke, Xenia / Tripathi, Gautam, Das Ricardische Außenhandels-Modell bei einem Kontinuum von Gütern, in: Das Wirtschaftsstudium (WISU), Jg. 28., H. 6/1999, S. 871–878

Porter, Michael E., Nationale Wettbewerbsvorteile. Erfolgreich konkurrieren auf dem Weltmarkt, München 1991 (engl., The Competitive Advantages of Nations, New York 1998)

Porter, Michael E., Wettbewerbsstrategie. Methoden zur Analyse von Branchen und Konkurrenten, Frankfurt/M. 2008, S. 36

Ricardo, David, Über die Grundsätze der politischen Ökonomie und der Besteuerung (engl., Principles of Political Economy and Taxation, 1817), München 2006

Rose, Klaus / Sauernheimer, Karlhans, Theorie der Außenwirtschaft, 14. Aufl., München 2006

Siebert, Horst, Außenwirtschaft, 6. Aufl., Stuttgart 1994

Simons, Rolf / Westermann, Klaus, Industriestandort Deutschland. Zur Wettbewerbsfähigkeit der deutschen Wirtschaft, Marburg 1994

Stiglitz, J., Im freien Fall. Vom Versagen der Märkte zur Neuordnung der Weltwirtschaft, München 2010

# 19
# „Stückwerkstechnik" – Die Logik von „Versuch und Irrtum"

„Wir wissen nicht, wir raten nur."

© IMAGNO/Votava/INTERFOTO
*Karl Raimund Popper (1902–1992)*

*Man weiß nie.*
Der kleine Prinz, Antoine de Saint-Exupéry

## 19.1 Planungsschritte der Wirtschaftslenkung

Die staatlichen Akteure, wie Regierungen, die Zentralbank oder die EU-Kommission, haben mit der Steuerung von hochkomplexen Systemen, den „Volkswirtschaften", eine außerordentlich komplexe Aufgabe – trotz Unterstützung durch Wirtschaftsinstitute, den Sachverständigenrat (SVR), das Statistische Bundesamt. Jeder Akteur einer staatlichen Institution, oder ein privater Akteur, sieht sich immer wieder mit einer wirtschaftlichen Situation konfrontiert, in der „etwas" nicht so ist, wie es sein sollte – wenn sich die Volkswirtschaft beispielsweise in einer deflationären oder inflationären Entwicklung befindet. Der staatliche Akteur steht dann unter einem situativen Problemdruck: In der Wirtschaftspolitik bedarf es zunächst der Feststellung der **Zielverfehlungen** und der Bestimmung der Zielprioritäten, die angestrebt werden sollen.

In den weiteren Schritten sind die **Kausalzusammenhänge** und eine erste Diagnose eines oder mehrerer Probleme zu definieren. Der wirtschaftliche Akteur hat vielleicht auch schon Vermutungen darüber, welche Ursachen für die unbefriedigende Situation verantwortlich sein mögen und stellt auch eine erste **Prognose für die weitere Entwicklung** an – für den Fall, dass nichts getan würde. Er konstatiert, dass Handlungsbedarf besteht und wählt wirtschaftspolitische **Handlungsoptionen** (Instrumente) aus.

Dies führt zu der Überlegung, welche bestimmten Maßnahmen oder Instrumente zur Verfügung stehen und welche dieser Optionen die unbefriedigende Situation in eine befriedigende verändern könnte. Der Akteur muss also über eine Wahl eine Entscheidung über die geeignetsten Maßnahmen treffen. Schließlich sind **Erfolgskontrollen** durch administrative Instanzen vorzusehen um gegebenenfalls einzelne Planungselemente zu revidieren. Wirtschaftspolitik ist also eine komplexe Aufgabe, zu deren Bewältigung mehrere Schritte nötig sind:

- Zielprioritäten bestimmen,
- Kausalzusammenhänge auffinden,
- Entwicklungstendenzen einschätzen,

- Handlungsoptionen wählen,
- Erfolgskontrollen bestimmen.

Die Bewältigung wirtschaftlicher Problemlagen ist wegen ihrer Komplexität eine schwierig zu lösende Aufgabe, und noch viel schwieriger ist es, den hochkomplexen Prozess und die Struktur des Systems der Volkswirtschaft zu steuern.

## 19.2 Die wirtschaftliche Entwicklung ist kontingent

Wirtschaftliche Entscheidungen von Unternehmen, Haushalten und wirtschaftspolitische Entscheidungen des Staates reichen mit ihren Erwartungen, dem Wandel, den Fortschritten des Wissens etc. immer in die Zukunft. Ein Faktor, der von den Wirtschaftsakteuren leicht unterschätzt wird, ist der Anteil der Zukunftserwartungen der Wirtschaftssubjekte an den wirtschaftlichen Entwicklungen – und an einer Problemlage.

Die Zukunft ist umso unvorhersehbarer, je weiter eine Entscheidung der Wirtschaftspolitik in die Zukunft reicht. Grund sind der gesellschaftliche Wandel und der technische Fortschritt. Das Tempo gesellschaftlicher und technischer Veränderungen macht die Zukunft immer unüberschaubarer und weniger vorhersehbar. Staat, Haushalte und Unternehmen sehen oft einer eher ungewissen Zukunft entgegen. Soziale, politische und wirtschaftliche Entwicklungen sind nur begrenzt prognostizierbar. *„Prognosen sind schwierig – besonders, wenn sie die Zukunft betreffen,"* lautet ein bekanntes Bonmot. Ereignisse, die selten vorkommen, lassen sich gar nicht prognostizieren.

Die Wirtschaftsakteure haben es nicht nur mit der Zukunftsoffenheit und der Stückwerks-Erkenntnis der Volkswirtschaftslehre, sondern darüber hinaus auch noch mit der Kontingenz der wirtschaftlichen Entwicklung zu tun.

„Kontingenz" bezeichnet im Lateinischen: das Unvorhersehbare, die Zufälligkeit, die Nichtnotwendigkeit, das Auch-anders-sein-Können, etwas, das nicht ableitbar ist und etwas völlig Neues enthält. Kontingent ist etwas, bei dem die Dinge so sind wie sie sind, aber auch anders sein können, nicht das Mögliche überhaupt, sondern das, was auch ganz anders ausfallen kann, als erwartet, was wider Erwarten da ist.

Kontingent ist also, was weder notwendig noch unmöglich ist; was eben so, wie es ist, auch anders sein kann, auch ganz anders möglich sein kann, mit anderen Worten: die Möglichkeit des Nicht-Notwendigen und Nicht-Unmöglichen oder die „Negation von Notwendigkeit und Unmöglichkeit", d. h., es kann eintreten, muss aber nicht.

Das Kontingente bedeutet, dass das Geschehen der wirtschaftlichen Entwicklung auch anders ausfallen kann oder durchaus auch vorher Unvorstellbares wider Erwarten erreichbar werden kann. Kontingenz bedeutet deshalb die Notwendigkeit des Sicheinlassens auf Risiken und auf Enttäuschungsgefahr, oder auch auf völlig neue Entwicklungen aus Politik, Wissenschaft oder Technik, oder womöglich auf das Eintreffen unmöglicher „Wunder". Kontingenz ist das schlechterdings nicht Prognostizierbare, das Unverfügbare, das sich der Planung Entziehende, was letztlich der offenen „Zukunft" unterliegt (vgl. Makropoulos 1997, Luhmann 1987a, S. 31, Luhmann 1987b, S. 152 sowie Krause 2005, S. 181).

Das Kontingente steht hinter dem ursächlich Notwendigen zurück, weil es in der Zukunft nicht vorhersagbar ist und nicht auf kausale Gesetze zurückgeführt werden kann und die „Nicht-Berechenbarkeit" bedeutet. Es ist mit dem Zufall eng verwandt. Die Wirklichkeit der Entwicklung einer Volkswirtschaft unterliegt – wie alles Leben – immer auch dem Phänomen der Kontingenz, d. h. sie beinhaltet die prinzipielle Offenheit zeitlicher Entwicklungen, eine Offenheit für das Unbestimmte und Mögliche der Welt (vgl. Toens und Willems 2012, S. 296), mit anderen Worten: das Unvorhersehbare in der wirtschaftlichen Entwicklung, wie z. B. die deutsche Wiedervereinigung, politische Ereignisse, Kriege, Revolutionen, Naturkatastrophen, Klimakatastrophen, Bevölkerungsentwicklungen, Entdeckungen, wissenschaftlich-technische Innovationen und/oder dynamische Persönlichkeiten usw., Kontingenz ist „die Unzuverlässigkeit der Welt".

Die Entwicklung einer Volkswirtschaft und der Weltwirtschaft ist immer von Ungewissheit bestimmt, und unvorhersehbare und „Schock"-artige Ereignisse sind jederzeit möglich. Kontingenz bedeutet für die Akteure aus Markt und Staat und besonders aus der Wirtschaftspolitik, dass alles Wirtschaften und alle Politik durch Fehler und Irrtum, Nichtwissen und Zufall immer von Risiken und Enttäuschungsgefahren begleitet ist.

## 19.2 Die wirtschaftliche Entwicklung ist kontingent

Mit der Metapher „schwarzer Schwan" bezeichnet der Philosoph Nassim Taleb Ereignisse, die sehr selten vorkommen, unvorhersehbar sind und große Auswirkungen zeitigen und in der Rückschau kaum plausibel sind. Das Unvorhersehbare ist definitionsgemäß nicht verfügbar. Das Unvorhersehbare, das Unbestimmte, Zufallsereignisse spielen in einer Volkswirtschaft und in der Welt überraschend eine oft große Rolle mit oft großen Folgen. Nassim Taleb beschreibt die Unmöglichkeit, aus Vergangenem Schlüsse für die Zukunft abzuleiten: In der westlichen Welt waren alle Schwäne weiß, bis mit der Entdeckung Australiens schwarze Schwäne gefunden wurden. Und vorbei war es mit der bis dato gesicherten Erkenntnis. Die Metapher des schwarzen Schwans besagt, dass die Welt jederzeit von Ereignissen zerstörerischer Gewalt in einen Strudel gezogen werden kann – das hat beispielsweise die Finanzkrise mit drastischer Deutlichkeit gezeigt. Da es immer wieder „schwarze Schwäne" geben kann, kann die Situation durch ein unvorhergesehenes Ereignis radikal geändert werden.

In der jüngeren Geschichte lassen sich dazu beispielsweise Ereignisse wie der 11. September 2001, die Finanz- und Wirtschaftskrise in der Folge von Bankenpleiten oder die Wiedervereinigung Deutschlands zählen, aber auch die Energiewende in Deutschland. In Deutschland trat ein „schwarzer Schwan" im Bereich der Energiepolitik auf: Nachdem die Laufzeiten für Kernkraftwerke gerade erst verlängert worden waren, verkündete die Bundesregierung, aufgrund der katastrophalen Folgen eines Tsunami bedingten japanischen AKW-Gaus, „plötzlich" den radikalsten Ausstieg aus der Atomenergie, der vordem kaum vorstellbar war.

Die traditionelle Volkswirtschaftslehre mit dem mathematisch-rationalen Denken in Kausal- und Ziel-Mittel-Zusammenhängen kann die gleichsam unberechenbare **Kontingenz** in der wirtschaftlichen Entwicklung schwer in die Theorie der Ökonomie integrieren. Das Kontingente, was weder notwendig noch unmöglich ist und aus unverfügbaren, unvorhergesehenen Ereignissen besteht, hat in der Ökonomie-Theorie keinen Platz: Die Vorstellung der Wirtschaftstheorie ist, alles Wirtschaftliche sei unter der Herrschaft des Kausalitätsparadigmas und durch Ursache-Wirkungs-Beziehungen miteinander verbunden. Wirtschaftliche Phänomene und Geschehnisse und die

Wirtschaftsakteure seien in einem kausalen Netz eingeschlossen. Das schlechterdings nicht Kausale, nicht Gesetzmäßige und nicht Prognostizierbare wird in die Erkenntnisse und Modelle der Ökonomie gar nicht erst eingelassen. Die Kontingenz, das Unvorhersehbare, das Ungewisse und Unverfügbare in den Zukunftsentwicklungen wird in ihrer Bedeutung unterschätzt, kann aber jederzeit eintreten und ist in der Handlungsorientierung der Wirtschaftspolitik schwer zu bewältigen. Der Versuch, alle Risiken der Kontingenz aber zu vermeiden, führt oft nur zu neuen Fehlern und Irrtümern.

Angesichts der Kontingenz und der menschlichen beschränkten Intelligenz im Umgang mit Ungewissheit und Unsicherheit über die zukünftige wirtschaftliche Entwicklung haben auch die staatlichen Akteure diese nur begrenzt in der Hand. Das bedeutet, dass für die staatlichen Akteure der Wirtschaftspolitik, trotz aller Vorsorge, Voraussicht und Vorhersage, die Problemlösungen nicht in der möglichst theoretischen Raffinesse liegen, sondern eher in einer methodischen Vorgehensweise – Modus Operandi –, die möglichst „antifragil" ist. Antifragil (Nassim N. Taleb) bedeutet in diesem Zusammenhang, dass die Wirtschaftspolitik situationsgerecht robust, flexibel, elastisch und lernfähig ist. Der Steuerungserfolg komplexer Systeme, wie das einer Volkswirtschaft, wird aber vor allem durch die situativen Bestimmungsfaktoren (Kontingenzfaktoren) bestimmt. Eine situationsgerechte Wirtschaftspolitik, die die **Kontingenz** in ihren Entscheidungen einbezieht, ist deshalb am ehesten antifragil.

Eine geschichtsvergessene Ökonomietheorie, die Wirtschaftstheorie und wirtschaftliche Wirklichkeit verwechselt, führt zum Desaster in der praktischen Wirtschaftspolitik (vgl. Derman 2013).

Antifragil ist eine situationsgerechte Wirtschaftspolitik, die nach der Stückwerkstechnik von „Versuch und Irrtum" vorgeht.

Die Geschichte der Wirtschaftspolitik zeigt, dass ein Modus Operandi dann in der Praxis erfolgreich und auch „antifragil" ist, wenn er nach einer pragmatischen Methode der situationsgerechten Stückwerkstechnik von „Versuch und Irrtum" vorgeht, da er bei jedem Schritt seiner Analysen und Planungen ein Maximum an Informationen für seine Recherchen einbeziehen wird.

## 19.3 Mathematische Modelle als Werkzeug der Wirtschaftspolitik

Alles Handeln ist theoriegeleitet, auch wirtschaftliches oder wirtschaftspolitisches Handeln, so auch das einer Regierung oder der Zentralbank. Eine brauchbare Theorie gibt dem Handeln einen Algorithmus vor, wie ein Computer, nach dem er die ihm gegebenen Informationen (Daten) zu einer Entscheidung verarbeitet. Ohne eine brauchbare Theorie, wie die Informationen zu verarbeiten sind, geht es nicht.

Die Volkswirtschaftslehre betrachtet die Wirtschaft vorzugsweise als ein rationales System, das sich durch formale Mathematik in der ökonomischen Theorie darstellen lässt. Unverkennbar hat die Volkswirtschaft auch quantitative Aspekte, die sich mithilfe mathematischer Formalismen und Formeln beschreiben lassen. Der Aufwand an mathematischem Formalismus verhält sich aber umgekehrt proportional zu ihrem Anwendungsnutzen. Anderen erscheint die Wirklichkeit der Volkswirtschaft als ein großes Spiel – beispielsweise wie ein Schachspiel – mit vielen Mitspielern, die auf ihre je eigenen Weisen ihre wirtschaftlichen Interessen verfolgen. „Wirtschaften" ist dann ein sozialer Prozess, der sich zwischen vielen Menschen abspielt.

Die Volkswirtschaftslehre basiert darauf, „eine hypothetische Welt außerhalb der Wirklichkeit anzunehmen, als ob sie die Welt der Wirklichkeit wäre" (Keynes 1983, S. 161). In den traditionellen Lehrbüchern der Volkswirtschaftslehre wird die Volkswirtschaft vorherrschend wie eine große **mechanische Maschine** beschrieben und erklärt. Die Volkswirtschaft ist aber keine Maschinerie, sondern ein sozialer Raum, in dem Entscheidungen von Individuen und Gruppen in der Verantwortung für das eigene Tun getroffen werden. Im Gegensatz zu den naturwissenschaftlichen Gesetzen kann in der Wirtschaftstheorie allenfalls von **„Gesetzmäßigkeiten"** oder „Quasi-Gesetzen" gesprochen werden. Die Wirtschaftswissenschaft arbeitet in Form von Gesetzmäßigkeiten. Die Wirtschaftstheorie versucht Voraussagen über wirtschaftliche Ereignisse möglich zu machen, indem sie aus Beobachtungen der Vergangenheit gewisse Regelmäßigkeiten von Ursache–Wirkungs-Zusammenhängen, Gesetze oder Gesetzmäßigkeiten ableitet. Deshalb ist die höchste Form der Theorie in der Volkswirtschaftslehre das mathematische Modell. Die traditionelle Volkswirtschaftslehre argumentiert deshalb vorzugsweise mit mathematisch formalisierten Modellen, mit eleganten Formeln und Kurven, samt Prämissen und Axiomen, wie z. B. vollständiger Information und Rationalität der Wirtschaftsakteure. Die Modelle der Volkswirtschaftslehre „verbergen" allerdings im unausgesprochenen „Kleingedruckten" Unterstellungen und Dogmen über die Motive (Egoismus) und das Verhalten (Rationalität) der Menschen als Wirtschaftsakteure, beispielsweise als Haushalte oder Unternehmen. Die Modelle der volkswirtschaftlichen Theorie enthalten deshalb oft artifizielle Prämissen (z. B. Rationalität) und sind von der wirtschaftlichen Realität weit entfernt. Sie haben wohl heuristischen Wert und sind nicht zwingend. Die Wirtschaft ist zu komplex, als dass sie in einem allumfassenden Modell abgebildet werden könnte, es können im Modell nur approximativ Realitätsausschnitte wiedergegeben werden. Wegen seiner (relativ) einfachen Struktur lassen sich aus einem Modell nur begrenzte Konsequenzen folgern.

Die Volkswirtschaftslehre arbeitet insofern mit einer tautologischen Methode: ihre ökonomischen Aussagen werden aus den Axiomen und der Logik ihrer Modell-Welt heraus gefolgert und bewiesen. Die auf ihren Modellen gegründeten ökonomischen Aussagen werden als Ergebnis wissenschaftlichen Kalküls dargestellt, die aber mit den Annahmen und Voraussetzungen ihrer Modelle schon vorgegeben sind, nach dem Prinzip: „Die Armut folgt aus dem Mangel an Geld," oder „Wenn die Unternehmensgewinne steigen, dann steigen (c. p. bei Konstanz aller anderen Faktoren) die Aktienkurse" – mit anderen Worten nach dem Zirkelschluss: „Wenn a und b der Fall war, dann folgt daraus, dass auch a und b der Fall sein wird."

Die **Modelle** mit ihrem mathematischen Formalismus, den komplizierten Formeln, Gleichgewichtskurven und Schnittpunkten, lenken ab von den daraus geschlossenen scheinexakten Berechnungen sowie den im weiteren gefolgerten ökonomischen Trugschlüssen.

Die Volkswirtschaftslehre verwendet Modelle deshalb nicht nur, weil die wirtschaftlichen Zusammenhänge so kompliziert sind, sondern weil aus der Logik dieser konstruierten Modelle viele Behauptungen und

## 19.3 Mathematische Modelle als Werkzeug der Wirtschaftspolitik

„Wunsch-Berechnungen" hergeleitet werden können, die bestimmten Interessen besser dienen können. Mit anderen Worten: volkswirtschaftliche Modelle können zuletzt der Wirtschaftspolitik dienen, um ihre Maßnahmen zu rechtfertigen.

Deshalb ist es nicht überraschend, dass die ökonomischen Modelle in der aktuellen Finanzkrise zur Erklärung und Voraussage völlig versagt haben. Es existiert eben auch kaum ein Modell, das die Märkte wirklich korrekt beschreibt. Es ist auch kaum möglich, eine mathematische Gleichung zu formulieren, die die Motive und das Verhalten der Investoren oder Konsumenten in Gänze zu erfassen vermag. Fast alle ökonometrischen Modelle bauen aber auf der Annahme von sogenannten effizienten Märkten auf, die aber die unrealistische Annahme unterstellen, dass Investoren oder Konsumenten rational handeln.

Wenn aber z. B. viele Marktteilnehmer plötzlich in dieselbe Richtung laufen, versagen die exakten Modelle. Einige Zentimeter lange mathematische Gleichungen können die verzwickten Verhältnisse von Menschen und Märkten nicht realistisch wiedergeben. Die reale Welt der Wirtschaft ist zu komplex und sie ist kontingent.

Trotzdem ist es sinnvoll, ökonomische Modelle zu konstruieren. Ökonomische Modelle dienen Wirtschaftspolitikern zur heuristischen Analyse, um zum einen sich der wirtschaftlichen Wirklichkeit anzunähern und zum anderen sogar Prognosen zukünftiger Entwicklungen abzuschätzen sowie zur Entscheidungshilfe oder um wirtschaftspolitische Strategien zu formulieren.

So versucht die Wirtschaftstheorie auch ein mathematisch-statistisches umfassendes Mega-Modell von der Ganzheit der Wirklichkeit der Wirtschaft zu konstruieren, wie insbesondere die **DSGE-Modelle** – Dynamic Stochastic General Equilibrium. (Die theoretischen Grundlagen der DSGE-Modelle sind insbesondere dargestellt in Smets-Wouters 2003):

- **D („Dynamic")** bedeutet, zu versuchen das zukünftige wirtschaftliche Geschehen zu antizipieren und das menschliche Verhalten mit seinen Erwartungen sowie die wirtschaftliche Zukunft zu beeinflussen, auch wenn die Menschen nicht voll rational sind oder Informationsbeschränkungen unterworfen sind.

- Das **S** („**Stochastic**") bedeutet, dass die Wirtschaftssubjekte die Zukunft nicht kennen, und ihre Erwartungen und Risiken oder Unsicherheiten in wirtschaftlichen Entscheidungen berücksichtigt werden.
- Das **GE** („**General Equilibrium**") steht für allgemeines Gleichgewicht, mit den Interdependenzen zwischen den einzelnen Märkten.

DSGE-Modelle versuchen, die wirtschaftliche Realität mit den Märkten, dem Verhalten der Wirtschaftssubjekte sowie den gesamtwirtschaftlichen Größen u. a., zu modellieren und abzubilden und dienen zur Analyse und Prognose der wirtschaftlichen Entwicklung. DSGE-Modelle sind besonders für heuristische Zwecke geeignet. Sie stellen insbesondere einen direkten Bezug zwischen dem Verhalten von Wirtschaftsakteuren und gesamtwirtschaftlichen Größen her, beispielsweise um Änderungen im Steuersystem oder Zinsänderungen der Geldpolitik abzuschätzen.

DSGE-Modelle werden z. B. insbesondere von der Europäischen Zentralbank und von Wirtschaftsforschungsinstituten verwendet, um die europäische Wirtschaft zu analysieren und Entwicklungen abzuschätzen, um die wirtschaftlichen Zukunftserwartungen und die geldpolitischen Strategien zu formulieren. DESG-Modelle sind grundsätzlich neoklassisch fundiert, und bilden die wichtige Rolle des Geldes ab, weil die Zentralbanken für ihre Geldpolitik Modelle über die komplexe Realität der Geldwirtschaft benötigen.

Trotz der Kapazitäten der modernen Informationstechnologie sind die DSGE-Modelle zur Analyse und Prognose (kurzfristiger) Entwicklungen nicht leicht zu handhaben. Einmal wegen der Komplexität des wirtschaftlichen Geschehens und besonders wegen der unkalkulierbaren Rückkopplungseffekte, die immer entstehen, wenn Menschen ihr heutiges Verhalten an ihren Erwartungen über die Zukunft ausrichten. Ein Akteur der Regierung oder der Zentralbank, der wirtschaftspolitische Entscheidungen auf eine *„grand theory"*, ein DSGE-Modell, begründet und in Handeln umsetzt, ginge ein großes Risiko oder ein riskantes Glücksspiel ein.

Eine ganzheitliche Theorie oder ein holistischer Ansatz, die oder der mit seinem Paradigma die umfassende wirtschaftliche Wirklichkeit in

## 19.3 Mathematische Modelle als Werkzeug der Wirtschaftspolitik

ihrer Gänze zu beschreiben und zu erklären vermöchte, ist bisher nicht gelungen – dieser Nobelpreis ist noch zu vergeben, aber wahrscheinlich bleibt er aus prinzipiellen Gründen eine Utopie.

Der Versuch, nach einer ganzheitlichen oder holistischen Wirtschaftstheorie, einer *„grandtheory"*, wie es die DSGE-Modelle beanspruchen, vorzugehen, leidet grundsätzlich an einer zentralen Schwachstelle. Diese „Achillesverse" aller ökonomischen Modellierungen ist der Mensch. Die Wirtschaftswissenschaften beruhen auf einer zentralen Prämisse, dem „Homo oeconomicus".

Dieser Mensch als „Homo oeconomicus" gilt als ein einseitiges rationales, informiertes und egoistisches Subjekt, das es aber so nicht gibt, sondern das in der Wirklichkeit stattdessen von seinen oft irrationalen, und meist nur beschränkt informierten Motiven und Verhaltensweisen getrieben wird. Der Ökonomie kann es, aufgrund dieser anthropologischen Tatbestände, nicht gelingen, eine „Grand-theorie" der Volkswirtschaft zu entwickeln.

Menschen denken nicht algorithmisch, sondern heuristisch: Ein Algorithmus verarbeitet alle zu einem Problem vorhandenen Informationen, um daraus die optimale Lösung zu errechnen. Heuristiken dagegen sind kognitive Abkürzungen, die Problemlösungen mit wenig Aufwand zu einem passablen Ergebnis führen.

Um aber die Funktionsweise einer Volkswirtschaft zu verstehen und sogar effektiv steuern zu können, müssen gewohnte (empirisch und theoretisch widerlegte) Denkmuster verlassen werden, wie das klassische Rationalitätsaxiom vom Homo oeconomicus. Denn die Rationalität als Kohärenz, d. h. für logisch widerspruchsfreie Entscheidungen – verlangt die Einhaltung von Regeln der Logik, was der begrenzte Intellekt eines Wirtschaftsakteurs kaum leisten kann.

Die Aussagen der traditionellen Ökonomie basieren auf meist erheblich verkürzten Interpretationen ökonomischer Ereignisse (z. B. Auf- oder Abschwünge), auf der Annahme, dass die Stimmungen und Gefühle (wie Angst und Gier) des einzelnen Wirtschaftsakteurs für das große Ganze des Wirtschaftsgeschehens bedeutungslos sind und dass die ökonomischen Ereignisse vor allem von berechenbaren technischen Faktoren bestimmt würden. Die meisten ökonomischen Ereignisse haben aber großenteils mentale Ursachen: die *„animal spirits",* Stimmungen und Gefühle der Menschen. Deshalb hat schon John M. Keynes in seinen Werken von „*animal spirits*" gesprochen. Menschen verhalten sich nicht stabil. Menschen ändern ihre Meinungen ständig. Sie hängen davon ab, was sie für die Zukunft erwarten, sie beeinflussen sich gegenseitig. Menschen ändern ihr Denken und Verhalten und können – oft unvorhersehbar – ein Wirtschaftschaos verursachen. Eine modellhafte Ursache-Wirkungs-Kette widerspricht der wirtschaftssoziologischen Realität, weil sie eine „Rechnung ohne den Menschen" (Wilhelm Röpke) mit seinen „*animal spirits*" macht.

Der Mensch ist nach seinen „Motiven und Verhaltensweisen" außerordentlich komplex. Der Mensch ist überhaupt nur in vielfältigen Eigenschaften beschreibbar, aber letztlich im Ganzen nicht erklärbar. So sind Menschen sowohl gut und böse, klug und dumm, zuverlässig aber auch veränderlich, unberechenbar aber auch berechenbar, nüchtern und launisch, mutig und furchtvoll, rational und irrational, egoistisch und altruistisch u. v. m. Die Menschen sind voller Widersprüche. Diese vielfältigen antagonistischen Eigenschaften eignen den Menschen mit seinen „Motiven und Verhaltensweisen" und beschreiben ihn in zugleich widersprüchlichen aber auch komplementären Aussagen. Überdies sind die Präferenzen der Menschen nicht stabil, sondern sehr fragil und ändern sich von Zeit zu Zeit. Je nach der entsprechenden Situation verhält sich der Mensch eben mal so und mal so. Menschliches Verhalten ist auch kontingent. Dennoch lässt sich aus der Wirtschaftsgeschichte so etwas wie ein allgemeines menschliches „Verhaltensgesetz" herauslesen: – das starke Vorteilsstreben der Menschen in wirtschaftlichen Situationen.

Eine ganzheitliche oder holistische Theorie vom Menschen wird es in der Volkswirtschaftslehre wohl nicht geben und ist grundsätzlich nicht möglich. Eine umfassende Theorie des menschlichen Verhaltens kann die Ökonomie gar nicht leisten. Das Wissen des Menschen vom Menschen bleibt immer nur Stückwerk. „*Wir wissen nicht, wir raten nur.*" Dieses Résumé hat der Philosoph Karl R. Popper in seinem Werk „Logik der Forschung" über die menschliche Erkenntnis gezogen. Das bedeutet nicht, dass Menschen gar nichts wissen können, sondern, dass alles menschliche Wissen immer nur Stückwerk ist und etwas Vorläufiges an sich hat. Solange eine „Theorie vom Menschen" fehlt, bleibt Kants Frage

## 19.3 Mathematische Modelle als Werkzeug der Wirtschaftspolitik

„*Was ist der Mensch?*" prinzipiell nicht eindeutig beantwortbar; denn das menschliche Verhalten als Wirtschaftssubjekt in den verschiedensten wirtschaftlichen Situationen ist eben prinzipiell kontingent.

Möglich sind aber partielle Modelle von je unterschiedlichen Aspekten des Menschen und diese können durchaus konkurrierend und untereinander widersprüchlich sein. Sie beschreiben und erklären jeweilige Aspekte vom Menschen: theologische womöglich, aber vor allem biologische, zoologische, psychologische, politische, aber eben auch ökonomische etc., deren Aussagen über je verschiedene „Seiten" des Menschen miteinander komplementär sind.

Die Ökonomie kann Erkenntnisse aus der Anthropologie u. a. entlehnen und verfügt so immerhin über Modelle von partiellen Aspekten des Menschen, insbesondere von einem auf das Wirtschaftliche beschränkten Menschen, dem Homo oeconomicus. Der Homo oeconomicus ist insofern eine partielle Sicht des Menschen – seinen Motiven und Verhaltensweisen – in wirtschaftlichen Lebenssituationen. Nicht mehr und nicht weniger.

Möglich und sinnvoll ist es jedoch, partielle Modelle für selektive situationsbezogene Teilaspekte und Teilprobleme der Volkswirtschaft weiter zu entwickeln.

Solange es keine ganzheitliche anthropologische Theorie vom Menschen gibt, wird es nur spezielle Wirtschaftsmodelle von Sparern, Investoren, Verbrauchern, Produzenten usw. in bestimmten Situationen geben (vgl. Röpke 2009, S. 258–270 und Röpke 1958).

Die Wirtschaftswissenschaft muss sich deshalb bescheiden auf beschränkte Modelle vom Menschen in bestimmten wirtschaftlichen Lebenssituationen.

Der Versuch, die Komplexität der Dynamik einer Volkswirtschaft mithilfe mathematischer Modelle zu reduzieren und zu formulieren, und mithilfe von Computermodellen beherrschbar zu machen, hat bisher getrogen. Die Volkswirtschaftslehre ist keine exakte Wissenschaft, wie die Physik, auch dann nicht, wenn sie sich mit sehr viel mathematischen Formalismen präsentiert. Während es in der Physik vielleicht einmal eine „Theorie von Allem", eine Weltformel geben mag, in der Wirtschaftswissenschaft aber lässt sich solch eine Universal-Formel wohl nicht finden.

Was der Ökonomie jedoch möglich ist, ist die Entwicklung (konkurrierender und zugleich komplementärer) partieller Modelle über – rationale oder normative – Motive und Verhaltensweisen von Menschen und den Folgen in den verschiedensten wirtschaftlichen Situationen und Problemlagen.

Eine Wirtschaftstheorie, die vor schwarzen Schwänen geschützt werden kann, wird es wohl nicht geben. Unvorhersehbare überraschende Konjunktureinbrüche lassen sich nicht vorhersagen oder wirtschaftspolitisch perfekt abfedern – unerwartete Schocks können jederzeit in der Weltwirtschaft auftreten. Es ist fraglich, wieweit die Ökonomie überhaupt theoretische Berechenbarkeit haben kann.

Folglich kann die Ökonomie nur Modelle von begrenzter Tragweite entwickeln, Verhaltensweisen des Menschen nur in bestimmten Situationen beschreiben und voraussagen. Erfolgreich ist die Ökonomie, sofern sie Modelle entwickelt, die nur zu bestimmten Situationen passen und für diese Situationen Erklärungen und Voraussagen möglich machen (vgl. Derman 2013).

Überdies würde die Volkswirtschaftslehre von dem Blick in die Wirtschaftsgeschichte lernen, ökonomische Zusammenhänge und Bestimmungsfaktoren von Wirtschaftskrisen aufzudecken. Sie könnte lernen, statt nur mittels mathematisch-formal konstruierter Modelle ihre ökonomischen Argumentationen abzuleiten, vielmehr die Erfahrungen der Wirtschaftsgeschichte zu erschließen, um aus empirischen Erkenntnissen eine ökonomische Systematik von „Fallstudien der Wirtschaftsgeschichte" und damit eine kasuistische Lehre zu entwickeln.

Der größte praktische Nutzen der historischen Kasuistik besteht vor allem darin, für bestimmte wirtschaftliche Risiken zu sensibilisieren, Fehlschritte zu vermeiden und die Bewältigung wirtschaftlicher Problemlagen in der praktischen Wirtschaftspolitik schrittweise kasuistisch durch die pragmatische Methode der Stückwerkstechnik als **Modus Operandi** umzusetzen – durch „Versuch und Irrtum" (vgl. Möller 2013).

## 19.4 Stückwerks-Technik als pragmatische Wirtschaftspolitik

Wenn ich mich mal vergreife, korrigiere ich viel schneller als jeder andere.
*Ferdinand Piëch, in: Der Erfinder des Weltkonzerns, ADAC Motorwelt, 2/2013.*

Die Akteure in Markt oder Staat müssen in bestimmten wirtschaftlichen Situationen Wahlentscheidungen im Hinblick auf gewünschte Ziele treffen. Dabei benötigen die Akteure Informationen und Wissen, um die Problemlage in der jeweiligen Situation zu bestimmen.

**Fehlbarkeit**
Die staatlichen Entscheidungsträger benötigen Informationsinstrumente, einerseits Informationen über die aktuelle volkswirtschaftliche Situation (Diagnose) und andererseits Informationen über die voraussichtlich weitere Entwicklung (Prognose) sowie über die wirtschaftspolitischen Ziele und Instrumente (Programme).

Je größer die Komplexität und Kontingenz einer volks- und weltwirtschaftlichen Situation ist, desto größer ist das Risiko der Fehlbarkeit eines wirtschaftspolitischen Akteurs. Fehlbarkeit bedeutet, dass Akteure Fehler, Irrtümer oder Fehlleistungen begehen und unzulänglich oder fallibel (fehlbar) sind. Denn *„Menschen sind keine Computer und trotz gegenteiliger Behauptungen vieler Wirtschaftstheoretiker weder zu endlosen Berechnungen noch zur präzisen Erkenntnis eigener Interessen fähig,"*- auch staatliche Akteure (vgl. Shiller 2000 und Shiller 2003).

Die Akteure in Markt und Staat müssten, um unfehlbar zu sein, über vollkommene (vollständige) Information verfügen, die Über- und Voraussicht von vergangenen, gegenwärtigen und erwarteten Ereignissen besitzen sowie sämtliche Folgen von Optionen erkennen. Diese Bedingungen der **vollkommenen (vollständigen) Informationen** sind fast nie erfüllt, auch nicht für die Akteure in Regierung oder Zentralbank, trotz gewaltiger Bürokratieapparate.

Einen vollkommenen und vollständigen Wissens- und Informationsstand kann es nach Jevons' Gesetz für Akteure in Markt und Staat nicht geben: zum einen, weil fast jede Situation von Unsicherheit und Ungewissheit bestimmt wird, zum anderen aufgrund des Eintretens unerwarteter unvorhersehbarer Ereignisse in der Zukunft und schließlich infolge von irregeleiteten Schlussfolgerungen der Handelnden, weil ihnen nur beschränktes Wissen über die Ursache- und Wirkungszusammenhänge zur Verfügung steht.

Jevons' Gesetz besagt, dass nur dann auf einem Markt vollkommene Information herrscht, wenn keine räumlichen, zeitlichen, sachlichen und persönlichen Diskriminierungen existieren. Bei Fehlen von vollkommener Information besteht (temporär) ein unvollkommener Markt, und die Marktteilnehmer tendieren dazu, ihr Verhalten mit den Wettbewerbern zu vergleichen und sich an ihnen zu orientieren (vgl. Jevons 1871, S. 92 und Kortmann 2006, S. 354).

Die Akteure in Markt und Staat treffen daher ihre Entscheidungen meist nur mit unvollkommenen und unvollständigen Informationen und Wissen. Informationen und Wissen fehlen oft oder sind zu teuer, sodass ein Akteur in Markt oder Staat nur mit unvollkommenen Informationen und Wissen entscheiden muss (und damit riskiert, einen Fehler zu begehen).

Menschen treffen auch nicht als allwissende Akteure rationale Entscheidungen, die alle verfügbaren Informationen widerspiegeln. Staatliche Akteure sind auch Menschen, sind weder „einsame Wölfe" noch allwissende Nutzenmaximierer, sondern eher „Herdenviecher" oder gar wie Lemminge, die von ihren *„animal spirits"* – animalischen Instinkten – bestimmt werden und den Verstand oft außer Kraft setzen.

Die staatlichen Akteure verfallen deshalb häufig dem Fehler, zur Behandlung einer Problemlage ein einfaches „Allerweltsrezept", das ihrer „Weltanschauung" entspricht, zu fordern, wie z. B. entsprechend der Neoklassik eine Angebotspolitik mit kräftigen Lohnsenkungen o. a., statt die Ursachen des Problems genau herauszufinden und ursachenadäquate Therapien zu entwickeln.

Die staatlichen Akteure der Wirtschaftspolitik haben ihre Mühe mit der korrekten Diagnose, Prognose und Therapie. Trotz aller

## 19.4 Stückwerks-Technik als pragmatische Wirtschaftspolitik

ökonomischen Expertise bleiben Diagnose und Therapie, aufgrund des „Stückwerks des Wissens", unsicher und ungewiss.

„Wir wissen nicht, wir raten nur", hat deshalb der Philosoph Karl Popper nach jahrelanger Arbeit über „die Logik der Forschung" und das menschliche „Problemlösen" als Résumé gezogen. Das bedeutet nicht, dass Menschen gar nichts wissen können, sondern dass alles menschliche Wissen immer nur **Stückwerk** ist und etwas **Vorläufiges** an sich hat. Menschliches Wissen ist ein Raten, ein Probieren und ständiges Verbessern, das durch „Versuch und Irrtum" vorläufig gewonnen und auch wieder verloren werden kann. So geht es nicht nur den Haushalten (als Verbraucher oder Geldanleger etc.) und den Unternehmen (als Produzenten oder Investoren etc.), sondern allen Akteuren in Markt und Staat, in Wirtschaft und Politik.

Die Akteure des Staates können bei dem Versuch, die wirtschaftliche Realität mit ihrer Wirtschaftspolitik zu gestalten, scheitern, wenn die Maßnahmen nicht den Ursachen der gegebenen wirtschaftlichen Problemlage entsprechen.

Die unerwünschten Begleiterscheinungen von Wirtschaftsschwankungen werden häufig monokausal auf einen einzigen Ursachenfaktor zurückgeführt, wie z. B. auf zu hohe Lohnkosten oder auf eine zu hohe Geldmenge. Solche monokausalen Erklärungen sind in der Wirtschaft selten richtig, wenn nicht schlicht falsch.

Eine bestimmte Konjunktursituation ist meist nicht auf eine **einzige Ursache** von Konjunkturschwankungen zurückzuführen, sondern ist fast immer mit dem Zusammenwirken mehrerer Ursachen zu erklären. Die wirtschaftlichen Problemlagen sind fast immer zurückzuführen auf eine Gemengelage von mehreren Ursachenfaktoren.

Die Volkswirtschaft ist eben ein Netzwerk von multifaktoriellen Interdependenzen. Die wirtschaftliche Wirklichkeit ist vielmehr **multikausal** und nicht monokausal. Jeder Konjunkturzyklus ist auch durch eine unterschiedliche Kombination von Verursachungsfaktoren gekennzeichnet, die meist erst nachträglich festgestellt werden können.

Deshalb können zumeist vielfältige Ursachen genannt werden: denn die Entwicklung einer Volkswirtschaft wird von zahlreichen Einflussfaktoren bestimmt.

So sind die Konjunkturschwankungen mit dem Auf und Ab der Wachstumsraten des BIP und des Beschäftigungsgrades (Deflation) oder des Geldwertes der Währung (Inflation) meist multifaktoriell verursacht. Die Schwierigkeit ist allerdings, in einer konkreten wirtschaftlichen Situation zu bestimmen, wie groß der jeweilige Anteil der **Ursachenfaktoren** ist, auf den die Problemlage zurückzuführen ist. Dazu braucht es meist aufwendiger empirischer Untersuchungen.

In der praktischen Wirtschaftspolitik drängt aber fast immer die Zeit, weil der Problemdruck einer prekären Situation pressiert, zügig Entscheidungen zu treffen und umzusetzen. Eine Volkswirtschaft ist aber wie ein riesiger Ozeandampfer auf hoher See. Die Wirtschaftspolitik ist keine kurzfristige Reparaturwerkstatt der Volkswirtschaft. Abrupte Strategie- oder Kurswechsel funktionieren in einer hochkomplexen Volkswirtschaft nicht. Es braucht Zeit, bis wirtschaftspolitische Maßnahmen in der Volkswirtschaft ihre Wirkungen entfaltet haben.

Ein Wirtschaftsakteur, der eine Handlung ergreift, kann jedoch nicht sicher sein, welche Wirkungen sie zeitigen wird. Bei der Wahl der geeigneten Handlung hofft der wirtschaftspolitische Akteur in einer bestimmten Problemlage auf eine Wirkungseffektivität bei der Umsetzung. Die Maßnahme könnte sich aber als Irrtum erweisen, weil der Wirkungsmechanismus wegen unbekannter und ungewisser Transfer- oder Übertragungsmechanismen nie ganz sicher ist. Ein Faktor, der bei dem Treffen und der Umsetzung von Entscheidungen der Wirtschaftspolitik oft unterschätzt wird, ist die Zeit. Denn der Wirkungsmechanismus wirtschaftspolitischer Entscheidungen bedarf der Zeit und unterliegt gewisser „Wirkungsverzögerungen" *(lags)*.

Beispielsweise in einer gefährlichen Deflation bei falschem Zeitpunkt eines Eingriffs besteht die Gefahr, dass der Wirkungsmechanismus ökonomischer Maßnahmen entweder wirkungslos verpufft oder dass ein Übel gegen ein anderes eingetauscht wird, etwa Arbeitslosigkeit gegen Inflation oder Inflation gegen Arbeitslosigkeit. Die wirtschaftspolitischen Ziele können aufgrund von Wirkungsverzögerungen verfehlt oder sogar konterkariert werden. Es ist deshalb wichtig, dass bei wirtschaftspolitischen Entscheidungen nicht nur die richtige Dosis, sondern auch der richtige Zeitpunkt gewählt wird. Im falschen Moment angewendet, können wirtschaftspolitische Maßnahmen nicht nur ihr Ziel verfehlen, sondern sogar

## 19.4 Stückwerks-Technik als pragmatische Wirtschaftspolitik 389

andere Probleme aufwerfen. Durch die Verabschiedung und Umsetzung der Entscheidungen und Programme können zeitliche Verzögerungen eintreten und so womöglich destabilisierend und prozyklisch wirken, sodass der Wirtschaftszyklus nicht „geglättet", sondern sogar noch verstärkt wird.

Die praktische Wirtschaftspolitik wird durch das Auftreten von zeitlichen Verzögerungen bei den Wirkungsmechanismen sehr erschwert. Die Wirkungsmechanismen können je nach Situation kürzere oder längere zeitliche Verzögerungen beinhalten, je nach Situation von 1 bis zu 3 Jahren. Diese Wirkungsverzögerungen der praktischen Wirtschaftspolitik können in drei Phasen von *„time lags"* unterschieden werden: Erkenntnislag, Entscheidungslag und Wirksamkeitslag.

**Der Erkenntnislag** *(recognition lag)* umfasst den Zeitbedarf bzw. den Zeitraum zwischen dem Auftreten einer wirtschaftlichen Problemlage bis zur Erkenntniswahrnehmung durch die verantwortlichen staatlichen Akteure. Im System von Regierung und Verwaltung entstehen Erkenntnislags: Der lange Erkenntnisgewinnungsprozess in dem demokratisch föderalistischen Staat führt über die bürokratischen Stationen der Ministerien, Kabinett, Zentralbankrat, Konjunkturrat und Finanzplanungsrat, Sachverständigenrat, der konzertierten Aktion, den Verbänden bis zu den Ausschüssen und Ministerrat u. a. Der Erkenntnislag ist der Zeitabstand zwischen dem Auftreten einer wirtschaftlichen Problemlage (z. B. höhere Arbeitslosigkeit) und der ersten amtlich registrierten Information und Erkenntnis darüber – in der aber noch kein abschließendes Urteil über die Wirtschaftslage möglich ist. Werden diese Informationen monatlich geliefert, sind die Ergebnisse von zwei oder drei Monaten nötig, ehe ein Lage-Tendenzwandel erkannt werden kann. Dieser Informationslag kann einige Monate dauern, aufgrund von Unsicherheiten und Mängeln im Konjunkturinformationssystem und in der Konjunkturdiagnose und -prognose. Ein Grund dafür ist die Leistungsfähigkeit der zur Verfügung stehenden Lage- und Frühindikatoren. Allerdings, selbst wenn es gelänge, mithilfe eines konjunkturellen Frühindikatorsystems, mit einem sechsmonatigen Vorlauf den Konjunkturtrend zu bestimmen, wäre eine vollwirksame Gegensteuerung nicht möglich, weil die *time lags* beim Einsatz des Instrumentariums zu variabel sind, um garantieren zu können, dass die gewünschten Effekte auch zum geplanten Zeitpunkt eintreten.

Der Entscheidungslag *(decision lag)* ist der Zeitabstand zwischen der Erkenntnisgewinnung und der aus ihr folgenden Entscheidung. Er entsteht, weil Politiker nicht immer besonders schnell handeln: Im System von Regierung und Verwaltung entstehen Entscheidungslags im Prozess der Ziel- und Willensbildung. Nach dem Stabilitätsgesetz liegt die Entscheidung über den Zeitpunkt konjunkturpolitischer Maßnahmen in der Hand der Bundesregierung.

Das Stabilitätsgesetz besagt, dass wirtschaftspolitische Maßnahmen von der Bundesregierung bereits zum Zeitpunkt der „Erkennbarkeit der Gefährdung" des wirtschaftlichen Gleichgewichts zu treffen sind. Diese Gefährdung ist nach herrschender Auffassung bereits dann gegeben, wenn sich Trendumkehrungen bei den Frühindikatoren, z. B. den Auftragseingängen in der verarbeitenden Industrie, zeigen, auch wenn die Lageindikatoren trotzdem noch auf Hochkonjunktur verweisen. Bei der Entscheidung über den Zeitpunkt dieser Maßnahmen bedient sich die Bundesregierung o. a. Koordinationsorgane, sodass die Entscheidungsprozesse durch Abstimmungsschwierigkeiten innerhalb oder zwischen Regierung und anderen Institutionen verzögert werden. So bringen Probleme der Interessenskonflikte zwischen den Trägern der Wirtschaftspolitik unvermeidlich Zeitverzögerungen für die Beschlussfassung und den Einsatz der staatlichen Instrumente und Maßnahmen mit sich. Der notwendige Kompromiss zwischen den an der wirtschaftspolitischen Willensbildung beteiligten Interessengruppen und Entscheidungsträgern des Staates führt immer zu Entscheidungsverzögerungen. Dennoch ist das verbleibende politische Risiko für falsche wirtschaftspolitische Entscheidungen groß.

**Der Wirkungslag** *(action lag)* ist der Zeitabstand zwischen der wirtschaftspolitischen Entscheidung, dem Mitteleinsatz, und dem Eintritt der Wirkung. Er hängt damit zusammen, dass sich die wirtschaftliche Lage erst ändert, wenn sich das Verhalten von Unternehmen oder Haushalten ändert. Dieser Durchführungslag hat möglicherweise die Wirkung, dass eine Maßnahme in eine „konjunkturpolitische Landschaft" fällt, die mit der ursprünglichen inzwischen nichts mehr gemein hat. Alle wirtschaftspolitischen Maßnahmen haben gemein, dass sie nur wirken, wenn sie zum richtigen Zeitpunkt *(timing)* ergriffen werden. Z. B.: zusätzliche Staatsaufträge sind nur wirkungsvoll, wenn ihre Abwicklung

## 19.4 Stückwerks-Technik als pragmatische Wirtschaftspolitik

nicht lange Zeit beansprucht. Häufig vergeht aber ein zu großer Zeitraum zwischen der Verabschiedung des Maßnahmenprogramms durch die Regierung und der Auftragsvergabe durch die zuständigen Behörden, sodass die Maßnahmen (des *deficit spending*) dann in der „falschen" Konjunkturphase wirken. Besonders antizyklisches wirtschaftspolitisches Verhalten setzt voraus, dass Handlungs- und Wirkungsverzögerungen verhindert werden. Ansonsten können wirtschaftliche Instabilitäten eben verstärkt werden. Die Wirkungslags der wirtschaftspolitischen Maßnahmen können über viele Monate hinausgehen: die Wirkung der geldpolitischen Instrumentarien können von 2–24 Monaten und die der finanzpolitischen Instrumentarien bis zu einem Jahr betragen und laufen deshalb ständig Gefahr, mit der falschen Wahl des Zeitpunktes die konjunkturellen Ausschläge zu verstärken.

Alle drei Lags lassen sich allerdings verkürzen. Vollkommen lassen sie sich aber nicht beseitigen. So bleibt es oft bei einem erneuten Versuch.

**Inkrementalismus**
Aus der Erkenntnis der Fehlbarkeit des menschlichen Entscheidens und Handelns entstand die Philosophie des Pragmatismus (von *pragma*, griech: Handlung, insbes. Charles S. Peirce, William James). Der Inkrementalismus ist ein Modus Operandi der pragmatischen Problemlösung des schrittweisen Vorgehens zur Verwirklichung von Zielen. Modus operandi (*modus operandi*, lat.: Art des Handelns) bezeichnet die Art und Weise des Handelns (nach Wahrnehmungs-, Bewertungs- und Denkschemata) zur erfolgreichen Problemlösung.

Der amerikanische Philosoph und Wirtschaftswissenschaftler Charles E. Lindblom konzipierte dazu die „Wissenschaft vom Sich-Durchwurschteln" (Lindblom 1959 und Lindblom 1979) als rationale Methode des Inkrementalismus zur praktischen Problemlösung.

Charles E. Lindblom begründet die Methode des „Muddling-Through" aufgrund der Begrenztheit jeder „rational-umfassenden" Methode der Ganzheitsbetrachtung. Gesamtpläne oder -vorgehensweisen werden oft notwendig scheitern, weil bei deren Umsetzung fast immer unerwartete und unerwünschte Nebenwirkungen eintreten. Im Gegensatz zu einer umfassenden Totalplanung, die er als eine „Schocktherapie" ablehnt, schlägt er stattdessen eine inkrementalistische

Vorgehensweise in kleinen, begrenzten, überschaubaren und iterativen Schritten vor. Lindbloms Inkrementalismus ist Poppers Stückwerk-Sozialtechnik *(piece-meal-engineering)* ähnlich. Beide verzichten nicht auf Planung, doch soll die inkrementalistische Vorgehensweise von der dauernden Fehlerkorrektur begleitet werden.

Das inkrementalistische Vorgehen in kleinen und leicht revidierbaren Schritten des „Muddling-Through" ist gerade in hochkomplexen Situationen in Markt und Staat überlegen und fehlerfreundlich gegenüber einer umfassenden Problembehandlung im Ganzen mit dem Ziel, ein Problem „mit einem Schlag" lösen zu wollen.

Ganzheitliches Vorgehen durch gesamtumfassende Planungen und Lösungen müssen fast zwangsläufig scheitern und ermöglichen kaum, gegebenenfalls Fehler schnell korrigieren zu können. Denn die „Ganzheitsmethode", Probleme „im Ganzen" lösen zu wollen, ist mit Risiken der **Fehlbarkeit** verbunden, weil nicht alle Folgen einer Entscheidung vorauszusehen sind, oder die oft unvorhersehbaren Wirkungen größere Improvisationen und Korrekturen erfordern.

Bei hochkomplexen Aufgaben ist der Modus Operandi oder *„approach"* des Inkrementalismus das der Stückwerktechnik: eine Aufgabe in kleine Abschnitte aufzuteilen und „Stück für Stück" schrittweise vorzugehen, begleitet von der ständigen Fehlersuche und -korrektur. Angesichts des Dilemmas des menschlichen beschränkten Wissens und des unberechenbaren Unvorhersehbaren ist die Stückwerktechnik gegenüber dem Risiko des Scheiterns des ganzheitlichen Vorgehens eben **antifragil** (Nassim Taleb).

Der Philosoph Karl Popper bezeichnete die „Stückwerktechnik" des „Versuch und Irrtum" als den fehlerfreundlichsten *„approach"* (also Strategie, „Ansatz" oder „Herangehensweise"), angesichts des Risikos von Fehlentscheidungen und des menschlichen beschränkten Wissens (der Ungewissheit und Unwissenheit), in Trippelschritten vorzugehen, um gegebenenfalls einen Schritt korrigieren zu können, um sich so einer Problemlösung anzunähern – und alle Information und Wissen dabei zu nutzen.

Die Stückwerktechnik von „Versuch und Irrtum" ist eine inkrementalistische Vorgehensweise, sich einem Problem und seiner Lösung mit dem geringsten Risiko des Scheiterns in kleinen Schritten anzunähern.

## 19.4 Stückwerks-Technik als pragmatische Wirtschaftspolitik

„Versuch und Irrtum" ist schon ein Prinzip der Natur. Es ist die älteste und erfolgreichste Methode der Problemlösung, um angepasste Lösungen – durch Improvisationen und Korrekturen – zu generieren. Es basiert auf dem Prinzip Fehler zu machen und daraus zu lernen. Fehlersuche wird geradezu zum Prinzip erhoben.

Dieser *„approach"* ist ein planvolles Vorgehen im Hinblick auf gewünschte Ziele: eine unbefriedigende Situation durch kleine Eingriffe, in iterativen vorsichtigen Schritten ständig zu verbessern, nach der Figur: Problem 1 – Schritt 1 – Fehler 1; Problem 2- Schritt 2 – Fehler 2; ... etc. Nach dem Fehler in dem ersten Versuch, wird ein erneuter Versuch gemacht, der den Fehler vermeidet. Wenn der zweite Versuch fehlerhaft ist, wird nach Beseitigung dieses Fehlers ein weiterer Versuch gemacht usw.

Der *„approach"* ist eine Strategie einer Lebenshaltung, Problemlagen in allen Bereichen in Markt und Staat durch kleine Eingriffe ständig zu bewältigen und womöglich gegebenenfalls, wenn ein Schritt sich als Fehler herausstellt (und Nachteile mit sich gebracht hat), diesen zurückzunehmen und zu korrigieren und damit schwerwiegende nachteilige Auswirkungen zu vermeiden sowie gleichzeitig die Handlungs- und Erkenntnismöglichkeit zu verbessern und zu erweitern.

Eine ähnliche „Stückwerkstechnik" ist die plakative **„Salami-Taktik"**. Auch sie ist eine Vorgehensweise, größere Ziele durch kleine Schritte zu erreichen. Nach ihr wird eine Aufgabe in „Scheibchen", in kleine, überschaubare Teilaufgaben zerlegt oder zerschnitten und so die Komplexität reduziert und dadurch das Abarbeiten einer Aufgabe erleichtert und beschleunigt. Auf diese Weise wird versucht, „Scheibchen für Scheibchen" das Problem zu lösen. Die Salami-Taktik führt also schneller zu Erfolgsergebnissen, indem sie eine Aufgabe in kleinere Aufgaben zerlegt. Wichtig ist, dass die Ziele der Teilaufgaben „machbar" sind, und in einem bestimmten Zeitrahmen verwirklicht werden können. Nach dem Motto: *„Es gibt nicht den einen großen Erfolg, sondern jeder Erfolg ist die Summe kleinerer Teilerfolge."* (Harford 2012).

Gerade für Akteure in Markt und Staat ist die Annäherung an eine Situationslösung durch ein (fehlerfreundliches, jederzeit revidierbares) schrittweises Vorgehen (statt durch eine Ganzheitsmethode) gegenüber Irrtümern eher antifragil, weil mögliche kleine Fehlschritte keine schwerwiegenden negativen Auswirkungen zeitigen und neue Versuche erleichtern. Durch die ständige Fehlerkorrektur in kleinen Schritten – die jeweils evaluierbar und revidierbar sind – ist das Vorgehen in Markt und Staat besonders in Situationen der Ungewissheit und Unwissenheit antifragil. Bei der Bewältigung einer komplexen wirtschaftlichen Aufgabe ist für einen Akteur in Markt oder Staat, angesichts des Risikos von Fehlschlägen durch Fehlentscheidungen, die Vorgehensweise der Stückwerkstechnik mit „Versuch und Irrtum" (das Ergebnis jedes einzelnen Schrittes zu evaluieren und ggf. zu revidieren) zugleich vorteilhaft und antifragil. Gleichzeitig werden dadurch alle verfügbaren Informationen und Wissen genutzt. Die Stückwerkstechnik bedingt deshalb eine „Fehlerkultur": kleine Fehler zu riskieren und aus ihnen produktiv zu lernen und so große Fehlschläge in Markt und Staat zu vermeiden.

**Fehlerkultur**
Fehlerkultur ist die Art und Weise, wie ein (soziales) System mit Fehlern umgeht. Die staatliche Wirtschaftspolitik bringt im Umgang mit der Komplexität von volkswirtschaftlichen Situationen Risiken von Fehlern und Fehlschlägen mit sich. Deshalb braucht die Wirtschaftspolitik eine antifragile Umgangsweise gegenüber und mit Fehlern: „Fehlerfreundlichkeit".

Fehlerfreundlichkeit bedeutet, mit auftauchenden Störungen tolerant und produktiv umzugehen, also gegenüber Fehlschlägen, die ein Akteur im Staat oder Markt durch einen Fehler bewirkt hat. Die Idee ist, den Umgang mit Fehlern kreativ und die Fehlersituation produktiv zu nutzen. Der Grundgedanke der Fehlerfreundlichkeit wurde zunächst von C. von Weizsäcker und E. U. von Weizsäcker 1984 formuliert. Das Konzept der Fehlerfreundlichkeit bedeutet einen produktiven Umgang mit Störungen im erhofften Lauf der Dinge. Fehler sind Abweichungen von einer Norm oder von Normalzuständen, die die Erreichung eines Ziels gefährden oder vereiteln können. Fehler sind unangenehme Überraschungen, aus denen alternative Lösungen entwickelt werden können. Fehlerfreundlichkeit ermöglicht, dass Störungen nicht zur Auslöschung eines Systems führen, sondern zur Weiterentwicklung genutzt werden (Weizsäcker, C. von und Weizsäcker, E. U. von 1984).

Fehlerfreundlichkeit ist eine pragmatische Handlungsstrategie, die nicht Fehlerfreiheit meint, sondern bedeutet, Fehler als produktive

## 19.4 Stückwerks-Technik als pragmatische Wirtschaftspolitik

Chancen zum Weiterlernen und zur Entwicklung innovativer Problemlösungen zu nutzen. Fehlerfreundlichkeit ist ein Umgang mit Fehlern als Möglichkeit zum Lernen und Kompetenzerwerb. Denn Weiterlernen ist darauf angewiesen, sich mit neuartigen Situationen zu konfrontieren und Problemfähigkeiten weiter zu entwickeln: Fehlerfreundlichkeit intendiert eine Haltung des Wandels.

Irrtümer und Trugschlüsse und auch das unvermeidbare Risiko der Fehlbarkeit begleiten alles wirtschaftliche Handeln. Die Komplexität eines wirtschaftlichen Problems übersteigt nicht selten die Möglichkeiten der Analyse und Problemlösung der betrieblichen oder staatlichen Kapazitäten. Durch das Risiko der wirtschaftlichen Fehlbarkeit kann es zu falschen Schlussfolgerungen und zur Anwendung falscher Mittel im Verhältnis zur wirtschaftlichen Komplexität in einer realen Situation (Fallibilismus) kommen. Wegen dieses Risikos des Fallibilismus des Entscheidens und Handelns brauchen die Akteure in Markt und Staat eine antifragile Vorgehensweise, die die Folgen des Fehlers abfedert oder minimiert – die Stückwerkstechnik „Versuch und Irrtum".

Die Stückwerkstechnik der „Trial-and-error-Methode" begegnet dem Risiko, dass ein Schritt sich als Fehler erweisen kann, mit einer pragmatischen Fehlerkultur, d. h. mit Fehlerfreundlichkeit, um aus Fehlern zu lernen und einen neuen Versuch zu starten. Fehlerfreundlichkeit stellt in der „Stückwerkstechnik" einen Schlüssel dar, durch Fehleranalyse zu erkennen, was nicht funktioniert, und damit produktiv umzugehen, um neue Erkenntnisse zu erwerben.

Die Fehleranalyse ermöglicht es, die Abweichung vom Normalzustand als Fehler zu erkennen. Die Fehlerentdeckung beschränkt sich nicht auf die Diagnose der Fehler, sondern erstreckt sich auch darauf, die Entstehungsursachen aufzufinden. Mit der Fehlerkorrektur wird der Fehler behoben oder die Auswirkungen des Fehlers werden durch Fehlerkompensationen so weit abgemildert, dass eine Lösung brauchbar ist. Bei Fehlerfreundlichkeit geht es um das innovative Potenzial von Fehlern und deren Wissensbasis, um die wirtschaftliche Handlungskompetenz zu verbessern. Irrtümer und Fehler sind Motoren des Erkenntnisfortschritts, auch in Markt und Staat.

Eine solche Fehlerkultur in Markt und Staat bedarf eines effektiven Fehlermanagements. „**Fehlermanagement**" in Markt und Staat umfasst die Tätigkeiten, mit denen auf Fehler reagiert wird, der Fehler behoben wird oder zunächst seine Auswirkungen begrenzt werden. Es bedeutet eine Fehlerdiagnose und -prävention, wie auch die Gegenmaßnahmen, um nachteilige Folgen zu vermindern.

Eine staatliche (wirtschaftspolitische) Fehlerkultur – von „Versuch und Irrtum" – braucht eine formale **Evaluierungskultur**. Zum Fehlermanagement zählt eine **Ergebnis- und Erfolgskontrolle** durch Projekte, Programme und Maßnahmen. Sie muss per Gesetz verankert werden, die bürokratisch von unabhängigen Controlling-Behörden oder anderen Institutionen vollzogen wird (z. B. den Rechnungshöfen).

In Unternehmen heißt das bspw., Irrtümer und Fehler, die sich bei Produkten (Funktion, Qualität, Preis, Design o. a.) oder Produktionsverfahren (Technik, Maschinen, Personal u. a.) herausstellen, zu korrigieren oder neue Entwicklungen zu versuchen und so ihr Produktangebot und ihre Produktionsverfahren und den optimalen Einsatz der Ressourcen ständig in Hinblick auf die Bedürfnisse der Verbraucher zu verbessern und damit zugleich – unbeabsichtigt – das volkswirtschaftliche Allokationsproblem zu lösen.

Die Stückwerkstechnik ist somit ein fehlerfreundlicher Umgang mit Fehlern und eine ständige Verbesserung der Wissensbasis und der Problemlösungskompetenz in Markt und Staat.

„Versuch und Irrtum" bedeutet: Fehler und Reue sind Motoren des wirtschaftlichen Fortschritts und lenken die täglichen Entscheidungen von Akteuren des Staates, der Haushalte und Unternehmen, zur Wohlfahrt aller Bürger und der Gesellschaft.

„Versuch und Irrtum" heißt auch Selbsterkenntnis und Selbstkorrektur in Markt und Staat durch Vermutungen und Widerlegungen. Mit den Worten des Philosophen Friedrich Nietzsche lässt sich sagen: *„Unsere Fehler sind unser bester Lehrmeister."*

## 19.5 Fallstricke wirtschaftspolitischen Handelns

Fallstricke sind fatale Irrtümer oder Fehler. „Irrtümer" bezeichnen falsche Annahmen, Behauptungen, Meinungen, die für die Wahrheit gehalten werden, während eine Lüge, die bewusst verfälschte Wahrheit ist. Ein

## 19.5 Fallstricke wirtschaftspolitischen Handelns

Irrtum entsteht unabsichtlich aus falschen Informationen oder aus Un-Wissen. Es sind Fallen für das Denken und Entscheiden der Akteure, mit nachteiligen Folgen für das Handeln der Wirtschaftspolitik. Die wirtschaftliche Wirklichkeit bereitet für die Akteure in Markt oder Staat in jeder neuen Situation unerwartete Fallstricke, durch die sie in Fehler und Irrtümer, aufgrund meist nur beschränkter Information und Wissen, hineingeraten können und deshalb Fehleinschätzungen und Fehlentscheidungen treffen.

Fehler oder Irrtümer zu begehen ist in der wirtschaftlichen Wirklichkeit fast unvermeidbar. Wie im Leben ist es auch in der Volkswirtschaft so, dass jeder Wirtschaftsakteur immer wieder einmal etwas zu bereuen hat: beispielsweise als Konsument einen Fehlkauf, als Arbeitnehmer eine Fehlanstellung, als Unternehmer eine Fehlinvestition, als Anleger eine Fehlspekulation oder als staatlicher Akteur eine Fehlentscheidung in der Wirtschaftspolitik.

Gravierend ist es nicht, wenn ein Akteur in Markt oder Staat einen Fehler gemacht hat, aber über diesen Fehler Reue zulässt, und im Anschluss an seine Erkenntnis seinen Fehler korrigiert und es beim nächsten Mal besser macht. Ist ein Irrtum schnell erkannt und korrigiert, kann die Reue gegebenenfalls gering gehalten werden. Wenn sich ein Akteur gemachte Fehler eingesteht und sich bemüht, sie zu korrigieren, wird der Akteur (in Markt und Staat) in seinem Metier wahrscheinlich immer erfolgreicher; deshalb gilt es, so schnell wie möglich den begangenen Fehler zu bereuen und zu korrigieren. Tätige Reue über einmal gemachte Fehler, und deren Korrektur durch Selbsterkenntnis, ist geradezu ein Erfolgsrezept für nachhaltigen, auch wirtschaftspolitischen Erfolg.

Während der Markt relativ fehlerfreundlich ist – Irrtümer und Fehler der Unternehmen bei Produkten oder Produktionsverfahren werden unter dem Anreiz und Druck der „unsichtbaren Hand" des Wettbewerbs schnell korrigiert oder ersetzt – haben dagegen die staatlichen Akteure den Anreiz und Druck – unter Gewinn und Risiko von Positionen und Privilegien – die gesellschaftlichen Ressourcen im Hinblick auf die Bedürfnisse der Bürger und der Gesellschaft in Form „guter" wirtschaftspolitischer Lösungen einzusetzen.

Markt und Staat agieren oft nach „Versuch und Irrtum", um sich schrittweise der optimalen Lösung einer wirtschaftlichen Problemlage anzunähern. Ihre wirtschaftlichen Entscheidungen haben dabei oft, aufgrund ihrer Unsicherheit und Ungewissheit, gleichsam experimentellen Charakter, mit dem Risiko des Irrtums und der Fehlerentscheidung. Aber gerade „der Fehler" könnte den Weg zu einer neuen Erkenntnis und zur Lösung eines Problems öffnen.

## Quellen und weiterführende Literatur

Akerlof, George A. / Shiller, Robert J., Animal Spirits. Wie Wirtschaft wirklich funktioniert, Frankfurt/New York 2009, S. 17
Althof, Wolfgang, Hg., Fehlerwelten. Vom Fehlermachen und Lernen aus Fehlern, Opladen 1999
Bachmann, Rüdiger, DSGE-Modelle und die Rolle von Theorie und Empirie in der Volkswirtschaftslehre, FAZnet, April 2012, u. a., (Weiterführende Informationen zu DSGE)
Berlemann, Michael, Makroökonomie, Modellierung, Paradigmen und Politik, Berlin/Heidelberg 2005
Derman, Emanuel, Models. Behaving. Badly. Warum die Verwechslung von Theorie und Wirklichkeit zum Desaster führt – im Leben und am Finanzmarkt, Hamburg 2013
Deutsche Bundesbank: zu Modellen, siehe www.bundesbank.de/download/volkswirtschaft/mba/2008/200807mba_dsge_modelle.pdf sowie www.iiw.unibonn.de/konstanz/2012/Paper_Wickens.pdf
Dewey, John, Die Erneuerung der Philosophie, Hamburg 1989
Dörner, D., Die Logik des Misslingens, 15. Aufl., Reinbek 2005
Dörner, D., Schwierigkeiten beim Umgang mit sehr komplexen Systemen, in: Bild der Wissenschaft, Heft 3, 1977
Dörner, Dietrich, Problemlösen als Informationsverarbeitung, Stuttgart 1975
Dörner, Klaus / Plog, Ursula / Teller, Christine / Wendt, Frank, Irren ist menschlich. Lehrbuch der Psychiatrie/Psychotherapie, 3. Aufl., Bonn 2007
Drosg, Manfred, Der Umgang mit Unsicherheiten. Ein Leitfaden zur Fehleranalyse, 1. Aufl., Wien 2006
Flassbeck, Heiner / Spiecker, Friederike, Prognosen und andere Irrtümer. Muss man die Zukunft systematisch manipulieren, um ein guter Ökonom zu sein?, Januar 2013, in: nachdenkseiten.de
Frey, Ulrich, Fallstricke, München 2012

Gartmeier, M., Fehlerfreundlichkeit im Arbeitskontext. Positive Einstellungen gegenüber Fehlern und negatives Wissen als Ressourcen professionellen Handelns, Saarbrücken 2010

Guggenberger, Bernd, Das Menschenrecht auf Irrtum. Anleitung zur Unvollkommenheit, München 1987

Halsmayer, Verena / Huber, Florian, Ökonomische Modelle und brüchige Welten – Joseph Vogls, Das Gespenst des Kapitals, in: Pahl, Hanno / Sparsam, Jan, Hg., Wirtschaftswissenschaft als Oikodizee? Das Gespenst des Kapitals, Wiesbaden 2013

Harford, Tim, Trial and Error. Warum nur Niederlagen zum Erfolg führen, Reinbek 2012

Hübl, L., Wirtschaftskreislauf und gesamtwirtschaftliches Rechnungswesen, in: Vahlens Kompendium der Wirtschaftstheorie und Wirtschaftspolitik, Bd. 1, 9. Aufl., München 2007

James, William, Was ist Pragmatismus?, Weinheim 1994

Jevons, William Stanley, Theory of Political Economy, London 1871

Kahneman, D., A Psychological Perspective on Economics, in: American Economic Review, Vol. 93, 2, 2003, S. 162 – 168

Kahneman, D., Schnelles Denken, langsames Denken, München 2012

Keynes, John M., Allgemeine Theorie, Berlin 1983

Kortmann, Walter, Mikroökonomik. Anwendungsbezogene Grundlagen, 4. Aufl., Heidelberg 2006

Krause, Detlef, Luhmann-Lexikon, 4. Aufl., Stuttgart 2005, S. 181

Lindblom, E., The Science of Muddling-Through, in: Public Administration Review, Jg. 19, 1959, S. 79–88

Lindblom, E., Still Muddling. Not Yet Through, in: Public Administration Review. Bd. 39, 1979, S. 517–526

Luhmann, Niklas, Rechtssoziologie, 3. Aufl., Opladen 1987a, S. 31

Luhmann, Niklas, Soziale Systeme. Grundriss einer allgemeinen Theorie, 1. Aufl., Frankfurt/M. 1987b, S. 152

Makropoulos, Michael, Modernität und Kontingenz, München 1997

Möller, Hans W., Angewandte Volkswirtschaftslehre. Wirtschaftspolitische Fallstudien mit Lösungstechniken, 3. überarb. Aufl., Wiesbaden 2013

Peirce, Charles S., Schriften zum Pragmatismus und Pragmatizismus, Frankfurt 1991

Peirce, Charles S., Vorlesungen über Pragmatismus, Hamburg 1991

Popper, K. R., Auf der Suche nach einer besseren Welt, München1984

Popper, K. R., Das Elend des Historizismus, Tübingen 1975, S. 175

Popper, K. R., Die offene Gesellschaft und ihre Feinde, 2 Bd. (I. Der Zauber Platons II. Falsche Propheten: Hegel, Marx und die Folgen), London 1945, dt., Tübingen 2003

Popper, Karl R., Alles Leben ist Problemlösen, München 1994

Popper, Karl R., Die Zukunft ist offen. Altenberger Gespräch mit K. Lorenz, 1985

Popper, Karl, Logik der Forschung, 11. Aufl., Tübingen 2005

Popper, Karl, Objektive Erkenntnis, 2. Aufl., Hamburg 1974

Röpke, Wilhelm, Die Rechnung ohne den Menschen, in: Hennecke, Hans-Jörg, Hg., Marktwirtschaft ist nicht genug, Leipzig 2009

Röpke, Wilhelm, Jenseits von Angebot und Nachfrage, Stuttgart 1958

Ruckriegel, K., Behavioral Economics. Erkenntnisse und Konsequenzen, in: WISU, 40. Jg., 2011, S. 832–842

Ruffing, Reiner, Kleines Lexikon wissenschaftlicher Irrtümer, Gütersloh 2011, S. 29–31

Shiller, Robert J., Irrationaler Überschwang. Warum eine lange Baisse an der Börse unvermeidlich ist, Frankfurt/M. 2000

Shiller, Robert J., Die neue Finanzordnung, Frankfurt/M. 2003

Smets-Wouters, An Estimated Dynamic Stochastic General Equilibrium Model for the Euro Area, ECB WP no. 171, 2003

Taleb, Nassim N. / Held, Albrecht von / Held Susanne von, Antifragilität. Anleitung für eine Welt, die wir nicht verstehen, München 2013

Taleb, Nassim N. / Held, Susanne / Knaus, Albrecht, Antifragilität. Anleitung für eine Welt, die wir nicht verstehen, München 2013

Taleb, Nassim N., Der schwarze Schwan. Die Macht höchst unwahrscheinlicher Ereignisse, München 2010, (engl., The Black Swan. The Impact of the Highly Improbable, 2008)

Taleb, Nassim N., Der Schwarze Schwan. Konsequenzen aus der Krise, München 2010

Taleb, Nassim N., Narren des Zufalls. Die verborgene Rolle des Glücks an den Finanzmärkten und im Rest des Lebens, Weinheim 2005

Thaler, R. / Sunstein, C., Nudge. Wie man kluge Entscheidungen anstößt, Berlin 2009

Toens, Katrin / Willems, Ulrich, Hg., Politik und Kontingenz, 2012

Treibeis, Orestes V., Hg., Nationalökonomologie, 2. Aufl., Tübingen 1982

Weingardt, Martin, Fehler zeichnen uns aus, Bad Heilbrunn 2004

Weizsäcker, Carl Friedrich von, Der Garten des Menschlichen, Beiträge zur geschichtlichen Anthropologie, München 1977

Weizsäcker, Christine von, Hg., Mit Wissen, Widerstand und Witz, München 1992

Weizsäcker, C. von / Weizsäcker, E. U. von, Fehlerfreundlichkeit, in: Kornwachs, Klaus, Hg., Offenheit – Zeitlichkeit – Komplexität. Zur Theorie der offenen Systeme, Frankfurt/M. 1984, S. 168–201

# 20

# Schluss – „Die Zeit drängt."

„Die Zeit drängt."

© Friedrich Rauch/INTERFOTO
*Carl Friedrich von Weizsäcker (1912–2007)*

## 20 Schluss – „Die Zeit drängt."

*Man sieht nur, was man weiß.
Man erblickt nur,
was man schon weiß und versteht.*

Johann Wolfgang von Goethe

Die zunehmenden Symptome einer sich verschärfenden globalen Krise von Umweltübernutzung und Klimawandel fordern die globalen Akteure der Welt- und Volkswirtschaften heraus, die daraus folgenden schwierigen Probleme – mit allen politischen Mitteln (Gesetze, Abgaben) – zu bewältigen.

Der Bericht von Jorgen Randers für den „Club of Rome": „2052 – eine globale Prognose für die nächsten 40 Jahre – A Global Forecast for the Next Forty Years" zeichnet Szenarien einer gefahrvollen Zukunft für die Menschheit. Der Club of Rome ist in den letzten Jahrzehnten mit einer Vielzahl von Berichten an die Weltöffentlichkeit getreten, vor allem mit den berühmten „Grenzen des Wachstums" sowie den weiteren Folgeberichten „Beyond the Limits of Growth" (Eduard Pestel 1989), „The Future of the Oceans" (Elisabeth Mann Borghese 1986) oder „Faktor 4" und „Faktor 5" (Ernst Ulrich von Weizsäcker 1997) u. a.

Natur und Klima brauchen dringend nachhaltige Wirtschaftssysteme: **„Nachhaltigkeit"** bedeutet, eine Ressource (Natur, Wald, Fischgründe, Kapital, körperliche und seelische Gesundheit o. a.) nicht über ihre Regenerationskapazität hinaus zu nutzen; denn Nicht-Nachhaltigkeit erschöpft und zerstört eine Ressource. Nachhaltigkeit ist deshalb auch ein Handlungsprinzip zur Nutzung von Ressourcen bei dem die Bewahrung der Stabilität und die Regenerationsfähigkeit des natürlichen Ökosystems im Vordergrund stehen. Eine nachhaltige Entwicklung der Welt- und Volkswirtschaft ist nur möglich, wenn die Gesellschaft zu notwendigen Veränderungen bereit ist.

Dennis Meadows, Wachstumskritiker, Mitglied des Club of Rome und Autor des Werkes „The Limits to Growth" (1972) hat sich im Jahre 2014 so geäußert: „Nachhaltige Entwicklung ist möglich, wenn wir unser Verständnis und unser Verhalten ändern. Für eine nachhaltige Entwicklung braucht es Anpassung auf der persönlichen Ebene, in Systemen, in Gesellschaften und im universitären Kontext." Veränderung ist möglich, aber nicht einfach. Es ist nicht zu spät für nachhaltige Entwicklung. Veränderung tut dringend Not.

Diese Veränderung braucht fehlerfreundliche Akteure in Markt und Staat: „Nachhaltige Entwicklung ist nur möglich, wenn Fehler zugelassen werden und am Beginn Unannehmlichkeiten akzeptiert werden." (Meadows 2014).

„Nachhaltigkeit" braucht eine fehlerfreundliche Welt- und Volkswirtschaft, die sich als Teil einer arbeitenden und lernenden globalen Menschheitsgesellschaft versteht.

Der Weg der Nachhaltigkeit ist, angesichts der massiven Interessen, schmal: Die Berichte des Club of Rome mahnen die Menschheit deshalb zu einem deutlichen **Bewusstseinswandel**: anstatt ihren Bedürfnissen nach ständiger Steigerung von noch mehr Gütern und Geld zu folgen, soll sie in Zukunft ihre Bedürfnisse mehr nach **„Erkenntnis und Verstehen"** ausrichten und damit eine nachhaltige Lebensqualität verwirklichen (vgl. Peccei 1977; Laslo 1978; Weizsäcker 1988; Weizsäcker 1986). Denn: „Der Mensch lebt nicht von Brot allein." (Jesus v. Nazareth).

Sind die Bedürfnisse nach den materiellen Gütern, und auch die nach Selbstverwirklichung im Beruf und im Privaten mehr oder weniger erfüllt, wecken und entwickeln sich auch in immer mehr Menschen die Bedürfnisse nach „Erkenntnis und Verstehen" oder „Wissen und Bildung".

Wissenschaft, Kunst und Literatur sind beredte Belege dafür, wie stark das Bedürfnis der Menschen nach Erkenntnis und Verstehen ist, wenn die materiellen Bedürfnisse in der Bedürfnispyramide mehr oder weniger erfüllt sind. Menschen versuchen sich die Welt und das Weltgeschehen durch Erkenntnis und Verstehen zu erklären, entsprechend dem faustischen Bedürfnis: zu erkennen…- „was die Welt im Innersten zusammenhält" (Goethe, Faust).

Das Streben nach „Erkenntnis und Verstehen" befriedigt das Bedürfnis des Menschen nach:

- Orientierung,
- Erklärungen,
- Gestaltung und Verändern und
- Sinnfindung.

## 20 Schluss – „Die Zeit drängt."

Das Bedürfnis nach Wissen und Verstehen führt zu Aktivitäten, um die „Quellen des Wissens" (wie Bibliotheken, Buchhandlungen, Büchereien, Bildungseinrichtungen, Medien, Parteien, Gewerkschaften, Kirchen u. v. m.) aufzusuchen und dort den Wissensdurst zu befriedigen. Auf diesem Wege versucht der Mensch sein Erkenntnis und Verstehen zu erweitern, um zu einem Wirklichkeitsverständnis befähigt zu werden, die Grenzen menschlicher Erkenntnis zu reflektieren, eine persönliche Wandlung zu erfahren oder ethische Konzepte (Verantwortungsethik, Situationsethik, Gesinnungsethik etc.) zu erkennen und zu verstehen und produktiv zu machen, um „mit Herz und Hirn" **„realitätsbewusst"** zu handeln (Maslow 2002). Dazu gehört das menschliche Bedürfnis, sich immer mehr der Realität auch „hinter den Horizonten" bewusst zu sein und Sinnzusammenhänge zu erkennen und zu verstehen.

Die Bedürfnispyramide mit ihrer mehrfachen „Schichtung" der menschlichen Bedürfnisse zeigt: der Mensch strebt stets nach der nächst höheren Bedürfnisstufe, sofern er die darunter liegende Stufe verwirklicht hat, also diese Bedürfnisse befriedigen konnte. Mit anderen Worten: mit Erreichen einer Stufe, steigt die Motivation, die nächste Stufe zu erlangen. In der modernen Gesellschaft sind die grundlegenden Bedürfnisse für die meisten Menschen jedoch weitgehend erfüllt. Die materielle Verkürzung des Bedürfnisbegriffs der Ökonomie hat dazu geführt, dass fast nur die Nachfrage nach Gütern erfüllt wird. Diese mit der Gesamtheit aller menschlichen Bedürfnisse gleichzusetzen, ist ein Hauptfehler der Theorie der reinen Ökonomie.

Anthropologen, wie der Bedürfnisforscher Maslow u. a., kommen zu der Erkenntnis, dass der Mensch nicht nur durch „niedere" Motive oder Triebe gesteuert wird, sondern auch durch ein latentes Wachstumspotenzial zu „höheren" Bedürfnissen, einer weiteren Bedürfnisstufe, zu einem höchsten Ziel – der Selbstverwirklichung – angetrieben wird, das auch auf „Sinnverstehen" angelegt ist, und das die naive materielle Lebensgestaltung, u. a. durch „Nachhaltigkeit", überschreitet (Eberhardt 1956).

Die Anthropologie lehrt, dass der Wunsch nach „Selbstbestimmung" das Verlangen nach „Erkenntnis und Verstehen" hervorbringt. Das hatte Maslow in der Bedürfnispyramide mit der Vision einer fünften Stufe „Sinn", als „Erkenntnis und Verstehen", angedeutet. Diese fünfte Stufe der Pyramide reflektiert die Suche nach „Wissen und Bildung" und nach der überschreitenden Dimension des individuellen Selbst nach etwas, das vielleicht hinter dem sichtbaren Lebenshorizont liegt, die Suche nach Erkenntnis von Sinnzusammenhängen von Welt und Leben.

Es gibt eben nicht wenige Menschen, die sogenannte metaphysische Bedürfnisse haben und nach Antworten auf die „letzten Fragen" suchen: woher kommen wir, wohin gehen wir, hat das Leben einen Sinn – und welchen, gibt es einen Gott und ein Jenseits und ein Weiterleben nach dem Tod, gibt es ein Schicksal wofür es zu leben und zu sterben lohnt usw. Diese Fragen sind berechtigt und können sehr quälend sein. Viele Menschen suchen deshalb religiös-philosophische Orientierung und wünschen sich geistige Lehrer, zur Erfüllung ihrer metaphysischen Bedürfnisse. Der Psychoboom ist Ausdruck dieser Situation: Die Psychologie überlässt diesen Markt der unbefriedigten metaphysischen Bedürfnisse der Menschen den Scharlatanen, den Esoterikern oder anderen Heilsbringern. Der Philosoph und Psychologe Viktor Frankl z. B. hat über die Sinnkrise des modernen Menschen viel veröffentlicht und ein Therapiekonzept für das Sinnproblem entwickelt. Die politisierten Kirchen dagegen erfüllen ihren ursprünglichen Auftrag, die metaphysischen Bedürfnisse der Menschen zu befriedigen, sehr schlecht und speisen die Menschen mit Dogmen, Moral und Ritualen ab.

Dieses Bedürfnis nach **„Erkenntnis und Verstehen"** ist ein existenzielles Bedürfnis nach Wissen, Religion, Philosophieren und „Verantwortung". Es spielt eine zentrale Rolle für die Menschen in ihren Motiven und Verhaltensweisen, auch als Haushalte und Unternehmen; denn das Bedürfnis nach „Sinnverstehen" und „Verantwortung" ist ein eigener Antrieb, wie das Bedürfnis nach Einkommen und Vermögen. Diese fünfte Stufe der Bedürfnispyramide reflektiert die Suche über den individuellen Lebenshorizont hinaus: Statt immer mehr Geld und Güter für die Befriedung der Sicherheits- und Statusbedürfnisse zu kumulieren, würden sich die Menschen zunehmend auf die nächste

Stufe der Bedürfnispyramide erheben und stattdessen mehr nach „Erkenntnis und Verstehen" ihrer nachhaltigen und sozialen Verantwortung für die Menschheit und „Mutter Erde" (Arnold Toynbee) sowie das Klima und die Natur dieser Erde streben.

Zumal, wenn die Menschen sich und ihre Bedürfnisse **nicht** in Richtung auf eine nachhaltige postmaterielle Bedürfnisstufe wandeln, die Folge unweigerlich die zerstörerische Verschwendung der immer knapper werdenden Ressourcen von Natur und Umwelt ist. Dann sind auf lange Sicht auch Wohlstand und (qualitatives) Wachstum in Gefahr und wird eine wirtschaftliche und ökologische Krise heraufbeschworen.

Der englische Philosoph Arnold Toynbee hatte schon in den 70er Jahren des 20. Jahrhunderts in seinem Werk: „Menschheit und Mutter Erde. Die Geschichte der großen Zivilisationen" vor schweren „globalen Fehlern" der Menschheit im Umgang mit „Mutter Natur" und vor der Zerstörung der Biosphäre aus Gier und Dummheit dringend gewarnt.

Der Prophet Jona warnt die Stadt Ninive und ruft sie zur Umkehr, zum Bewusstseinswandel: Die Zeit drängt: „Noch 40 Tage, und die Stadt wird zerstört!" (Jona, 3,4). Die prophetische Beschwörung der bevorstehenden finalen Katastrophe soll die Gemüter der Menschen zum Zittern bringen und sie zur Umkehr aufrufen. Der Prophet fordert die Menschen zum Bewusstseinswandel auf, und – die Menschen der Stadt kehren ihren Sinn um, und die Stadt wird gerettet.

Die Wohlfahrt und sogar das Überleben der Menschheit wird davon abhängen, inwieweit es der Spezies „Mensch" gelingt, die Teufelskreise aus einem rücksichtslosen Wirtschaftswachstum und Umweltübernutzung zu verlassen und den Pfad einer sich selbst zügelnden Lebensweise und des Wirtschaftens im nachhaltigen Umgang mit der Biosphäre des Planeten noch **rechtzeitig** nach der Methode von „Versuch und Irrtum" zu beschreiben. Ihr Bewusstsein zu wandeln.

„Die Zeit drängt." (Carl F. v. Weizsäcker).

## Quellen und weiterführende Literatur

Eberhardt, Margarete, Erkennen, Werte, Handeln. Ein Beitrag zur Lehre des Menschen, Bd. 1–3, Hamburg 1956

Laslo, Ervin et al., Goals for Mankind. A Report to the Club of Rome on the New Horizons of Global Community, New York 1978

Maslow, Abraham H., Motivation und Persönlichkeit, Reinbek 2002

Meadows, Dennis, Ökonomisches Denken in ökologischen Grenzen. Ökologische Makroökonomie in der Diskussion, in: Future Lecture an der Wirtschaftsuniversität Wien, 9. Jänner 2014, http://www.umweltbildung.at

Sloterdijk, Peter, Du musst dein Leben ändern. Über Anthropotechnik, 1. Aufl., Frankfurt/M. 2009

Peccei, Aurelio, Die Qualität des Menschen, Stuttgart 1977

Toynbee, Arnold, Menschheit und Mutter Erde. Die Geschichte der großen Zivilisationen, Düsseldorf 1988

Weizsäcker, Carl F. von, Bewusstseinswandel, München 1988

Weizsäcker, Carl F. von, Die Zeit drängt. Das Ende der Geduld, München 1986

# Literaturverzeichnis

## Klassische Werke

Eberhardt, Margarete, Erkennen, Werten, Handeln. Ein Beitrag zur Lehre des Menschen, Bd. 1–3, Hamburg 1956
Erhard, Ludwig, Wohlstand für alle, Düsseldorf 1957/1990
Eucken, W., Grundsätze der Wirtschaftspolitik, 6. Aufl., Tübingen 1990
Friedman, M., Die optimale Geldmenge und andere Essays, München 1970
Hayek, Friedrich August von, Die Verfassung der Freiheit, Tübingen 1971
Hayek, F. A. von, Die Ergebnisse menschlichen Handelns, aber nicht menschlichen Entwurfs, in: ders., Freiburger Studien, Tübingen 1969, S. 97–107
Hayek, F. A. von, Recht, Gesetzgebung, Freiheit, Band 2, Die Illusion der sozialen Gerechtigkeit, Landsberg 1981
James, Harold, Deutschland in der Weltwirtschaftskrise 1924–1936, Oxford/Stuttgart 1988
Kamlah, Wilhelm, Philosophische Anthropologie. Sprachkritische Grundlegung und Ethik, Mannheim 1973
Keynes, John Maynard, The General Theory of Employment, Interest and Money, London 1936, dt., Allgemeine Theorie der Beschäftigung, des Zinses und des Geldes, München/Leipzig 1936, 11. Aufl., Berlin 2009
Keynes, J. M., Allgemeine Theorie der Beschäftigung, des Zinses und des Geldes, Berlin 1955

Kuhn, Thomas S., Die Struktur wissenschaftlicher Revolutionen, Frankfurt/M., 2. Aufl., mit Postscriptum von 1969/1976
Marshall, Alfred, Principles of Economics, 8. ed., London 1979
Müller-Armack, Alfred, Genealogie der Sozialen Marktwirtschaft. Frühschriften und weiterführende Konzepte, 2. erw. Aufl., Bern/Stuttgart 1981
Musgrave, Richard A. / Musgrave, Peggy B., Public Finance in Theory and Practice, New York 1973
Popper, Karl R., Logik der Forschung, 10. Aufl., Tübingen 1994
Popper, K. R., Das Elend des Historizismus, 6. Aufl., 1957/2003
Rawls, John, Eine Theorie der Gerechtigkeit, Frankfurt/M. 1971
Ricardo, David, Über die Grundsätze der Politischen Ökonomie und der Besteuerung, Berlin 1979
Röpke, Wilhelm, Jenseits von Angebot und Nachfrage, 5. Aufl., Bern und Stuttgart 1979
Say, Jean-Baptiste, Abhandlung über die Nationalökonomie, Dillenburg 1999
Schumpeter, Joseph A., Kapitalismus, Sozialismus und Demokratie, 5. Aufl., München 1980
Schumpeter, J. A., Konjunkturzyklen. Eine theoretische, historische und statistische Analyse des kapitalistischen Prozesses, Göttingen 1961
Smith, Adam, Der Wohlstand der Nationen. Eine Untersuchung seiner Natur und seiner Ursachen (An Inquiry into the Nature and Causes of the Wealth of Nations), London/München 1978
Smith, Adam, Theorie der moralischen Gefühle, Hamburg 1759/2010
Starbatty, Joachim, Hg., Klassiker des ökonomischen Denkens. Von Platon bis John M. Keynes, Hamburg 2008
Toynbee, Arnold, Menschheit und Mutter Erde. Die Geschichte der großen Zivilisationen, Düsseldorf 1988

## Moderne Werke

Akerlof, G. A. / Shiller, R. J., Animal Spirits. How Human Psychology Drives the Economy and Why It Matters for Global Capitalism, Princeton 2009 (deutsche Übersetzung: Animal Spirits - Wie Wirtschaft wirklich funktioniert, Frankfurt 2009)
Allianz, Global Wealth Report, München 2014
Altmann, Jörn, Volkswirtschaftslehre. Einführende Theorie mit praktischen Bezügen, 7. Aufl., Stuttgart 2009
Altner, Günter, Menschliche Grundbedürfnisse, Frankfurt/M. 1999

# Literaturverzeichnis 413

Ariely, D., The End of Rational Economics, in: Harvard Business Review, Ausgabe Juli/August 2009, S. 78–83

Ariely, D., Denken hilft zwar, nützt aber nichts. Warum wir immer wieder unvernünftige Entscheidungen treffen, München 2008

Ariely, D., Die halbe Wahrheit ist die beste Lüge. Wie wir andere täuschen und uns selbst am meisten, München 2012

Ariely, D., Fühlen nützt nichts, hilft aber. Warum wir uns immer wieder unvernünftig verhalten, München 2010

Assmann, Heinz-Dieter, u. a., Hg., Markt und Staat in einer globalisierten Wirtschaft, Tübingen 2010

Beck, Bernhard, Wohlstand, Markt und Staat. Eine Einführung in die Volkswirtschaftslehre, 2. Aufl., Aarau 1997

Berlemann, Michael, Makroökonomie. Modellierung, Paradigmen und Politik, Berlin/Heidelberg 2005

Bertelsmann-Stiftung, Studie: Soziale Gerechtigkeit in der EU, 2014

Binswanger, Mathias, Die Magie der Geldschöpfung, in: Die Weltwoche, Zürich 16. 6. 2014

Birnbacher, Dieter / Schicha, Christian, Vorsorge statt Nachhaltigkeit. Ethische Grundlagen der Zukunftsverantwortung, Berlin/Heidelberg 1996

Blanchard, Olivier / Illing, Gerhard, Makroökonomie, 5. Aufl., München 2009

Bofinger, Peter, Grundzüge der Volkswirtschaftslehre. Eine Einführung in die Wissenschaft von Märkten, 4. Aufl., München-Hallbergmoos 2015

Bofinger, Peter, Ist der Markt noch zu retten? Warum wir jetzt einen starken Staat brauchen, Düsseldorf 2009

Bofinger, Peter, Zukunftsfähige Finanzpolitik. Voraussetzungen einer aufgabenadäquaten Finanzausstattung der Länder, Berlin 2008

Börsch-Supan, A. / Schnabel, R., Volkswirtschaft in fünfzehn Fällen. Studien in angewandter Mikro- und Makroökonomie, 2. Aufl., Wiesbaden 1998

Bundesministerium für Arbeit und Soziales, Lebenslagen in Deutschland. Der Vierte Armuts- und Reichtumsbericht der Bundesregierung, Berlin 2013, S. IX f

Bundesregierung, Digitale Agenda 2014–2017, Berlin 2014

Cezanne, Wolfgang, Allgemeine Volkswirtschaftslehre, 6. Aufl., München/Wien 2005

Clement, Reiner / Terlau, Wiltrud / Ky, Manfred, Angewandte Makroökonomie, München 2013

Credit Suisse, Global Wealth Report, Zürich 2014

Der Paritätische Wohlfahrtsverband, Armutsentwicklung in Deutschland 2014, Berlin 2015

Dermann, Emanuel, Models. Behaving. Badly. Warum die Verwechslung von Theorie und Wirklichkeit zum Desaster führt, Hamburg 2013

Deutsche Bundesbank, Europäische Organisationen und Gremien im Bereich von Währung und Wirtschaft, Frankfurt/M. 1997

Deutscher Bundestag, Enquete-Kommission Wachstum, Wohlstand, Lebensqualität, Berlin 2013, Website der Enquete Wachstum, Wohlstand, Lebensqualität, (www.bundestag.de/bundestag/ausschuesse)

Dornbusch, Rüdiger / Fischer, Stanley / Startz, Richard, Makroökonomik, 8. Aufl., München 2003

Dörner, D., Die Logik des Misslingens. Strategisches Denken in komplexen Situationen, Reinbek 1990

Dueck, Gunter, Abschied vom Homo oeconomicus. Warum wir eine neue ökonomische Vernunft brauchen, 3. Aufl., Frankfurt/M. 2010

Enderlein, H., Nationale Wirtschaftspolitik in der europäischen Währungsunion, Frankfurt/M./New York 2004

Engelkamp, Paul / Sell, Friedrich L., Einführung in die Volkswirtschaftslehre, 4. Aufl., Berlin 2007

Europäische Zentralbank, Die einheitliche Geldpolitik in Stufe 3. Allgemeine Regelungen für die geldpolitischen Instrumente und Verfahren des Eurosystems, Frankfurt/M. 2000

Europäische Zentralbank, Die Europäische Zentralbank, Frankfurt/M. 2000

Felderer, Bernhard / Hornburg, Stefan, Makroökonomik und neue Makroökonomik, 9. Aufl., Köln 2005

Ferguson, Adam, Versuch über die Geschichte der bürgerlichen Gesellschaft (An Essay on the History of Civil Society, London 1767), Frankfurt/M. 1988

Ferguson, Neil, Der Aufstieg des Geldes. Die Währung der Geschichte, München 2009

Frenkel, Michael / John, Klaus Dieter, Volkswirtschaftliche Gesamtrechnung, 5. Aufl. München 2003

Friedrichs, Julia, Wir Erben. Was Geld mit Menschen macht, Berlin 2015

Fritsch, Michael / Wein, Thomas / Ewers, Hans-Jürgen, Marktversagen und Wirtschaftspolitik, 5. Aufl., München 2003

Görgens, E. / Ruckriegel, K. / Seitz, F., Europäische Geldpolitik. Theorie, Empirie, Praxis, 5. Aufl., Stuttgart 2008

Gruber, Utta / Kleber, Michaela, Grundlagen der Volkswirtschaftslehre. 4. Aufl., München 2000

Häring, Norbert, Gestern gaga, heute Mainstream. Die These, dass Banken Geld aus dem Nichts schöpfen, hält Einzug in die Lehrbücher, und: Wo kommt das Geld her? in: Handelsblatt, Nr. 80, 27.4.2015, S. 13

Hax, Herbert, Wirtschaftspolitik als Ordnungspolitik. Das Leitbild der Sozialen Marktwirtschaft, Working Paper Nr. 19, Peking Juni 2007

Heckhausen, J. / Heckhausen, H., Motivation und Handeln. Einführung und Überblick, Berlin 2006

Heertje, A. / Wenzel, H.-D., Grundlagen der Volkswirtschaftslehre, Berlin/Heidelberg 2008

Herrmann-Pillath, Carsten, Grundriss der Evolutionsökonomik, Stuttgart 2008

Hübl, L., Wirtschaftskreislauf und gesamtwirtschaftliches Rechnungswesen, in: Vahlens Kompendium der Wirtschaftstheorie und Wirtschaftspolitik, Bd. 1, 9. Aufl., München 2007

Kahneman, D., A Psychological Perspective on Economics, in: American Economic Review, Vol. 93, 2, 2003, S. 162–168

Kahneman, D., Schnelles Denken, langsames Denken, München 2012

Kantzenbach, Ehrhard, Die Funktionsfähigkeit des Wettbewerbs, 2. Aufl., Göttingen 1967

Kolb, Gerhard, Geschichte der Volkswirtschaftslehre. Dogmenhistorische Positionen des ökonomischen Denkens, 2. Aufl., München 2004

Korff, Wilhelm, Hg., Handbuch der Wirtschaftsethik, Bd. 1–4, Berlin 2009

Kromphardt, Jürgen, Grundlagen der Makroökonomie, 2. Aufl., München 2006

Krugman, Paul R. / Wells, Robin, Volkswirtschaftslehre, Stuttgart 2010

Krugman, Paul R. / Obstfeld, Maurice, Internationale Wirtschaft, 8. Aufl., München 2009

Krugmann, Paul R., Vergesst die Krise. Warum wir jetzt Geld ausgeben müssen, Frankfurt/M. 2012

Lachmann, Werner, Volkswirtschaftslehre, 5. Aufl., Berlin 2006

Laslo, Ervin, et al., Goals for Mankind. A Report to the Club of Rome on the New Horizons of Global Community, New York 1978

Lockerungsübungen für Anfänger, Wirtschaft und Politik. Wirtschaftswissenschaften, in: Handelsblatt, 2.06.2014

Lovins, Amory B. / Lovins L. Hunter / Weizsäcker, Ernst Ulrich von, Faktor 4. Doppelter Wohlstand. Halbierter Naturverbrauch, München 1997

Lüchinger, René, Hg., Die zwölf wichtigsten Ökonomen der Welt. Von Smith bis Stiglitz, Zürich 2007
Mankiw, N. Gregory / Taylor, Mark P., Grundzüge der Volkswirtschaftslehre, 5. Aufl., Stuttgart 2012
Mankiw, N. Gregory, Makroökonomik, 5. Aufl., Stuttgart 2003
McLeay, Michael / Radia, Amar/Thomas, Ryland, (Bank's Monetary Analysis Directorate), Money Creation in the Modern Economy, (Wie Geldschöpfung geschieht), Bank of England (BoE), 14. Quarterly Bulletin, 2014, Q1, (http://www.bankofengland.co.uk/publications/Pages/quarterlybulletin/2014/qb14q1.aspx)
Meadows, Dennis u. a., Grenzen des Wachstums, (engl. Limits to Growth), Stuttgart 1972
Meadows, Dennis u. a., Die neuen Grenzen des Wachstums. Die Lage der Menschheit. Bedrohung und Zukunftschancen, Stuttgart 1992, Reinbek 1993
Meadows, Dennis u. a., Grenzen des Wachstums. Das 30-Jahre-Update. Signal zum Kurswechsel, Stuttgart 2006
Miert, Karl van, Markt, Macht, Wettbewerb, München 2000
Moewes, Günther, Geld oder Leben. Umdenken und unsere Zukunft nachhaltig sichern, Wien/München 2004
Möller, Hans W., Die Börsenformel. Strategien und Techniken der Börsenspekulation, 2. Aufl., Frankfurt/M. 2001
Möller, Hans W., Anwendungsorientierte Volkswirtschaft in Lehre und Studium. Grundlagen und Konzept einer entscheidungsorientierten Fallstudiendidaktik, Köln 1990
Möller, Hans W. / Vomfelde, W., Fallstudien und Arbeitstechniken zur Wirtschafts- und Umweltpolitik, Köln/Berlin 1990
Möller, Hans W., Angewandte Volkswirtschaftslehre. Wirtschaftspolitische Fallstudien mit Lösungstechniken, 3. überarb. Aufl., Wiesbaden 2013
Möller, Hans W., Umweltökonomik. Umweltknappheit und staatliche Wirtschaftspolitik, in: Praktisches Lehrbuch Staat und Wirtschaft, Fischer, H.-L., Hg., Landsberg/Lech 1987, S. 219–262.
Nefiodow, Leo A., Der sechste Kondratieff. Wege zur Produktivität und Vollbeschäftigung im Zeitalter der Information, 3. Aufl., Sankt Augustin 2001
Nefiodow, Leo A., Kondratieffs Zyklen der Wirtschaft, Sankt Augustin 1998
Neubäumer, R. / Hewel, B., Hg., Volkswirtschaftslehre. Grundlagen der Volkswirtschaftstheorie und Volkswirtschaftspolitik, 4. Aufl., Wiesbaden 2005
OECD, OECD Guidelines on Measuring Subjective Well-being, Paris März 2013

Ohr, Renate / Theurl, Theresia, Kompendium Europäische Wirtschaftspolitik, München 2001
Peccei, Aurelio, Die Qualität des Menschen, Stuttgart 1977
Peters, Hans-Rudolf, Wirtschaftspolitik, 3. Aufl., München 2000
Piketty, Thomas, Das Kapital im 21. Jahrhundert, dt., München 2015
Randers, Jorgen, Der neue Bericht des Club of Rome. 2052 - Eine globale Prognose für die nächsten 40 Jahre, (2052 – A Global Forecast for the Next Forty Years), München 2012
Reuter, Norbert, Ökonomik der "Langen Frist". Zur Evolution von Wachstumsgrundlagen in Industriegesellschaften, Marburg 2000
Ruckriegel, K., Behavioral Economics. Erkenntnisse und Konsequenzen, in: WISU, 40. Jg., 2011, S. 832–842
Ruckriegel, K., Quo vadis, Europäische Währungsunion?, schriftliche Fassung des Vortrags: Behavioral Economics – Lehren für die Geld und Währungspolitik, gehalten bei dem R O M E (Research On Money in the Economy http://www.rome-net.org/html/home.html) Workshop Autumn 2012 am 16. November bei der Dt. Bundesbank in Frankfurt, Nürnberg Januar 2013 (www.ruckriegel.org)
Sachverständigenrat zur Begutachtung der gesamtwirtschaftlichen Entwicklung, Hg., Jahresgutachten, Bonn 2011/2012, 2014/15
Samuelson, Paul A. / Nordhaus, William D., Volkswirtschaftslehre. Das internationale Standardwerk der Makro- und Mikroökonomie, 4. Aufl., München 2010
Sandel, M., Was man für Geld nicht kaufen kann. Die moralischen Grenzen des Marktes, Berlin 2012
Sedlacek, Tomas, Die Ökonomie von Gut und Böse, München 2012
Stiglitz, Joseph E., Im freien Fall. Vom Versagen der Märkte zur Neuordnung der Weltwirtschaft, München 2010
Stiglitz, Joseph E., Der Preis der Ungleichheit. Wie die Spaltung der Gesellschaft unsere Zukunft bedroht, München 2012
Taleb, Nassim Nicholas, Antifragilität. Anleitung für eine Welt, die wir nicht verstehen, München 2013
Taleb, Nassim N., The Black Swan. The Impact of the Highly Improbable, London 2008
Taleb, Nassim N., Der schwarze Schwan. Die Macht höchst unwahrscheinlicher Ereignisse, 8. Aufl., München 2015
Taleb, Nassim N., Der schwarze Schwan. Konsequenzen aus der Krise, 3. Aufl., München 2014

Taleb, Nassim N., Narren des Zufalls. Die verborgene Rolle des Glücks an den Finanzmärkten und im Rest des Lebens, Weinheim 2001/2008
Teichmann, Ulrich, Wirtschaftspolitik, 5. Aufl., München 2001
Thaler, R. / Sunstein, C., Nudge. Wie man kluge Entscheidungen anstößt, Berlin 2009
Treibeis, Orestes V., Hg., Nationalökonomologie, 6. Aufl., Tübingen 1982
Volz, G., Die Organisationen der Weltwirtschaft, Englisch-Deutsch, München/Wien 2000
Vomfelde, W., Einführung in die Konjunkturpolitik, Berlin 1977
Wagner, Helmut, Stabilitätspolitik, 6. Aufl., München 2001
Weimann, Joachim, Wirtschaftspolitik. Allokation und kollektive Entscheidung, 5. Aufl., Berlin 2009
Weizsäcker, Carl F. von, Bewußtseinswandel, München 1988
Weizsäcker, Carl F. von, Die Zeit drängt. Das Ende der Geduld, München 1986
Weizsäcker, Ernst Ulrich von / Hargroves, Karlson, Faktor Fünf. Die Formel für nachhaltiges Wachstum, München 2010
Welfens, Paul J. J., Grundlagen der Wirtschaftspolitik, 2. Aufl., Berlin 2005
Werner, Richard A., Can Banks Individually Create Money Out of Nothing? The Theories and the Empirical Evidence, in: International Review of Financial Analysis, Volume 36, December 2014, Pages 1–19, (http://www.sciencedirect.com)
Woll, A., Allgemeine Volkswirtschaftslehre, 15. Aufl., München, 2007

## Weblinks

Eine ausführliche aktuelle Liste von Weblinks zur Volkswirtschaft und Wirtschaftspolitik ist zu finden und zu empfehlen in: Möller, Hans W., Angewandte Volkswirtschaftslehre. Wirtschaftspolitische Fallstudien und Lösungstechniken, 3. Aufl., Wiesbaden 1997, 2002, 2012

# Stichwortverzeichnis

**A**

Aggregat 188, 309
Allokation viii, 42, 51, 95
   Fehlallokation 159
   optimale 158
Angebot 55, 81, 84, 182, 183, 265
Arbeitslosigkeit 35, 133, 162, 165
   Arten 169
   Folgen 176
   Ursachen 170
Armut 276
Außenhandel 350
Außenwirtschaft 35, 350

**B**

Bedarf 43, 57, 76
Bedürfnis 9, 405
   physiologisches 11
   soziales 9
   unerfülltes 15
Boom 111, 130

Bruttoinlandsprodukt 32, 37, 227

**C**

Ceteris paribus 197
Crowding out 264

**D**

Deflation 165, 305, 328
Devisenbilanz 36, 354
Dienstleistungsbilanz 353
Distribution 51
DSGE (Dynamic Stochastic General Equilibrium) 379

**E**

Effizienz 95
Einkommen 74, 219, 221, 229, 272, 285
Einlagefazilität 340, 343
Entstehungsrechnung 225

Ertrag 291
Erwerbstätige 167, 169
Euroland 33, 114, 314
Europäisches Währungsgebiet 314
Europäische Union 323, 356
Europäische Zentralbank 315, 323, 327, 340
Existenzbedürfnis 10
Exporte 152, 352

F

Faktorkosten 230
Faktormärkte 82, 111
Fisher'sche Gleichung 151, 330
Fragilität 143

G

Geld 146, 306
Geldarten 308
Geldfunktionen 158
Geldmenge 150, 192, 305, 310, 328, 345
Geldpolitik 195, 317, 332, 338
Geldschöpfung 157, 311, 334, 345
Geldwert 146, 195, 331
Gerechtigkeit 273, 356
Gesamtrechnung, volkswirtschaftliche 214, 223
Gesetz gegen Wettbewerbsbeschränkungen (GWB) 112
Gesetz zur Förderung der Stabilität und des Wachstums der Wirtschaft (StabWGes) 31, 253
Gewerkschaft 66, 162, 181, 242, 297
Gewinn 83, 156, 159, 287
Güter 9, 31, 42, 76, 90
  freie 45
  knappe 46
  öffentliche 56
  private 47

H

Handelsbilanz 352
Haushalt 55, 73, 217, 245, 252, 282
Homo oeconomicus 8, 17, 183, 381

I

Imponderabilien 23
Importe 152, 231, 350
Inflation 34, 145, 161, 305, 328
  Erscheinungsformen 147
  Ursachen 148
Information 22, 381, 385
Investition 47, 50, 140

K

Kapazität 48, 137
Kapital 42, 49, 286, 290
Kapitalbilanz 353
Keynesianismus 187
Knappheit 42, 48, 70
Komplementärgüter 47, 77
Konjunktur 128, 171
Konsumgüter 47, 64, 219
Kontingenz 373, 375
Kosten 83, 153
  der Umweltverschmutzung 115
  externe 121
  komparative 351
Kreislauf 216

L

Leistungsbilanz 352

## M

Magisches Viereck 38, 129
Markt 54, 69, 71, 89, 239, 289, 296, 343, 356, 385
Marktgleichgewicht 138, 184
Maximalprinzip 52, 53
Minimalprinzip 53
Modell 197, 377
Monetarismus 192

## N

Nachfrage 10, 55, 74, 92, 138, 149, 187, 257, 265
Nachhaltigkeit 118, 122, 404
Natur 42, 49, 114
Neoklassik 182, 202
Nutzen 53, 80, 220

## O

Optimalprinzip 54
Ordnungspolitik 186

## P

Potenzial 14
Preisindex 32, 147
Preisstabilität 33, 320
Produktivität 95, 155, 297

## Q

Quantitätsgleichung 151, 330

## R

Rationalitätsfalle 21
Reichtum 273, 279, 288
Rezession 22, 130, 132, 262, 264

## S

Say'sches Theorem 183, 185
Schwarzer Schwan 202, 375
Selbstverwirklichung 10, 13
Stabilisierungspolitik 245
Stückkosten 154, 155
Stückwerk 143, 211, 371, 385
Substitutionsgüter 47

## T

Tausch 69, 90
Theorie 2, 181
Trial and Error 45, 58

## U

Umwelt 37, 114
Ungewissheit 87, 374, 376
Unsicherheit 376, 386
Unternehmen 55, 73, 81
Unvorhersehbares 23, 373, 392

## V

Verbraucherpreisindex 33, 146, 321
Versuch und Irrtum 371
Verteilung 98, 229, 272, 299
Volkseinkommen 230
Volkswirtschaftliche Gesamtrechnung 214, 223
Vorteilsstreben 16, 62, 183

## W

Wachstum 31, 349
Wahrheit 121, 181, 196
Währung 153, 314, 362
Wechselkurs 153, 362
Wettbewerb 70, 89, 349

Wirtschaftskreislauf 215
Wirtschaftsordnung 62
Wirtschaftspolitik 209, 237, 377, 385
Wirtschaftswachstum 32
Wohlfahrt 30
Wohlstand 29, 232, 271

Z
Zahlungsbilanz 352
Ziele der Wirtschaftspolitik 247
Zinsen 286, 333, 340
Zyklus 128

The manufacturer's authorised representative in the EU is Springer Nature Customer Service Centre GmbH, Europaplatz 3, 69115 Heidelberg, Germany. If you have any concerns regarding our products, please contact ProductSafety@springernature.com

Printed and bound by CPI Group (UK) Ltd, Croydon, CR0 4YY

23/03/2026

02076663-0013